Himmelstürmer Verlag

Von Manuel Sandrino bisher erschienen:

- „Am Quell der Weisheit"
  ISBN print: 978-3-86361-602-1
  „Eros' Flüstern verändert alles"
  ISBN print: 978-3-8636-1585-7
  „Was der Wind nicht verwehen kann"
  ISBN print: 978-3-8636-1545-1
- „Nackte Geheimnisse"
  ISBN print: 978-3-8636-1482-9
- „Apollon und Mercury – Einer muss sterben"
  ISBN print: 978-3-8636-1385-3
- „Apollon und Mercury – Wahre Träume leben"
  ISBN print: 978-3-8636-1379-2
- „Selbstverständlich schwul!"
  ISBN print: 978-3-8636-1524-6

Alle auch als E-Books erhältlich!

Himmelstürmer Verlag, 31619 Binnen
www.himmelstuermer.de
E-Mail: info@himmelstuermer.de
Originalausgabe, Juli 2018

Rechtschreibung nach Duden, 24. Auflage.

Coverfotos: shutterstock.
Umschlaggestaltung: Olaf Welling, Grafik-Designer AGD, Hamburg.
www.olafwelling.de
Nach dem Entwurf und der Idee von Manuel Sandrino

ISBN print 978-3-86361-644-1
ISBN epub 978-3-86361-645-8
ISBN pdf 978-3-86361-646-5

Manuel Sandrino

Doppel-t-leben

Himmelstürmer Verlag

Inhalt

Widmung

Für alle, die ahnen, dass dieses Leben nicht das einzige ist.
Für alle, die ihr Doppelleben nicht einsam und heimlich ausleben.
Für alle, die aus jeder sich bietenden Situation das Beste machen.
Für alle, die niemals aufgeben.

Vorwort

Wann fängt das eigene Leben an und wann endet es? Wir alle werden geboren, reifen, altern und sterben. Doch was passierte davor? Was geschieht danach?

Wie verhält es sich mit Lebensabschnitten, Beziehungen oder Arbeitsplätzen? Was kann ich tun, wenn einer oder mehrere dieser Abschnitte endet? Wie finde ich neue Ideen für die Zukunft? Wie geht es weiter? Wie überwinde ich die Angst vor Veränderungen? Schlummert in mir gar ein verborgenes Doppelleben, das sich wie ein unruhiges Tier in seinem Käfig zu regen beginnt, um auszubrechen?

Unsere Träume sind Schätze von unermesslichem Wert. Doch kaum einer schenkt ihnen Beachtung. Können Träume Fenster in längst vergessene Epochen der Menschheitsgeschichte öffnet?

Luon Logroño steht an einer Wegkreuzung. Sein altes Leben funktioniert nicht mehr. Er muss sich nicht nur mit seinem geheimen Doppelleben auseinandersetzen, sondern auch mit einem doppelten Leben. Wer siedelte vor bald 20.000 Jahren vor unserer Zeitrechnung im mesoamerikanischen Raum? Wer waren die Vorfahren der Maya? Die Forscher sind sich diesbezüglich nicht einig. Die Azteken nannten die Pyramiden-Stadt, die sie vor Jahrhunderten nördlich von Mexiko-City entdeckten, Teotihuacán. Der Name bedeutet: der Ort, an dem Götter gemacht werden. Als Luon dort im Traum dem nackten Mann mit der Sonne auf dem Kopf in einem verschütteten Tempel begegnet, tauchten kurz darauf Weggefährten von damals im heutigen Leben wieder auf.

Erschaffen wir doch alle letztlich durch unsere Handlungen unsere Zukunft? Bleibt keine Tat ohne folgen?

Manuel Sandrino

Lausanne. Drei Uhr in der Früh. Wo liegt mein Hotel? Muss ich weiter den Berg hochkraxeln oder mich tiefer Richtung See halten? Ich habe mich verirrt. Mein ganzes Leben ist ein einziges Labyrinth aus Möglichkeiten. Was soll ich als nächstes mache? Ich bin das Flüchten so satt, das ewige Verwischen von Spuren, das Leben mit immer neuen Identitäten und dem Umziehen. Oft vermisse ich Venezuela, wo ich Psychologie studierte. Meine Mutter und ich lebten dort in ärmlichen Verhältnissen, aber wir waren oft glücklich. Und heute? Seit ich das Vermögen meines Vaters geerbt habe, tauchen wir wieder unter. Taugt die Schweiz als sicheres Versteckt?

Jetzt ist kein Mensch zu sehen. Passierte ein Massaker? Gab es auch hier einen Blitzkrieg? Kaum denke ich an Krieg, erinnere ich mich an meine ermordeten Cousins, Onkel, Tanten und Großeltern. Sofort sitze ich in Gedanken wieder auf dem Fußboden unserer Villa in Kolumbien, weine und werde von meinem Vater in einem Wandschrank versteckt. Ich fühle abermals, wie mein Vater mir *Felicidade*, mein geschnitztes Wildschwein, mit dem ich so gerne spiele, entreißt und mir dafür *Paz*, die lustig bemalte Giraffe, reicht. Er verriegelt danach die Schranktür von außen und überlässt mich meinem Schicksal. Im Schrank ist es finster. Der Lärm, aus einer Mischung aus Maschinengewehrfeuer, entsetzlichen Schreien und das Flehen meiner Verwandten, paralysiert mich. Die Angst lähmt mich. Eine Wand stürzt ein. Mein Vater öffnet wieder den Schrank, schiebt mir *Felicidade* in meine linke Hand und spricht mit hypnotischer Stimme: „Luon, du darfst *Felicidade* und *Paz* niemals verlieren! Eines Tages werden sie dir den Weg weisen. Halte sie fest, egal was passiert! Jetzt höre auf zu weinen und sei ein Mann!“

Das passierte vor achtzehn Jahren. Mein Vater starb in jener Nacht. Wie es meiner Mutter gelang mit mir aus der belagerten Villa zu entkommen und danach tagelang über die nördlichen *Anden* bis nach *Venezuela* zu flüchten, bleibt zum Glück meinen Erinnerungen verborgen. Ich weiß nur noch, ich ließ *Felicidade* und *Paz* auf der langen Reise niemals los. Meine Mutter und die beiden geschnitzten Holztiere sind das Einzige, was ich aus jenem abgelegten Leben retten konnte. Und da ist seit kurzen noch der Fonds, den mir mein Vater schon bei meiner Geburt eingerichtet und danach jahrelang gefüttert hatte. Vor drei Jahren, an meinem zwanzigsten Geburtstag, reiste meine Mutter mit mir zur Bank in *George Town* auf den *Cayman Islands.* Sie riet mir, das Vermögen in die Schweiz zu transferieren. Ich tat es. Wir folgten dem Geld und flogen nach Zürich. Dort verteilte ich mein Vermögen auf weitere Schweizerbanken. Meine Mutter und ich versteckten uns danach für ein paar Monate in Basel in der Nordwestschweiz an der französischen und der deutschen Grenze gelegen. Wegen dem ständigen Drängen meiner Mutter einen Teil des Geldes in Immobilien zu investieren, kaufte ich mir in Basel ein Haus. Basel, so behauptete sie, sei ein neutraler Fleck in dieser kriegerischen Welt, international vernetzt, sehr kulturell und gerade groß genug, um sich in der Stadt nicht zu langweilen.

Jetzt irre ich durch Lausanne. Entschieden schiebe ich die Trauer und die Angst beiseite. Leider gelingt mir das nicht wirklich. Grübeln spaziere ich durch die fremde Stadt in der französischen Schweiz. Gerade jetzt, trotz der Schrecken, fehlt mir *Cartagena de Indias* in Kolumbien. Dort wurde ich geboren und lebte ich bis zum Massaker. Neue Erinnerungen an eine schöne Kindheit blitzen farbenfroh in meinen Gedanken auf und verdrängen Mord und Totschlag. Ich tanze durch die kolumbianische Hafenstadt und streife mit meinen Eltern zusammen durch die koloniale Altstadt mit ihren buntbemalten Häusern in Kanariengelb, fruchtigem Orange, lächelndem Hellgrün und dem Blau der karibischen See. Ich sehe überdachte Holzbalkone wie auch mit Fluten von blühenden Blumen überwachsene, so üppig und bunt, dass mein Herz sofort schmerz. Jene Farbenpracht ist mir seither in keiner anderen Stadt wieder begegnet. Wo sonst, als in der Karibik, tanzen Männer und Frauen auf den Straßen in Kostümen noch schriller in der Farbigkeit, als die der wilden Papageien? Oh wie vermisse ich die Musik, das Rascheln der Wedel der Kokospalmen oder das Rattern der Holzräder der Kutschen auf den kopfsteingepflasterten Straßen. Aber in *Cartagena de Indias* gibt es für mich keine Farben und kein Glück mehr. Erfährt ein Spitzel der *Bacrim*, dass ich damals überlebte und das Erbe meines Vaters vor wenigen Jahren an mich überging, ist mein Leben keinen kolumbianischen Peso mehr wert. Heute weiß ich, dass mein Vater kein Held war, der gegen das Böse kämpfte. Er war einer der Big Bosse im Drogenhandel und sehr aktiv im Smaragd-Schmuggel tätig.

Ich schüttle mich und versuche auch diese Erinnerungen loszulassen. Mein Leben ist heute anders. Zwischen Häuserfronten hindurch kann ich weit unter mir den See als schwarze Fläche wahrnehmen. Mondlicht tanzt darauf. Ich schätze, dass ich mich auf mittlerer Höhe von Lausanne befinde. Schon nach der nächsten Kurve ist die Weitsicht verbaut und damit auch jede Orientierung wieder verschwinden. Abermals irre ich durch enge Gassen und verlassene Straßen. Mein Leben ist total ätzend!

„¡Buenos noches!“, begrüßt mich ein rothaariger Mann in einem schwarzen Mantel. Er ist seit mindestens einer Stunde der erste Mensch, der mir hier begegnet. Sein Akzent erinnert mich an Venezuela, warum ich ihn danach frage. Er nickt, sieht mir in die Augen und stellt trocken fest:

„In Caracas bist du mir entwischt. Gib mir, was du gestohlen hast!“

Augenblicklich vermute ich in ihm ein Mitglied aus dem *Úsuga Clan.* So schnell ich kann, sprinte ich in eine Seitengasse und den Hügel hoch. Bei jeder Abzweigung wechsle ich die Richtung. Mein Herz rast. Ich kriege kaum noch Luft vor Angst und Anstrengung. Erst, als ich bestimmt zehn Minuten geflüchtet bin, verstecke ich mich hinter einer Esche und spähe in die Nacht nach dem Verfolger.

Eine Stunde später, immer noch angstvoll herumschleichend, erreiche ich eine Kreuzung. Sie kommt mir bekannt vor. Bewege ich mich im Kreis? Ziellos suche ich weiter nach dem Weg ins Hotel. Mutig nehme ich die Straße, die am unheimlichsten aussieht. Am Ende davon, an einer weiteren Kreuzung steht eine Ampel auf Rot. Kein Auto und kein Mensch sind weit und breit zu sehen. Ich warte trotzdem. Plötzlich streift etwas mein Bein. Vor Schreck hätte ich beinahe aufgeschrien. Da sitzt ein Marder neben mir und lehnt sich an mein Schienbein.

„¡Hola, Amigo!“, begrüße ich den Marder.

In der Ferne höre ich einen Kauz.

Als die Ampel auf Grün umschaltet, flitzt der Marder über den Zebrastreifen und springt auf der anderen Straßenseite flink auf eine Mauer, um sich dahinter an einem Maschendrahtzaun fest zu krallen. Neugierig folge ich ihm und stelle mich neben ihn. Der Nager ignoriert mich und fokussiert die Gleise unter uns. Plötzlich spitzt er seine Ohren. Ein Zug nähert sich langsam der Brücke auf der wir beide warten. Das Tier wechselt seine Position und sieht wieder nach unten. Es sind bestimmt zehn Meter bis auf die Schienen. Stürzt sich das Tier gleich vor den fahrenden Zug, um seinem Nager-Dasein ein jähes Ende zu setzen? Wagon um Wagon rattert unter uns vorbei. Als ein offener, mit Sand beladener unter der Brücke durchfährt, wird der Marder nervös. Ein erstes Mal blickt er sich nach mir um, als ob er mich fragen wollte: *Bereit?* Er stößt sich ab und springt auf den fahrenden Zug auf. Er landet sicher auf dem Sand. Mit seinem Blick nach vorne gerichtet, stellt er sich auf seine Hinterbeine und fährt seiner neuen Destination entgegen.

Kopfschüttelnd kann ich kaum fassen, was gerade passierte. Weist mir das Tier den Weg? Ich finde einen Pfad nach unten und folge den Schienen bis zum Bahnhof, von wo aus ich mich wieder an den Rückweg zum Hotel erinnere.

Nachts um halb fünf Uhr weiß ich plötzlich, was ich zu tun habe. Ich muss Lausanne verlassen! Mein Zug wird kommen. Ich muss nur den richtigen Moment abwarten, um aufzuspringen. Verschwinde ich zu früh, überrollt mich das Leben. Zögere ich, weil mir der Mut fehlt, kriegt mich der Verfolger zu fassen oder ich bleibe hier im Kielwasser meiner Mutter hängen.

Der lustige Verrückte im olympischen Museum

Die nächsten Tage hänge ich weiter in Lausanne ab. Mein Zug will einfach nicht kommen.

„¡Mi carazón, Luon!“, ruft mir meine Mutter aus der Hotel Lobby zu. „Wir müssen los, das Taxi wartet!“

„Ich komme nicht mit!“ Ich schiebe meinen Frühstücksteller von mir und winke dem Kellner, mir noch einen Kaffee zu bringen.

„Luon, Albert hat ein wirklich schönes Anwesen entdeckt.“ Meine Mutter gesellt sich kurz zu mir an den Tisch.

Ich spähe auf die herrliche Aussicht auf den See. Endlich sage ich: „Mir ist heute nicht wohl!“ Das ist eine Lüge. „Ich werde mich irgendwo an den See setzen, lesen und über meine Zukunft nachdenken.“ Auf einen weiteren Tag mit meiner Mutter und ihrem neuen Mann habe ich keinen Bock.

„Bist du zum Abendessen zurück?" Meine Mutter zerzaust meine schwarzen Haare und stöckelt danach in High Heels und einem bunten Sommerkleid an mir vorbei aus dem Speisesaal des Hotels.

„Keine Ahnung! Ich will mich einfach treiben lassen", rufe ich ihr nach.

„Albert und ich fliegen heute Nacht nach Rom."

„Nein!" Energisch winke ich ab. „Ich bleibe hier in der Welschen Schweiz."

„Luon, mach was du willst! Albert wird am Montag in Basel erwartet. Wir fliegen von Rom direkt dahin. In einer Woche sollten wir zurück in Lausanne sein. Schicke mir eine SMS mit deinen eigenen Plänen. Liebling, ich muss los!"

„Ja, mache ich!"

Meine Mutter bindet sich ein leuchtend oranges Tuch um die Schulter und spaziert davon. Sie sieht für Mitte Vierzig noch immer sehr attraktiv und jung aus. Geld bietet Vorteile.

Kaum ist sie mit Albert zusammen mit dem Taxi weggefahren, trinke ich meinen Kaffee aus und eile in mein Zimmer hoch. Es verspricht ein warmer Frühlingstag zu werden. Zu einer künstlich zerschlissenen Designer Shorts und einem über dem Bauchnabel abgeschnittenem T-Shirt brauche ich nur noch Turnschuhe, etwas Geld und eine Sonnenbrille.

Ziellos schlendere ich den Hügel runter bis nach *Ouchy* und folge der Seepromenade. Der *Lac Léman*, wie der Genfer See hier genannt wird, lädt schon ein paar Verrückte zum Baden ein. Mir ist es dazu viel zu kalt. In der Karibik aufgewachsen, bereue ich es sogar, keine Jacke dabei zu haben. Weil ich aber keine Lust zur Umkehr verspüre, jogge ich in der Morgensonne, um mich aufzuwärmen.

Grübelnd denke ich wieder an den Marder und seinen Zug. Werde ich meinen eigenen Zug erkennen, wenn ich ihn sehe? Auf der anderen Seeseite türmen sich die französischen Alpen mit steilen Felswänden. So früh morgens sind kaum Leute unterwegs. Mir begegnen nur Mütter mit spielenden Kindern und alte Leute mit Gehhilfen. Irgendwann überholt mich ein barfüßig joggender Kerl mit Cowboyhut. Seine abgewetzte Blue Jeans und sein luftig weißes Kurzarmhemd sind nicht unbedingt ideal für

Morgensport. Der Cowboy stoppt etwa zwanzig Meter vor mir bei einem Dutzend Schwäne, die es sich auf der Promenade in der Sonne gemütlich gemacht haben. Er pirscht sich an. Je näher der Cowboy den Schwänen kommt, desto merkwürdiger werden seine Bewegungen. Er watschelt jetzt und versucht damit die ulkigen Bewegungen der Schwäne zu imitieren. Unweigerlich muss ich kichern, noch mehr, als er sich auf seine Knie niederlässt und seine Arme wie Flügel bewegt. Einer der Schwäne wird auf ihn aufmerksam. Der weiße Vogel watschelt, in einem wirklich ähnlichen Gang, wie den des Cowboys, auf ihn zu. Der Barfüßige bewegt mehrfach nickend seinen Kopf. Der Schwan tut es auch. Als der Schwan sich aufrichtet und seine Flügel öffnet, knöpft sich der Cowboy sein weißes Hemd vollkommen auf und bläht es, als ob auch er mit seinen Flügeln winken würde. Weil ich lauthals lache, schnattert der Schwan und watschelt davon.

Statt sauer zu reagieren, weil ich sein Spiel verdarb, lächelt mich der Hellhäutige spitzbübisch an, steht auf, kommt auf mich zu und wiederholt das imitierende Flügelschlagen mit seinem offenen Hemd. Er tanzt einmal um mich herum, verneigt sich vor mir und flüstert:

„Urugnas, endlich begegnen wir uns wieder!“ Ohne auf Antwort zu warten, sprintet er Richtung olympisches Museum davon.

Offensichtlich verwechselt er mich mit einem anderen Latino namens *Urugnas*. Warum ich ihm trotzdem sofort nacheile, kann ich mir nicht erklären. Als mir mein Tun bewusst wird, drossle ich mein Tempo und tue so, als ob ich joggen würde, behalte aber den barfüßigen Cowboy stetig im Visier. Er dreht sich nicht ein einziges Mal nach mir um.

Bis zum *Parc Olympique* ist es nur noch einen Kilometer. Auf einem Schild lese ich, dass das olympische Museum noch die ganze Woche wegen Umbauten für eine Sonderausstellung geschlossen bleibt. Wir ignorieren beide die Absperrung und dringen in den Park ein.

Außer Sicht der Promenade, drosselt der lustige Cowboy sein Tempo. Er spaziert jetzt auf dem geschlängelten Weg durch den Museums Park den Hügel hoch. Bei jeder Statue, die er passiert, imitiert er deren Körperhaltung. So wird auch er zum zu Stein erstarrten Sprinter oder zum Diskuswerfer. Immer mindestens zehn Meter hinter ihm bleibend, beobachte ich ihn, speziell als er bei einer weiteren Statue sein Hemd ganz auszieht, um die Pose des Sportlers aus Bronze noch eindrücklicher zu imitieren. Er bläht seine Brust und spielt mit seinen Muskeln. Nicht einmal blickt er sich direkt nach mir um. Trotzdem scannen seine Blicke den Park, um möglich andere Zuschauer frühzeitig zu erkennen.

Von Büschen fast umringt steht eine weitere Statue auf einem Sockel. Es könnte eine Abbildung von *Apollon* sein, denn bis auf einen Eichenkranz auf dem Kopf ist der steinerne Jüngling nackt. Der Cowboy checkt die Lage. Flink verschwindet er im Gebüsch. Da ich ihn in seinem Versteck noch immer wahrnehmen kann, bleibe ich stehen. Für Momente sieht es aus, als ob der Wind das Grünzeug peitschen würde. Als die dichten Zweige der Büsche sich kurz danach wieder teilen, schlucke ich leer. Mein Herz schlägt augenblicklich doppelt so schnell. Ein splitternackter Jüngling springt aus dem Versteck und posiert sich vor die Apollon-Statue, um ihre Haltung exakt zu kopieren. Wo vorhin sein Cowboyhut lag, ziert jetzt ein rasch gebastelter Kranz aus jungen Trieben seine blonden Haare. Sonnenstrahlen küssen seinen absolut haarlosen Körper, das er für Moment auch wie aus Marmor gemeißelt aussieht.

Erstmals seit seinem Balztanz am Seeufer treffen sich wieder unserer Blicke. Seine Mundwinkel biegen sich arg nach oben. Bewegungslos verharrt er so in exakt der gleichen Pose wie die Apollon-Statue.

Fasziniert, schockiert und extrem verlegen, weiß ich nicht, was ich als nächstes tun soll. Im katholischen Südamerika aufgewachsen, ist mir so etwas nie zuvor passiert. Dort tauchen nicht plötzlich nackte Jünglinge auf, die mit einem flirten. Mein Kopf glüht, meine Knie werden weich und mein Penis hart. Da ich auf eine Unterhose unter meiner Shorts verzichtete, ist das aufgerichtet Zelt nicht zu übersehen.

Ungeniert gafft mir der Nackt auf die Beule. Der zweite Apollon verwandelt sich in einen geilen Satyr, der mir seine Potenz immer länger und dicker offenbart. Obwohl bald dreiundzwanzigjährig habe ich noch nie zuvor einen anderen nackten Mann mit Latte gesehen – na ja, zumal nicht live! Als ungeküsste Jungfrau komme ich aus dem Staunen kaum raus. Als ob daran nichts peinlich sei, lässt sich der schöne Nackte weiter von mir anglotzen und grinst dabei noch feister. Er wirkt jung – einiges jünger als ich. Wenn sein Körper im Morgenlicht auch einer Marmorstatue gleicht, dann ist er bei genauer Betrachtung alles andere, als der klassisch perfekte unnahbare Sonnengott. Der lebendige Nackte hat etwas grobschlächtig ungestüm Wildes an sich. Seine Hände und Füße sind groß, was ihm etwas von einem Teddybären verleiht. Auffallend ist sein Knackarsch. Augenblicklich bin ich total in ihn verknallt.

Scheu und extrem verlegen nähere ich mich ihm um ein paar Schritte, verharre aber, als er sich, seine Pose haltend, einmal sehr langsam um die eigene Achse dreht. Er will, dass ich ihn mir sehr genau ansehe. Er will sich zeigen. Seine Latte wippt. Nicht ein einziges Schamhaar verdeckt seine intimste Zone. Der Flitzer genießt meine Blicke. Wie sehr wird offensichtlich, als sein Harter plötzlich immer heftiger zu wippen beginnt.

Ich wage weitere Schritte auf ihn zu. Mein Penis zuckt nicht weniger unkontrolliert als seiner. In meinem, über dem Bauchnabel abgeschnitten, T-Shirt und in meiner Shorts komme ich mir augenblicklich sehr nackt vor.

Sein freches Grinsen nimmt lüsterne Züge an.

Als ich nur noch einen Meter vor dem nackten Blonden mit dem Gemüse auf dem Kopf stehen bleibe, stemmt er sich seine Arme in die Hüfte, schiebt sein Becken vor und spritzt stöhnend im hohen Bogen in den Rasen ab. Nur seine Augen wandern dabei über meinen Körper, liebkosen ihn, als ob sie Hände wären, die streicheln und necken. Als ein feuchter Fleck auf meinen Short immer größer wird, beginnt er schallend zu lachen.

Er streckt mir seine Hand zum Gruß hin und sagt: „Ich bin *Frederick Ferrand*! Urugnas, hat dir meine Show gefallen?"

Total überrumpelt, schüttle ich seine Hand, während mein Penis weiter seine Begeisterung ausspuckt. „Ähm", hasple ich und verschlucke mich aus Verlegenheit. Meine Lust hat ihren Höhepunkt noch nicht erreicht. Zitternd vor Geilheit versuche ich zu sprechen: „Du verwechselst mich. Ich bin nicht *Urugnas*, sondern Luon Logroño!" Als er mich warm anlächelt passiert es. Unkontrolliert keuchend, entlade ich mich in den Hosen.

„Diesmal Spanier?", fragt er wegen meinem Akzent.

„Kolumbianer. Ich bin aber in Venezuela aufgewachsen und dort zur Schule gegangen. Das war ..."

„Extrem geil!", beendet der lustige Verrückte meinen Satz. „Ich beobachte dich schon lange. Ich folge dir, seit du dein Hotel verlassen hast. Mann, ich konnte einfach nicht anders. Du kommst mir so bekannt vor. Bist du sicher, dass du nicht *Urugnas* bist?"

„Ja, bin ich!"

„Alter, mir war schon lange zum Abspritzen!"

„Machst du das mit allen Kerlen, die dir gefallen?"

„Ist das wichtig?", weicht Frederick meiner Frage aus, wirkt aber plötzlich verlegen. Er überspielt es. „Junge, Junge!" Er gafft auf den klebrigen Fleck, der noch immer grösser wird. „Da hatte es noch einer extrem nötig!"

Würde Frederick nicht splitternackt mit tropfender Latte vor mir stehen, ich wäre bei seinem Blick und seinen Worten vor Scham in ein Erdloch gekrochen. Doch sein Lachen und sein noch immer gelegentlich zuckender Steifer, flössen mir Vertrauen ein.

„Kolumbus, in der Nähe gibt es einen Brunnen. Deine Shorts solltest du auswaschen."

„So offensichtlich?"

Frederick nickt heftig, lacht los und zieht mich mit sich in die Büsche, wo seine Jeans, sein Hemd und sein Cowboyhut liegen. Er wechselt den Siegeskranz gegen seinen Hut aus. „Kolumbus, genaugenommen bist du noch immer eine Jungfrau. Doch für einen solchen Orgasmus kröne ich dich zum Tagessieger!" Frederick stülpt mir das Flechtwerk aus Ästen und Blättern auf meinen Kopf.

„Bitte nenne mich nicht Kolumbus. Ich bin Luon."

„Gecheckt!" Seelenruhig zieht sich Frederick wieder seine Jeans an. Das Hemd stopft er sich hinten in die Gesäßtasche. „Meine Jeans ist nur sauber geblieben, weil ich nicht so auf Textilien stehe!", bemerkt er. „Ich wollte schon lange mal wieder flitzen!" Er langt nach meiner Hand und führt mich durch die Büsche zu besagtem Brunnen.

Mir ist eiskalt und glühend heiß zugleich. Fredericks Hand fühlt sich so kräftig und vertraut in meiner an. Am Brunnen, viel zu feige vor ihm zu strippen, stelle ich mich dicht vors Becken und schöpfe mir vom Wasser vorne auf den Stoff, der sofort gierig all das Nass aufsaugt.

„Was macht ein so gutaussehender Kolumbianer in Lausanne?"

Während ich ihm meine zensierte Lebensgeschichte erzähle – niemand muss wissen, dass meine Familie ihr Geld im Drogenhandel ergaunerte – liegen wir neben einander auf dem Rasen in der Nähe des olympischen Feuers. Bis auf den Handschlag und das spätere von ihm an der Hand zum Brunnen geführt zu werden, gibt es keine weiteren körperlichen Kontakte zwischen uns. Ich bin mir nicht einmal sicher, ob Frederick schwul ist. Dass ich es bin, ahne ich schon lange. Dieser verrückte Flitzer gefällt mir total. Wahrscheinlich himmle ich ihn liebestrunken an. Wie gerne würde ich ihn bitten, sich wieder auszuziehen oder mich zu berühren.

Nichts dergleichen passiert.

Frederick lässt mich einfach erzählen, zupft mit seinen Zehen einzelne Grashalme aus oder streichelt sich gelegentlich über seine haarlose Brust. Von ihm erfahre ich, dass er wegen einem Skandal kürzlich seinen Job in einer Bank verlor und jetzt auf dem Weg nach *Bellgarde-sur-Valserine* sei. Dort wolle er sein Wochenende verbringen um zu reiten. Sein früherer Abteilungsleiter habe ihm beim Abschied diese Pferde Ranch in Frankreich dazu sehr empfohlen. Heute, nach über einem Jahr der Arbeitslosigkeit, wolle er die Ranch erstmals besuchen.

„Luon, komm doch mit!“, schlägt mir Frederick spontan vor. „Die Ranch ist nur hundert Kilometer von Lausanne entfernt. Über die A1 könnten wir in …“

„JA!“, rufe ich aus. Augenblicklich ist mir klar: mein Zug rollt auf mich zu. Zögere ich, fährt er ohne mich weiter.

„Ja?“ Frederick setzt sich auf und boxt mir mehrfach kumpelhaft in den Oberarm. „Echt? Voll geil! Mann, worauf warten wir? Lass uns sofort aufbrechen.“ Der Barfüßige erhebt sich blitzschnell und läuft im Dauerlauf durch den Park den Hügel hinunter zurück auf den *Quai d' Ouchy*.

Ich folge ihm ziemlich außer Atem.

Später joggen wir etwas langsamer am See entlang bis zur Kreuzung, den Berg hoch zu meinem Hotel. Die bestimmt drei Kilometer stoppten wir kein einziges Mal. Ebenso wechseln wir keine Worte mehr, nur Blicke. Blicke, die mich beflügeln, verwirren und ermutigen Verrücktes zu tun.

„Willst du sofort aufbrechen?“, frage ich ihn. Außer Puste lehne ich mich neben dem Eingang ins Hotel an die Wand.

„Natürlich!“

„Wie reisen wir? Ich habe keinen Wagen!“, gebe ich zu bedenken.

„Meiner steht hinten auf dem Parkplatz.“

„Hier auf dem Hotel Parkplatz?“ Wie lange verfolgt er mich schon?

„Yep! Ich sah dich schon vorgestern. Ich wollte dich unbedingt kennenlernen. Da ist etwas an dir, dass mich total anzieht!"

„Und geil macht?", kichere ich ihm direkt ins Ohr.

„Das auch!" Frederick bleibt dabei sehr cool. „Bist du wirklich nicht Urugnas?"

„Nein! Wer ist Urugnas?"

„Ich träume gelegentlich von ihm. Egal!" Erstmals zieht sich Frederick sein weißes Hemd wieder an und hält mir die Tür in mein Hotel hinein auf. „Nach dir, Señor Kolumbianer!"

Hut, Charme und Stiefel

Die Fahrt ins Unbekannte lässt mein Herz singen. Erst folgen wir dem See in den Südwesten bis nach Genf und dahinter über die Grenze nach Frankreich, um darauf ins Nirgendwo zwischen sanfte Hügel und Wälder der Alpen zu gelangen. Frederick fährt barfuß und oben ohne. Wir schwatzen belanglos über alles, was uns gerade einfällt. Wir essen irgendwo etwas und liegen danach eine Weile auf einer Wiese in der Mittagssonne.

Als wir kurz nach sechs Uhr abends besagte Pferde Ranch in *Bellgarde-sur-Valserine* erreichen, könnte ich nicht mehr sagen, ob wir Tage oder nur Minuten unterwegs waren. Frederick parkt seinen Wagen außerhalb der eigentlichen Ranch auf einem Parkplatz und schultert sich seinen Rucksack für den Fußmarsch bis zum Haupthaus mit den Stallungen. Offensichtlich hat er diese Reise wirklich geplant, denn alles ist fein säuberlich im Kofferraum deponiert, so auch ein paar ziemlich bunte Cowboystiefel, die er aber nicht anzieht. Einen weißen Cowboyhut setzt er mir auf und wählt für sich selbst den speckigen, den er schon heute morgen trug.

„Was ist das für eine Ranch?", frage ich, als wir das vollkommen von Efeu überwachsene Haus unter Kiefern und Kastanienbäumen aus der Ferne zum ersten Mal erblicken.

„Sie hat ein Motto: Jeder ist hier so frei, wie er sein will!"

„Und was soll das bedeuten?"

Schulterzuckend setzt Frederick sein breitestes Grinsen auf. „Finden wir es heraus!“ Bevor ich etwas entgegnen kann, knöpft er sich seine Jeans auf und lässt sie bis zu den Knien runterrutschen. Auf dem Boden hockend, zieht er sie sich vollkommen aus. „So frei, wie jeder sein will! Mit dir fühle ich mich sehr frei!“ Lachend schlüpft er in seine Cowboystiefel mit den bunten Fransen und rückt sich seinen alten Hut zurecht.

„Ist das dein Ernst?“ Den schönen Dunkelblonden mit den hellen Strähnchen wieder nackt zu sehen, bleibt nicht ohne Folgen. Meine Hose beult sich sofort arg aus.

„Spritzt du gleich wieder ab?“, foppt mich der Gestiefelte, dessen Pimmel sich ebenfalls nach oben zu biegen beginnt.

„Du willst mit ner Latte hier vorstellig werden?“

„Was bleibt mir anderes übrig?“ Entschlossen stolziert der geile Cowboy Richtung Ranch voraus.

„Du ziehst das voll durch?“

„Luon, ich verlor meinen letzten Job, weil ich nicht frei sein konnte. Nochmals passiert mir das nicht!“ Mit hoch erhobenem Kopf und Pimmel passiert er kurz darauf eine Gruppe aus fünf Männern in Jeans, Hemden und Cowboy- oder Strohhüten, die gerade aus einem nahen Wald kommen. Jeder begrüßt uns und heißt besonders Frederick auf der Ranch willkommen.

„Siehst du? Keiner brüskiert sich!“

„Sie checkten dich sehr gründlich ab!“

„Echt?“ Frederick klingt erfreut darüber und dreht sich winkend nach den Männern um. „Ich werde mich hier wohlfühlen!“ Er summt ein Liedchen, während wir den weiten Vorplatz der Ranch erreichen.

Frederick betritt als erster die Registration. Ein Mann um die sechzig Jahre sitzt in einem Schaukelstuhl beim Fenster, lässt seine Zeitung sinken und lacht, als er den Provokateur sieht. „Mein Name ist Noel. Mir gehört die Ranch. Jungs, ihr beide habt Glück! Bis auf ein Doppelzimmer sind wir dieses Wochenende vollkommen ausgebucht. Zwanzig Fußballer aus *Grenoble* werden heute Abend noch anreisen.“

Wir tragen uns ins Gästebuch ein. Mich wundert, dass Noel mit keinem Wort Fredericks Aufzug beanstandet. Der Grauhaarige langt nach dem Zimmerschlüssel und legt ihn auf den Tresen.

„Jungs, euer Zimmer liegt direkt neben dem Saloon. Es verfügt über eine Veranda dem Hof zu.“ Noel dreht sich das Gästebuch zu und liest unsere Einträge. „Ihr kommt aus Basel? Das Französisch von keinem von euch beiden hat einen Deutschen Akzent!“

„Ich bin in der *Camargue* aufgewachsen. Ich kam erst nach der Grundschule nach Basel“, erklärt Frederick.

„Frederick, du wohnst in Basel?“ Damit verrate ich, dass wir uns kaum kennen. „Ich habe mir dort kürzlich ein Haus in der Altstadt gekauft.“ An den Besitzer des Gestüts gewandt: „Wir haben uns in Lausanne kennengelernt. Ursprünglich stamme ich aus Kolumbien.“

„Du sprichst seht gut Französisch“, lobt mich Noel.

„Sprachen liegen mir. Ich spreche neben Spanisch auch Englisch und immer besser Deutsch.“

„Na dann!“ Noel lässt seine Blicke vom Nackten zu mir wandern. „Die Honeymoon Suite passt zu euch.“

Frederick schüttelt sofort seinen Kopf. „Wir sind kein Liebespaar!“, protestiert er und versetzt mir damit einen mentalen Fußtritt.

„Nicht?“, wundert sich Noel. „Dann hoffe ich, ihr vertragt euch gut genug, um im gleichen Doppelbett zu schlafen. Wie gesagt, die Ranch ist dieses Wochenende ausgebucht. Ich habe kein anderes Zimmer mehr frei.“

„Passt schon!“ Frederick zwinkert mir zu.

„Monsieur Ferrand“, fordert Noel Fredericks Aufmerksamkeit, „du bist seit langem der erste Gast, der unser Motto so wortwörtlich nimmt. Die Jungs aus dem Fußball-Club werden dich mit ihren Blicken verschlingen, solltest du deinem Nudismus weiterhin so freizügig frönen. Jene Jungs spielen alle für die Regenbogen-Liga.“

„Kein Problem!“ Sofort strafft Frederick seine Schulter. Kann er es nicht erwarten von zwanzig schwulen Fußballern angemacht zu werden? „Meine Eltern waren Nudisten“, erklärt er. „Bis ich mit zwölf in die Schweiz auswanderte, trug ich so gut wie niemals Kleidung.“

„Du bist nackt zur Schule gegangen?“, platze ich heraus.

„Das nicht! Aber an der Küste im Süden Frankreichs waren die Temperaturen auch im Winter meinst lau, sodass ich kaum etwas anhaben musste. Zudem friere ich nicht so rasch.“

Als Psychologie Student analysiere ich ganz automatisch das Gesagte. Für jemanden, der seine Pubertätszeit nackt verbrachte, ist Frederick aber sehr leicht erregbar. Was ist sein Problem? Ob auch der verrückte

Flitzer noch Jungfrau ist? Offensichtlich ist ihm selbst noch nicht bewusst, dass er schwul ist! Als mein Blick auf eine unübersehbare Regenbogenflagge hinter uns über der Tür hängend fällt, wundert mich augenblicklich nichts mehr. Ich zumindest bin hier am richtigen Ort.

„Auf was wartest du?“ Der Blonde holt mich aus meinen Gedanken, schultert sich seinen Rucksack und stapft in seinen Cowboystiefeln über die knarrenden Dielen nach draußen. Unter der Tür blickt er kurz nach oben, erkennt wofür die Regenbogenflagge steht und verlässt die Registration. „Siehst du, Luon, wer mutig zu sich selbst steht, hat es leichter im Leben. Jeder hier akzeptiert mich so, wie ich bin!“

„Und wie bist du?“, bohre ich.

Er bleibt mir die Antwort schuldig.

Unsere Bleibe liegt ebenerdig zwischen dem Haupthaus und den Stallungen. Damit dürfte unser Zimmer das Zentrum der Anlage ausmachen. Jeder muss es passieren, um entweder zu den Pferden oder zum Saloon zu gelangen, dessen Schwingtür mehr oder weniger an unsere Bleibe anschließt. Tummelt sich mein schöner Flitzer hier auf der Veranda, wird er die Aufmerksamkeit bekommen, nach der er sich so sehnt. Die Honeymoon Suite ist ein rustikaler Traum in Holz und Weiß. Das Bett ist zum Glück nicht zu breit, was mich einerseits erwartungsvoll stimmt und gleichzeitig ängstigt. Ich schlief noch nie zuvor mit einem anderen Mann im gleichen Bett – und da Frederick zum Schlafen bestimmt nichts anziehen wird ...

„Ich schlafe auf der Seite dem Fenster zu!“ Der Flitzer holt mich aus meiner Grübelei. Er wirft seinen Rucksack auf besagte Bettseite und schüttelt dessen Inhalt einfach raus. Neben seiner Jeans, T-Shirts und Hemden in einem phosphoreszierenden kräftigen Grün ist sonst nur noch sein Toilettenbeutel drin. „Ich reise immer mit leichtem Gepäck!“

Da ich selbst kaum mehr dabeihabe, zucke ich nur mit der Schulter und räume meine eigene Reisetasche aus, um alles auf einem Regal im offenen Kleiderschrank zu deponieren.

„Lust auf einen Spaziergang? Es wird bestimmt noch zwei Stunden hell bleiben.“ Der Nackte schnappt sich den Hut von meinem Kopf und wirft ihn aus Bett.

„Na klar!“ Rasch tausche ich mein Hemd in ein T-Shirt und ziehe mir eine Lederjacke drüber. „Was?“, frage ich. „Ich bin in der Karibik aufgewachsen, da war es immer wärmer als hier."

„Ich sage ja nichts! Denkst du, ich sollte mich auch umziehen?" Er tauscht seinen alten Hut gegen den Weißen und dreht sich damit vor dem Wandspiegel. Abermals richtet sich sein Pimmel zu vollen Härte auf.

„Wie hast du deine Pubertät überstanden?"

Frederick schweigt, tauscht abermals den Hut und verlässt mit dem Speckigen auf seinem Kopf und in seinen Stiefeln unser Zimmer, um auf der Veranda draußen auf mich zu warten. Ich suche die Toilette auf und putze mir die Zähne. Als ich später die Honeymoon Suite verlasse, schwatzt Frederick mit einem der fünf Männer, die uns schon auf dem Weg zur Ranch begegnet sind. Sein Gesprächspartner, ein Kerl in einer abgenutzten Reithose und einer braunen Strickjacke kann seine Blicke gar nicht von Fredrick abwenden. Der lehnt rücklings an der Wand, dass sein bestes Stück eindrucksvoll zur Geltung kommt. Was er wohl damit kompensiert? An Fredericks kratzigem Klang in seiner Stimme schließe ich auf seine Nervosität. Ob er als provokativer Pin-up neues Territorium betritt?

„Luon, das ist Constantin aus Köln", stellt er mir den Kerl vor. „Er kommt schon seit Jahren hierher, um Jungs zu reiten."

Der konservative Endzwanzigjährige räuspert sich. „Dein Lover geht ja ganz schon ran!"

„Wir sind kein Paar!", korrigiert Frederick. Dass er sich damit zum Freiwild macht, ist ihm entweder sehr bewusst oder es kommt ihm einfach nicht in den Sinn. Ich bin mir nicht einmal sicher, ob er ahnt, wie ein Nackter mit Latte rüberkommt.

„Wir sehen uns beim Abendessen!" Damit klopft Frederick Constantin auf die Schulter und spaziert mit wippender Latte an ihm vorbei, um mich an meiner Hand von der Honeymoon Suite fort zu ziehen. Händchenhalten scheint für Frederick unter Männern ganz normal zu sein.

Erst als wir einiges später den nahen Wald durchquerten, entgleitet seine warme Hand meiner. Frederick dreht sich mir frontal zu. „Luon, dich mag ich total gerne! Ich bin nicht schwul oder so, aber dein Körper macht mich richtig geil. Ich bin sonst nicht dauergeil."

„Hast du in Basel eine Freundin?", frage ich ihn.

„Bei meinem stressigen Job blieb dafür nie Zeit."

Keine Zeit oder keine Lust? Ich verkneife es mir, meine Gedanken laut auszusprechen. Verriet er nicht, er sei seit bald einem Jahr arbeitslos?

„Constantin hat mir verraten, dass bis auf zwei der Stallburschen und einer der Gäste dieses Wochenende alle anderen schwul sind. Frauen gibt es hier scheinbar nie. Mich stört das überhaupt nicht. Die Gesellschaft von Männern habe ich immer genossen."

„Du hast die Adresse für diese Ranch von deinem früheren Abteilungsleiter bekommen?" Das verriet er mir in Lausanne.

„Ja, Daniel stand immer auf mich. Ihm habe ich auch meine Kündigung zu verdanken."

„Der skandalöse Zwischenfall? Was ist passiert?"

„Ich will nicht darüber reden!" Damit ist für Frederick das Thema durch. „Was arbeitest du?", will er wissen und lässt seine Blicke über die frühlingshaft ergrünte Landschaft wandern.

„Ich schloss kürzlich an der Uni von Caracas als *Bachelor of Science in Psychology* ab. Damit habe ich wohl mein Psychologiestudium in der Tasche, bin aber deswegen noch nicht berufsqualifiziert."

„Das heißt, du hast nichts in der Hand", stellt der Nackt fest. „An Geld fehlt es nicht. Die Übernachtung im Hotel, in dem du in Lausanne gastierst, kostet ein Vermögen."

„Der neue Mann meiner Mutter ist reich", weiche ich aus. Frederick geizt mit seinen Geheimnissen; das kann ich auch.

„Das dachte ich mir schon!" Dabei nickt der Nackte auf meine Marken Lederjacke und meine Designer Jeans.

„Trotzdem! Ich brauche eine Herausforderung, sonst fällt mir die Decke auf den Kopf", gestehe ich ihm.

„Wem sagst du das! Meine Kündigung liegt schon lange zurück. Ich lebe von der Arbeitslosenversicherung und meinem Gesparten. Mir bleibt noch ein halbes Jahr Versicherungsgeld. Finde ich bis dahin keinen neuen Job – und gebe ich bis dahin weiterhin so viel Geld aus – muss ich mich beim Sozialamt anmelden. Darauf habe ich total keinen Bock!"

„Warum arbeitest du nicht wieder in einer Bank?"

„Der Grund meiner Entlassung steht in meinem Arbeitszeugnis. Zudem findet man im Internet ein Filmchen über mich, wenn man meinen Namen googelt. Dumm gelaufen!"

„Was für ein Filmchen?"

Auch darüber schweigt sich der hübsche Blonde aus.

„Frederick, du bist jung, darüber wächst wieder Gras!"

„Ich bin dreiundzwanzig", gesteht er mir.. „Leider verjährt das Internet nicht, und meinen Namen trage ich bis ich sterbe!"

Oder bist du flüchtest und dir einen gefälschten Pass zulegst! Das behalte ich natürlich auch für mich.

Nach einem langen Spaziergang über noch brachliegende Äcker und blühende Wiesen, setzen wir uns auf von der Sonne aufgeheizte Steine am Waldrand und blicken ins Tal vor uns. Wenn die Aussicht über die sanften Hügel, die blühenden Frühlingswiesen und den nahen Sonnenuntergang auch atemberaubend schön ist, so kann ich meine Blicke dennoch nicht von Frederick neben mir abwenden. Er lehnt mit hinter seinem Kopf verschränken Händen am Fels. Nichts verdeckt seinen leicht muskulösen schamlos nackten Leib. Seine Achseln sind so fein säuberlich rasiert, wie der ganze Rest seines Körpers. Nichts, weder ein Tattoo, noch ein Piercing oder ein Schmuckstück, lenken von seiner natürlichen Schönheit ab. Der gebürtige Südfranzose ist kleiner als ich, vielleicht Eins Siebzig. Sein Penis ist weder besonders lang noch sonst irgendwie auffallend. Trotzdem kann ich meine Blicke nicht davon abwenden. Seine sehr helle Haut erinnert mich daran, warum man bei Menschen wie ihm von *Weißen* spricht. Nur seine kleinen Brustwarzen sind rosa, genauso wie seine Lippen, die ständig lächeln. Ich bin mir sicher, er spürt, wie ich ihn abchecke, denn sein Ding biegt sich bereits wieder immer härter werdend nach oben. Mit geschlossenen Augen genießt er meine Blicke und gedanklichen Liebkosungen. Entweder ist er wirklich einfach nur ein extremer Narziss oder sein Unterbewusstsein provoziert, bis ihn endlich ein Mann vernascht. Danach kann der Möchte-gerne-Hetero sich entweder selbst als bisexuell bezeichnen oder sein Verstand akzeptiert doch noch, was so offensichtlich ist. Ich würde diesen herben Bauernsohn aus Südfrankreich wahnsinnig gerne berühren. Meine Angst vor Ablehnung lähmt mich.

Er blinzelt, lächelt, als er meine Blicke auf sich registriert und schließt abermals seine Augen. Sein Lederhut ist verrückt und gibt ein paar hellblonde Strähnen in seinem sonst buschigem dunkelblonden Haare preis. Ich selbst schwarzhaarig bin total fasziniert von seinem Goldhaar, genauso von seiner bleichen Haut. Als Viertel-Indio und Dreiviertel-Kolumbianer mit spanischen Wurzeln wurde ich noch nie mit einem *Weißen* verwechselt.

„Wenn du mich noch lange so anstarrst", öffnet Frederick abermals seine Augen, „dann spritzt ich wieder ab."

Obwohl ich nichts lieber bezeugen würde, sehe ich ertappt weg. Frederick setzt sich auf, rückt seinen Lederhut zurecht und langt nach meiner Hand.

„Wenn wir pünktlich zum Abendessen zurück sein wollen, sollten wir aufbrechen. Die Sonne geht bald unter. Luon, hast du dir den Rückweg eingeprägt?"

„Was?" Verwirrt sehe ich mich um. Aus welcher Richtung sind wir gekommen? Nicht schon wieder! Wie vor wenigen Tagen in Lausanne, habe ich abermals keine Ahnung, wo ich bin.

„Relax! Ich finde immer meinen Weg. Da drüben ist Westen!" Der Flitzer zeigt mit seiner Latte auf den Sonnenuntergang. „Am Moos hier am Felsen ist die Himmelsrichtung ebenfalls ablesbar. Na ja, nur falls die Sonne untergehen sollte. Unsere Bleibe liegt zirka einen Kilometer ins Tal runter gegen Süden. Wir müssen nur durch diesen Waldstreifen und dahinter über die Anhöhe."

Abermals lässt er meine Hand nicht wieder los, als wir uns vom Sonnenuntergang abwenden und den nahen Waldweg ansteuern.

„Ich habe das Nacktsein wirklich vermisst!", gesteht er mir auf dem Rückweg. „Ohne dich hätte ich mich nicht getraut hier so frei das auszuprobieren, wovon ich solange träumte!"

„Ich dachte, du bist Nudist?"

„Das bin ich seit vielen Jahren nicht mehr!" Mehr verrät er mir nicht. Kumpelhaft legt mir Frederick seinen rechten Arm um die Schulter und trillert ein Liedchen. Als das Haus am Horizont auftaucht, fasst er wieder nach meiner Hand, bläht seine Brust, lässt seinen Pimmel hart anschwellen und schreitet breitbeiniger.

Bei unserer Ankunft in der Ranch ist die Nacht hereingebrochen. Warme Lichter des Haupthauses mit dem anschließenden Saloon beleuchten gelb den Kiesboden, der unter unseren Sohlen knirscht.

„Musst du dich wieder umziehen?", foppe ich den Nackten, der noch immer meine Hand hält, als ob wir ein frischverliebtes Pärchen wären und nicht bloß Kumpels, als die er uns jedem vorstellt.

„Allerdings!", pflichtet er mir bei. „Warte hier!"

Ich hocke mich aufs Holzgeländer der Veranda und seufze, während Frederick in die Honeymoon Suite eilt.

„Weiß zum Dinner! Denkst du nicht auch?" Keck dreht er sich kurz darauf auf der Veranda mit dem neuen Cowboyhut vor mir um die eigene Achse. Stolz schreitet der hart Erregte nur in Hut und seinen Stiefeln voraus auf das hellste Licht zu. Ich eile ihm nach. Bei der Schwingtür in den Saloon hinein, bleibt er stehen, strafft seine Schulter und schiebt sein Becken vor. „Was?", fragt er provokativ. „Ich mache das auch zum ersten Mal!"

„Ich sage ja nichts!", verteidige ich mein Gaffen.

Kaum haben wir beide den Saloon betreten, ersterben die Gespräche. Jeder der anwesenden Männer fokussiert den steinhart erregten Blonden. Als ob nichts wäre, zeigt Frederick auf einen freien Tisch. Plötzlich ist alles auf Zeitlupe geschaltet. Frederick schreitet mit hochrotem Kopf und mit einem Gang, als ob er gerade vom Pferd gestiegen sei, zum Tisch, wartet dort bis ich als erster Platz genommen habe und setzt sich mir danach gegenüber hin. Dabei lässt er sich viel Zeit. Erst als nur noch sein Torso über dem Tisch zu sehen ist, beginnt das Gemurmel aufs Neue – bestimmt mit neuem Thema.

„Du bist das Gesprächsthema des Abends", flüstere ich.

„Echt? Glaubst du?" Fredericks Miene hellt sich auf. „Mein Herz hämmert wie verrückt", gesteht er mir.

Noel kommt zu uns an den Tisch, klopf Frederick für seinen Auftritt auf die Schulter und zeigt auf die lange Bar an der Seitenwand des Saloons, darauf sind unzählige Schüsseln und Töpfe wie Platten mit Speisen platziert. „Jungs, wir haben hier Selbstbedienung! Nehmt was immer ihr wollt. Der Preis fürs Weekend schließt die Mahlzeiten mit ein. Teller wie Besteck und Getränke findet ihr ebenfalls an der Theke. Guten Appetit!" Bevor sich Noel zum Gehen abwendet, schüttelt er erheitert sein ergrautes Haupt und wendet sich wieder dem nackten Cowboy zu. „Seit du vor knappen drei Stunden hier angekommen bist, redet jeder vom blonden Knackarsch mit der rasierten Latte. Frederick, du bist ist eine wahre Bereicherung!"

„Danke!" Als ob damit alles gesagt sei, steht mein hellhäutiger

Kumpel wieder auf und schreitet, jetzt noch mehr von sich überzeugt, zwischen den Tischen und Kerlen hindurch zur Theke, wo er mir mit einem Teller zuwinkt. Als ich ihn erreiche, tippt er auf ein Curry-Reisgericht, Gemüse und Steaks.

„Luon, das sieht extrem lecker aus!" Er schöpft sich reichlich davon auf seinen Teller, sucht Besteck für mich und sich und badet bei seinem Weg zurück an unseren Tisch in den hungrigen Blicken aller Anwesenden. Am Tisch platziert er seinen Teller und dreht sich seinem Publikum zu. „Leute", ruft er aus, „ich bin Frederick Ferrand und er", zeigt er auf mich, „ist mein Kumpel Luon Logroño aus Kolumbien. Wir bewohnen zusammen die Honeymoon Suite gleich nebenan. Wer etwas zu trinken mitbringt, ist bei uns auf der Veranda herzlich willkommen. Ach, noch etwas: ich bin Nudist und mein Pimmel fühlt sich am wohlsten, wenn er dick angeschwollen und steinhart ist. Guten Appetit!"

„Du bist der geborene Conférencier!", lobe ich den Nackten. „Deine kleine Ansprache hat jedem gezeigt, dass du voll und ganz zu dem stehst, was du repräsentierst!"

„Und das wäre?"

„Mein Kumpel zu sein!"

„Aha!" Offensichtlich hoffte Frederick anderes hören.

Nach dem Essen räume ich unseren Tisch ab und hole für uns beide Cappuccino und frischen Rhabarberkuchen mit Schlagsahne. Leider ist mein Platz bei meiner Rückkehr von einem Kerl mit Dreitagebart und seinen beiden Kumpeln, die ihre Stühle an den Tisch geschoben haben, besetzt.

„Wo sind eure Manieren!" Frederick springt von seinem Stuhl, um mir einen neuen Hocker zu organisieren. Als ich wieder sitze, stellt er sich hinter mich und legt seine warmen Hände auf meine Schulter. „Leute, das ist der Mann, mit dem ich hier das Doppelbett teile! Wir sind kein Paar, aber wir sind echt die besten Freunde!" Dass er dabei seine Latte in meinen Rücken bohrt, scheint ihm nicht einmal aufzufallen.

Immer weitere Männer aus dem Fußball Club aus Grenoble gesellen sich zu uns an unseren Bistrotisch. Bald rückt Frederick so nahe an mich heran, dass wir uns von den Schultern bis zu den Knien berühren. Dass er auf meine Nähe sexuell reagiert, wird nicht nur mir bewusst. Seine Haut glüht förmlich und sein Harter schlägt ständig aus. Aber auch das irritiert meinen verrückten neuen Freund nicht. Da wir die Tafel immer mehr erweitern müssen, weil ständig neue Schaulustige sich darum drängen, ist der Tisch inzwischen eine Armlänge von uns entfernt. Längst verdeckt nichts mehr Fredericks zuckendes Ding. Es schert ihn kein bisschen. Im Gegenteil! Er sitzt extrem breitbeinig auf seinem Stuhl mit seinen Händen auf seinen Knien und präsentiert sich. Seine gute Laune und sein Selbstbewusstsein werden durch seine Provokation gefüttert. Der zeigegeile Hetero badet in der rein männlichen Aufmerksamkeit, wie andere in der Sonne. Diverse Lehrbuchideen über Verhalten, Verdrängung, Abwehr und Komplexe geistern durch meinen Verstand, werden aber all durch meine Verliebtheit überlagert.

Als immer mehr Fußballer sich um den kleinen Tisch scharren, zeigt Frederick auf eine Gruppe bequemer Sessel und Sofas an der Stirnwand des Saloons. Dreitagebart wie auch Lukas, ein schlanker Kerl im Club Trikot der Grenobler, eilen voraus, um die Sessel zu arrangieren. Frederick setzt sich auf den breitesten, der gleichzeitig das Zentrum des Geschehens einnimmt. Wie ein König pflanzt er sich hin und wird von seinem neuen Hofstaat umschwärmt. Aber Frederick ist kein Egoist, sondern Narzisst. Als er bemerkt, dass ich ins Abseits gerate, winkt er mich zu sich und bietet mir seinen Platz an. Ich begnüge mich mit der rechten Armlehne und überlasse ihm weiter seine Bühne. Bald erzählen sich die Männer eine Geschichte nach der anderen, lachen, trinken und lassen dabei den Flitzer nicht einen Moment aus den Augen. Wie sehr es Frederick gefällt von allen angemacht zu werden, bezeugt seine Dauererektion, die er wie das Geweih eines Platzhirsches vorführt. Abermals erstaunen mich seine Fürsorge und sein Interesse an mir. Kaum gähne ich nach über drei Stunden zum ersten Mal, stoppt er mitten in einer seiner Geschichten über die *Camargue* und dreht sich zu mir um.

„Leute, mein Kumpel ist müde! Es ist schon nach Mitternacht. Morgen wird ein schöner Tag zum Reiten! Den will ich nicht verschlafen!“ Frederick erhebt sich aus seinem Thron und wird entweder durch Handschlag, freundschaftliche Boxhiebe oder mehrheitlich durch Klapse auf seinen Knackarsch verabschiedet.

Vor unserem Zimmer lehnt sich Frederick an die Rückwand der Veranda und blickt zu den Sternen hoch.

„Luon, noch einen Moment länger und ich hätte einen echt klebrigen Flecken auf dem Boden im Saloon hinterlassen." Was er damit meint, demonstriert er mir, in dem er abermals, ohne sich selbst zu berühren, seine Lust in hohem Bogen in die Nacht abspritzt. Er keucht lustvoll und lächelt mich dabei spitzbübisch an. „Echt, das war jetzt mehr als nötig!" Lachend, als ob nichts weiter vorgefallen wäre, spaziert er ins Zimmer, hängt seinen weißen Hut an einen Hacken, schlüpft aus den Cowboystiefeln und stellt sich danach unter die Dusche.

Als ich mich in Boxershorts zu ihm ins Badezimmer geselle, rubbelt er sich gerade seine Haare mit einem Frotteetuch trocken. „Luon, du gibst mir Kraft und Selbstvertrauen. Alleine hätte ich es niemals gewagt, mich zu outen. Das war der ungewöhnlichste Abend, den ich jemals erlebt habe. Danke!"

„Du hattest gerade dein Coming-out?"

„Ja, als wiedererwachter Nudist!"

„Nur als Nudist?", bohre ich weiter.

„Als was denn noch?", fragt er naiv.

Ich behalte meine Ideen für mich. Gerührt und erregt bei dem Gedanken, den nackten Blonden gleich neben mir im Bett zu haben, scharre ich mit meinen Füssen auf dem Boden. „Ich glaube, ich habe mich in dich verliebt!"

„Echt?" Doch sein neues Schmunzeln verrät mir, dass es Frederick genauso geht, wenn er es sich wahrscheinlich auch noch nicht wirklich selbst eingestehen will. Sein Herz versteht und sein Kopf ist einfach noch blind. Sein schwules Coming-out hat er noch vor sich. „Luon, du liebst mich?", flüstert er.

„Ich glaube schon!" Meine Worte kratzen mich im Hals. Gleichzeitig verrät das Zelt in meine Boxershorts, wie sehr ich untertreibe.

Abermals langt Frederick nach meiner rechten Hand, schleudert mit seiner linken das nasse Badetuch von sich und führt mich ins Schlafzimmer. Als er auf meiner Seite des Bettes wartet bis ich mich hinlege, tue ich es. Er deckt mich zu, streichelt mir über den Kopf und schlendert anschließend ums Doppelbett herum auf seine Seite, um sich dort einzunisten. Erst als sich sein Kopf mir auf dem Kissen zudreht und sein breites Lächeln über seine Lippen huscht, schließe ich glücklich und sehr verliebt meine Augen.

Ich liebe Frederick; und er mich. Ich will nichts riskieren oder kaputtmachen indem ich versuche, mich an ihn zu klammern. Als sich seine warme rechte Hand in meine schiebt und er seinen Kopf auf meine Brust legt, fühle ich, wie ein klebriger Fleck sich unter meiner Boxershorts rasch vergrößert.

Ein Traum, der keinen Sinn ergibt

Lange liege ich wach und denke über den Tag nach. Obwohl ich Frederick noch keine vierundzwanzig Stunden kenne, teile ich bereits das Bett und ein Vertrauen mit ihm, das mir bisher unbekannt war. Frederick schläft und hat sich aus den Laken gestrampelt. Sein Knackarsch wird durch das fahle Mondlicht – vielleicht kommt die Helligkeit auch von den Lampen draußen? – gerade genug beleuchtet, dass ich nicht wiederstehen kann. Sehr sanft berühre ich seine Backen. Ich kann die harten Muskeln spüren, feinster Flaum und seine Körperwärme. Da er nicht erwacht, sondern im Schlaf schnurrt, streichle ich ihn einfach weiter. Mich kribbelt es am ganzen Körper vor Erregung und Verlangen nach diesem seltsamen Kauz. Tief schlafend verändert er seine Position, streckt mir seinen Arsch danach willig hin und vergräbt dazu seinen Blondschopf tief im Kopfkissen. Ob er wirklich schläft oder nur so tut, als ob? Um es rauszufinden rücke ich näher an ihn heran. Während ich meine Hand tiefer zwischen seine Schenkel gleiten lasse, öffnet er seine Beine, bis seine Knie und Füße sein Becken noch mehr anheben.

Zum ersten Mal in meinem Leben, bin ich einem anderen Menschen so nahe. Dass es ein Mann sein wird, ahne ich schon seit einigen Jahren nach der Flucht aus Kolumbien. Wie weich Fredericks Haut ist, wie schön seine Rundungen und wie sinnlich er sich überall anfühlt. Scheu spielen meine Finger mit seiner Kimme, fahren sie von oben bis unten ab und überwinden jedes Mal weitere Hemmungen. Als der Bengel im Schlaf seine Knie noch weiter anwinkelt, dass sein rechter Fuß meine Hüfte berührt, ahne ich, dass er vielleicht doch erwacht ist. Sein Atem bleibt gleichmäßig, wenn seine Lust das Schnurren auch verstärkte. Mutig fasse ich tiefer. Leider sind seine Hoden und sein Penis unter seinem Leib unerreichbar für mich weggedrückt. Spielend widme ich mich weiter seinem Knackarsch. Mit meinen Fingerspitzen berühre ich erstmals seine Rosette, die sich mir in seiner Stellung darbietet.

Ich zittere aus Verlegenheit meinen neuen Freund im Schlaf zu meinem Lustsklaven zu machen, kann aber nicht aufhören, Fredericks intimste Stelle zu umkreisen und zu wecken. Als mein Zeigefinger erstmals sanft eindringt, entfährt dem hübschen Südfranzosen ein tiefer Seufzer. Leider dreht er sich ab und murmelt im Schlaf etwas, dass sich wie *oh Urugnas*, anhört. Danach erreichte ich seine erogenen Zonen, ohne ihn dabei zu wecken, nicht mehr. Vollkommen betrunken von meinem Verlangen gleite ich in eine andere Welt.

Sofort finde ich mich in einer Kolonne von Bergleuten wieder, die auf den nächsten Lift in den bodenlosen Abgrund wartet. Einen Moment blicke ich mich verwirrt um, dann übermannt mich das neue Hier und Jetzt des Traums vollkommen und ich vergesse, wer ich eben noch war. Ich trage nur einen Lendenschurz umgebunden und das scheint vollkommen normal zu sein, auch dass ich in meiner linken Hand eine schwere Spitzhacke halte. Es surrte. Ein Knarren. Ein hölzerner Lift an Seilwinden tauchte aus dem schwarzen Loch vor uns auf. Ich dränge mich mit mindestens zwanzig weiteren Männern auf die Plattform. Einzige Sicherheitsvorkehrung sind Seile, die vom Dach des Liftes hängen und an denen wir uns festklammern, während der Lift sich abwärts in Bewegung setzt. Immer wieder stoppt die Fahrt in den Abgrund, damit Männer aussteigen können. Diese regulären Bergarbeiter entzünden Fackeln, die mich blenden. Erst wenn die Flammen in der Ferne verblassen, setzt sich die Abfahrt des Lifts fort. Endlos dauert die Fahrt. Die Luft wird stetig wärmer und stickiger. Das Atmen fällt mir schon lange schwer. Beim nächsten Stopp verschwinden die restlichen halbnackten Männer im Labyrinth dieses Bergwerkes. Alleine bleibe ich auf der schwankenden Plattform zurück. Abermals, diesmal ruckartiger, tauche ich tiefer in die ewige Nacht und ins finstere Herz des erloschenen Vulkans ein.

Der Lift kracht auf den Boden. Blind taste ich nach den Fackeln, entzünde eine davon an einem roten Kristall und versuche, geblendet von der Flamme, im Schacht vorwärtstaumelnd nicht abzustürzen. Nur langsam gewöhnen sich meine Augen an das wenige Licht. Tausend Schritte weiter, bei einer kürzlich eingestürzten Wand, stoppe ich. Hier wurde die

Treppe entdeckt. Darum bin ich hier. Stufe um Stufe steige ich hinab. Das rußende Feuer meiner Fackel ist der einzige Lichtquell. Mir zittern die Knie.

Warum wurde ich ausgewählt? Ich bin ein junger Forscher im Dienste des Gottkönigs dieses Reiches. Warum muss ich mein Leben aufs Spiel setzen und nicht einer der Bergleute? Mich traf das Los. Es hätte jeder andere meiner vierzig Mitstudenten sein können, aber nein, die Götter erwählten mich. Ich muss als erster ins Reich der *uralten Muttergöttin* vorstoßen. Ein heißer Luftzug verrät mir, dass die Göttin unter mir atmet. Als Verfluchter oder Gesegneter ist es an mir, der Göttin einen persönlichen Besuch abzustatten. Tod nach wenigen Atemzügen, von Glut und Hitze verbrannt oder für immer im Schoss der Mutter verloren. Was davon erwartet mich? Endlos viele Stufen später rieche ich statt Schwefel und meinem Angstschweiß Frische und fühle einen kühlen Luftzug.

Mutig rufe ich aus: „Erhabene Mutter der Erde, Urugnas aus der Forschergilde des Gottkönigs grüßt dich!“ Das Echo meiner ausgetrockneten Stimme erschreckt mich. Finde ich hier unten nichts, werde ich der uralten Muttergöttin geopfert. Wahrscheinlich stößt man mich einfach in einen der tiefsten Schächte, damit mein Fleisch und mein Blut das Vulkan Gestein nähren.

Endlich komme ich am Ende der Treppe an. Ob ich mich in einer Höhle oder einem Gewölbe befinde? Der Boden ist bearbeitet und an vielen Stellen glatt. Mit meiner Spitzhake und der Fackel kraxle ich auf allen Vieren vorwärts durch die Finsternis und versuche irgendetwas zu entdecken. Irgendwann berühren meine Finger eine Kante. Ich fahre sie ab. Es handelt sich um eine metallene Platte. Auf der Oberfläche sind verschlungenen Linien, die eine gefiederte Schlange darstellen eingeschlagen und für den Schöpfergott *Quetzalcoatl* stehen. Seltsam ist eine zweite Gestalt. Es zeigt das Bildnis eines nackten Mannes mit einer Sonne auf dem Kopf. Diese Gottheit ist mir ungekannt.

Mit meiner Spitzhake mache ich mich an die Arbeit. Kaum habe ich die Platte gelöst und hochgehoben, erkenne ich darunter, von Sand und losem Gestein begraben, ein blaues Licht. Es schimmert begraben. Hastig befreie ich es und finde einen zur Pyramide geschliffenen Edelstein, aus dem das Licht zu kommen scheint.

„Urugnas, du hast mich gefunden!“

Erschrocken haste ich auf meine Füße, kann aber im blendend blauen Licht, dass jetzt die Gruft ausleuchtet, niemanden ausmachen. Zittern vor Ehrfurcht sinke ich auf meine Knie, als das Abbild eines nackten Mannes mit einer Sonne auf seinem Kopf, langsam Form annimmt. „Wer bist du?“, hauche ich zitternd.

Das blaue Licht wird golden. Ist die Sonne auf seinem Kopf ist zum Leben erwacht? Der nackte Mann mit der Sonne auf dem Kopf spricht, als ob der Wind die Brandung peitschen würde, unheimlich und urgewaltig: „Urugnas, grabe den alten Tempel im südlichen Dschungel aus und finde so denjenigen, der der Sonne würdig ist. Beeile dich! Erlöse die Sonne!“

Von einem Strahl der Morgensonne geblendet erwache ich im Doppelbett der Honeymoon Suite. Tue aber sofort so, als ob ich noch schlafen würde, denn Frederick kuschelt sich unter der dünnen Decke an mich.

So gut und so falsch

Er streichelt meine nackte Brust. Der Südfranzose kräuselt mein spärliches Brusthaar mit seinen Fingern und liebkost danach sanft meine Brustwarzen und meinen Bauchnabel. Er tut das so liebevoll, dass ich meine Augen öffne, um ihn anzusehen.

„Habe ich dich geweckt?“, fragt er. „Ich habe noch nie einen anderen Mann so erforscht. Deine Haut ist viel sanfter als meine und das obwohl ich mich überall rasiere. Haben alle Kolumbianer so weiche Haut?“ Berührungsängste kennt er nicht. „Luon, fühle den Unterschied!“ Frederick langt nach meiner rechten Hand und legt sie sich auf seine eigene Brust.

Verlegen über die plötzliche Intimität – diesmal voll wach und beobachtet – scheue ich mich. Im Schutze der Dunkelheit war es einfacher. Diesmal ist es kein heimliches Vordingen.

„Mann, wir sind Copain! Luon, jetzt fühl schon!“

Scheu fahre ich seinen Torso ab. „Da sind feine Stoppeln!“

„Echt? Schon wieder?“ Sofort überprüft es Frederick mit seinen eigenen Fingern. „Allerdings! Ich muss mich nachher rasieren. Mann, ich hasse meine borstigen Körperhaare! Luon, deine sind ganz anders.“ Er zupft an den wenigen um meine Brustwarzen. Er tut das so selbstverständlich, als ob er den Lack eines Kühlers oder ein Küchengerät inspizieren würde. Sachlich registriert er Unterschiede und redet ganz offen darüber. Er vergleicht die Farbe unserer Brustwarzen, ihre Größe und Härte. Neugierig bohrt sein Zeigefinger in meinen Bauchnabel und folgt danach der feinen Haarstraße tiefer. Ganz natürlich schiebt er seine Hand unter den Bund meiner Boxershorts und wühlt in meinem verklebten Schamhaar. „Hast du abgespritzt? Luon, hattest du auch einen erotischen Traum?“

Erschrocken hocke ich mich im Bett auf. Mein komischer Traum ist mir plötzlich wieder klar im Gedächtnis.

„Alter, das ist kein Grund zum Ausrasten.“

„Ich träumte von einer …“

„Frau?“ Frederick runzelt seine Stirn. „Luon, bist du nicht schwul?“

„Keine Frau!“ Verwirrt über die Bilder in meinem Kopf blicke ich auf den Nackten in meinem Bett und beschließe, den Traum aus meinem Gedächtnis zu tilgen. „Du hattest einen erotischen Traum?“, wechsle ich das Thema.

„Und ob!“

„Erzähl!“

Fredricks Kopf wird augenblicklich knallrot. „Später!“ Er langt abermals vorne in meine Hose. „Ich rasiere mir die Schamhaare seit die ersten gesprossen sind. Kitzeln dich diese Haare nicht den ganzen Tag?“ Frech zupft er an meinem Busch.

Da er seine Frage offensichtlich ernst meint, verneine ich.

„Luon, sei nicht so verklemmt!“, ermutigt er mich. „Ich bin auch dabei, deinen schlanken Körper zu erkunden. Nur zu! Bist du nicht neugierig, wie sich eine blitzblank rasiere Schamregion anfühlt?“ Weil ich zögere, zieht er seine Hand aus meiner Unterhose und packt damit mein Handgelenk. Zielsicher schiebt er meine Hand unter die Decke und platziert sie bei sich vor Ort. „Jetzt teste!“ Um mir zu demonstrieren, dass nichts dabei ist, schiebt er wieder zielsicher seine Hand in meine Unterhose. Diesmal schnappt er sich einfach das, was härter nicht werden kann.

Ich keuche sofort auf.

„Schon jetzt?“ Rasch zieht mir der Nackte meine Boxershorts vorne runter, dass ich freies Schussfeld bekomme. Sofort packt er wieder meine Waffe und zielt damit auf meine Brust hoch. Mit seiner anderen Hand reißt er sich selbst die Decke vom Leib und feuert zeitgleich mit mir ebenfalls seine Morgensalve ab.

Viel zu erregt zum Sprechen, sehe ich zu Frederick rüber.

Sein breites Grinsen zollt seine Zufriedenheit. „Mann, das war total genial! Gleich nochmal?“ Bevor ich reagieren kann, packt er schon fester zu. All der Kleister stört ihn überhaupt nicht. Im Gegenteil, er riecht daran und vergleicht auch hier mit seiner eigenen Duftnote. „Du riechst ganz anderes, als ich. Mein Sperma riecht nach Banane, deines nach Honig.“

Auch wenn ich nichts sehnlicher will, als seine Hand genau dort zu haben, wo sie jetzt liegt, winde ich mich. Für ihn mag das alles ein Experiment sein, eine Laune oder ein Spiel, doch für mich ist es ernst. Ich liebe diesen Flegel mehr, als ich in Worte fassen kann. Geschickt schäle ich mich aus seinem Griff und danach aus dem Bett, um unter der Dusche mit kaltem Wasser wieder einen klaren Kopf zu bekommen. Wie eisig Wasser in den Alpen sein kann, versuche ich stoisch zu ignorieren.

Frederick stellt sich kurz darauf zu mir unter die Brause und seift uns beide mit einem nach Lavendel riechenden Duschgel ein. Abermals tut er das so selbstverständlich, als ob wir seit tausend Jahren verheiratet oder als ob ich sein Pudel wäre, der einfach wieder mal ne Wäsche nötig hat. Seelenruhig rasiert er sich mit einer Wegwerfklinge überall sehr gründlich.

Meine Gefühle spielen verrückt. Einerseits glühe ich vor Verlangen und Leidenschaft und andererseits ist mir zum Weinen. Was wenn er ein Hetero ist, der etwas Neues ausprobieren möchte? Als er mich nach seiner Rasur mit seinen Armen von hinten umfängt und seinen Kopf an meine Schulter anlehnt, spüre ich seine Lust zwischen meinen Hinterbacken. Es fühlt sich erst so gut, danach so falsch an. Abermals entziehe ich mich seiner Nähe, wasche mir die Seife vom Leib und flüchte.

„Warum bist du so abweisend?“, fragt er und folgt mir tropfnass ins Schlafzimmer. „Hab ich dir wehgetan? Magst du mich nicht mehr?“

„Kommst du so mit zum Frühstück?“, zeige ich auf seine Latte. Ich will mich nicht erklären.

„Worauf du wetten kannst!“ Frederick schwellt seine nackte Brust und testet mit seinen Händen überall, ob er alle Stoppeln erwischte. „Willst du fühlen? Jetzt ist endlich wieder alles blitzblank und seidenweich!“

Kopfschütteln ziehe ich mich an und verlasse die Honeymoon Suite, um draußen in die Morgensonne auf ihn zu warten. Für Ende April ist es warm – na ja, für Europa! Ich hole mir im Zimmer trotzdem meine Lederjacke. Frederick streckt gerade seinen Arsch in den Standspiegel und prüft, ob er auch *wirklich überall* gründlich nachrasierte. Der hübsche Südfranzose ist nicht nur ein Nudist, ein verklemmter Homo und offensichtlicher Narzisst, er ist auch ein ästhetischer Perfektionist.

„Warum ist es dir so wichtig, dass du wie ein großes Kind aussiehst?“, frage ich ihn direkt.

Missmutig brummelnd legt Frederick die Wegwerfklinge auf die Kommode neben dem Spiegel. „Alter, analysierst du mich?“ Weil ich ertappt erröte, fährt er fort: „Ja, ja, lache mich nur aus! Du bist genau, wie die anderen!“

„Welche anderen?“

Frederick schnappt sich seinen abgenutzten Lederhut und schiebt ihn sich tief ins Gesicht. So spaziert an mir vorbei. Er schmollt.

Auch danach im Saloon kehrt seine sonst immer gute Laune nicht zurück. Vergrämt holt er sich am Buffet von den Leckereinen und schaufelt alles schweigend an der Bar sitzend in sich hinein. Die neugierigen Blicke der erst heute Angereisten ignoriert er. Ich geselle mich nur nicht zu ihm, weil mich Noel beim Eingang abfängt und in ein Gespräch über meine Reitkenntnisse verwickelt. Schummelnd berichte ich, dass ich zuhause in Kolumbien oft geritten war – dass das als Fünfjähriger auf einem Pony war, verschweige ich natürlich.

„Liebeskummer?“ Noel durchschaut mich sofort.

Schulterzuckend bleibe ich ihm die Antwort schuldig und beobachte den Nackten, wie er alleine an der Bar frühstückt. Dreitagebart, der gestern Abend schon auffallend direkt mit Frederick flirtete, betritt den Saloon und gesellt sich sofort zu ihm. Was die Beiden tuscheln, kann ich nicht hören, doch Frederick lächelt bald wieder, noch mehr, als ihn der Kerl immer öfters in die Seite boxt und danach seine rasierte Brust streichelt. Weil Dreitagebarts Hand dabei immer tiefer gleitet, entflamme ich in Eifersucht.

„Ist dein Lover noch Jungfrau?", fragt Noel, der die Beiden an der Bar ebenfalls nicht aus den Augen lässt.

„Frederick sehnt sich nach männlicher Nähe. Er wird sich langsam bewusst, dass er schwul ist", gebe ich mich psychologisch Neunmalklug.

„Er sieht ständig zu dir rüber", flüstert mir Noel zu. „Auch wenn ihm Jean-Lucs Fummel gefällt, sehnt er sich nach dir."

„Wirklich?" Kritisch mustere ich Jean-Lucs direkte Streicheleinheiten und gleichzeitig Fredericks Blicke, die nach meiner Aufmerksamkeit suchen. Will mich der Nudist provozieren?

Als ich ihm zuzwinkere, schüttelt der Nackte die fremde Hand ab, schiebt seinen leeren Frühstücksteller von sich, greift nach seiner Kaffeetasse und kommt damit auf Noel und mich zu. „Leute!" Frederick stellt sich breitbeinig vor uns und schwankt danach von einem Fuß auf den anderen, dass seine Latte hin und her schwenkt. „Steigt heute Abend hier ne Party?"

„Ja, die Grenobler feiern einen wichtigen Sieg", bejaht Noel. „Nach dem Abendessen gibt es Show und Tanz. Jeder Gast kann seinen einen Beitrag dazu leisten. Constantin sucht Freiwillige."

„Welche Art von Beitrag?", will ich wissen.

„Irgendeine Nummer." Noel zuckt mit seiner Schulter. „Sicher ist bis jetzt nur, dass Constantin auf seiner Gitarre spielen und dazu singt wird und die Grenobler ebenfalls etwas planen."

„Cool!" Fredericks Augen blitzen sofort begeistert auf. „Dann strippe ich!"

„Aber du bist doch eh immer nackt!"

„Ich strippe!", beharrt Frederick und denkt bestimmt schon darüber nach, was er überhaupt zum Anziehen dabei hat, dass er in einer Show ausziehen könnte. Weil Constantin sich bereits im hinteren Teil des Saloons mit Kaffee und Croissants zurückgezogen hat, gesellt sich der Nackte zu ihm. „Luon, reiten wir nacher zusammen aus?", ruft Frederick durchs Lokal zurück.

„Luon, dann zeige ich dir schon mal die Pferde", steigt Noel darauf ein. An Frederick gewandt, der bereits vor Constantin an dessen Tisch steht, brüllt Noel zu: „Dein Freund und ich sind in den Stallungen drüben. Fredericke es ist die rote Tür!“

Ein mutiger Stierreiter unter lauter Feiglingen

Eine halbe Stunde später gesellt sich Frederick in den Stallungen wieder zu uns. „Ich bin im Programm!“

„Jungs“, dabei tätschelt Noel einem gescheckten Pferd den Nacken, „reitet doch rüber zu *Batistas Stallungen* ins Nachbartal. Dort werden heute neue Pferde zugeritten und einige der Jungs der Region treffen sich zu einem Rodeo.“

„Abgefahren! Ich war als Teenager ein ganz guter Zureiter!“, brüstet sich Frederick und rückt seinen Lederhut zurecht. „Kann ich da so aufkreuzen?“, fragt der Nackte ernsthaft.

Lange mustert Noel den hübschen Blonden. „Warum nicht? Ich schlage aber zum Hut Chaps sowie Reitstiefel vor. Auf den Rest kannst du verzichten. Hier in der Region sind wir keine Spießer.“

„Hast du Chaps?“

„Flitzer, hole deine Stiefel! Ich besorge passende Chaps.“

Zehn Minuten später trägt Frederick seine Cowboystiefel mit dem bunten Fransen und dazu nur abgeschabte Wildleder Schutzüberhosen. Vor der mit Efeu überwucherten Seitenwand des Stalls wirkt Frederick in seinem Aufzug wie ein Pornostar.

Einer der Stallburschen führt zwei gesattelte Pferde zu uns herüber, staunt über Fredericks Reitkostüm und schüttelt belustig seinen Kopf. „Nudist?“

Mein Freund nickt, schwingt sich aufs Pferd und lächelt über meinem Verheddern in den Zügeln. „Ich passe schon auf ihn auf!“, ruft Frederick Noel zu, als der seine Augen verdreht. Noel erklärt uns den Weg zum Rodeo. Frederick nickt ständig, als ob er sich hier bereits bestens auskennen würde und verzichtet auf die Karte, die Noel zückt.

Kaum außer Sicht der Ranch, tut mir schon alles weh, dennoch genieße ich die menschenleere Landschaft. Das frische Grün der Bäume, die saftigen Wiesen und bunten Frühlingsblumen auf den Wiesen lassen mich jauchzen. Während Frederick das Gelände im Galopp erkundet, bleibe ich in gemächlichem Trott und werde trotzdem wie ein Kartoffelsack durchschütteln. Die Schönheit des Tals, der wilde Fluss dem wir folgen und Fredericks Kapriolen lassen es mich ignorieren. Dass ich heute auf einem Pferd sitzend einem zeigegeilen Hitzkopf zu einem Rodeo folge, hätte ich mir gestern Morgen in meinen kühnsten Fantasien nicht vorstellen können.

Batistas Stallungen erstrecken sich übers ganze Nachbartal. Bestimmt an die vierzig oder mehr Cowboys haben sich bereits zum Rodeo eingefunden. Darunter erkenne ich auch Jean-Luc, mit dem Dreitagebart wie einige Fußballer aus Grenoble.

Frederick steuert das Zentrum des Geschehens an. Ich folge ihm. Komischerweise ist keine einzige Frau hier. Mein neuer Freund schwingt sich von seinem Hengst und führt ihn an den Zügeln zu Kerlen, die auf ein eingezäuntes Feld hinausblicken. Zwei Cowboys fingen sich dort ein Fohlen ein und verschnüren ihm gerade die Hinterläufe. Frederick erklärt mir, was es damit auf sich hat, doch ich höre nicht wirklich zu. Einmal mehr beeindruckt mich, wie natürlich und selbstischer er sich mit nacktem Arsch und sichtbar halberigiertem Pimmel durch die Kerle bewegt. Immer wieder hebt er seine Hutkrempe an oder wechselt Worte mit den Cowboys. Nicht einmal reagiert er auf bissige Bemerkungen. Akzeptieren sie ihn deswegen?

Mein Französisch ist wirklich gut, doch bei all den Fachausdrücken, die ein Rodeo mit sich bringt, habe ich längst aufgegeben, alles verstehen zu wollen. Anders Frederick, der sich wortgewandt über neue Kunststücke oder gefährliche Reitkünste austauscht. Wie schon gestern auf dem Gestüt von Noel, ist es auch hier nur eine Frage der Zeit, bis er jeden kennt und vollkommen in der Runde aufgenommen ist. Wenn auch einige Gays aus Grenoble hier versammelt sind, so bin ich mir trotzdem ziemlich sicher, dass die Mehrzahl der Versammelten nicht auf seinen Arsch steht – zumindest nicht offiziell!

„Ich kann bei der nächsten Runde mitmachen!“ Frederick hakt sich bei mir unter und zieht mich ans Gatter mitten unter die anderen Männer. Dort zeigt er auf die eingezäunte Arena und einen Bretterverschlag. „Ich darf den Bullen reiten!“

Frederick ist weder besonders muskulös, groß oder sonst irgendwie der Kerl, den man sich auf wilden Bullen reitend vorstellt. Wahrscheinlich halten ihn viele für einen durchgeknallten Teenager, der hier unbedingt auffallen will.

„Wie steht der Rekord?“, erkundigt sich Frederick, als er den schnaubenden Bullen mit Kennerblick abgecheckt hat. Einer der Machos nennt ein paar Sekunden und Frederick wackelt mit seinem Arsch. „Luon, mich wirft so leicht keiner ab!“ Er löst den Gurt, der die Chaps hält und lässt die ledernen Hosenbeine einfach zu Boden gleiten. Selbstsicher richtet er sich seinen Lederhut und klettert flink den Bretterverschlag hoch, um sich von oben auf den Rücken des wilden Bullen zu setzen.

„Nackig?“ Einer von Batistas Ranch mustert den Flitzer.

„Mit Hut und Stiefeln!“, antworte Frederick. „Leute“, brüllte er, „ich werde den Stier mit meinen Schenkeln zerquetschen!“ Heiteres Gelächter stachelt den Nackten nur noch mehr an. „Jungs! Wer wettet gegen mich?“

Sofort wird es um das Bullengatter lauter. Erste Quoten werden genannt und Wetteinsätze von einem bärtigen Alten auf eine Tafel notiert.

„Ich halte alle Wetten!“, prahlt Frederick. „Luon, ich muss nur acht Sekunden durchstehen und danach einen guten Absprung schaffen.“

Immer mehr Schaulustige strömen herbei. Die Nachricht, dass ein nackter Halbstarker den Stier bezwingen will, machte rasch die Runde. Erreicht Frederick über achtzig Punkte, gewinnt er fast sechstausend Euros. Verliert er, dann wird sein Gang zum Sozialamt bestimmt nicht lange auf sich warten lassen. Übermütig und inzwischen steinhart erregt, erklärt er mir die Regeln. Er darf sich nur mit einer Hand am Seil, das um den Oberkörper des Bullen gebunden ist, festhalten.

Die Helfer öffnen das Gatter.

Der Stier stürmt tobend in die Arena.

Mir steht das Herz still.

Fredericks Lederhut fliegt sofort davon. Der Stier bockt, dreht sich wie toll geworden, rollt seinen Rücken und tritt, während er immer wieder sein Haupt senkt mit seinen Hinterbeinen aus und brüllt dazu laut. Der Verrückte obenauf lacht, winkt und lässt sich einfach nicht abwerfen. Nach den acht Sekunden lässt er sich noch immer weiter durchschütteln. Schon zum zweiten Mal erklingt ein lauter Summton, das Zeichen zum Absprung. Frederick denkt nicht daran. Er bleibt noch weitere drei Sekunden auf dem Stier, der immer rasender geworden versucht den Reiter abzuwerfen. Endlich schwingt Frederick sein rechtes Bein über den Rücken des Bullen und springt seitlich ab, um rasch das Gatter zu erklettern und sich dort in Sicherheit zu bringen. Die Preisrichter zeigen die Maximale Punktzahl. Mit hoch erhobenen Armen über seinem Kopf und einer stahlharten Latte, lässt sich der Sieger feiern. Ihm wird eine Goldmedaille an einem Band in den Nationalfarben Frankreichs umgehängt und er bekommt seinen Wettgewinn ausgehändigt. Jeder will ihm gratulieren, ihn fotografieren, ihm auf die Schulter klopfen und seinen Knackarsch zwacken.

„Du bist ja ein ganz hartes Früchtchen!" Damit tätschelt auch Jean-Luc Fredericks Backen.

„Bullenreiten macht dich geil!", stellt einer der Stallburschen der Batista Ranch sachlich fest und knipst des Siegers Latte mit seinem iPhone.

„Spritze ich nicht gleich ab, platze ich!", ruft Frederick.

„Brauchst du Hilfe?" Ein Zuschauer leckt sich die Lippen.

Statt zu antworten, öffnet Frederick seine Arme, blickt zur Sonne und spritzt, dabei breitbeinig in die Knie gehend, in hohem Bogen ab. Unter schallendem Gelächter, erneutem Schulterklopfen und diversen Einladungen für allerlei zweideutige Angebote, stapft Frederick danach in seinen Stiefeln aus der Runde auf mich zu.

„Luon, ich habe sechstausend Euros kassiert!"

„Und dich vor allen als Porno-Darsteller geoutet!"

„Porno?", fragt er. „Mann, du weißt doch, wie leicht erregbar ich bin. Die Situation ähnelte meinem erotischen Traum von letzter Nacht. Echt, ich konnte nicht anders als abspritzen!"

„Erzähl!", fordere ich ihn auf.

Frederick hakt sich bei mir unter. „Ich war nackt im Saloon. Doch er war viel grösser als in der Wirklichkeit. Tausend Ballons hingen von der Decke und Discobeleuchtung und Scheinwerfer waren auf mich gerichtet. Ich war die Attraktion!"

„Bist du jetzt auch!"

Der Nackte lacht. „Im Traum war klar, ich war für etwas Außergewöhnliches ausgewählt worden."

Sofort erinnere ich mich an meinen eigenen Traum. Auch mich hatte das Los bestimmt.

„Hörst du mir überhaupt zu", knurrend boxt mir Frederick in die Seite. „Alter, du träumst mit offenen Augen."

„Von dir!", lüge ich.

„Ich musste auf die Bühne. Ein kräftiger Kerl forderte mich auf, mich rücklings auf einen Sessel zu knien. Kaum getan, streichelte er meinen Arsch."

Ertappt erröte ich.

„Warum wirst jetzt du rot? Luon, aus dir werde ich einfach nicht schlau. Jetzt höre: Das Publikum brüllte Zugabe und der Mann massierte immer intimer. Es fühlte sich total gut an. Dann brachte ein zweiter Mann einen Dildo."

„Du wurdest in deinem Traum auf der Bühne von zwei Fremden mit einem Dildo gefickt?"

„Zwei der Stallburschen laden mich ein, den Nachmittag mit ihnen auf dem Feld zu verbringen. Kommst du auch mit?" Frederick wechselt sofort das Thema.

„Damit sie dich mit einem Dildo verwöhnen können?"

„Und wenn es so wäre?" Frederick sieht mich herausfordernd an. „He? Was wäre schon dabei?"

Bevor ich antworten kann, stellen sich die beiden besagten Kerle, beide Mitte Dreißig, rechts und links neben den Nackten. „Wollen wir?"

„Kann mein Freund auch mitkommen?"

In den Blicken der Männer erkenne ich, dass sie mit Frederick eindeutige Pläne hatte. Nur weil Frederick insistiert und dabei sein süßestes Lächeln aufsetzt, stimmen die Cowboys zu. Louis und Alain stellen sie sich mir namentlich vor und fragen mich direkt, ob ich auch ein geiler Wichser sei. Als ich verneine, spüre ich wenig Begeisterung über meine Mitfahrt.

Louis bietet Frederick den Platz vorne zwischen sich und Alain im Pick-up an. Ich solle es mir hinten auf dem Auflader bequem machen. Durch die Rückscheibe kann ich in die Führerkabine blicken und erkenne, dass Louis' Hand sich, kaum eingestiegen, auf Fredericks Oberschenkel platziert. Während der Fahrt das Tal hoch schüttelte Frederick Louis' Hand kein einziges Mal ab, auch nicht die von Alain, die bei jeder Gangschaltung kurz seinen Innenschenkel streichelt. Weil der Pick-up nach ein paar Kilometer über Feldwege abrupt hält, verliere ich meinen Halt und kippe um.

Louis steigt als erster aus. Er lehnt sich an den Auflader und sieht auf mir runter. „Dein Freund ist nicht schwul?“

Wenn ich die drei Männer auf dem Vordersitzt auch beobachten konnte, ihre Worte waren durch die Scheibe nicht zu hören. „Nein! Er ist einfach ein zeigegeiler Exhibitionist, der leicht erregbar ist und gerne abspritzt! Warum?“, frage ich naiv.

„Und du?“, setzt Louis sein Verhör fort.

„Ich bin weder ein zeigegeiler Exhibitionist, noch spritze ich in der Öffentlichkeit ab!“

Louis lacht auf und hilft mir vom Auflader.

„Wir müssen hier ein paar Ballen einsammeln, die wir letzte Woche geschnitten und zum Trocken bereitgestellt haben. Jungs, in der Nähe gibt es im Fluss eine gute Stelle zum Baden.“

„Im April?“, entfährt es mir. Mir schaudert beim bloßen Gedanken hier in eisiges Wasser aus den Bergen zu steigen.

„Geil!“, klatscht Frederick in seine Hände.

„Erst Aufladen!“ Louis zeigt zu maschinell verschnürten, doch handlichen Ballen auf der Wiese. Das angetrocknete Heut riecht intensiv nach Kräutern, als ich mir den ersten Ballen schnappe und zum Pick-up trage.

„Frederick kannst du auf den Pick-up klettern und dort die Ballen mit den Seilen festbinden?“

Der Nackte kraxelt hoch. Nicht nur Louis und Alain ergötzen sich an seinen unschuldig schamlosen Verrenkungen. Während Louis Seile spannt, steht Frederick hinten auf dem Auflader und packt breitbeinig nach dem letzten Ballen. Er sieht dabei aus, als ob er seine Dauererektion tief ins Heut geschoben hätte. Als er dabei seine Hüften auch noch rhythmisch vor und zurückbewegt, laufe ich knallrot an.

„Flitzer, fickst du den Grasballen?“, fragt Alain.

„Männer, das feuchte Gras im Innern fühlt sich geil an.“ Immer heftiger stößt Frederick zu, lacht plötzlich auf und dreht sich um. Oh Wunder, seine Latte ist geschrumpft und das grüne Gras hat ihm eine neue Scham verpasst. „Ich ficke doch kein Gras! Leute, das ist nicht mein Ding!“

Weil ich mit der Fuhre hinten aufgeladen keinen Platz mehr finde, quetschen wir uns zu viert in die Führerkabine. Weil es nebeneinander einfach zu eng wird, setzt sich Frederick auf meinen Schoss und bittet mich, ihn während der Fahrt zu halten, damit er nicht abrutscht. Während der holprigen Fahrt den Fluss entlang berühren meine Finger seine mit Gras bedeckte Schamregion. Alain, Louis und ich schwatzen über die Vorzüge von Nudismus und tun so, als ob wir wirklich eine Ahnung hätten. In Wahrheit starren wir alle auf Fredericks Latte, die bei jeder Bodenunebenheit hochschnellt.

Als wir besagte Badestelle erreichen, erkenne ich sofort die Vorzüge dieses Ortes. Der Fluss grub sich tief in den Kalkstein der Alpen ein und formte natürlich Becken, in denen sich das seichte Wasser von der Sonne aufwärmt.

Frederick klettert über mich aus dem Wagen. Er zieht sich seinen Lederhut und seine Stiefel aus und watet splitternackt durch den Fluss zum ersten dieser Becken. Kaum vor Ort, legt er sich einfach hinein und brüllt: „Leute, das Wasser ist extrem warm!“

Ich glaube dem Verrückten kein Wort. Louis und Alain wechseln Blicke und beginnen sich hinter dem Pick-up auszuziehen. Trotz unseres Gespräches über Nudismus behalten beide ihre Unterhosen an. Wenigstens erwartet jetzt keiner einen Striptease von mir. Ebenfalls nur noch in Boxershorts geselle ich mich zu den anderen. Das Flusswasser ist eisig und das im Becken gestaute, ist nur etwas weniger kalt.

Frederick liegt auf seinem Rücken und lässt seinen Pimmel von der Strömung schaukeln. Seine rosa Brustwarzen tauchen immer mal wieder auf und unter. „Leute, was starrt ihr so?“

Louis sitzt am Fußende des Badenden und versucht seine eigene Erektion in der nassen Unterhose zu verbergen. Alain – wahrscheinlich aus dem gleichen Grund – drehte sich auf seinen Bauch. Ich selbst habe meine Beine so angezogen, dass meine Schienbeine einen idealen Sichtschutz abgeben.

Als Frederick Louis‘ Dicken bemerkt, kickt er mit seinem linken Fuß nach dem Stallburschen. „Mich gafft ihr wie läufige Hunde an, ich aber kriege nichts zu sehen! Louis, du hast mich zum gemeinsamen Wichsen eingeladen! Hemmungen?“

Louis errötet. Ob ich der Grund für ihr Zögern bin? Dennoch sucht Louis Blickkontakt zu mir. Offensichtlich gefalle ich ihm. Alain grunzt unverständlich, bleibt auf dem Bauch liegen und dreht nur seinen Kopf zu Frederick. Endlich rückt er näher.

Die nackte Badenixe lacht, fährt sich über den Torso und wackelt mit der Latte. „Feiglinge! Ich wixe gerne!“ Frederick fasst zu und demonstriert uns Verklemmten, wie schön das Leben ohne Hemmungen sein könnte.

Alain rückt noch näher an Frederick. Er stützt seinen Oberkörper mit den Ellbogen ab und ragt jetzt zwischen Fredericks Schenkeln aus dem Wasser.

„Macht ihr nun mit oder was?“ Frederick spielt weiter demonstrativ an sich rum und kickt abermals nach Louis. Der platziert sein linkes Bein so, dass sein Dicker in der durchsichtig gewordenen Unterhose klar zu erkennen ist. Abermals sucht der Stallbursche in meinen Blicken Bestätigung. Ist der geile Frederick nur Mittel zum Zweck, mich anzubaggern?

Alain langt zu und wichst meinem Freund die Latte.

Eifersüchtig starre ich auf die Beiden.

Frederick schreckt plötzlich hoch. „Alter, willst du mir den Finger reinstecken?“

„Darf ich?“

„Klar!“ Frederick platziert sich so, dass sein Arsch aus dem Wasser schaut. Erfüllt sich gerade Fredericks erotischer Traum? Nach langen fünf Minuten ruft Frederick aus: „Ne! Das finde ich nicht so toll! Lass uns einfach wixen!“

Entmutigt rückt Alain von Frederick ab und sieht zu Louis. Der hat sich seine Hand vorne in seine Unterhose geschoben und schmachtet rubbeln abwechseln zum Sexobjekt und zu mir. Die Situation überfordert mich, warum ich aufstehe und zum Wagen flüchte.

Louis folgt mir. „Wir können uns dort“, er zeigt auf ein paar Büsche und Felsen, „zurückziehen. Dein blonder Freund ist der ideale Stimulator. Er versteht es alle Hemmungen abzubauen. Doch mich gelüstet mehr nach …“

„Schokolade statt Milch?“, beende ich seinen Satz.

„Nach einem scheuen jungen Mann, der nicht provozieren will, sondern echte Nähe sucht.“

„Fahren wir zurück?“ Frederick steht plötzlich nass hinter mir. „Alain ist zu feige sich zu zeigen und Louis scheint auch nicht der Mann zu sein, der zu seinem Wort steht." Direkt an Louis gewendet, schimpft mein nackter Freund: „Wenn du wieder einmal einen anderen Kerl zum Wixen einlädst, dann zieh nicht mitten drin deinen Schwanz ein!" Sauer oder enttäuscht, sammelt Frederick seine Stiefel und seinen Lederhut ein und klettert hinten auf den Pick-up, um es sich irgendwie zwischen den Grasballen gemütlich zu machen.

Weil Alain kurz nach ihm vom Fluss zurückkehrt, sich nass wieder in seine Jeans und sein Hemd schält, tun Louis und ich es auch. Diesmal sitze ich vorne zwischen den beiden Stallburschen. Wir reden kein Wort auf dem Weg zurück zu Batistas Stallungen.

Die Grenobler müssen schon aufgebrochen sein, als wir am Ziel ankommen. Frederick holt unsere Pferde, befestigt die Chaps am Sattelknauf und schwingt sich nackt hinauf.

„Feiglinge!", schnauzt er auf dem Rückweg. „Mann, Luon, was ist denn an Wixen so schlimm, dass man es nicht in Gesellschaft mit anderen genießen kann?"

Ich lenke seine Gedanken auf den Stierritt.

„Mann, den habe ich glatt vergessen!" Rasch wendet der Blonde seinen Hengst und galoppiert zu Batistas Stallungen zurück. Als ich die erste Wiese erreiche, schließt der wilde Cowboy schon wieder auf. Er trägt seine Goldmedaille um den Hals und wedelt mit einem dicken Bündel Hunderteuronoten.

Ein gefährliches Experiment

„Was hast du gemeint, als du sagtest, ich hätte mich zum Porno-Darsteller geoutet?", fragt mich Frederick, als er sein Pferd abgesattelt hat und es danach einem der Stallburschen zur Pflege übergibt. „Denkst du, ich tauge was zum Porno-Darsteller?" Eifrig macht er sich jetzt am Sattel meines gescheckten Pferdes zu schaffen und schwingt das schwere Lederteil danach über einen der Balken im Stall.

„Denkst du über einen Karrierewechsel nach?"

„Ja, schon!", bestätigt der Flitzer. „Aber Porno interessiert mich nicht. Ich frage nur, weil du es drüben in Batistas Stallungen zwei Mal erwähnt hast. Warum?“

Ausflüchte werden nichts bringen, dazu ist Frederick viel zu direkt. Darum sage ich: „Du siehst verdammt gut aus und …“

„Denkst du?“, unterbricht er mich und grinst feist.

„Allerdings, das tust du! Du bist weder der ausgehungerte Modeltypus noch ein Bodybuilder. Doch du hast das gewisse Etwas.“

„Aha! Und das wäre?“ Neugierig starren mich seine hellblauen Augen an.

„Du bewegst dich sehr natürlich, bist vollkommen schamlos und benimmst dich überhaupt so, als ob du jedermanns bester Freund oder jüngerer Bruder wärst.“

„Echt?“ Frederick kratzt sich am Kopf, wozu er seinen Lederhut abnimmt. „Luon, das sind Charakterzüge und keine Schönheitsmerkmale.“ Er boxt mich aufmunternd in die Rippen. „Warum denkst du, ich wäre ein idealer Porno-Darsteller? Gefällt dir mein Arsch? Ist meine Latte lange genug?“

Ich fühle, wie sich meine Wangen aufheizen und mich die Schamesröte verfärbt. „Also gut!“ Räuspernd mustere ich den hübschen Kerl.

Aufgeregt tänzelt er um mich herum und zeigt sich mir von allen Seiten. Er benimmt sich wie ein Junge, der sich darüber freut, gleich die Adresse des Osterhasen zu erfahren.

Erheitert darüber zähle ich auf: „Du hast einen Knackarsch, der sich mit den Äpfeln der Unsterblichkeit vergleichen lässt …“

Augenblicklich streckt er ihn mir entgegen und klatscht sich mit der linken auf seine Backen. „Zum Reinbeißen?“

„Und“, fahre ich fort, „falls Zeus deinen rasierten Pimmel je zu sehen kriegt, wird er dich, genauso wie einst den schönen Ganymed, zu sich auf den Olymp holen, damit du fortan splitternackt als sein neuer Mundschenk die Götter bewirten musst. Wenn er hart ist und du damit spielst, dann …“

„Willst du ihn anfassen?“ Frederick stemmt sich seine Hände in die Hüfte und bewegt sein Becken hin und her, dass sein Pimmel schlackert und sofort steinhart wird.

„Lässt du mich mal ausreden?“

„Ja, ja! Klar, sorry!“

„Du hast weiche und geschwungene Lippen, als ob du jederzeit einen Musenkuss auf meine Stirn hauchen möchtest."

„Du willst, dass ich dich küsse? Alter, vergiss es!" Trotzdem rückt Frederick näher, um mehr Schmeicheleien zu erfahren.

„Deine Augen sind so himmelblau, wie der Ozean der unbegrenzten Möglichkeiten." Als er mich abermals unterbrechen will, winke ich ab. „Du bist etwa einen Meter Achtzig groß ..."

„Eins Fünfundsiebzig!", korrigiert er.

„Dein Körperbau verrät, dass du als Kind viel Sport getrieben hast. Bestimmt bist du im Wettlauf gegen Apollon angetreten und hast Ares bei Leibesübungen herausgefordert. Bei dir ist alles richtig ausgeformt. Deine Proportionen inspirieren mich, dich ..."

„Luon, bist du Künstler?"

„Wenn ich dich ansehe, dann wünschte ich, es wäre so. Eine lebensgroße Statue von dir hätte ich schon gerne in meinem Wohnzimmer stehen."

„Mit oder ohne Latte?" Er bohrt sein Ding in meine Jeans. „Gib es zu, du bist total in mich verknallt!"

Ertappt erglüht mein Gesicht und nimmt die Farbe der wilden Erdbeeren an, die vor unserem Zimmer wachsen.

„Alter, relax! Ich mag dich auch total gerne. Mir fehlen die Worte, dich so gut zu beschreiben, wie du das bei mir getan hast. Darum kurz: „Kolumbianer, du bist voll geil! Bis ich dich vor ein paar Tagen zum ersten Mal gesehen habe, wusste ich nicht, dass ich auf Latinos abfahre."

„Wer ist hier verknallt?", kontere ich.

„Alter, du bist ein Kerl!" Damit winkt Frederick ab, als ob damit alles gesagt, entschuldigt oder begründet sei.

Ich weiß jetzt genau gleich viel über seine Gefühle für mich wie zuvor. Bin ich nur seine neueste Ablenkung, sein Forschungsobjekt oder einfach jemand, der ihn hierher nach *Bellgard-sur-Valserine* begleiten sollte, damit er den Obercoolen markieren kann? Mit mir als Rückendeckung kann er mit jedem schamlos flirten, sich betatschen lassen und doch immer so tun, als ob er und ich zusammengehören – oder eben nicht, geradeso, wie die Situation es für ihn passend erfordert.

„Luon, welche Gedankenperlen fädelst du in deinem Hirn zu neuen Schmuckstücken auf?" Er tippt mir an die Schläfe.

„Ach, Frederick!“, stöhne ich theatralisch.

„Ach, Luon!“, äfft er mich nach, hakt sich bei mir unter und zieht mich aus dem Stall hinüber zur Honeymoon Suite.

Kaum drinnen, wirft er sich rücklings aufs Bett und klatscht neben sich auf die Matratzen, damit ich mich neben ihn lege. „Heute gibt's wegen der Party erst um acht Uhr Essen. Wir haben noch zwei Stunden Zeit zusammen abzuhängen.“ Kaum am Fußende des Bettes sitzend, krabbelt der Nackte von hinten auf mich zu. „Ziehst du dich nicht aus?“

„Was?“ Erschreckt stehe ich auf. Nicht, weil ich es mir nicht aus tiefstem Herzen wünschen würde mit Frederick wahre Nähe zu erleben, sondern wegen seiner Direktheit. „Warum?“, höre ich mich tatsächlich fragen.

„Ich Becken am Fluss fand ich es schön, auch dich anzusehen. Alain hat mir etwas gezeigt, dass ich faszinierend fand.“

Weil ich zögere, hüpft Frederick vom Bett und stellt sich neben mich, um mir mein T-Shirt über den Kopf zu stülpen und es neben uns auf den Boden zu schmeißen.

„Mann, bist du nervös! Hallo!“ Der Flitzer winkt vor meinen Augen mit seinen beiden Händen. „Ich bin‘s, der Mann mit dem Knackarsch, der damit selbst Götter zu Äpfeln der Unsterblichkeit inspiriert. Ich bin's, der Typ, den Zeus wegen seinem Pimmel entführen will, um ihn seinen Götterkumpanen vorzuführen. Ich bin's, Frederick, der Mann, der dich hierher entführt hat und mit dir das Bett teilt. Luon, jetzt hab dich nicht so!“ Zielsicher macht er sich an den Knöpfen meiner Jeans zu schaffen.

„Ziehst du mich jetzt aus?“

„Worauf du wetten kannst! Ich habe noch viel zu wenig von dir gesehen. Heute Morgen spieltest du die Jungfrau und unter der Dusche hast du mir nur deinen Rücken zu gedreht. Alter, ich will den da sehen!“ Mit einem Ruck zieht er mir die Jeans mitsamt den Boxershorts bis zu meinen Knien runter, dass meine Erektion befreit vom Stoff hochschnellt. „Aha!“ Der nackte Cowboy lacht auf. „Dir scheint es zu gefallen!“

„Arsch!“, schnauze ich ihn an.

„Knackarsch!“, korrigiert er mich und zieht mir meine Hosen ganz aus. „Hoch mit dir aufs Bett!“ Er scheucht mich vom Fußende hoch. Mit Anlauf hechtet er zu mir aufs Doppelbett und kniet sich neben mich. Seine Blicke streifen neugierig über meinen Körper, als ob er mich untersuchen müsste. „Was ist das?“ Vorsichtig streichelt er mir übers linke Schienbein und fährt eine fünf Zentimeter lange Narbe nach.

„Da bin ich als Sechsjähriger eine Treppe runter gestürzt.“

„Autsch! Und das hier?“ Abermals fahren seine Finger zärtlich über eine andere Stelle auf meinem Oberschenkel.

„Ein wirklich übler Insektenstich, der sich entzündet hatte. Aber das liegt auch schon mehr als zehn Jahre zurück.“ Vom Nackten so gründlich gemustert und über alle meine Narben und Verletzungen befragt zu werden – er entdeckt noch vier weitere, die ich längst vergessen habe – entspannt mich. Ja selbst meine Erektion stört mich nicht mehr. Ich fühle mich in seiner Gegenwart nicht nur erotisiert, sondern auch sicher.

„Was ist damit?“ Er schiebt meine Hoden hoch und berührt eine Stelle nahe meinem Anus.

„Dahin kann ich nicht sehen. Was ist da?“

„Wenn ich das nur sagen könnte!“ Frederick runzelt seine Stirn. „Bleib liegen! Das muss ich untersuchen.“ Er kraxelt über mich hinweg und verschwindet ins Badezimmer. Kurz darauf taucht er mit seinem Kulturbeutel wieder auf.

„Was wird das?“, frage ich kritisch.

„Keine Gegenfrage! Lu, vertraust du mir?“

„Logisch! Spielen wir jetzt Doktor?“

„Soll ich deinen Brustkasten abtasten und mit einer leeren Rolle Toilettenpapier deinen Herzschlag checken?“

„Willst du das tun?“

Frederick grabscht in seinem Kulturbeutel und zieht eine Tube Handcreme heraus. Vorsichtig, als ob es sich dabei um eine teure Heilsalbe handeln würde, träufelt er sich davon auf seine linke Hand. Vorsichtig verstreicht er die grünliche Creme mit seinen Fingern. „Lu, schiebe dir das Kopfkissen unter die Hüfte. Ich muss für die Untersuchung …“

„Was hast du vor?“ Ich bin extrem nervös, als seine Finger, jetzt glitschig von der Creme, sich der Stelle nähern.

„Tut das weh?“

„Nein!“ Ich schlucke leer, als seine Finger sanft meinen Anus mit der Creme einstreichen. Mein seltsamer Arzt schiebt meine Beine auseinander und setzt sich im Schneidersitz dazwischen. Seine linke Hand fasst nach meinen Hoden, um sie aus dem Weg zu schieben, während seine rechte immer zielsicherer massiert.

„Ist es heilbar?“, gluckse ich. Seine Berührung ist so intim und zärtlich, dass ich mich meiner neuen Lust hingebe.

„Das kann ich noch nicht diagnostizieren!“ Sein rechter Zeigefinger schiebt sich vor.

Ich lasse ihn ein und werfe meinen Oberkörper, einen Seufzer unterdrückend, in die Laken.

„So gut?“ Neugierig wiederholt er seinen Bohrversuch. Nach bestimmt nur zwei Minuten kann ich es nicht mehr zurückhalten. Mein Arzt bleibt unbeeindruckt. Fordernd schiebt er jetzt zwei Finger rein. Keuchend lasse ich ihn gewähren und taumle in eine Welt aus verwirrenden Gefühlen und in eine Ekstase, die mir vollkommen unbekannt sind. Als er auch noch den letzten Tropfen rausmassierte, lässt er von mir ab. Liebestunken himmle ich ihn verknallt an.

„Gefällt das einem schwulen Mann?“, fragt er trocken.

„Das war unbeschreiblich“, säusle ich benommen.

„Dann bin ich nicht schwul! Alain tat das bei mir am Fluss. Ich fand es nicht prickelnd. Selbst meine Latte schrumpfe schneller als ein Blitz vom Himmel saust.“

Schockiert bin ich schlagartig nüchtern. Die Lust verpufft. Zorn baut sich in mir auf. Frederick hat mich nur benutzt, um eine Theorie zu testen. Mir ist zum Fluchen und zum Weinen. Erlebte ich gerade das bisher intimste in meinem Leben, ist der Schlag danach so schmerzhaft, dass ich ins Badezimmer flüchte, um dort zu flennen.

„Lu?“, fragt Frederick nach ein paar Minuten mit sanfter Stimme und streckt seinen blonden Kopf ins Badezimmer. „Was ist passiert?“

„Verschwinde!“ Ich schlage ihm die Tür vor der Nase zu und verriegle sie.

„Aber dir hat es doch gefallen! Willst du nochmal?“

Kopfschüttelnd wegen so viel Ignoranz kicke ich barfuß gegen einen Schrank und heule vor Schmerz sofort auf. „Verdammt noch mal!“, fluche ich vor mich hin.

„Luon, habe ich dir wehgetan? Ich bin unerfahren darin.“

Jetzt oder nie! Wütend stoße ich die Tür auf und packe den Nackten, der einen Schritt vor mir zurückweicht, mit beiden Händen an seiner Schulter. „Was bin ich für dich? Los, sag schon! Eine Ratte? Bin ich dein neuestes Forschungsprojekt?“

„Aber …“, stammelt er.

„Nichts aber! Du kannst mich nicht verführen und mir Lust und Liebe schenken und es dann als Selbsterfahrung und Experiment abtun!“

„Aber …“, setzt er wieder an.

„Mann, ich liebe dich!“

„Ich liebe dich auch!“, kontert der Blonde und sieht mich mit seinen blauen Augen unschuldig und ziemlich verwirrt an.

„So behandelt man niemanden, den man liebt!“

„Ich wollte dir doch nicht wehtun! Lu, ich bin nicht schwul! Aber ich glaube – nein“, hastet er hinzu, „ich weiß, dass ich dich auch liebe. Aber du und ich, wir beide sind Kerle.“

„Hallo?“ Wütend schüttle ich den Schwachkopf wie ein Kopfkissen, das gründlich durchgeklopft gehört. „Wir leben im Einundzwanzigsten Jahrhundert!“

„Ist nicht wahr?“ Er spielt den Erstaunten. „Wirklich?“ Als er jedoch den Schmerz in meinen Augen sieht, senkt er seinen Blick und jeder Spott weicht aus seinem Gesicht.

Rasend vor Zorn und Enttäuschung heule ich: „Du flirtest hier mit jedem, lässt dich grabschen und von Alain sogar die Finger hinten reinschieben. Was glaubst du, was das bedeutet?“

„Dass ich versuche herauszufinden, wie ich ticke? Dass ich Spaß daran habe, kein verknöcherter Normalo zu sein?“

Erstaunt ab seiner Ehrlichkeit, lasse ich ihn los.

„Luon, auch wenn ich als Nudist groß geworden bin, meine Familie war alles andere als aufgeschlossen, wenn es um Sexualität ging. Kam mir ein anderer Junge zu nahe oder sah er mir beim üblichen ersten Abchecken etwas länger auf den Pimmel, bekam ich Prügel. Hier!“ Frederick zeigt auf eine verheilte Narbe auf seiner linken Schulter. „Mein Vater hatte eine harte Rechte. Weil wir uns immer und überall nackt bewegten, schlug er nicht oft physisch zu, doch er machte mich mit Worten fertig. Meine Vorliebe fürs Nacktsein entdeckte ich erst kürzlich wieder, genauso wie meine Liebe fürs Reiten.“

Erstaunt über seine Offenbarung schlucke ich leer.

Fredericks Augen wässern sich. „Mann, ich hatte grässliche Angst hierher zu kommen. Wäre das kein Ort für schwule Männer, hätte ich es niemals gewagt meiner Vergangenheit so hautnah zu begegnen. Lu, ohne dich hätte ich niemals ...“

„Ach, komm her!“ Ich nehme den blöden Idioten in meine Arme und setze mich mit ihm zusammen aufs Bett. Flennend wischen wir uns die nächste Stunde gegenseitig unsere Tränen aus den Augen. Keiner sagt ein Wort. Das ist nicht mehr nötig.

Draußen ist es längst dunkel geworden, als wir wieder voneinander lassen. Ein Kauz vor dem Fenster erinnert uns daran, dass es nur noch kurz im Saloon etwas zu essen geben wird.

„Stehen Schwulen nicht alle auf Analsex?“, fragt mich Frederick neugierig. „Ich dachte immer, dass wäre die Garantie.“

„Was weiß ich? Jeder ist anders. Hat es dir denn Spaß gemacht, mich so zu verwöhnen?“

„Du warst so sensibel, so empfänglich für meine Liebkosungen, dass ich am liebsten deinen Penis geküsst hätte. Ist das ein klares Zeichen schwul zu sein?“

„Idiot!“

„Sind wir wieder Freunde?“, fragt er saublöd.

Kopfschüttelnd wuschle ich ihm sein blondes Haar.

Frederick richtet sich danach mit beiden Händen seine Frisur, steht auf und spaziert ins Badezimmer um zu duschen. Ich tue es auch. Später bleibe ich barfuß, ziehe mir nur meine Jeans an und schlüpfe in eines meiner über dem Bauchnabel abgeschnitten T-Shirts.

„Kriege ich auch eins?“

„Das ist aber sehr schwul!“

„Na und?“ Frederick zieht sich das Leibchen über und fischt aus der Seitentasche seines Rucksacks ein Halstuch. Damit bandagiert er sich seinen Pimmel auf seinen rechten Schenkel. Seine Stiefel und sein Cowboyhut lässt er heute zuhause. Hand in Hand schlendern wir so zum Saloon rüber. Laute Musik und Gelächter versprechen einen vergnügten Abend. Bevor wir die Schwingtür passieren, haucht mir der Mann im Stripper Outfit einen Kuss auf die Wange. „Ich liebe dich wirklich!“

Noel hat diverse Fleischsorten auf den großen Grill an der Stirnwand des Saloons geschmissen und dazu wird Kartoffelsalat, Brot und Gurken serviert. Mir hat noch niemals zuvor ein Essen so gut geschmeckt. Frederick und ich teilen uns nicht nur einen Teller, sondern beinahe jeden Bissen. Ganz anders als gestern Abend bleibt Frederick heute dem Mittelpunkt fern. Jeder nimmt uns als Frischverliebte wahr und lässt uns in Ruhe. Sind wir wirklich ein Liebespaar geworden? Ob sich Frederick überhaupt bewusst ist, wie wir beide von all den anderen wahrgenommen werden? Irgendwie ahne ich, dass seine Gefühle ihn steuern, doch sein Kopf zu alldem noch keine wirkliche Meinung gebildet hat.

Erst als Noel seine Gitarre holt und mit Jean-Luc und zwei weiteren Männern, deren Namen ich vergessen habe, singt, wird der leicht Bekleidete zappelig. Bei der folgenden Tanznummer der Grenobler-Jungs springt er dann vom Platz hoch und tanzt eine Polonaise mit. Immer wieder kommt er an meinen Tisch vorbei und versucht mich zum Mittanzen zu animieren – vergeblich! Später zu Cowboymusik wirbelt er mit beinahe jedem Anwesenden einmal übers Parkett. Auch wenn viele Hände dabei auf seinen prallen Hinterbacken, statt auf seiner Hüfte liegen, verspüre ich kein einziges Mal mehr Eifersucht. Frederick kuriert hier ein Kindheitstrauma. Hilft ihm das Flirten und Grabschen dabei, so sei es so. Erst als ihn Constantin auffordert, klettert Frederick auf den Tresen hoch, um seinen angekündigten Striptease zu tanzen. Sehr gelenkig entledigt er sich meines abgeschnittenen Shirts und löst unter viel Beifall endlich den Knoten, der seine Latte auf den Oberschenkel fesselt. Mein Freund glüht vor Geilheit und heizt den Schuppen richtig auf. Sollte er wirklich nicht schwul sein, so ist es sein Tanz definitiv. Zeigte er sich bis jetzt naiv schamlos, so überschreitet er gerade definitiv die Schwelle zum Porno-Darsteller. Niemand wundert sich, als er zum Finale breitbeinig abspritzt.

Es ist bereits nach vier Uhr in der Früh, als wir beide wieder die Honeymoon Suite ansteuern. Der Erotiktänzer duscht sich und kuschelt sich danach im Bett an mich. Seine Hand schiebt sich in meine und seinen nassen Kopf legt er auf meine Brust. Mehr passiert nicht. Ich hatte keine Ahnung wie süß wahre Liebe schmecken kann. Noch während ich ihm einen Kuss auf die Wange hauche, taumle ich durch Zeit und Raum in eine vollkommen andere Welt.

„Jehle, du solltest dir lieber eine Frau oder einen Partner suchen, anstatt immer noch mehr Vögel zu züchten." Ich beobachte den muskulösen Jüngling, der in jeder Hand einen feuerroten *Aiptyl* hält, um ihnen abwechselnd zuzuflüstern. Die langen roten Schwanzfedern der *Aiptyl* leuchten wie frisches Blut und sind für den Kopfschmuck der *Zurajir*-Priester unerlässlich.

„Urugnas, ich kann nichts dafür! Sie fliegen mir zu und vermehren sich." Jehle entlässt den einen der Jungvögel in die Voliere, die er vor einiger Zeit auf der Terrasse gebaut hatte, und streichelt dem anderen mit seinem Zeigefinger das Köpfchen. „Ich will keine Frau!"

„Dann einen Gefährten? Viele der Priester und adelige Männer der Herrscherkaste bevorzugen die Gesellschaft junger Tänzer oder Flötenspieler."

„Ich will keinen Lustknaben. Ich liebe einen Forscher. Er gehört zu den *Na'ac* und arbeitet in den Archiven der Hauptstadt."

„Jehle, dann müsste ich ihn eigentlich kennen. Auch ich bin ein *Na'ac*, auch ich gehöre zur Forschergilde und arbeite in den Archiven."

Der junge Jehle sieht mir in die Augen und schüttelt dann seinen Kopf. In sein schwarzes Haar hat er sich diverse Perlen und kleine rote Federn seiner Vögel eingeflochten. Der hübsche Jüngling ist nur wenige *Sonnenzyklen* jünger als ich. Ursprünglich stammt er aus einer der Provinzen im fernen Süden des Dschungels, wo er ein geübter Reiter und Jäger, Spurenleser und Krieger seines Stammes war, bevor er sich als mein Leibwächter verpflichten ließ. Warum er jetzt mit seinen Talenten Vögel für den Kopfschmuck der *Varkas* und *Zurajir* züchtet, hat er mir nie verraten. Als ob der Adel und die Priester nicht genug Arbeiter in ihren Diensten hätten.

Jehle schiebt auch den zweiten *Aiptyl* zu den beinahe sechzig anderen in die Voliere und setzt sich neben mich auf die Holzstufen, die in den nahen Dschungel und weiter bis zur Bucht hinunterführen. Die Aussicht von hier oben ist fantastisch. Dichtes Grün, bunte Blüten in den Baumkronen und unzählige Papageien, die kreischend ihre Runden ziehen, lenken mich ab. Doch außer dem Naturspektakel passiert hier, fernab der Hauptstadt *Tollan*, nichts. Bis auf die beiden Stämme der Vogelzüchter und der Bootsbauer leben hier kaum Menschen. Für mich als Gelehrter gibt es bis auf den uralten Tempel zu erforschen, den ich anhand der gefundenen Karte auf der Unterseite der Platte aus der Höhle der Muttergöttin entdeckte, nichts zu tun. Ja, die Platte, die ich aus dem Abgrund bergen konnte, rettete nicht nur mein Leben, sie machte mich zum jüngsten *Na'ac* in der Geschichte. Der Gottkönig höchstpersönlich verlieh mir den Titel. Gleichzeitig rüstete er mich aus, den Tempel im Süden zu finden und auszugraben.

„Jehle", richte ich wieder das Wort an ihn, „ich kehre bald in die Hauptstadt zurück. Während der letzten fast zehn Sonnenzyklen wurde der Tempel vollkommen ausgegraben und alle Funde katalogisiert. Begleitest du mich nach *Tollan*? Ich könnte einen Krieger und fähigen Fährtenleser an meiner Seite brauchen. Die Zeiten sind unsicher, seit der *Xitle* vor zwanzig Sonnenzyklen ausgebrochen und *Cuicuilco* unter sich begraben hat. Unsere Hauptstadt wird seither von Flüchtlingen aus dem Norden überrannt."

„Hat *Tarax* deshalb seine erste Frau den Göttern geopfert und sich eine neue erste Gemahlin aus dem Volk der *Cuicuilco* genommen?", fragt der junge Krieger.

„So ist es! Tarax, der Gottkönig wollte ein festes Bündnis mit dem verwüsteten Norden. Sein Sohn aus der Verbindung *Atanua Nanahuatl* soll die beiden Völker in eine neue Zukunft führen. Diese Last kann aber ein nur vier Sonnenzyklen alter Prinz nicht tragen. Der Gottkönig will mich in der Hauptstadt der Schar der Erzieher seines Sohnes zuteilen."

„Fürchtet Tarax, dass die Flüchtlinge aus *Cuicuilco* bald ihre Sitten den unsrigen überstülpen?"

„Ach, Jehle, die Gottkönige vereinten die Stämme des Südens während der letzten fast vierhundert Sonnenzyklen. Unter der spirituellen Führung von *Quezalcoatl* führten die *Varkas* die primitiven Völker ins Goldene Zeitalter."

„So nennt sich der Adel und die Familie des Gottkönigs?", fragt Jehle, der inoffiziell auch mein Schüler wurde.

„Ohne die Gottkönige würden wir bestimmt noch in Hütten hausen und nichts von den Wundern der Welten der Götter wissen."

„Ist es wahr, dass einer der *Zurajir* die Göttin *Chantico* durch böse Magie erweckte? Und die Göttin aus Zorn über die Störung den *Xitle* entfesselte und die alte Stadt unter den Lavaströmen für immer im Ozean des Vergessens begrub."

„So ist es!", bestätige ich den jungen Krieger. „Jetzt steht *Quezalcoatl* an der Seite von *Tarax* und wacht über die erzürnte Göttin. *Tollan* blieb von ihrem Zorn verschont!"

„Du sprichst von *Teotihuacán*?"

„Woher kennst du den geheimen Namen unserer Hauptstadt?"

„Ich hatte einen Traum, da nannte eine Göttin die Hauptstadt *den Ort, wo man zum Gott wird.* In der Sprache der wilden Stämme bedeutet das: *Teotihuacán.*"

„Die Priester nennen *Tollan* im Geheimen auch so. Jehle, besser du behältst es für dich, dass du von einer Göttin in ein Geheimnis eingeweiht wurdest, das nur den *Zurajir,* den *Varkas* und *Na'ac* bekannt ist."

„Ach, Urugnas!", seufzt Jehle. „Mich interessieren all die Kasten und die Götter nicht. Das war doch nur ein Traum!" Jehle verzieht seinen Mund zur Grimasse, doch in seinen Augen erkenne ich Furcht. „Urugnas, gehörst du zu den *Zurajir*?"

„Ich ein *Zurajir*? Niemals!"

„Beherrschst du keine Magie?"

„Magie nennt man nur die Gesetze der Natur, die nur wenigen bekannt sind. Ich bin ein *Na'ac,* ein Gelehrter und ein Forscher. Ich diene den *Varkas,* dem Geschlecht der Gottkönige. Die *Zurajir* sind böse Zauberer, Magier, die dunkle Mächte wecken. Doch zurück zu dir. Mag sein, dass du nur von einer Göttin geträumt hast, doch dieser Traum hatten andere auch! Auch mich führte ein Gott zum Tempel hier im Dschungel."

„Urugnas, warum vernichteten die Götter die Hochkultur im hohen Norden?", fragt mich Jehle, der in Gelehrtenfragen nicht sehr bewandert ist.

„*Cuicuilco* musste sterben, damit *Tollan* sich über alle Völker erheben konnte. Altes muss sterben, damit Neues ..."

„Ließ dich Tarax deswegen den vergessenen Sonnentempel hier im Dschungel ausgraben? Hofft er vom nackten Mann mit der Sonne auf dem Kopf neue Macht zu gewinnen?"

„Ich wurde als Jüngling von den Göttern erwählt, das Geheimnis des nackten Mannes mit der Sonne auf dem Kopf zu erforschen. Ich fand im

Schoss der uralten Muttergöttin Hinweise auf diesen Tempel."

„Urugnas, du hast mir die Geschichte schon so oft erzählt", mault Jehle. „Ich begleite dich in die Hauptstadt auf dem Hochplateau des Vorgebirges. Das Leben hier im Dschungel langweilt mich. Hätte ich dich nicht gefunden und bei der Ausgrabung und der Erforschung des uralten Tempels mithelfen können, ich wäre längst weggezogen."

„Wird dich dein Geliebter begleiten?"

„Er ahnt nicht einmal, dass ich um ihn werbe."

„Wann forschte er in den Tempelruinen? Es waren die letzten zehn Sonnenzyklen viele Gelehrte hier."

„Ja, ja!"

„Ach, Jehle!", seufze ich. „Ich vermisse die Archive mit ihren Schriftrollen und auch die Technologie mit den Pyramiden- und Fächerspeichern. Ja, ich vermisse *Tollan*. Es wäre schön, wenn du mich begleiten könntest." Ich lege dem jungen Krieger meine linke Hand auf seine Schulter.

Jehle setzt sich vor mich auf den Boden, stützt seine Ellbogen auf seinen Knien ab und bettet sein Gesicht in seine Hände.

„Jehle, was hast du? Sei doch nicht traurig."

„Bin ich nicht!", widerspricht der junge Krieger.

„Jehle, du bist dreiundzwanzig Sonnenzyklen alt. Es wird Zeit, dass du einen eigenen Sohn zeugst oder einen annimmst. Ich selbst denke auch darüber nach."

Jehle zuckt als Antwort mit der Schulter.

„Falls du lieber hier in der südlichen Provinz bleiben möchtest ..."

„Nein, danke!" Der junge Krieger wirft seine geflochtenen Haare in den Nacken und setzt sich eine Federkrone auf, an der er seit Tagen arbeitet. Sie besteht aus hunderten von kleinen Federn. Über der Stirn wachsen sieben lange gelbe Schwanzfedern eines der hiesigen Papageien. Jehle stülpt sich den Federschmuck aufs Haupt und steht auf. Bis auf lederne Armbänder und Muschelketten um den Hals ist er sonst nackt – wie immer. „Schau mich an! Kann ich so in die Hauptstadt?"

„Du könntest ein Meister in Fauna und Flora werden. Wilde Vögel ziehen ein Leben im Käfig vor, nur um bei dir zu sein. Glaubst du, das sei normal?"

„Urugnas, warum kehrst du wirklich in die Hauptstadt zurück? Du warst hier in den Bergen und im Dschungel des Südens immer glücklich."

„Jehle, ich brauche dringend wieder eine Aufgabe. Die Erforschung des Tempels ist abgeschlossen."

„Aber Urugnas, dich dürstet es doch nach den Geheimnissen und der Weisheit des nackten Mannes mit der Sonne auf dem Kopf. Hier stand einst sein Tempel. Hier würdest du bestimmt weitere Hinweise auf sein Verbleiben finden. Tiefer im Dschungel ..."

Wäre das laute Zwitschern im Hintergrund und Jehles Fürsorge die letzten Sonnenzyklen nicht allgegenwärtig gewesen, ich wäre hier im alten Tempel vereinsamt. Keiner der anderen *Na'ac* erachtete den Fund für wirklich wichtig. Schon lange kehrten die anderen Gelehrten nach *Tollan* zurück. Ich zeichnete alle Artefakte exakt ab, ordnete sie und versuchte die Symbole zu deuten. Bis auf wenige Worte, alle in einer vergessenen Sprache, konnte ich kaum etwas übersetzen.

„Urugnas, wann brechen wir auf?"

„So bald wie möglich. Morgen wird eine Karawane mit Spezialisten eintreffen. Sie wissen besser als ich, wie man Relikte einpackt und für den Transport vorbereitet. Meine Arbeit hier ist vollbracht."

„Warum schließt du dich ihnen für die lange Heimreise nicht an? Bestimmt begleiten Krieger die Karawane, um die Schätze der Ausgrabung zu bewachen."

Ich lache. „Schätze? Nein! Was wir ausgegraben haben besitzt keinen materiellen Wert."

„Sondern?"

„Das hoffe ich in *Tollan* zu entschlüsseln. Eine Kundige in alten Sprachen hofft, dass ich sie in meine Dienste nehme. Wir kennen uns bereits von meinen früheren Reisen zurück in die Hauptstadt. Aber zurück zu deiner Frage. Die Karawane wird nicht vor Ende der Regenzeit wieder abreisen. Bis dahin vergehen sieben weitere Monde; zudem werden alle Funde in *Xiuhcoatl* verschifft."

„Eine Seereise?" Plötzlich schaudert Jehle.

„Ich stimme dir zu. Die See ist auch jetzt im Zyklus der farbigen Blätter oft wild und unberechenbar."

„Urugnas, ich rate zur Wanderung der Küste entlang."

„Ich muss dazu mein *Ma'at* abwägen, um herauszufinden, wann die beste Zeit zum Aufbruch ist."

Jehle nickt. „Befragen wir die Götter und bitten um ihren Schutz für die lange Reise. Wie genau wägen wir unser *Ma'at* ab?“ Dann etwas scheuer fragt er noch: „Was ist *Ma'at*?“

„Ma'at ist dein Schicksal. Ich begebe mich auf die Spitze des nächsten Berges und hoffe, dass mir *Quetzalcoatl* eine Antwort zukommen lässt.“

„Oder der nackte Mann mit der Sonne auf dem Kopf?“, hastet Jehle hervor.

„Leider ist er mir nie mehr erschienen – auch nicht in meinen Träumen oder in Visionen.

„Kannst du keine Vision herbeiführen?“

„Jehle, wenn es nur so einfach wäre, den Geist vom Körper zu befreien! Dir hat auch schon eine Göttin zugeflüstert. Jehle, auch du besitzt die Gabe mit den Göttern zu kommunizieren.“

„Echt?“ Dann lacht der nackte Krieger und Vogelzüchter. „Urugnas, lass uns noch heute den Berg besteigen, um Antworten zu finden!“ Jehle erhebt sich. „Wenn wir gleich aufbrechen, erreichen wir den Gipfel noch vor der Phase der Röte.“

Ich schnüre mir meine Sandalen und werfe mir einen Reisemantel über meinen Lendenschurz und Oberhemd.

Jehle bleibt nackt. Zielsicher führt mich der Spurenleser durch den Dschungel und über verborgene Pfade zum Gipfel. Wir erreichen das Ziel vor Sonnenuntergang. Kurz bevor das schwindende Licht der Sonne von den Sternen abgelöst wird, entfachtet Jehle ein Feuer. Auf dem Rücken danebenliegend, studiert er die auftauchenden Sternbilder.

„Urugnas, wie trittst du gewöhnlich mit *Quetzalcoatl* in Verbindung?“, bettelt Jehle um Unterweisung.

„Ich konzentriere mich auf einen einzelnen hellen Stern. Erst wenn alle anderen verblassen, öffnet sich der Himmel. Irgendwann verschwinden auch der Himmel und die Erde. Danach ist es, als ob ich mich dem Stern nähern würde.“

Jehle wendet seinen Kopf und blickte im Schein des Lagerfeuers zu mir rüber. In seinem Federschmuck und seiner Körperbemalungen sieht er wunderschön aus. Seinen Stamm, den er schon als Kind verließ, hielt nichts von Kleidung. Im Dschungel brauche ein Mann nichts weiter, als ein Blasrohr, ein Messer und eine Flöte, erklärte mir Jehle immer wieder, wenn ich ihn auf seine Nacktheit ansprach.

„Und danach?“, will Jehle wissen.

„Der Stern wird immer heller. Meist leuchtet er nach einer Weile blau. Manchmal tritt der Gott aus dem Stern heraus, manchmal verwandelt sich der Stern auch einfach in den Wind der Tausend Klänge.“

„Ist das schon alles?“

„Manchmal ja!“

„Der Gott sagt gar nichts?“

„Manchmal ja, manchmal nein!“

„Über was redest du, wenn einer der Götter auftaucht?“

Ich schweige und sehe abermals zum jungen Krieger neben mir. Er ist nicht viel jünger als ich, scheint aber ein kindlich unbeschwertes Gemüt zu haben. Er ist ausgesprochen hübsch. Wäre er kein Krieger, er könnte in der Hauptstadt eine Karriere als Tänzer anstreben. Zudem spielt er die *Ne*, eine dünne Flöte.

„Jetzt sprich schon, Bruder!“, bettelt Jehle.

„Lass uns wieder darüber reden, wenn du erste Resultate mit der Übung erzielt hast.“

„Übung? Ich will nicht üben! Urugnas, ich will den Gott treffen. Ich will jetzt eine klare Antwort von ihm erhalten.“

Wortlos blicke ich in den Himmel.

„Welchen Stern hast du im Fokus?“, unterbricht Jehle nach einer Weile unser Schweigen. „Nicht, dass wir den gleichen Stern auswählen!“

„Von den Millionen da oben, wäre es mehr als ein Zufall, wählten wir den gleichen. Zudem spielt das keine Rolle.“

„Ich nehme den dort, der hellste im Sternenkopf der Göttin *Cipactli*!“ Jehle zeigt auf den Gleichen, den auch ich erwählte.

„Dann konzentriere dich auf *Cipactlis* einzelnes Auge!“, instruiere ich den nackten Krieger.

Das warme Gras, das Knacken der Äste im Feuer und die Schreie von Nachttieren lenken meinen jungen Freund ab. Ständig kratzt er sich, gähnt und schläft bald friedlich ein. Ob ihm abermals eine Göttin streng gehütete Geheimnisse zuflüstern wird? Niemand darf von Jehles Gabe erfahren. Die dunklen Priester lechzen nach Herzen, in denen das Licht hell leuchtet. Während ich den hübschen Krieger in seinem Schlaf beobachte, lullt auch mich die Müdigkeit ein. Ich taumle in einen friedlichen Schlaf.

Als ich mich umdrehe, liegt neben mir nicht mehr dieser dunkelhäutige Wilde mit dem Federschmuck auf dem Kopf, sondern der hellhäutige Frederick. Lange blicke ich im Mondlicht, das durchs offene Fenster fällt, ins Gesicht des Schlafenden. Auch wenn Frederick nicht die geringste äußerliche Ähnlichkeit mit *Jehle* aufweist, so bin ich mir dennoch sicher, dass der Krieger und Spurenleser aus meinem Traum mein heutiger Lover ist. Ich hörte schon von der Theorie, dass wir alle schon viele Male zuvor gelebt haben, und dass wir beim Tod des physischen Körpers einfach als unsterbliche Seele weiterwandern. Ob ich wirklich einmal im alten Mesoamerika lebte?

Bevor ich den Traum vergesse, schleiche ich mich ins Badezimmer, um ihn dort in meinen Laptop einzutippen. Hinter verschlossener Tür, um durch das Licht den nackten Cowboy in meinem Bett nicht zu wecken, reflektierte ich über Urugnas und Jehle. Ich hörte noch nie von einer Zivilisation, die sich die *Cuicuilco* nannten, noch dass ein Vulkan namens *Xitle* diese einstige Hochkultur nördlich von *Teotihuacán* zerstörte. *Quetzalcoatl* ist mir natürlich ein Begriff. Er ist ein uralter Gott, der in verschiedenen Gestalten in fast jeder der damaligen Hochkulturen auftauchte, sei das bei den *Maya*, den *Olmeken*, den *Azteken*, den *Tolteken* oder wie sie alle hießen. Quetzalcoatl wurde die gefiederte Schlange genannt. Ob damit ein Drache gemeint ist?

„Was treibst du mitten in der Nacht im Badezimmer? Schreibst du Tagebuch?" Frederick hat sich eingeschlichen und lehnt sich über mich, um vom Bildschirm abzulesen.

„Ich notiere mir nur einen Traum. Das ist alles!"

„Cool! Kam ich darin vor?"

„Vielleicht? Lass uns wieder schlafen gehen!"

„Hast du Geheimnisse vor mir?"

„Wir kennen uns erst seit ..."

„Zehntausend Jahren?", antwortet mir Frederick.

Auch den zweiten Morgen im Doppelbett der Honeymoon Suite kuschelt sich Frederick wieder eng an mich. Nur widerwillig verlasse ich unser Bett, um zu duschen und mich danach fürs Frühstück anzuziehen. Frederick rasiert sich wieder sehr gründlich am ganzen Körper. Als er endlich damit fertig ist, ölt er sich seinen Körper mit einem, nach Eukalyptus riechenden Bodylotion überall ein. Bis auf seinen weißen Cowboyhut bleibt er sonst natürlich splitternackt, als wir uns Hand in Hand in den Saloon begeben.

Die Grenobler Fußballer hocken bereits alle an zusammengerückten Tischen beim Frühstück und winken uns zu, ihnen Gesellschaft zu leisten. Frederick holt für uns Croissants, und ich Kaffee. Bald liegt schon wieder die erste Hand auf dem Oberschenkel meines Freundes. Er lässt es natürlich zu, wie auch das folgende Streicheln, das seine Erektion zur vollen Größe erweckt. War ich gestern darüber noch eifersüchtig, weiß ich heute, dass wir ein Paar sind – oder ich hoffe, dass wir es bald wirklich sein werden. Frederick und ich gehören zusammen. Falls mein Traum nicht bloß Fantasie war, sondern eine Erinnerung an ein früheres Leben, kenne wir uns wirklich schon seit zehntausend Jahren. Irgendwie beruhigend!

„Du bist eine Berühmtheit!“ Philippe, ein Marokkaner hält Frederick sein iPad hin. „Sieh selbst!“

Bald lacht mein nackter Freund schallend auf und winkt mir zu, dass ich mir das ebenfalls ansehe. Leider haben uns die Fußballer keine Plätze nebeneinander angeboten, sondern gegenüber. Kaum stehe ich hinter dem Flitzer, schlucke ich leer. Der Marokkaner spielt ein Filmchen auf YouTube ab. Es zeigt in einer Endlosschlaufe Fredericks Bullenritt von gestern Nachmittag. Bei jedem Hopser wippt seine Erektion, was immer dreimal wiederholt wird und dadurch extrem geil rüberkommt. Szenenwechsel. Frederick steht jetzt im Kreis der Cowboys und spritzt im hohen Bogen ab. Sein breites Grinsen verrät seinen Spaß. Schnitt. Schon wieder hockt er auf dem Bullen, um abermals durchgeschüttelt zu werden.

„Dieser Film ist so geschnitten auf YouTube für jedermann zu sehen?“, frage ich. Wenn auch schockiert, muss ich mir den Film unbedingt später selbst auf meinen Laptop runterladen und auf einem Stick sichern.

„Hier“, tippt Frederick auf eine Anzeige, „der Film wurde bisher schon fast vierzehntausend Mal angesehen.

„Wie das?“

„Ich habe den Film über zwei Gay Portalen publik gemacht. Witzige Szenen mit geilen Typen machen rasch die Runde“, erklärt uns der Marokkaner.

„Hast du das gefilmt?“, will Frederick wissen und schaut sich den Film bestimmt schon zum fünften Mal an.

Der Marokkaner nickt.

„Luon, da hast du deinen Porno-Darsteller!“

„Kommst du immer ohne dass du ihn berührst?“ Der Neugierige starrt erwartungsvoll auf Fredericks weiße Latte.

„Jungs, kennt ihr diesen Film schon?“ Ohne zu antworten tippt der Flitzer seinen vollen Namen in den Suchmodus bei YouTube ein. Sofort ist er abermals nackt zusehen. Diesmal sitzt er in einer Runde von Typen in Geschäftsanzügen und feuert genauso breit grinsend, mit seinen Händen hinter dem Kopf verschränkt, in die Runde. „Immer!“, bestätigt der Lümmel, als der neue Film von allen gesehen wurde.

„Wo war das?“ Ich denke, ich kenne die Antwort schon.

„Das mein Lieber“, zwinkert er mir zu, „erzähle ich dir ein anderes Mal.“

Noel betritt den Saloon und winkt den YouTube Star zu sich. Ich beobachte die beiden unterschiedlichen Männer aus der Distanz und kann gleichzeitig meine Blicke nicht vom zweiten Film abwenden. War das der Skandal, der zu Fredericks Kündigung in der Bank führte? Welcher der Typen mag sein vorheriger Chef gewesen sein, der ihm die Adresse dieses Gestüts gab? Frederick winkt mich zu sich und Noel.

„Luon, da die Fußballer heute Nachmittag gegen die hiesige Crew und die Stallburschen in einem Turnier antreten, müssen die Pferde von Freiwilligen ausgeritten werden. Ich schaffe nicht alle alleine.“

„Ich soll Pferde –Mehrzahl - ausreiten? Niemals!“

„Einige habe ich gerade auf die Weide gebracht, die bekommen genügend Bewegung“, beruhigt mich Noel. „Aber ich trainiere sieben Hengste für ...“

Ich höre nur noch mit einem Ohr zu, wie Noel über Pferde fachsimpelt. Gestern bekam ich einen alten Gaul, auf dem ich sehr gemütlich zu Batistas Stallungen reiten konnte. Hengste? „Nein! Auf keine Fall! Ich kann nicht gut reiten."

„Ich übernehme die Wilden!", verkündet Frederick.

„Die Stallburschen werden sie alle satteln. Treibe sie so richtig an. Eine Stunde pro Hengst reicht aus."

„Cool!" Frederick stützt sich rücklings am Tresen ab und ignoriert Noels Blicke, die über seinen Torso immer tiefer wandern. „Kann ich sofort anfangen?"

„Wann immer du willst, junger Satyrn."

„Luon, kann ich dich überreden, zwischendurch bei einem gemütlicheren Ritt mitzumachen?"

„Aber nur im gemütlichen Trott!"

„Rotflanke nahm ich gestern hart ran", erklärt Noel. „Den kannst du haben." Noel kann seine Blicke nicht von der zuckenden Latte abwenden. „Ich rufe einen der Jungs von Batistas Stallungen an. Sechs Hengste dürften auch für einen potenten Reiter zu viel sein!"

„Dann vier!", schlägt Frederick vor. An mich gewandt: „Wir sehen uns in drei Stunden! Luon, ich erwarte dich um ein Uhr mit meinem vierten Pferd für einen gemütlichen Ausritt."

Mein widerspenstiges Ausatmen ignorierend, verlässt Frederick mit Noel zusammen den Saloon. Ich folge ihnen und beobachte, wie sich Frederick das Tuch, mit dem er sich gestern seinen Pimmel weg band, um den Hals schlingt, in seine Cowboystiefel schlüpft und sich sonst nackt auf den ersten Hengst schwingt. Er zieht an den Zügeln. Der Hengst bäumt sich. Kurz erinnert mich die Szene an Zorro. Mein geiler Macho muss demonstrieren, dass er fürs nächste Abenteuer bereit ist.

„Dein Freund ist wirklich ein sehr spezieller Kerl!"

Abgelenkt durch den nackten Zorro habe ich Noel gar nicht kommen sehen. „Das ist er wirklich!"

„Wo hat er so reiten gelernt?"

„Er wuchs als Nudist in der *Camargue* auf. Seine Eltern betrieben dort eine Ranch. Das zumindest hat er mir erzählt."

„Er verschmilzt förmlich mit dem Tier. Nur jemand, der seit frühester Kindheit reitet, vermag das. Was macht er heute beruflich?"

„Frederick arbeitete in einer Bank, wurde aber entlassen und sucht jetzt etwas Neues.“

„Er könnte bei mir anfangen“, schlägt Noel sofort vor. „Er hat nicht nur ein Gespür für die Pferde, er hat auch ein Talent die schwulen Gäste zu unterhalten. Ein so hübscher Bursche wie er, der so schamlos jedem zeigt, was er zu bieten hat, würde viele Schaulustige anziehen. Als nackter Rancher oder als der exhibitionistische Reitlehrer würde er die Herzen vieler Männer höherschlagen lassen.“

„Soll ich ihn fragen?“ Frederick vielleicht an Noel zu verlieren, bereitet mir sofort Kopf- und Herzschmerzen. Der Flitzer ist meine Zukunft! Er ist mein Zug, der mich nach Basel führt.

„Er ist unglaublich!“, lobt Noel den davoneilenden Reiter.

Bestimmt würde es dem Flitzer hier gefallen. Ob ich auch hierbleiben soll? Kannte ich mir ein Leben am Ende der Welt vorstellen? Nein! Plötzlich muss ich an meinen Traum denken. Ob Jehle mich in jenem früheren Leben in die Hauptstadt begleitet hatte? Wohin führt er mich wohl diesmal?

„Lass nur, Luon! Ich selbst will Frederick das Angebot unterbreiten“, unterbricht Noel meine Gedankengänge. „Kommst du wieder rein? Dein Freund wird die nächsten drei Stunden wohl kaum zu sehen sein.“

Pünktlich um ein Uhr warte ich auf *Rotflanke* sitzend auf die Ankunft des verrückten Cowboys. In wildem Galopp taucht er plötzlich, wie aus dem Nichts auf, springt, noch bevor der Hengst ganz stoppt, aus dem Sattel und übergibt das laut schnaubende Pferd an Noel.

„Ein prächtiger Hengst!“, lobt Frederick den Schwarzen, krault ihm in der Mähne und nimmt Noel einen Schimmel ab, der bereits auf seinen eigenen Ausritt wartet. Flink schwingt sich der Nackte in den Sattel und winkt mir zu, ihm zu folgen.

„Nicht so schnell!“, rufe ich ihm laut nach, da der Flitzer schon wieder losgeprescht ist.

„Brrr!“, zügelt Frederick den Schimmel und wartet, bis ich auf Rotflanke sitzend angetrottet komme. „Mann, Luon, meine bisherigen Ausritte waren total geil! Ich habe in der Nähe einen idyllischen Waldfleck entdeckt, den will ich dir unbedingt zeigen. Folge mir!“

„Nicht so schnell!“, brülle ich schon wieder, um den Zentrauer zu stoppen.

„Das ist ein Leben, wie es mir total gefällt“, sprudelt die Begeisterung nur so aus dem Nudisten heraus. Immer wieder betont er die Vorzüge des Nacktreitens und dass er es unbedingt später auch ohne Sattel und Stiefel tun möchte.

Ich höre ihm zu, denke dabei aber nur an Noels Jobangebot und dass ich dadurch meinen neuen Freund an die Ranch hier verlieren werde. Wie gerne hätte ich mit ihn Basel erkundet, ihn mit nach Paris in Mutters Loft an der Seine mitnehmen wollen oder ihm irgendwann Caracas gezeigt.

„Machen wir ein Rennen?“

„Das hast du jetzt schon gewonnen!“ Lachend winke ich ab. „Ne, lass mal! Ich bin kein würdiger Gegner für dich!“

„Ein bisschen schneller“, drängt er, als ich im Schritttempo Rotflanke auf den Waldweg führe. „Luon, gleich da vorne beginnt eine weite Lichtung in der hoher Farn wächst und noch immer Bärlauch blüht. Ich sage dir, das riecht total köstlich nach Knoblauch.“ Schon peilt er den Duft an.

Mutig drücke ich Rotflanke meine Fersen in die Flanke und hetzte – für meine Begriffe in einem Schnellzugtempo – meinem neuen Freund hinterher. Rotflanke genießt es loszulegen und verfolgt Frederick auf dem Schimmel. Der Nackte blickt sich kurz nach mir um, erkennt, dass ich das Rennen doch angenommen habe und wechselt in Galopp. Leider verliere ich total die Kontrolle über Rotflanke, der immer schneller die Verfolgung aufnimmt. Alles *Brrrr* oder *langsam, mein gutes Pferdchen* nutzen nichts, Rotflanke übernimmt die Führung. Ich hopse auf meinem Sattel wie Pudding. Als ein kleiner Bach unseren Weg kreuzt, setzt Rotflanke zum Sprung an.

Gleichzeitig ertönt ein Schuss.

Augenblicklich bin ich im Schrank meiner Albträume gefangen. Hat mich der Mann im schwarzen Mantel, der mich in Lausanne verfolgte hier gefunden? Vor Schreck verliere ich den Halt. Im Rückwärtssalto fliege ich vom Hengst.

Ein stechender Schmerz.

Mir taumeln die Sinne. Ich lande im eiskalten Bach. Alle Lichter gehen aus und ein schwarzes Loch frisst mich auf.

„Luon! Luon!“

Nur langsam komme ich wieder zu mir. Kaum wach, schreie ich sofort vor Schmerzen.

„Alter, dein Bein sieht schlimm aus!“

Das ist genau das, was man beim Erwachen aus einer Ohnmacht hören will. Mein linkes Bein, meine rechte Hand und mein Rücken tun alle zusammen höllisch weh. Benebelt sehe ich mich um. Diesmal droht ein feuerroter Strudel mich zu verschlingen. Frederick kniet sich neben mich. Rotflanke und der Schimmel blicken auf mich herab.

„Wie lange war ich ohne Besinnung? Was ist passiert?“ Das Sprechen fällt mir schwer, da neue Schmerzen mich abermals verleiten, eine eisige und zugleich brennende Vergessenheit zu umarmen.

„Warst du bewusstlos?“, fragt der Nudist. Er bettet meinen Kopf auf einen Stein, damit das Wasser, das meine Kleidung aufsaug, mich nicht im flachen Bach ertränkt. „Lu, du bist soeben ziemlich unschön von Rotflacke gefallen.“

„Soeben?“

Frederick nickt und sieht auf mein linkes Bein. „Kannst du es bewegen?“ Erstmals fällt mir auf, dass meine Jeans links jetzt statt blau dunkelrot ist. Das reicht, um mich abermals ins Nichts taumeln zu lassen. Gleißend weiße Sterne explodieren vor meinen Augen. Kalter Schweiß lässt mich frösteln und das Gletscherwasser der Alpen lässt mich zittern.

„Ich muss dich ganz aus dem Bach ziehen. Alter, beiße besser auf die Zähne!“ Geschickt richtet der Nackte von hinten meinen Oberkörper auf und packt unter meiner rechten Achsel hindurch mit seiner rechten Hand nach meinem linken Handgelenk. Vorsichtig packt er mit seiner linken Hand nach meinem linken Ellbogen. So verpackt und in sicherem Griff schleift er mich ein paar Schritte aus dem Bergbach und bettet mich an einen von der Sonne aufgewärmten Felsen mitten in die hohen Farne. Zum Glück geht alles so schnell, dass ich nicht länger als eine Stunde vor Schmerzen aufschreien muss – so lange kommt es mir zumindest vor.

„Ist noch alles dran?“, frage ich gequält.

„Lu, ich bin kein Arzt!“

„Nicht?“, spiele ich auf den gestrigen Abend an.

„Na gut! Von Erster Hilfe verstehe ich natürlich schon etwas. Bleib hier liegen! Ich bin gleich zurück.“

„Ha, ha!“ Das Sprechen fällt mir schwer, doch es lenkt mich von den

Schmerzen an. Pochend fühle ich meinen Herzschlag in den Schläfen und ein Brennen in meinem Bein, das durch das Schleifen über den holprigen Boden auch nicht besser geworden ist.

„Nicht bewegen!", kommandiert der Nackt und fuchtelt mit einem Dolch vor meinem Gesicht herum.

„Stichst du mich jetzt ab?"

„Du taugst nicht als Opfer für Waldgötter!"

„Was für ein Trost!"

„Lu, du musst aus den nassen Sachen raus!" Frederick setzt mit dem Dolch an und zerschneidet mein T-Shirt in Streifen. Das tut er, während ich es noch anhabe.

„Was wird das?"

„Bewege dich so wenig, wie möglich!"

Streifen um Streifen meines ehemals gelb-blauen T-Shirts legt Frederick neben mich auf einen flachen Fels. Rote Flecken darauf lassen mich schaudern. Nicht nur mein linkes Bein blutet. Als nichts mehr vom Designer Shirt übrig ist, tastet er vorsichtig meinen jetzt nackten Oberkörper ab. Selbst bei all der fürsorglichen Zärtlichkeit jucke ich vor seiner Berührung zurück oder schreie einfach los.

„So viel ich beurteilen kann, ist keine Rippe gebrochen. Beim Sturz muss ein Stein deine linke Schulter verletzt haben; daher das Blut. Wahrscheinlich bleibt eine neue Narbe zurück."

„Na toll!", brummle ich.

Schon kniet sich der nackte Cowboy zu meinen Füssen und zieht mir meine Turnschuhe von den Füssen. Socken trage ich keine. „Wackle mit deinen Zehen!", instruiert er mich. „Gut! Alle zehn bewegen sich."

„Ist das ein gutes Zeichen?"

„Ich glaube schon. Zudem wäre es schade, ich müsste dir den einen oder anderen damit abschneiden." Frederick hält seinen Dolch gegen die Sonne, dass ein Strahl darauf aufblitzt.

Sofort denke ich wieder an meinen Traum und den letzten Gedanken, den ich vor dem Einschlafen auf dem Gipfel inmitten des Dschungels hatte: *Die Priester lechzen nach Herzen, in denen das Licht hell leuchtet.*

Obwohl ich protestiere, knöpft mir Doktor Exhibitionist meine Jeans auf. Er reagiert auch nicht auf meine dummen Sex-Witze, die mir dazu einfallen. Wie ein Jäger beim Häuten eines erlegten Bocks, schält er mir das blaue Fell erst vom rechten, dann sehr viel vorsichtiger vom linken Bein. Auf keinen meiner Flüche oder meine gelegentlichen Schmerzschreie geht er ein. Ein einzelner, scheuer Kuss auf meinen freigelegten Brustkorb soll mich beruhigen. Schnitt um Schnitt endet auch meine Marken Jeans zu langen Streifen verarbeitet auf dem Waldboden. Sie sehen aus wie Fleischstücke, die der Jäger und Sammler zum Trocken neben und hinter mir ausgebreitet hat.

Splitternackt liege ich jetzt im grünen Bett und bin Frederick hilflos ausgeliefert. „Die Jeans hat mich zweihundert Euro gekostet!“

„Das ist guter Stoff!“ Das ist alles, was ihn dazu einfällt. Er langt nach zwei der blau-gelben Streifen, die er aus meinem T-Shirt gefertigt hat, und tunkt sie in den Bach.

Kopfschüttelnd beobachte ich ihn. Meine Neugier ist hellwach. Doktor Exhibitionist tupft mir mit dem nassen Lappen meine Stirn und mein Gesicht ab. Das Wegwischen des Schweißes und die Kühlung durch das Bachwasser lindern meine Kopfschmerzen.

„Kannst du den an deine Stirn drücken? Ich wasche ihn nachher gleich wieder aus.“

Mein bejahendes Nicken erinnert mich daran, dass ich mir auch den Kopf angeschlagen habe. Wie ich wohl aussehe?

Fredericks Hände waschen und bestasten jetzt die Wunde an meinem linken Bein. Zum Vorschein kommt ein Schnitt im Oberschenkel. Vom ärgsten Blut gesäubert, sieht er nicht so schlimm aus. Die Wunde blutet stark. Fasziniert von dem Geschick meines nackten Urwalddoktors folge ich jedem seiner Anweisungen. So drücke ich mir einen zweiten feuchten Lappen auf die Wunde, während Frederick in der Umgebung durch die Lichtung stapft und nach irgendetwas sucht. Als er mit nach Knoblauch riechenden, hellgrünen Blättern zurückkommt, sehe ich ihn erstaunt an.

„Knoblauch besitzt antibiotische und entzündungshemmende Eigenschaften, die bei Schnittwunden sehr hilfreich sind. Im Bärlauch sind diese Wirkstoffe auch enthalten. Das Zeug unterstützt den Heilungsprozess, lindert deine Schmerzen und schützt mit der antimikrobiellen Verbindung *Allicin* vor Infektionen.“

„Was?“

„Lu, ich habe mich immer schon für die Heilkräuter der Region interessiert." Vorsichtig zerreibt Frederick den Bärlauch und bestreicht mit der saftigen Paste die blutende Wunde. Die blauen Streifen aus meiner Jeans werden zum Verband. Vielleicht ist es Einbildung, vielleicht Fredericks Fürsorge und sein warmes Lächeln oder vielleicht wirkt wirklich der Bärlauch? Zumindest die Fleischwunde fühlt sich jetzt besser an. Immer mehr Bärlauch schafft er herbei und zerstampft ihn mit einem Stein in einer Aushöhlung im Fels, die ihm als Gefäß dazu dient. Jede noch so kleinste Schürfung bestreicht er danach mit dem grünen Matsch. Falls Bärlauch giftig sein sollte, reicht die Dosis bestimmt mir ein rasches Ende zu bereiten.

„Kannst du aufstehen?"

„Was?" Entsetzt starre ich den Medizinmann an. Doch da er sich schon hinter mich stellt, um mich zu stützen, versuche ich es. Vor Schmerz aufheulend gelingt es mir mit seiner Hilfe beim zweiten Versuch. Taumelnd lehne ich mich an den Felsen.

„Dein Bein ist nicht gebrochen. Du hast nur viele Schrammen und Prellungen abbekommen. Rotflanke wird dich tragen."

„Ich soll zurückreiten? So?" Entsetzt zeige ich auf meine Nacktheit. Meine Wunden und die Schmerzen sind wegen dem Schock darüber für Momente vergessen.

„Hier ist noch einen letzten blauen Streifen. Ich könnte damit deinen Pimmel einwickeln." Schon fasst er danach.

„Vergiss es! Gib mir dein Halstuch!"

„Sicher nicht!", protestiert er, zieht es aber trotzdem aus. Doch anstatt es mir auszuhändigen, wäscht er es gründlich im Bach, faltet es zu einem Stirnband und schlingt mir das kühle feuchte Tuch um den Kopf. Weil es sich sofort extrem gut anfühlt, lasse ich es, wo es ist. Frederick führt Rotflanke neben den Felsen und entsattelt ihn. Nachdem er den Sattel auf dem Stein deponierte, schafft er es, dass sich das Pferd so neben mich legt, damit ich leicht aufsteigen kann. Meine Turnschuhe bindet er an den Schnürsenkeln zusammen und befestigt sie am Sattelknauf des Schimmels.

„Geht es?", fragt er mich besorgt.

Seltsamerweise fühle ich mich auf Rotflanke – auch ohne Sattel – sicher. Neue Schmerzen unterdrückend brummle ich, dass ich bereit für die

Rückreise sei. Frederick schwingt sich aber nicht auf seinen Schimmel, sondern hinter mich auf Rotflanke. Er rückt so nahe an mich heran, dass sich seine Körperwärme, wie eine kuschelige Decke anfühlt und mir zusätzliche Sicherheit einflößt. Entschieden langt er nach vorne und hält sich ebenfalls an den Zügeln fest, um so das Pferd langsam über den Bach zu leiten. Als er seinen Kopf auf die Seite meiner unverletzten Schulter legt und mir ins Ohr flüstert „Ist Nacktreiten nicht geil?", pflichte ich ihm tatsächlich bei.

Gemächlich trottet Rotflanke durch den Farn zurück auf den Waldweg, um dahinter die Richtung zur Wiese und dem Weg über die Anhöhe zum Gestüt einzuschlagen. Niemals hätte ich mir denken können, splitternackt wie mein Held im Gestüt anzukommen. Aber Frederick ist sensibel und sein Respekt vor anderen zollt abermals für seinen guten Charakter. Als wir in Sichtnähe der Stallungen kommen, wo die beiden Fußballmannschaften gerade eine Pause mit Bier und Most machen, nimmt er sich seinen Cowboyhut ab und legt ihn mir auf meine Blöße.

„Ich will nicht, dass du mir hier die Show stiehlst!", kommentiert er sein Tun.

Die Geste rührt mich so sehr, dass mir augenblicklich Tränen in die Augen schießen. „Danke!", murmle ich.

„Il est tombé à bas de son cheval!", erklärt Frederick die Sachlage, bevor einer unseren Auftritt falsch interpretieren könnte. „Luon ist verletzt."

Noel, der sich seinen Weg durch die Grenobler und die gaffenden Stallburschen bahnt, kommandiert, dass eine Bahre hergeschafft werden muss. Frederick springt hinter mir vom Pferderücken und führt Rotflanke zu einem leerstehenden Holztisch. Während Noel die Zügel hält, klettert der Nudist auf den Tisch hoch und hilft mir beim Absteigen. Dazu muss ich mir tatsächlich den Hut aufsetzen, um meine Hände frei zu bekommen, damit ich mich damit an meinem Freund festzuklammern kann.

„Noch ein Flitzer!", kommentiert Louis aus Batistas Stallungen, der zum Fußball Turnier oder als Reiter für die Hengste rübergekommen ist. Wie schon gestern wandern seine Blicke sofort über das, was er gestern nicht zu sehen bekam, lächelt sehr erfreut und zwinkert mir zu.

Schwer auf Frederick gestützt, führt uns Noel zur Registration und durch eine Tür in ein Nebenzimmer, dass für medizinische Notfälle ausgerüstet ist. Dass ausgerechnet Louis uns folgt, finde ich ziemlich nervig. Sieht der geile Spanner denn nicht, dass mir überhaupt nicht nach Flirten ist.

„Louis ist Veterinär. Er wird dich untersuchen."

Sofort ist mir zum Wiehern. Weil mir nichts anderes übrigbleibt, als mich vom Pferdedoktor überall – fast überall – betatschen zu lassen, füge ich mich ins Schicksal. Komischerweise fühlt sich das Nacktsein nach einer Weile ganz normal an. Sowohl Louis wie Noel haben irgendwann alles gesehen. Diese Tatsache entspannt mich. Ich gebe sogar Frederick seinen Hut zurück.

„Bärlauch zur Wundreinigung", staunt Louis. „Wer hat dir das beigebracht?"

„Mein Großvater in der *Camargue.*" Während Frederick aus seiner Kindheit – dem glücklichen Teil davon – erzählt, löst Louis den Jeansverband und desinfiziert meine Wunde mit moderner Medizin.

„Die Wunde muss nicht genäht werden. Frederick hat gute Arbeit geleistet. Selbst die Entzündungsgefahr ist nur noch sehr gering. Tut es hier weh?"

Obwohl Louis' Blicke und seine Berührungen sich gelegentlich verirren, fühle ich mich auch bei ihm in guten Händen. „Gebrochen ist nichts. Trotzdem rate ich dir morgen zum Röntgen zu fahren und all deine Verletzungen nochmals von einem Arzt checken zu lassen. Wie bist du hergekommen?"

„In meinem Wagen", bringt sich Frederick ein. „Ist er nicht ein süßer Fratz?" Frederick muss Louis' Blicken gefolgt sein. „Der da liegt super in der Hand!" Schon packt der Flitzer danach, was leider nicht ohne Folgen bleibt.

Genervt schnaube ich: „Verdammt noch mal! Lass das!"

Kommentarlos legt mir Frederick seinen Hut drauf. „Leute, ihr hört es! Dieser Latino ist nur für mich!"

Als mir Louis eine Beinschiene angelegt und meine diversen Wunden mit Pflastern und Verbandszeug versorgt hat, reicht er mir Krücken. „Versuche es! Damit wirst du die nächsten Tage gehen können. Belaste dein linkes Bein so wenig wie möglich."

Abermals muss der Hut dazu fort.

Weil Frederick auf einem weiteren Hengst zurück zum Unfallort galoppiert, um den Sattel zu holen, und weil Noel als Torwart für seine Mannschaft auf Spielfeld muss, bin ich mit Louis alleine. Stoisch ignoriere ich seine Blicke auf meinen Pimmel. Bestimmt hätte ich längst eine Shorts bekommen, wäre ich nicht der Freund des Flitzers oder Louis' Lustobjekt.

„Das sieht doch schon ganz gut aus!", kommentiert Louis meine ersten Gehversuche an den Krücken. „Du bist sowohl von vorne wie von hinten eine Augenweide."

„Danke!", knurre ich.

„Hier!" Louis reicht er mir ein langes schmales Handtuch. Bevor ich mit den Gehhilfen strauchle, bindet er es mir selbst um, lässt sich dabei aber Zeit. „Ohne wäre schöner", säuselt er.

„Keine Chance! Ich bin nicht Frederick."

„Das ist unübersehbar. Trotzdem ..."

„Nichts da!" Bevor Louis die Situation weiter ausnutzen kann, humple ich zur Tür und durch die Registration auf den Hof hinaus. Ich schaffe es sogar bis zum angrenzenden Spielfeld, das auf einem der Weiden abgesteckt wurde und gleich neben den Stallungen liegt. Die Jungs aus Grenoble schießen gerade ein weiteres Tor gegen die Stallburschen und Mitarbeiter der Küche dieses Gestüts. Der Schlusspfiff. Die Grenobler gewinnen dreiundzwanzig zu vier. Bald von beiden Mannschaften umringt, werde ich nach meinem Wohlbefinden befragt und natürlich über den Unfallhergang.

Als Frederick nach einer weiteren Viertelstunde in einer Staubwolke angaloppiert kommt, trage ich noch immer nur das extrem schmale Handtuch um die Hüfte. Ich bin mir ziemlich sicher, dass es normalerweise als Stirnband genutzt wird.

„Aha!" Splitternackt, mit in der Sonne leuchtend goldenen Haaren, schreitet Frederick auf mich zu und will als erstes wissen, wo ich seinen

Hut gelassen habe. Sein Schmunzeln verrät mir, dass er falsche Schlüsse zieht, weil ich mir noch nicht viel mehr angezogen habe, als bei seinem Abgang.

„In zwei Stunden geht unser Zug ab *Bellgarde-sur-Valserine*", erklärt uns einer der Grenobler bei einem Glas Most.

„Es wird Zeit für Abschiedsfotos!" Joel, ein wildblickender Kerl um die dreißig, sputet los um seine Kamera zu holen. Warum er das tut, verstehe ich nicht, denn seine Kollegen haben mich und Frederick längst mit ihren iPads und iPhones fotografiert. Als Joel zurückkommt, rammt er ein Stativ in den Boden und montiert eine teuer aussehende Kamera daran.

„Der Stall ist ein perfekter Hintergrund. Mannschaften, versammelt euch!", befiehlt Joel. So entstehen Gruppenbilder von den Grenoblern, danach von der Verlierermannschaft und schließlich müssen auch noch obligate Gruppenbilder mit allen gemacht werden. Auch ich muss mit ins Bild. Frederick brauchte nie eine Einladung. Er stellte sich ganz selbstverständlich zu jeder Gruppe mit dazu. Er holte sich sogar noch seine Goldmedaille aus unserer Suite. Er lässt sich auch nicht zweimal bitte, um als hiesiges Maskottchen für beide Mannschaften als erregter Priapos diverse Posen einzunehmen. Immer wieder erinnert er mich daran, wie er im Park des olympischen Museums Apollon imitierte. Zugegeben, als Priapos gefällt er mir dennoch besser und das, obwohl seine Goldhaare einem Sonnengott alle Ehren machen.

Nach einem Imbiss reisen die Grenobler in einem Bus, der sie zum Bahnhof bringen soll, mit viel Lärm und Rufen, ab. Auch für Frederick und mich wird es Zeit, die Koffer zu packen. Zum Glück übernimmt der Flitzer diese Arbeit. Als er unser Gepäck auf dem langen Weg zum Wagen außerhalb des Gestüts tragen will, erlaubt ihm Noel auf einer Zufahrtsstraße hinters Haus zu fahren. Noch immer nackt, packt er danach sein hergefahrenes Auto, posiert ein letztes Mal für Abschiedsfotos für Noel, und hilft mir schließlich beim Einsteigen auf den Rücksitz. Die Krücken lasse ich zurück. Morgen in Lausanne werde ich im Spital bestimmt neue kriegen. Die Schmerzen ignorierend lacht mein Herz trotzdem, und das im Gleichklang zum Pochen in meinem linken Bein. Es war ein extrem ereignisreiches Weekend.

Erst als wir wieder auf der A1 Richtung Genf fahren, fällt mir auf, dass

Frederick noch immer splitternackt hinter dem Steuerrad sitzt und auch ich nur das schmale Handtuch umgebunden trage. Wie ist das passiert? Habe ich mir beim Sturz auch den Kopf gestoßen oder werde ich einfach lockerer?

Auf einer Raststätte flitzt Frederick um den Wagen und schnappt sich aus seinem Rucksack eine Jean, wirft mir eine Boxershorts auf den Rücksitz und hilf mir danach das Teil anzuziehen. Weil es jetzt, nach acht Uhr abends, doch frischer geworden ist, ziehen wir beide eines der Trikotoberteile der Grenobler an, die sie uns zum Abschied geschenkt haben. Mein Zug ist gekommen! Ich bin aufgesprungen! Frederick ist kein Marder, aber er ist genauso witzig, frech und abenteuerlustig.

In Lausanne stoppen wir nur kurz im Hotel. Mit einem Rollstuhl werde ich vom Concierge in meine Suite gerollt, wo ich mit Frederick zusammen all mein Zeug in diversen Koffer packe.

„Mann, hast du viele Klamotten!" Dabei zieht er sich immer mal wieder ein buntes Hemd von mir über oder probiert eine meiner Uhren. Ich ziehe mir für die Reise nach Basel eine luftige Leinenhose über und tausche das Trikot gegen ein Hemd und eine meiner weitesten Lederjacken. In meine Turnschuhe hinein schaffe ich es nicht ohne die Hilfe meines neuen Freundes. Mein geprellter Rücken und die Schulter machen mich von Stunde zu Stunde unbeweglicher. Trotzdem will ich keine weitere Nacht hier verbringen, sondern in mein Haus in Basel übersiedeln. Als meine ganze Habe in Koffern und Taschen verstaut ist, bringt der Concierge das Gepäck auf den Parkplatz, wo Frederick versucht, alles in seinem Wagen unterzubringen. Beim Ausschecken werde ich darüber informiert, dass auch meine Mutter ihr Gepäck gestern nach Basel hat überführen lassen. Offensichtlich haben meine Mutter und Albert ihre Pläne mit einem Häuschen am *Lac Léman* zerschlagen. Meine Zeit in Lausanne ist abgelaufen. Das ist sicher!

Kurz vor zwei Uhr nachts erreichen Frederick und ich Basel. Der Blonde besteht darauf, mich nicht nur nach Hause zu chauffieren, sondern mir auch beim Auspacken zu helfen und die erste Nacht bei mir zu verbringen, um auf mich aufzupassen.

„Alter, einer muss dich morgen in die Uniklinik bringen. Zudem, wer wäscht dir den Rücken und hilft dir morgens in die Kleidung?" Natürlich überzeugen seine Argumente, doch ich hätte ihn eh nicht ziehen lassen. So kann ich mir Ausreden und Überredungskunst sparen. Seltsamerweise wechseln wir ganz natürlich die Sprache von Französisch ins Deutsch, kaum dass wir vor meinem Haus parken.

„Hier wohnst du?"

„Muss ich ja wohl! Du hast mich ja heimgefahren!"

„Das ist total eine super Lage hier!"

„Der *Leonhardsgraben* ist verkehrstechnisch gut gelegen und trotzdem Mitten in der Altstadt. Zum Fuß bin ich in fünf Minuten entweder am *Marktplatz* oder am *Barfi.*"

„Oder am Rhein!", ergänzt Frederick. „Welches Stockwerk?" Er zeigt aufs Haus.

„Genaugenommen alle!"

„Das ganze Haus? Alter, bist du so reich?"

„Wir können alles im Wagen lassen und morgen auspacken."

„Sicher nicht!", protestiert Frederick. Er steigt aus, eilt um den Wagen und öffnet mir die Beifahrertür, um mir beim Aussteigen zu helfen. Durch den kleinen Vorgarten bis zum Eingang ins Haus stütze ich mich schwer auf ihn. Kaum im Haus, setze ich mich auf einen der Sessel im offenen Flur. Auch wenn ich die Tage und Nächte, die ich hier bisher verbracht habe an zwei Händen abzählen kann, überkommt mich dennoch das Gefühl zuhause angekommen zu sein.

„Krass!", entfährt es Frederick. „Von außen sieht es ja ziemlich altmodisch aus, doch drinnen? Alle Achtung!"

„Der Vorbesitzer hat aus den kleinen Zimmern der verschiedenen Stockwerke jeweils einen einzig großen Raum gestaltet. So hat die Wohnung eigentlich nur drei und ein halbes Zimmer!", erkläre ich.

„Ich hole unsere Sachen aus dem Wagen!"

Während Frederick vier Mal schwer beladen hin und herlaufen muss, um alles reinzubringen, überkommt mich ein ganz neues Gefühl: Zusammengehörigkeit. Dieser verrückte Nudisten-Reiter-Medizinmann – und was weiß ich noch alles – ist meine Zukunft. „Frederick, macht es dir etwas aus, wenn ich dich erst morgen herumführe? Ich will nur noch ein Schmerzmittel schlucken und mich hinlegen."

„Hengste reiten und dann über fünf Stunden Autofahrt sind anstrengend!" Gähnend sieht sich Frederick um. „Wo ist dein Schlafzimmer?"

„Ganz oben unter dem Dach. Es ist das halbe Zimmer!"

„Schaffst du all die Treppenstufen hoch?"

„Oh", winke ich ab, „es gibt einen Lift." Mit dem Kopf nicke ich zu meiner Linken auf eine Glastür an der Seitenwand. „Zum Glück hat ihn der Vorbesitzer einbauen lassen. Ohne ihn hätte ich jetzt mit dem Treppensteigen Probleme."

Hilfsbereit führt mich der Blonde dahin und fährt mit mir ganz nach oben unters Dach. „Das ist ein *halbes* Zimmer? Luon, da bin ich ja morgen auf die Besichtigung des Restes gespannt."

„Das Badezimmer befindet sich dahinter", deute ich auf eine Wand, die weder bis zur Decke hoch reicht, noch den Raum wirklich begrenzt. „Der Architekt hielt nichts von verschließbaren Räumen." Noch während ich mich auf einen Sessel neben dem Bett niederlasse, ist Frederick aus seinen Klamotten. Wie ein Kater, der eben erst erwacht, streckt und verrenkt er sich splitternackt sehr genüsslich. „Kann ich duschen?"

„Du findest alles hinter der Wand. Hilfst du mir? Mich sehnt es auch nach warmem Wasser, rieche ich doch noch immer nach Knoblauch, Erde und Pferd."

„Lu, du riechst nach einem ganz fantastischen Wochenende!" Frederick stellt sich hinter mich und zieht mich vorsichtig aus. „Autsch! Alter, du wirst die nächsten Tage ziemlich blaue Flecken haben. Die ersten sind bereits deutlich sichtbar."

„So fühle ich mich auch!" Wie werde ich wohl aussehen? Es ist mir egal. Wäre ich nicht gestürzt, wäre Frederick jetzt vielleicht nicht bei mir. Mein Sprung auf den fahrenden Zug war keine leichte Landung, doch er brachte mich genau dahin, wo ich jetzt sein will!

Das Einseifen unter der Dusche beweist ein weiteres Mal, wie geschickt der Nudist ist. Wenn ich auch unzählige Male vor Schmerzen auf die Zähne beiße, dann nehme ich doch alles gerne in Kauf. Behutsam tupft mich Frederick danach mit einem Badetuch trocken und bringt mich zu Bett. Er trinkt aus einer Wasserflasche und kuschelt sich rülpsend neben mich ins Bett.

„Lu, hier könnte ich mich sehr wohl fühlen!" Der Nackte haucht mir einen Gutenachtkuss auf die Stirn und schläft schon, bevor ich nach seiner Hand fassen kann.

„Herr Logroño, Sie hatten wirklich Glück! Es ist nichts gebrochen." Der Arzt der Uniklinik zeigt mir diverse Röntgenbilder und kritzelt danach weiter an einem Rezept. „Ich verschreibe ihnen eine Salbe für die Wunden und eine Paste zur sanften Massage der Blutergüsse. Brauchen Sie Schmerzmittel?"

Erleichtert, keine inneren Verletzungen oder Brüche zu haben, bin ich mit blauen Flecken davongekommen.

„Ich empfehle eine Physiotherapie. Sowohl ihr Rücken wie ihr Bein sollte professionell massiert werden. Die Prellungen werden Sie noch Tage in Ihrer Beweglichkeit einschränken."

Nickend stimme ich zu. „Ja, Massagen klingen gut!" Abermals sitze ich nackt vor einem anderen Mann, doch diesmal hat der wirklich nur Augen für meine Verletzungen. Fast vermisse ich Louis' direkte Blicke und sein Flirten.

Draußen im Wartezimmer wartet Frederick auf mich. Er brachte mich gleich nach dem Frühstück hierher. Ich muss wirklich schlimm ausgesehen haben, als er mich am Morgen neben sich im Bett liegen sah. Er fand nicht einmal Zeit für Kuscheln, sondern bestand darauf, mich augenblicklich in der Uniklinik gründlich abchecken und röntgen zu lassen.

„Diese Wunde haben Sie sich wirklich erst gestern Nachmittag zugezogen?" Der Arzt untersucht mit einem Vergrößerungsglas den zehn Zentimeter langen Schnitt in meinem linken Oberschenkel.

„Ja! Ein Kräuterkundiger hat mir sofort gemantschten Bärlauch aufgetragen."

„So, so! Keinerlei Spuren einer Infektion. Ich verbinde ihr Bein mit einer Gaze, damit die Salbe, die ich ihnen gleich auftragen werde ihre Kleidung nicht beschmutzt. Wann immer möglich, sollten sie diese Wunde der Luft aussetzen. Das beschleunigt den Heilungsprozess."

„Das ist machbar!"

„Ich schreibe Sie erstmals für zwei Wochen hundert Prozent arbeitsunfähig."

„Das ist nicht nötig! Ich bin selbstständig und arbeite zuhause", lüge ich.

„Herr Logroño, kennen Sie einen Physiotherapeuten?" Weil ich sofort meinen Kopf schüttle, reicht mir der Arzt eine ausgedruckte Liste mit diversen Namen darauf. „Das sind die Praxen, die wir empfehlen. Alle können über die Krankenkasse abgerechnet werden. Es steht Ihnen natürlich frei eigene Recherchen im Internet zu tätigen."

„Danke!"

Der Arzt verteilt danach mit einem hölzernen Löffel vorsichtig von der Salbe auf meine Wunde und verbindet sie mit der erwähnten Gaze. „Herr Logroño, Sie können sich wieder anziehen. Kommen Sie in einer Woche nochmals zur Kontrolle vorbei. Ich rate Ihnen nicht zu lange mit einer Physiotherapie zu warten."

„Geht das mit all den Prellungen?"

„Natürlich! Ihre Rückenmuskulatur ist extrem verspannt. Ein Chiropraktiker kann Ihnen Linderung verschaffen."

Langsam und sehr ungeschickt, schlüpfe ich wieder in meine Boxershorts und die weite Leinenhosen, die ich schon gestern auf der Fahrt von Lausanne nach Basel getragen hatte. Der Arzt hat das Untersuchungszimmer bereits verlassen, als ich in meine Flip-Flops schlüpfe und mir das Hemd zuknöpfe. Zum Glück haben wir für einen April bereits sommerliche Temperaturen, wenn es mich auch trotzdem fröstelt.

„Und?", will Frederick wissen.

„Nichts gebrochen! Doch ich sollte sofort mit einer Physiotherapie beginnen. Kennst du einen geeigneten Therapeuten?"

„Ray Turin!", antwortet er mir ohne nachzudenken. „Wir besuchten letztes Jahr zusammen einen Kräuterkurs. Er ist total in Ordnung."

„Daher dein Wissen über die Wirkung von Bärlauch?"

„Erwischt!", gesteht Frederick. „Die Leute hören nur gerne Geschichten von Großvätern, die ihren Enkeln uraltes überliefertes Wissen vermitteln."

Weil seine Tonlage abrupt ändert, als er an seine Kindheit denkt, bohre ich nicht weiter. „Hast du die Adresse von Ray Turin?"

„Vor einem Jahr lebte er in der Nähe vom Kunstmuseum. Wenn wir dahin fahren, werde ich mich wieder an die Straße erinnern. Ray wohnt in der Nähe vom *Picassoplatz*. Ich habe jetzt nichts anderes vor. Nehmen wir uns ein Taxi?"

„Jetzt? Mir tut noch alles weh vom An- und Ausziehen."

„Ein Grund mehr, nicht zu warten."

Eine Viertelstunde später lotst Frederick das Taxi bis zum Ort seiner Erinnerung. Wir haben Glück, Ray Turin ist zuhause. Sobald mein blonder Freund seinen Namen durch die Gegensprechanlage nennt, ertönt der Summton und wir können ins Treppenhaus eintreten. Ray Turin wohnt in einem modernen Mehrfamilienhaus im fünften Stock. Ein Lift bringt Frederick und mich hoch. Selbst vor der noch verschlossenen Haustür ist sofort erkennbar, dass hier ein Heiler oder Medizinmann wohnen muss. Bunte Halbedelsteine, getrocknete Kräuter und Kristalle hängen an Drähten aufgefädelt an die Tür genagelt und verdecken teilweise das Poster darunter, dass die Energiezentren des menschlichen Körpers illustriert und beschreibt. Neben der Tür, an einer weißen Wand, hängen gerahmte Poster, die den südamerikanischen Urwald zeigen. Um die Rahmen sind bunte Federn arrangiert und dazwischen dominiert eine afrikanische Maske das Arrangement.

„Ist Ray Turin Anthropologe?", frage ich.

Bevor mir Frederic antworten kann, öffnet uns ein barfüßiger Mann Mitte Dreißig in einer bunten Hose und einer noch farbenprächtigeren Weste, die seine behaarte Brust und eine Kette aus Perlen, Türkisen und Karneolen betont.

„Fredy, Mann, wir haben uns ja ewig nicht mehr gesehen!" Lange schüttelt Ray Fredericks Hand. Nach den üblichen Befragungen, was seit ihrer letzten Begegnung passiert sei und den belanglosen Antworten darauf, reicht Ray auch mir die Hand zum Gruß.

Ray Turin lässt uns endlich in seine Wohnung eintreten. Ein langer Flur führt zu einem Raum am gegenüberliegenden Ende. Vier weitere Türen, die alle verschlossen sind, verraten, dass Rays Wohnung ziemlich groß sein muss. Auch hier im Flur sind die Wände mit Masken, Edelsteinen, Landschaftsfotos aus aller Welt, Federn, getrockneten Blumen und Kräutern vollgehängt. Am Boden und auf schmalen Kommoden der Wand entlang stehen geschnitzte Figuren aus Südostasien und Afrika, sowie diverse griechische und römische Büsten oder Skulpturen. Gemeinsam haben all diese Kunstwerke nur eins, alle zeigen Männer – die meisten davon sind nackt.

Staunend schleiche ich den Gang entlang und versuche, während ich vom gestrigen Sturz vom Pferd erzähle, mir alles anzusehen. Bei meiner Erwähnung, dass ich professionelle Massagen vom Arzt verordnet bekam, bleibt Ray vor einer Holzfigur mit gewaltigem Penis stehen.

„Jungs, ich bin kein Profi! Ich massiere nur gelegentlich Freunde und Bekannte."

„Aber du hast doch Kurse besucht!", wirft Frederick sofort ein. „Beim Kräuterkurs hast du ständig davon erzählt."

„Ja, schon! Aber …" Ray streichelt den Holzpenis.

„Nichts aber!", unterbricht Frederick seinen Kumpel.

„Ausgebucht?", frage ich und bringe mich ins Gespräch ein.

Ray schüttelt wegen meiner sichtbaren Enttäuschung sofort seinen Kopf. „Eigentlich habe ich sogar extrem viel Zeit!"

„Arbeitest du nicht mehr als Laborant?"

„Ach, Fredy!", stöhnt Ray. „Ich verlor vor einem halben Jahr meinen Job, da das Labor seinen Sitz nach Amerika verlegte."

„Na dann!" Erleichtert blicke ich Ray in seine Augen.

„Luon, ich könnte dich behandeln", erklärt der Mann in der schrillen Weste. „Doch ich muss dir gleich sagen, dass du die Therapie Sitzungen nicht über die Krankenkasse abrechnen kannst. Ich verfüge über keinerlei Lizenzen."

„Aber du hast doch Diplome", wirft Frederick ein und zeigt auf zwei davon, die unter einem Federkopfputz und von einer Bananenstaude fast verdeckt werden.

„Sorry!" Ray schüttelt seinen Kopf. „Wo sind meine Manieren? Bitte, tretet ein." Er führt uns ins vollgestopfte Wohnzimmer. Auch hier verrät alles, dass Ray viel herumgekommen ist – zumal in seiner Fantasie. An den Wänden gibt es nicht einen Zentimeter weiße Wand mehr. Erotische Kupferstiche werden von ultramodernen Ölbildern, Fotografien nackter Kerle in extrem geilen Lederoutfits und von Tabellen und Zeichnungen der Physionomie des menschlichen Körpers, Holzmasken und bunten Tücher abgelöst. Alles wird von Lichterketten beleuchtet. Natürlich liegen und hängen auch im Wohnzimmer überall getrocknete Kräuter, Edelsteine und Federn. Es duftet nach Jasmin, Lavendel, Eukalyptus, Zitrone und Sandelholz. Im Raum stehen bestimmt an die vierzig Topfpflanzen und dazwischen afrikanische und ozeanische Schnitzereien. Dieses wilde Durcheinander erinnert mich an ein überladenes Museum oder an exotische Läden der Heiler und Voodoo Priester in der Karibik. Alles ist hier belebt und erzählt Geschichten. Das wilde Chaos setzt sich auf dem wuchtigen Schreibtisch vor der Fensterfront fort. Bestimmt hundert Bücher stapeln sich davor und darauf wie Kunstwerke aus Schwemmholz oder in Bronze gegossene Dildos aus der Antike. Zwischen zwei roten Sofas steht eine lebensgroße Statue eines hart erregten *Dionysos*. Den Kopf des Gottes der Ekstasen und der Wiedergeburt schmückt eine Federkrone, wie sie die Ureinwohner Brasiliens tragen. Sofort denke ich an meinen Traum und an Jehle. Auch der mesoamerikanische Krieger trug einen solchen Kopfputz.

„Nehmt doch Platz!" Ray zeigt auf die beiden Sofas in einer der Ecken. „Heute würde ich Anthropologie studieren, Mythologie und die Heilkunde vergessener Völker", gesteht Ray und lotst Frederick und mich durch sein museumsähnliches Dschungel-Wohnzimmer zu den roten Ledersofas.

Ich humple um eine David-Statue von Miguelangelo herum. Auch diese fast zwei Meter große Darstellung eines nackten Mannes trägt ungewöhnliches auf dem Kopf: die Hörner eines Widders. Meine Augen wandern von Gegenstand zu Bild, und von Skulptur zu den Sammelstücken aus aller Welt. Natürlich türmt sich auch auf den roten Sitzgelegenheiten Seltsames: weitere Masken, Federboas, Fellhosen aus Ziegenfell, ein Hirschgeweih, hundert Magazine über Urvölker, Kunst, sowie erotische Gay Magazine und Fachliteratur über die Leder- und Fetischszene.

„Wollt ihr etwas trinken?" Ray schiebt ein paar Porno-Hefte auf dem geschnitzten Holztisch vor den Sofas zur Seite und holt aus einem verschließbaren Schrank hinter Palmen drei Gläser und eine Flasche Rotwein.

„Kein Alkohol für mich", winke ich ab.

„Ray, hast du noch von deinen selbstgemachten Kräutergetränken?" Frederick leckt sich in Vorfreude darauf bereits seine Lippen.

„Natürlich! Das hier ist Holundersaft." Trotzdem dreht sich Ray um und langt nach etwas Neuem. „Das hier", reicht er mir eine blaue Flasche ohne Etikette, „enthält einen selbstgemachten Granatapfel-Holunder-Lindenblüten-Honig-Ingwer-Sud." Ray verteilt unterschiedliche bunte Gläser.

„Von dem nehme ich auch!" Frederick schiebt sofort sein rotes Glas zu Ray, damit er davon einschenken kann. Kaum entkorkt der sonderbare ehemalige Laborant die blaue Flasche, entströmt ihr ein herrlich herbsüßer Duft. Neugierig schieb ich mein gelbes schweres Glas dem Gastgeber zu. Als meine Lippen danach das Gebräu berühren, blitzen in meinem Geist Bilder von Waldnymphen, Brombeeren und gurgelnden Bächen, Holunderblüten strecken ihre weißen Köpfe der Sonne entgegen und Bienen sammeln im Wald Honig, während ein nackter Waldgott Bäume umarmt und Blätter küsst.

„Lecker!“ Das ist die totale Untertreibung. In Wahrheit kostete ich noch niemals zuvor etwas vergleichbar Köstliches. Auch Frederick süffelt genüsslich und verdreht dabei seine blauen Augen. Offensichtlich kennt er dieses und andere Gebräue seines Kumpels von früheren Besuchen her. Meine Sinne tanzen angeregt durch die Optik der Sammelstücke, dem Geschmack des Likörs und der pulsierenden Erotik dieses Wunderheiler-Erotik-Etablissements, dass ich einfach sage: „Ray, behandle mich! Krankenkassen und Rückvergütungen sind mir vollkommen egal.“

„Du wärst mein einziger Patient.“

„Massierst du nicht mehr?“ Frederick klingt verwundert darüber.

„Ach, Fredy, seit ich meinen Job verloren habe, wächst mir alles über den Kopf! Noch kriege ich Arbeitslosenentschädigung. Finde ich nicht bald einen neuen Job, werde ich mich von vielen der Erbstücke meines früheren Lovers trennen müssen.“

„Erbstücke?“, frage ich sofort.

„Mein Partner starb vor drei Jahren an einem Herzinfarkt. Er war Anthropologe. Ihm verdanke ich meine Vorliebe für versunkene Zivilisationen wie die Fundstücke, die er überall gesammelt und erstanden hatte. Er inspirierte mich zum Sammeln und zur ständigen Erweiterung meines Wissens. Ich möchte nicht ein einziges Stück verkaufen; jedes erzählt mir noch immer noch neue Geschichten.“

„Mir macht es nichts aus, dein einziger Patient zu sein.“

„Also gut! Eine erste Sitzung dauert immer zwei Stunden. Fredy du kannst nicht dabei sein. Deine Aura würde die Energie bei der Untersuchung stören.“

„Ich habe eh in der Stadt noch so einiges zu erledigen!“

Bevor Frederick flüchtet, halte ich ihn an der Schulter zurück. „Sehen wir uns später? Übernachtest du bei mir?“

„Luon“, fasst der Blonde nach meiner Hand, „ich fahre in meine eigene Wohnung, sehe dort zum Rechten und packe ein paar Dinge zusammen.“

„Treffen wir uns später im Garten des *Teufelhofes*?“

„Das ist eine gute Idee. Im *Teufelhof* isst man sehr gut.“

„Frederick, ich lade dich zum Mittagessen ein.“

„Cool! Ich wollte schon lange in diesem Edelschuppen speisen. Bis in drei Stunden! Ciao Ray! Flicke mir meinen neuen besten Freund wieder zusammen!“

„Alter, ich bin nicht kaputt!“, protestiere ich.

Kaum ist Frederick gegangen, führt mich Ray Turin zurück in den Flur und öffnet eine der verschlossenen Türen. Der neue Raum unterscheidet sich vom Flur und vom Wohnzimmer dadurch, dass es darin weder Pflanzen noch Kräuter gibt. Die Stirnwand besteht aus thailändischen Schnitzereien, wie ich sie aus besseren Asian-Restaurants her kenne. Die Wand gegenüber der Tür ist tapeziert mit neuen Tabellen und Abbildungen über Nerven-, Muskeln oder Energie-Zentren des menschlichen Körpers. Vor dem Fenster steht ein geflochtener buntbemalter Paravent um das Licht zu dämpfen oder als Rückzugsort, sich für die Behandlungen zu entkleiden. Neben der Tür, durch eine weitere Statue eines nackten Mannes etwas verdeckt, ziert ein wuchtiges Pult, ein moderner Bürostuhl und eine Art geschnitzter Thron mit hoher Rückenlehne den Raum. Ray entzündet diverse Kerzen in Schalen schwimmend auf niedrigen Säulen stehend und verwandelt durch das gedämpfte Licht den Raum in eine angenehme Wärme voller Geheimnisse und Heilkraft.

„Muss ich Formulare ausfüllen?“

„Das gehört zu meinen Aufgaben während des Checks.“

Ray macht einen sehr symphytischen Eindruck auf mich. Ich schätze ihn auf vielleicht Mitte dreißig, wenn sein schütteres, kurz geschnittenes Haar ihn auch älter erscheinen lassen könnte. Sein Körperbau ist kräftig und seine Oberarme sind beachtlich. Irgendetwas an Ray zieht mich an. Bisher hatte ich das erst bei Frederick erlebt. Bei Ray ist es jedoch keine körperliche Anziehung, sondern einfach ein Gefühl, dass ich Ray unbedingt kennenlernen muss.

„Mir ist es wichtig einen guten Masseur zu haben, dem ich voll und ganz vertrauen kann und von dem ich überzeugt bin, dass er meinen geschundenen Körper wieder auf Vordermann bringt."

„Das ist sehr freundlich von dir. Falls du mich als deinen Masseur auswählst ..."

„Das ist längst passiert! Wo kann ich unterschreiben?"

„Nicht so schnell, junger Mann." Rays Lachen bestätigt mir noch mehr, dass er mein Therapeut ist – es einfach sein muss! „Dann setze dich doch mal auf den Stuhl dort!"

„Den Thron?"

„Wenn du ihn so nennen willst?" Ray platziert sich ans Pult daneben und zückt ein mehrseitiges Formular aus einer der Schubladen. Auf einigen Seiten gibt es neben Fragen zum Ankreuzen auch Zeichnungen von Skeletten und Strichmännchen. „Was genau ist dir denn passiert?", beginnt Ray mit dem Interview.

Abermals erzähle ich vom Reitunfall. Ray hakt ständig nach und will allerlei Details wissen. Wie viel Zeit ich nach dem Sturz auf dem Pferd verbracht hätte oder ob ich auf der Fahrt nach Basel gesessen oder gelegen wäre. Immer wenn er zu einer neuen Frage ausholt, wartet er, bis sich unsere Blicke treffen. Auffallend sind seine großen Augen – oder sie kommen mir nur so vor, weil er mich ständig direkt ansieht. Ich mag bald nicht nur Rays Ausstrahlung, seine Augen und sein Lächeln, sondern auch den Klang seiner Stimme. Alles zusammen flößt mir Vertrauen und Ruhe ein. Genauso habe ich mir immer den idealen Arzt vorgestellt.

„Luon, zieh dein Hemd aus!", fordert er mich nach einer halben Stunde Befragung auf. Weil er sieht, wie schwer ich mich bei gewissen Bewegungen tue, stellt er sich einfach vor mich und hilft mir aus der Kleidung. Das tut er so unaufdringlich, dass ich einfach lächeln muss und ihn gewähren lasse, mir das Hemd und danach auch noch das T-Shirt zu klauen.

„Hier musst du erstmals auf dem Felsen aufgeschlagen sein." Ganz vorsichtig berührt er mein linkes Schulterblatt. „Kannst du deinen Kopf gut bewegen?" Kaum nicke ich, stellt er sich hinter mich und fasst mit beiden Händen nach meinem Genick und meinem Hals. Warm und kräftig lässt mich seine Berührung schaudern. Noch mehr, als er mich bittet, meinen Kopf erst langsam nach rechts, nach links und danach rauf und runter zu bewegen. Dummerweise muss ich dabei ständig wie ein

Irrer grinsen.

Ray bittet mich, meinen rechten Arm auszustrecken und tastet ihn ab, während er auch hierzu Bewegungsabläufe fordert. Manchmal liegt dazu meine Hand auf seiner von der Weste fast unbedeckten Schulter oder auf seiner haarigen Brust. Dieselben Bewegungsabläufe muss ich danach auch mit meinem verletzten Arm – was Schmerzen bereitet – ausführen. Selbst meine Finger untersucht Ray einzeln. Während seines gründlichen Checks macht er sich ständig Notizen und fügt bunte Punkte auf einem der Skelettbilder an. Immer wieder lächelt er mich warm an und sucht mit seinen großen Augen Blickkontakt. Flirtet er mit mir?

„Luon, lege dich auf den Schraken!“ Er zeigt auf das Teil, das vor der geschnitzten Wand steht. Kaum liege ich auf meinem Bauch, wandern seine Hände Zentimeter um Zentimeter über meine Schulter und meinen Rücken. Niemals setzt er Druck ein oder massiert. Oft ist es, als ob Ray mit seinen Händen meine Nerven belauschen würde. Das klingt komisch, kommt dem aber am nächsten, was ich fühle und beobachte. Einmal steht er länger beim Kopfende der Liege und legt seine Hände auf meine Schulter. Dabei kann ich seine Zehen sehen, die perfekt pedikürt sind. Ray legt großen Wert auf Ästhetik. Das verrät auch die saubere Wohnung – was mit all dem Zeug bestimmt nicht so leicht zu bewerkstelligen ist. Konzentriert und aufmerksam verharrt der Barfüßige an vielen Stellen meines Rückens länger mit seinen warmen Händen, bis er mit einem seiner Farbstifte eines der Strichmännchen oder Skelette auf dem mehrseitigen Formular markiert.

„Luon, kannst du alleine aufstehen?“ Weil ich schwanke, hilft er mir. „Stelle dich mit dem Rücken zu mir vor die Liege. Du kannst dich mit deinen Händen darauf abstützen. Falls das Kommende unangenehm ist, sag es!“ Seine Hände fassen von hinten um meine Taille und lösen den Knopf meiner Leinenhose.

Ich keuche nervös auf.

„Alles in Ordnung?“

„Ja!“, murmle ich.

Vorsichtig öffnet er den Reisverschluss und zieht mir die Hosen bis zu den Knöcheln runter. Bevor er mich dazu auffordern kann, steige ich ganz raus. Ray bückt sich, faltet meine Leinenhosen zusammen und legt sie vor mich auf die Massageliege. Weil mich das sichtlich erregt, werde ich unsicher, doch nur bis seine Hände sich abermals auf meine Hüfe legen. Ihre Kraft und Wärme beruhigen mich augenblicklich. Gleichzeitig werde ich immer härter. Wie schon bei meinem Oberkörper, nimmt sich Ray auch für meine Hüfe Zeit. Jeden einzelnen Muskel und Knochen tastet er ab, fährt Nerven ab und lauscht. Plötzlich gleitet seine rechte Hand hinten unter meine Boxershorts und folgt der Wirbelsäule abwärts. Danach fasst er einzeln nach meinen Backen, wobei seine Finger gleichzeitig tief in meine Kimme wandern.

„Dreh dich bitte um", flüstert er.

Auch wenn es mir zutiefst peinlich ist, meinem neuen Therapeuten das Zelt unter den Boxershorts vorzuführen, tue ich es trotzdem.

„Schlüpfe aus deinen Flip-Flops und stelle dich möglichst gerade auf deine Füße. Solltest du schwanken, halte dich an meiner Schulter fest." Damit geht Ray vor mir in die Hocke und fährt mein rechtes Schienbein und meine Wade mit beiden Händen ab. „Luon, deine Muskulatur ist gut trainiert", stellt er fest. „Tut das weh?", fragt er, als er mein rechtes Knie leicht massiert. Weil ich verneine, notiert er sich etwas und nimmt danach wieder seine vorherige Position vor mir ein. Als seine Hände die Prozedur bei meinem linken Bein wiederholen, zucke ich oft zusammen. Das Skelettbild wird einseitig immer bunter durch seine neuen Angaben. Danach setzt sich der Therapeut auf seinen Stuhl und rollt sich sehr nahe vor mich, dass meine Latte unter den Boxershorts sein Gesicht beinahe berührt. Wie ein Depp tue ich so, als ob nichts wäre. Mir ist zum Pfeifen!

Abermals beginnt Ray mit meinem rechten Bein und untersucht meinen Oberschenkel. Mir schaudert immer öfters, denn seine Hände schieben dazu die Boxershorts seitlich hoch. „Deinen linken Oberschenkel werde ich das nächste Mal auf Verzerrungen und subtile Verletzungen abtasten. Ich will deine offene Wunde nicht berühren. Sicher ist, dass du sehr nahe deines Intimbereichs beim Sturz mit einem weiteren Felsen tiefe Bekanntschaft gemacht hast."

„Ja, der Fels schnitt mir die Wunde!"

„Das und noch mehr! Luon, dreh dich bitte wieder um und stütze dich abermals mit deinen Händen auf der Liege ab." Augenblicklich pocht mein Herzschlag doppelt so schnell, denn Ray packt sich den Saum meiner Unterhose und zieht daran, bis auch der letzte Stoff, auf meinen Zehen landet. Ich steige auch daraus hinaus. Abermals bückt sich Ray, faltet den Stoff und legt ihn neben meine Leinenhosen. Sein Stuhl rückt wieder sehr nahe und seine Hände fassen um meinen gesunden Oberschenkel. Diesmal berühren seine Finger meine Hoden, als er die Innenseite abfährt. Mein Kopf muss feuerrot glühen, denn mein Penis zuckt, wie ein nervöser Vogelhals. Ich wage nicht nach unten zu sehen.

Ray steht auf. Kräftig packt er erst nach meiner rechten Arschbacke, danach nach meiner linken. „Auch hier", sagt er laut, „kräftige und gesunde Muskulatur!" Als seine rechte Hand meine Wirbelsäule vom Nacken bis zu ihrem Ende langsam abfährt, ringe ich um Atem. Seine rechte Hand schiebt sich dabei wieder tief zwischen meine Backen und bleibt dort, während seine linke Hand über mein Becken nach vorne wandert.

„Schmerzt das?"

„Nein!", japse ich.

Er wiederholt die Bewegung auf der verletzten Seite. Ich unterdrücke ein Wimmern.

„Luon, dreh dich wieder zu mir um!"

Extrem verlegen tue ich es.

Ray lächelt. Während er mir direkt in die Augen sieht, bemerkt er: „Das ist eine ganz natürliche Reaktion. Kein Grund sich zu schämen."

Ich schlucke leer und nicke.

„Zudem", fährt er fort, „lässt sich der da sehen!" Er fasst danach und schiebt meine Latte mit der linken Hand zur Seite, um mit seiner rechten meine Hoden zu fassen. Vorsichtig knetet er sie und untersucht sie mit seinen Fingern. „Sie sind unverletzt!" Statt sie loszulassen, sieht er mir wieder in meine Augen. „Hattest du seit dem Unfall Sex?"

„Was?" Ungläubig gaffe ich ihn an.

„Erektionsprobleme hast du keine. Da die Schnittwunde ziemlich weit oben ansetzt, will ich einfach sichergehen, dass beim Aufprall auf den Stein nicht auch anderes verletzt wurde. Innere Verletzungen im Intimbereich sind gefährlich. Ebenso können Energieströmungen unterbrochen sein."

„Mit meiner Standfestigkeit ist alles ok! In der Uniklinik wurde ich geröntgt und ..."

Ray lässt meine Erektion los. „Ich spreche vom Energiefluss! Hier", schiebt er seine Hand abermals tief in meine Kimme und berührt meinen Anus", liegt eines der Chakra und hier", er fasst abermals nach meinen

Hoden und meinem Penis, „liegt ein anderes Energiezentrum. Ob der Schock des Sturzes und die Verletzungen sich darauf auswirken, kann ich heute noch nicht beurteilen." Als er meine Latte loslässt, schnellt sie nach oben.

„Hart! Das ist ein gutes Zeichen", kommentiert der Heiler. Vorsichtig fährt er jetzt meinen Bauch ab und nähert sich abermals meiner Intimzone, um seine linke Hand ganz in meinem Busch verschwinden zu lassen. Ich bin so spitz geworden, dass ich fürchte, genau wie das Frederick oft passiert, gleich ohne weiteres Dazutun abzuspritzen.

„Luon, du kannst dich jetzt wieder anziehen?"

„Was?"

Ray schmunzelt. „Mein Check ist abgeschlossen. Du hattest Glück, dass der Stein deine Hoden oder deinen Penis verfehlt hat. Du musst dir über deine Potenz keine Sorgen machen. Auf den ersten und zweiten Blick ist alles vollkommen normal. Ich habe auch deine Hoden überprüft. Wichse heute Abend und rufe mich morgen an, ob das, wie üblich funktionierte."

„Ich soll wixen?"

„Aber sicher! Ist das ein Problem für dich?"

„Nein! Natürlich nicht."

„Luon, ist es dir peinlich mit mir darüber zu sprechen?"

„Allerdings!" Dann füge ich an. „Als Bachelor in Psychologie sollte ich über Derartigem stehen können."

„Gefühle und Instinkte zeigen sich nicht immer so, wie unser Verstand es haben möchte. Der physische Körper spricht seine eigene Sprache, vollkommen egal, was wir denken oder wie sehr wir versuchen etwas zu unterdrücken oder zu beschönigen."

„Glaubst du nicht an den Einfluss positiven Denkens?"

„Selbstverständlich! Doch wissen wir wirklich immer, was positiv ist? Gaukelt uns unser Verstand da nicht gelegentlich Illusionen vor? Was für jemanden positiv ist, mag für einen anderen negativ erscheinen. Gerade religiöse Konditionierungen spielen uns da Streiche."

„Das kenne ich vom Studium", bestätige ich. „Ängste, Vorurteile und fanatische Ansichten sind oft die Ursachen für tiefliegende psychische Probleme."

Ray sieht mich mit seinen großen Augen an und lächelt zur Antwort. „Ich werde dich während den Massagen wahrscheinlich öfters so wie jetzt sehen." Er nickt auf meine Latte. „Deine Verletzungen liegen nicht nur in der Schulter, sondern auch im Intimbereich. Ich muss sowohl von vorne, wie von hinten die Verkrampfungen durch den Schock lösen. Dein Körper hat sich punktuell enorm verkrampft. Was ist sonst noch während dem Sturz passiert? Ich kann mich täuschen, doch ich ahne ein tiefliegendes Trauma!"

Ray ist wirklich gut. Sollte ich ihm von meinen Albräumen erzählen und dem Schuss? War da überhaupt ein Schuss im Wald? Werde ich verfolgt oder bilde ich es mir nur ein?

Der Heiler deutet mein Grübeln falsch. „Luon, falls du dazu lieber zu einer Frau in Behandlung gehen möchtest, könnte ich dir eine Kollegin empfehlen."

„Eine Frau? Nein! Niemals!"

„Dann akzeptierst du mich als Therapeuten?"

„Natürlich! Deine Hände fühlen sich unglaublich gut auf meinem Körper an." Das wollte ich nicht sagen.

Ray blickt auf seine kleine Standuhr auf dem Pult. „Luon, die zwei Stunden sind um. Sehen wir uns morgen wieder?"

„Gerne!"

„Und nicht vergessen, wichse heute noch. Kannst du mir die Probe morgen mitbringen?"

„Du willst mein Sperma checken?"

„Ich muss sicher sein, dass alles in Ordnung ist."

„Dann mache ich es lieber hier", murmle ich und staune über meinen eigenen Mut – oder bin ich nur einfach extrem geil? „Hast du ein Gefäß."

Ray holt eine in Plastik eingeschweißte Schale aus seiner Kommode und reicht sie mir. „Du kannst dich dort hinter den Paravant stellen oder das Badezimmer im Flur aufsuchen."

Weil Ray mir ununterbrochen auf meine wippende Erektion gestarrt hat, bin ich inzwischen so spitz, dass ich es kaum noch zurückhalten kann. Ob Fredericks Einfluss auf mich abfärbte oder ob ich Ray einfach demonstrieren will, was für ein Hengst ich bin, kann ich nicht sagen. Bevor mein Verstand es mir versucht auszureden, packe ich zu und wichse.

Ray setzt sich auf seinen Stuhl und sieht mir dabei zu. Das heizt mich so an, dass ich keine Minute später eine gute Probe abliefern kann. Er tunkt seinen Finger hinein, riecht daran und untersucht mein Sperma im Licht der Lampe auf seinem Tisch. „Keine Blutungen. Alles in Ordnung! Noch etwas", abermals lächelt er, „das war ne inspirierende Vorstellung!"

Mein Lachen erlöst mich, noch mehr als Ray darin einsetzt. Die letzte Verlegenheit fällt vollkommen von mir ab. Ob Rays Voruntersuchungen immer so ablaufen? Vorurteile, Scham und Schuldgefühle können seltsame Formen und Gesichter annehmen. Heute haben sie mich nicht eingeschränkt.

Ray reicht mir Kleenex und hilft mir beim Anziehen.

„Soll ich dir ein Taxi bestellen?"

Paz und Felicidade

„Wie gut kennst du Ray?", frage ich Frederick als erstes, als ich ihn im *Teufelhof* zum Mittagessen treffe.

„Wir haben während den Tageskursen über die Heilkraft von Kräutern und heimischen Pflanzen oft die Mittagspausen zusammen verbracht. Warum fragst du? Magst du ihn nicht?" Mein blonder Freund sitzt mit vorne offenem Hemd im Garten des Restaurants und lässt sich von der Frühlingsonne seine helle Haut küssen. Dass ihn andere dabei immer wieder entweder mit strafenden oder lüsternen Blicken mustern, ignoriert er. Hinter ihm sind drei vollgepackte Taschen aufgeschichtet.

„Ich habe das Gefühl, als ob ich Ray kennen würde", verrate ich.

„Wenn man jemanden treffen muss, dann passiert es. Wir beide mussten ja auch nach Lausanne, um uns dort zu finden."

„Glaubst du an ein Leben vor diesem?"

„*Ein* Leben vor diesem?" Frederick lacht los. „Mann, wir alle sind schon tausend Mal dem Tod entkommen. Warum die Christen wegen ihrem auferstandenen Jesus so ein Theater machen, ist doch peinlich. *Jeder* ist von den Toten auferstanden!"

Der böse Blick einer schwarzgekleideten Lady, lässt mich die Lautstärke drosseln. „Erinnerst du dich an frühere Leben?“, flüstere ich.

„Logisch! Es ist ein inneres Wissen. Luon, manchmal habe ich Träume. Ich besuche in ihnen Orten, an denen ich noch zuvor war, oder ich treffen Menschen, denen ich erst Jahre danach irgendwo in Lausanne über den Weg laufe.“

„Du hast von mir geträumt?“

Fredericks Mund wird immer breiter, während er nickend grinst. „Luon, das klingt vielleicht komisch, aber ich war ein Knirps, als ich von einer Villa auf einem Hügel an der karibischen Küste träumte. Die Wände des Anwesens waren orangerot bemalt und weiße Säulen trugen ein flaches Dach. Davor gab es eine breite Veranda von der aus man einen herrlichen Ausblick auf den Ozean hatte. Hohe Palmen schwankten im Wind und bunte Papageien flogen von Krone zu Krone. Ein kleiner braunhäutiger Knabe spielte im Sand zwischen violetten und orange blühenden Bougainvillea, Strelitzien und anderen Blumen. In einer Hand hielt er eine buntbemalte etwa zwanzig Zentimeter große Holzgiraffe und in der anderen ein mit Leder überzogenes Wildschwein das lachte. Er nannte die Giraffe *Paz* und das Wildschwein ...“

„*Felicidade*!“, beende ich Fredericks Satz.

„Genau!“, bestätigt mein hellsichtiger Freund. „Die Namen bedeuten Frieden und Glück.“

„Woher weißt du das?“

„Es gab schon damals Diktionäre.“

„Das meine ich nicht! Die Giraffe und das Wildschwein waren meine Lieblingsspielzeuge. Beide Tiere schnitzte mein Vater. Meine Mutter hatte die Graffe in allen Farben und mit Mustern bemalt; und das Wildschwein mit Leder überzogen, als ich es einmal kaputt gemacht hatte.“

„Das Wildschwein hat ein ähnliches Lächeln wie ich!“

Fassungslos gaffe ich Frederick an, der ziemlich exakt das Wildscheingrinsen imitiert. „Es sind die einzigen wirklichen Andenken an meinen Vater. Aber“, ich mustere Frederick kritisch, „das war vor vielen Jahren in *Cartagena* in Kolumbien. Noch nie erzählte ich jemandem davon.“

„Meine Mutter drehte fast durch, weil ich nach meinem Traum von dir unbedingt auch eine Giraffe *Paz* und eine Wildschwein *Felicidade* haben wollte. Luon, ich gab keine Ruhe, bis ich ähnliche Tiere bekam.

Schließlich musste ein Holzspielzeugmacher sie nach meinen kindlichen Zeichnungen und Erzählungen anfertigen. Echt, ich gab einfach keine Ruhe, bis ich sie genauso hatte, wie in meinen Träumen."

„Träumen?"

Frederick nickt, als ob das vollkommen normal sei.

„Frederick, hast du deine Giraffe und dein Wildschwein noch?", will ich sofort wissen.

„Logisch! Ich hole sie später bei mir zuhause ab. Ich wusste immer, irgendwann muss ich sie als Beweise vorlegen."

Plötzlich höre ich in meiner Erinnerung Vaters Stimme, die mich tröstet, als er mich im Schrank während dem Massaker an unserer Familie versteckte. *Luon, du darfst Felicidade und Paz niemals verlieren. Eines Tages werden sie dir den Weg weisen. Halte sie fest, egal was passiert! Jetzt höre auf zu weinen und sei ein Mann.*

„Warum weinst du plötzlich?", sorgt sich Frederick.

„Ich dachte an meinen Vater. Er ist schon lange tot."

Weil unser Essen serviert wird, verspachteln wir schweigend das Fünf-Gang-Mittags-Menu. Immer wieder schiele ich zu Frederick. Kann er wirklich Traumwandern? Welche anderen Talente stecken noch in diesem wunderbaren Kauz?

Frederick bringt mich nach dem Dessert, nur ein paar Häuser weiter die Straße runter, nach Hause und stellt seine drei gepackten Taschen in den Flur. Wird er vorübergehend bei mir einziehen? Bevor ich ihn danach fragen kann, boxt er mir kumpelhaft in den Oberarm.

„Lu, ich bin in etwa zwei Stunden zurück!"

Mein *Paz* und mein *Felicidade* stehen im Wohnzimmer auf einem Regal. All die Jahre habe ich mich nie von ihnen getrennt. Ich hielt sie während der Flucht von Kolumbien nach Venezuela immer in meinen Händen oder drückte sie auf mein Herz. Sah Frederick in Träumen wirklich meine lustige Giraffe und das breitgrinsende Wildschwein?

„Nein!", murmle ich vor mich hin. Frederick ist nicht das Wildschwein, und ich nicht die Giraffe! Obwohl, das Grinsen ...

Ziemlich ungeschickt packe ich danach im Wohnzimmer des Erdgeschosses meine Koffer aus und stopfe die Kleidung in die Waschmaschine in der offenen Küche daneben. Weil mir danach alles weh tut, lege ich mich im Wohnzimmer auf die Couch und blicke durch das Fenster in den Innenhof und auf einen Kastanienbaum, der seine hellgrünen Blätter fast vollkommen entfaltet hat und erste weiße Blüten treibt. Schläfrig den Frühlingstag genießend, döse ich ein.

Als ich meine Augen wieder öffne, sitze ich vor einem neu entfachten Feuer. Der nackte Krieger *Jehle* zieht einem erlegten Hasen gerade das Fell über die Ohren. Seine wachen Instinkte registrieren natürlich sofort, dass ich ihn heimlich beobachte.

„Willkommen im neuen Licht“, begrüßt mich Jehle zum Morgen. „Ich war auf der Jagd. Zum Frühstück gibt's Hase!“ Während der dunkelhäutige Krieger seine Beute zerreißt und die Stücke auf Steine ins Feuer bettet, setze ich mich neben ihn.

„Hat der Gott zu dir gesprochen?“, frage ich neugierig.

„*Quetzalcoatl* war zu beschäftigt, auch sonst hatte keiner der Götter Zeit für mich“, berichtet Jehle enttäuscht.

„Du hattest keinen Traum?“

„Oh, doch! Natürlich!“

„Erzähl!“

„Ach Urugnas“, seufzt Jehle. „Ein Mädchen kam zu unserer Hütte. Sie bettelte: *Vogelmann, ich möchte so gerne einen der feuerroten Aiptyl haben!* Ich hatte überhaupt keine Lust auch nur einen davon wegzugeben, was seltsam war, da ich ständig Vögel gegen anderes eintausche. Ganz aufgeregt zeigt sie in die Voliere. *Den da! Den da!* Kaum öffnete ich den Käfig, hüpften einige der bunten Piepser auf meinen Kopf, meine Schulter und meine ausgestreckte Hand. Der auserwählte rote *Aiptyl* war einer davon. *Hier!* Ich reichte ihr den feuerroten Vogel. *Du musst gut für ihn sorgen.* Das Kind jauchzte und der Vogel hüpfte auf ihren Kopf. *Das mach ich!*, jubelte das Kind. Der *Aiptyl* flatterte von ihrem Kopf und setzte sich auf ihre offene Handfläche und legt ein Ei hinein.“

„Jehle“, rufe ich aus, „das ist ein Zeichen der Götter!“

Der nackte Krieger rümpft seine Nase.

„Was passierte weiter in deinem Traum?“

„Keine Ahnung, ich kann mich nicht mehr erinnern.“

„Jehle!“, fordere ich den nackten Krieger auf. „Schließe deine Augen und versetze dich zurück in deinen Traum.“

„So etwas geht?“

„Zweifle nicht! Tue es einfach.“

Jehle kneift seine Augen zusammen und starrt durch seine geschlossenen Lieder auf die Flammen, die unser Frühstück garen. Als Jehles Mundwinkel sich plötzlich nach oben ziehen, ahne ich, dass es funktioniert. Während ich das Fleisch mit einem zum Spieß umfunktionierten Ast drehe, weilt Jehle in seiner Traumerfahrung.

„Quetzalcoatl hat sich mir offenbart“, verrät er mir, als er – vielleicht wegen dem leckeren Bratenduft – wieder in diese Wirklichkeit zurückkehrt. Bevor ich fragen kann, erzählt Jehle: „Ich blickte dem Kind mit dem Vogel und dem Ei in seiner Hand in die Augen. Diese verwandelten sich in funkelnde Sterne. Das Kind sprach jetzt mit einer Männerstimme: *In den Archiven von Tollan wirst du deine Bestimmung nicht finden! Dennoch musst du dahin. Dort wird dein Freund ein Geheimnis entdecken, das es zu erforschen gilt.* Der Aiptyl hüpft danach auf meinen Kopf und das frisch gelegte Ei bewegte sich in der Hand des Gottes. Risse zogen sich durch die Schale und mit einem Knacken schlüpfte ein grüner Vogel. Rasch wuchs er, breitete seine grünen Flügel aus und flog direkt der Sonne entgegen.“

„Das hast du jetzt eben alles erlebt?“, wundere ich mich.

„Ich tat nur, was du vorgeschlagen hast“, verteidigt sich der Vogelmann. „Ich kehrte in meinen Traum zurück. So geht die Geschichte eben weiter. Ich denke mir das doch nicht aus!“

Ein seltsames Geräusch baut sich weit unter uns vom Ozean her auf und dringt immer schriller bis zu uns auf den Berg hoch.

Als ich endlich vom Klingeln an der Haustür erwache, sitzt vor dem Fenster ein kleiner grüner Vogel und beobachtet mich. Wo der wohl entwischt ist?

„Ich komme!“, brülle ich durchs Wohnzimmer und hoffe, Frederick hört mich draußen vor der Tür. Wie ein uralter Mann versuche ich aufzustehen, stöhne wegen der Schmerzen und schleppe mich zur Haustür.

Frederick steht umgezogen, jetzt in einer giftgrünen offenen Jacke – ohne etwas drunter – und ebenso giftgrünen Shorts barfuß vor der Tür. In seiner rechten Hand hält er *Paz*, die Giraffe und in seiner linken *Felicidade*, das lachende Wildschein.

„Lu, glaubst du mir jetzt?“

Erschlagen von der Tatsache, führe ich den Grünen ins Wohnzimmer und zum Regal, wo *Original-Paz* und *Original-Felicidade* stehen. Die Tiere sehen meinen täuschend ähnlich.

Seltsamerweise klappt jetzt Fredericks Kiefer nach unten. Er starrt die beiden Spielzeuge aus meiner frühesten Kindheit an. „Das sind sie!", ruft er aus. „Es gibt sie! Luon, wir beide sind wirklich miteinander verbunden!" Sehr behutsam stellt der Blonde seine Giraffe neben meine und tut das gleiche mit seinem Wildschwein. „Ihr gehört jetzt zusammen", flüstert er den beiden Giraffen und den beiden Wildschweinen zu. Heimlich wischt er sich Tränen aus seinen Augen.

„Warum bist du hellgrün angezogen?", wundere ich mich.

„Giftig! Nicht wahr?" Keck dreht sich Frederick mehrmals um die eigene Achse und präsentiert mir seinen neuen Look. „Mir war, als ob ich meine Flügel öffnen müsste."

Ich schweige. Frederick ist unheimlich. Repräsentiert er den frisch geschlüpften Vogel aus meinem Traum? Wird er mir auch in diesem Leben helfen Geheimnisse zu lüften?

„Alter, was kuckst du? So sehe ich nun mal bekleidet aus! Soll ich mich ausziehen?" Bevor ich darauf antworten kann, schält er sich schon aus seiner eh offenen Jacke und lässt danach seine giftgrünen Hosen auf seine Zehen fallen. „Besser?"

„Hier im Haus kannst du dich bewegen, wie du willst!"

„Auch besser so! Lu, ich liebe dich, aber ich lasse mir von niemandem verbieten, so zu sein, wie ich will! Verstanden?"

Wie vertraut und selbstverständlich sich seine Gegenwart in meiner Wohnung anfühlt! Neugierig inspiziert der Flitzer während meiner Führung durchs Haus jedes Stockwerk.

Welche Stärken warten darauf erweckt zu werden?

„Ein Arztkittel?" Ray trägt heute tatsächlich einer dieser Kittel zu weißen Shorts und weißen Turnschuhen.

„Luon, was stört dich daran?"

„Wir kennen uns erst seit gestern, doch für mich hast du einen viel zu bunten Charakter, um schlicht weiß zu tragen." Abermals glaube ich, Ray schon sehr viel länger zu kennen.

„Ach Luon, das ist nur Gewohnheit! Im Labor trug ich immer weiß." Ray führt mich zum Behandlungsraum.

„Vermisst du deine frühere Arbeit?", frage ich neugierig.

„Ich war gut in meinem Job. Die klare nüchterne Atmosphäre im Labor war immer ein willkommener Kontrast zu meinem Privatleben. Leere Räume inspirieren mich."

„Das dürfte dir in dieser Wohnung eher schwerfallen."

„Mein Schlafzimmer ist bis auf mein Bett und einen Sessel leer. Dahin ziehe ich mich zurück, um nachzudenken oder neue Konzepte zu entwickeln. Alle anderen Räume stimulieren meine Fantasie und überfluten meine Sinne mit Lust und Lebensfreude. Mein Behandlungsraum ist eine Mischung aus beidem."

„Warum machst du dich nicht selbstständig?"

„Als Masseur?" Ray schüttelt seinen Kopf. „Meine Zukunft verbirgt sich hinter dichtem Nebel. Ich massiere seit zwölf Jahren. Es wird Zeit etwas anderes zu machen?"

„Frederick will sich ebenfalls neu erfinden."

„Hat er genug vom Aktienmarkt?", wundert sich Ray. „Im Kurs sprach Fredy immer begeistert vom Stress in seinem Job und vom Jonglieren mit Wertpapieren."

„Fredy?"

„So kenne ich ihn. Er hält nichts von Frédéric oder von Eric, wie er in Südfrankreich genannt wurde. Warum erzähle ich dir das?" Ray kratzt sich am Kopf und kämmt danach mit seinen Fingern sein schütteres kurzes Haar glatt. „Luon, wie geht es dir heute? Hast du Schmerzen?"

„Mein Körper fühlt sich an, als ob ich vom Pferd gefallen und dabei auf spitzen Felsen gelandet sei. Hätte mir Frederick vorhin nicht beim Anziehen geholfen, ich hätte im Bademantel ins Taxi steigen müssen. Bücken ist eine Tortur und das Binden von Schnürsenkeln ein Ding der Unmöglichkeit." Um es zu beweisen, wackle ich mit meinen Zehen in meinen Flip-Flops.

„Heute konzentriere ich mich auf deine Aura und deinen Gefühlskörper. Einverstanden?"

Ahnungslos, was Ray damit meinen könnte, nicke ich.

Der Therapeut stellt sich vor mich und beginnt mich auszuziehen. Seine Selbstverständlichkeit überrascht mich genauso, wie meine Freude darüber. „Aus einer Massage wird heute definitiv nichts!" Sehr vorsichtig berührt der Profi mit seinen Fingerspitzen meine verletzte Schulter. Nur weil mich Frederick zuhause vor einen Wandspiegel schob, weiß ich, wie dunkelblau sich die Prellungen verfärbten. „Luon, kannst du dich alleine auf die Liege auf deinen Bauch legen?"

„Geht die rechte Seite auch? Alles andere schmerzt."

„Dann bleib lieber stehen!" Ray setzt sich auf seinen Bürostuhl und rollt sich vor mich. „Lehne dich an die Liege." Kaum mit meinen Händen hinter mir abgestützt, machen sich die geschickten Finger meines Masseurs an den drei Knöpfen meines Hosenstalls zu schaffen. Augenblicklich bin ich hart erregt. Leider zieht er mir die Unterhose heute nicht aus, sondern beginnt mit der Behandlung. Dabei lässt er seine Hände knapp über meiner Haut schweben. So fährt er mein gesundes Bein von meinen Zehen bis zur Hüfte hoch ab.

Mir schaudert ununterbrochen. Bestimmt ist es Einbildung, doch seine Hände scheinen Funken zu sprühen und strahlen eine Hitze aus, die mich an die Hochsommersonne der Karibik erinnern. Es fühlt sich heilend an. Nachdem er die Prozedur dreimal hinter einander wiederholte, widmet er sich meinem verletzten Bein.

„Fühlst du einen Unterscheid?"

„Es kribbelt!"

„Gut! Es wirkt. Luon, dreh dich bitte um!" Ray wiederholt die Prozedur bei meiner Schulter beginnend. Kein einziges Mal berühren seine Finger meinen Körper. Abermals durchfluten mich heiße Wellen heilender Kraft. „Mehr ist heute nicht nötig. Luon, morgen wieder um zehn Uhr?"

„Das war schon alles?" Enttäuscht beobachte ich Ray, der mir meine Leinenhosen reicht, sich danach bückt und mir so hilft hinein zu steigen. Beim Verschließen der Knöpfe berührt er wieder – wahrscheinlich versehentlich – meine Latte. Ich hoffte so, er würde heute irgendetwas mit mir anstellen.

„Was hast du erwartet?" Ray hilft mir in mein T-Shirt.

„Nichts!", lüge ich. „Oder doch", füge ich an, als er mir mein Hemd reicht. „Ich hoffe, du massierst mich."

„Das hätte dir nur Schmerzen bereitet. Dein Körper muss sich vom Schock erholen. Hattest du Sex?“

„Nein!“ Frederick ließ mich gestern Abend schlafen. Selbst meine Morgenlatte ignorierte er, und dass, obwohl sie wirklich zuckend nach seinen Berührungen lechzte.

„Morgen wiederhole ich die gleiche Prozedur. Danach gönne deinem Körper ein paar Tage Ruhe. Luon, das wird schon wieder“, tröstet mich Ray.

Als ob mich die Prellungen im Moment interessieren würden? Ich bin geil! Mein erster Sex mit Frederick liegt schon viel zu lange zurück. „Was würdest du tun wollen?“, frage ich Ray.

„Ich arbeite mit verschiedenen Methoden. Ich sehe den Menschen als eine Einheit von Körper, Geist und Seele. Dein Körper wird bald heilen. Doch da gibt es noch ganz andere Verspannungen, die tief in deinen Geist hineinreichen. Dein Denken blockiert deinen Energiefluss.“

„Das meinte ich nicht“, weiche ich aus.

„Ja, ich suche nach neuen Wegen!“

„Führst du kein Doppelleben?“, provoziere ich Ray. Bei den vielen Pornoheften, der Fachliteratur über Fetisch und Leder, die überall herumliegen, ist das naheliegend.

Ray schluckt leer. Für einen Moment wirkt er ertappt.

„Da ist doch etwas!“, bohre ich weiter. Weil Ray stoisch schweigt, erwacht der Psychologe in mir. „Angst bringt dich nicht ans Ziel!“

„Du denkst, ich fürchte mich vor dem Unbekannten?“

„Hast du schon daran gedacht deine geheimsten Sehnsüchte zum Traumberuf zu machen?“ Rays Blicke reizen mich, ihn zu provozieren, aber wahrscheinlicher ist die Ursache mein eigener Frust. „Neues entsteht nicht, wenn man sich am Alten festklammert. Ray, das ist jetzt deine Chance, etwas vollkommen Neues zu wagen. Was kannst du verlieren?“ Das sage ich laut, hoffe aber: *Reiß mir endlich die Klamotten vom Leib und zeige mir, was richtiger Sex sein kann!*

„Ich habe wirklich einen Traum!“, gesteht mir Ray.

„Na also! Ich komme morgen pünktlich um zehn Uhr wieder zur Behandlung. Überrasche mich damit!“

„Ich muss morgen die Behandlung von heute wiederholen, damit deine Zellen ...“

„Dann übermorgen!“, schneide ich Ray das Wort ab.

„Soll ich wirklich?“

„Natürlich!“, ermutige ich ihn, wenn ich auch keine Ahnung habe, auf was ich mich einlasse. „Frederick sucht schon über ein Jahr nach einer neuen Stelle. Täglich holt ihn die Frustration ein, wenn er versucht sein altes Leben wieder aufzugreifen. Vielleicht ist es bei dir ähnlich?“

„Es ist entmutigend“, bestätigt Ray.

„Langweilt dich dein Leben? Falls ja, sei mutig und experimentierfreudig! Erprobe neue Methoden dir deinen Traumjob zu kreieren. Gibt es ihn noch nicht, dann erfinde ihn!“

„Du solltest eine Karriere als Job-Coach anstreben. Luon, du inspirierst mich.“

„Job-Coach?“

„Dein Slogan spricht mich an.“

„Welcher Slogan?“

„Langweilt dich dein altes Leben? Falls ja, sei mutig und experimentierfreudig! Erprobe neue Methoden dir deinen Traumjob zu kreieren. Gibt es ihn noch nicht, dann erfinde ihn! Diesen Slogan meine ich. Gib den in der Zeitung oder auf einem Chat-Portal auf. Du wirst schon sehen.“

„Ich bin kein Job-Coach!“

Abermals widerholt Ray, was ich vorhin zu ihm sagte: *„Hast du schon einmal daran gedacht, deine geheimsten Sehnsüchte und deinen Traumberuf zu vereinen? Neues entsteht nicht, wenn man sich am Alten festklammert. Das ist jetzt deine Chance etwas vollkommen Neues zu wagen. Was kannst du verlieren? Führst du kein Doppelleben?* Luon, lass deine Angst los zu versagen. Stolpere einfach mutig vorwärts ins Unbekannte!“ Ray setzt mich mit meinen eigenen Sprüchen Schachmatt. Könnte ich wirklich anderen helfen ihren Traumjob zu finden?

„Mein Lieber, ich habe um halb zwölf einen Termin.“

„Arbeitsamt?“, rate ich. Weil Ray nickt, muss es ihm ernst sein, sich nicht als Therapeut oder Masseur selbständig zu machen. Oder doch? Braucht er finanzielle Unterstützung?

„Ach Luon, ich suche, seit das Labor ausgelagert wurde, nach einem neuen Job. Denke ich aber darüber nach, wieder als Laborant anzufangen, bin ich sofort wie gelähmt.“

„Dann Masseur oder professioneller Therapeut?“

„Für eine weitere Ausbildung fehlt mir das Geld. Zudem setzte ich die Prüfung, um von den Krankenkassen akzeptiert zu werden, schon zweimal in den Sand“, offenbart Ray.

„Frederick ergeht es auch so!“

„Er leidet auch unter Prüfungsangst?“

„Das meine ich nicht. Er führt ein geheimes Doppelleben!“

„Du meinst seine exhibitionistische Ader? Damit lässt sich kein Geld verdienen.“ Bevor ich darauf antworten kann, schiebt mich Ray aus seinem Behandlungszimmer und reicht mir die Krücken, um die ich erstmals dankbar bin. „Bis morgen!“

Den ganzen Nachmittag denke ich nur über das Gespräch mit Ray nach. Bald kleben überall Notizzettel oder liegen Notizen auf dem Boden in meinem Arbeitszimmer im ersten Stock.

Bist du schon länger Arbeitslos? Bist du es leid auf deine Bewerbungen hin ständig nur Absagen zu bekommen? Falls ja, ließ weiter: Langweilt dich dein Leben? Führst du ein geheimes Doppelleben? Hast du schon daran gedacht, deine geheimsten Sehnsüchte zum Beruf zu machen? Falls ja, sei mutig und experimentierfreudig! Erprobe neue Methoden deinen Traumjob zu kreieren. Gibt es ihn noch nicht, dann erfinde ihn! Neues entsteht nicht, wenn man sich am Alten festklammert. Was kannst du verlieren? Lass deine Angst los zu versagen! Lass auch deine Angst los zu triumphieren! Stolpere mutig vorwärts ins Unbekannte!

Genervt zerknülle ich den neuen Vorschlag. Zu lange!

Erschreckt wirble ich um die eigene Achse. Frederick steht plötzlich hinter mir. Mit eigenem Hausschlüssel muss er nicht mehr klingeln, was mir das gestresste zur Tür Humpeln erspart.

„Alter, was treibst du?“ Neugierig stöbert Frederick durch die Texte und Post-It, die überall kleben und herumliegen. „Willst du ein Inserat aufgeben?“

„Vielleicht?“

„Du willst Arbeitslose beraten, damit sie geile Jobs kreieren?“ Während er spricht, schält er sich aus seiner Shorts und seiner giftgrünen Windjacke. Kaum nackt scheint er mehr bei der Sache zu sein. Er schnappt sich ein paar meiner Zettel und breitet sie vor sich auf dem Boden aus. Er reißt Worte aus meinen Texten, um sie wie ein Puzzle neu zusammenzufügen. Als er mit seinem Resultat zufrieden ist, winkt er mich herbei.

„Das ist gut!“ Laut lese ich vor: *„Wer bin ich, wenn ich nicht mein Job bin? Welches Doppelleben will ich ins Licht zerren? Welche Stärken warten darauf erweckt zu werden? Luon Logroño, der junge Bachelor of Science in Psychologie aus Basel kennt alle Tricks.* Alle Tricks?“ Zweifelnd schüttle ich meinen Kopf. Ich kenne überhaupt keine Tricks!

„Oh!“, winkt Frederick ab, „an die erinnerst du dich schon!“

„Das kann ich nicht!“

„Angst?“, spottet der Nackte. „Luon, ich bin dein erster Klient! Ray wird bestimmt auch deine Hilfe in Ansprung nehmen.“

„Ich kann doch kein Geld für ein Experiment verlangen.“

„Dann mache es gratis! Ich muss nur noch ein geheimes Doppelleben entdecken, dass ich Nudist bin, ist aus dem Sack.“

„Soll ich wirklich?“ Weil ich offensichtlich so klinge, als ob das bereits Sache sei, springt Frederick auf seine Füße und umarmt mich. „Luon, starten wir ein Experiment!“

„Meinst du, dazu melden sich Freiwillige?

„Hunderte Langzeitarbeitsloser!“

„Ich habe ja nicht mal ein Konzept.“

„Wen würdest du als Testpersonen annehmen?“

„Männer und Frauen?“, fragt mich der zappelige Nackte.

„Später, sowohl als auch. Im Pilotprojekt will ich nur mit Männern deren geheime Sehnsüchte und Doppelleben aufdecken.“

Frederick notiert sich *nur für Männer*.

So füllt sich bald eine beachtliche Liste, bis Frederick den Stift neben sich auf den Boden legt, mich ansieht und laut loslacht. „Alter, wir haben etwas Wichtiges vergessen. Damit Männer in einer Gruppe peinlichste Doppelleben offenbaren, brauchst du weitere gemeinsamen Nenner.“ Weil ich ihn fragend angaffe, steht Frederick vom Boden auf, kommt zu mir rüber und drückt mir einen Schmatzer auf meine rechte Wange. „Hilft das beim Nachdenken?“

„Sollen wir Paare ansprechen?“

„Sind wir ein Paar?“, kontert Frederick.

Ich bin nicht in der Stimmung darauf einzugehen.

„Schwule Männer!“, brüllt Frederick, als ob ich ein leise gesprochenes Wort nicht verstehen könnte. „Suche nach schwulen Männern, die sowohl langzeitarbeitslos sind wie auch experimentierfreudig. Sie sollen sich mit Lebenslauf und Fotos bewerben. Das engt den Kreis der Bewerber ein und wir ..."

„Wir?"

„Alter", küsst mich Frederick auf die andere Wange, „wir beide sind ein Team. Du leitest die Gruppe und ich inspiriere sie. Ich oute mich als Nudist."

„Das ist Betrug!"

„Warum? Lu, ich bin dein Vorreiter! Lasse ich meine Hosen fallen, tun das die anderen vielleicht auch mit ihren Masken und Rollen. Zudem, Nacktheit inspiriert schwule Männer und baut Hemmungen ab."

„Es könnte funktionieren?"

„Aber sicher!", beharrt Frederick.

„Warum bist du dir so sicher?"

„Verlasse dich auf deine Träume!"

„Welche Träume meinst du?"

Frederick antwortet mir nicht.

„Jetzt sag schon!", dränge ich.

„Du hast das Tor aufgestoßen. Aber sei gewarnt, es funktioniert in beide Richtungen!"

„Von was redest du?"

„Der nackte Mann mit der Sonne auf dem Kopf kann dich führen. Doch der andere ..."

„Frederick, woher weißt du vom nackten Mann mit der Sonne auf dem Kopf?"

„Schon vergessen? Ich war dabei, als du den uralten Tempel im Dschungel entdeckt und ausgegraben hast." Der Flitzer steht auf und verschwindet oben ins Badezimmer.

Sprachlos gaffe ich ihm nach.

Als Frederick später zurückkommt, verliert er kein Wort mehr über das Gesagte. Bis weit nach Mitternacht basteln wir am Inserat.

„Aber erst müssen meine blauen Flecken weg. Ich will mich bewegen können und nicht wie ein alter Kreis ständig gestützt werden. Ich frage morgen Ray, wann er denkt, dass ich wieder fit bin."

Trotz der Nähe, die sich zwischen mir und Frederick während der intensiven Planung aufgebaute, bleibt er später im Bett auf seiner Seite. Ob er mit dem Tor, das wir aufgestoßen haben unsere Gefühle meinte? Einzig meine Hand hält er und bettet später seinen Kopf auf meine nackte Brust. So schlafen wir ein.

Als Frederick steht am nächsten Morgen nass im Schlafzimmer und schüttelt seinen Kopf, dass mich Wasserperlen aufschrecken. „Luon, ich muss aufs Arbeitsamt. Dort spioniere ich auch gleich nach Ideen für Workshops und dergleichen."

Gähnend richte ich mich im Bett auf, was tatsächlich schon bessergeht. „Was für Workshops?" Hart erregt und geil nach dem Blonden, beobachte ich ihn beim Abtrocknen.

„Na, die für dein Projekt. Du willst doch schwulen Langzeitarbeitslosen helfen. Schon vergessen?"

Als ich nach einer Viertelstunde aus dem Badezimmer humple, steht mein Freund, für seine Verhältnisse sehr angezogen, vor mir. Ich schlüpfe abermals in Leinenhosen, ein Hemd und Flip-Flops. Die Oberschenkelwunde verheilt ganz gut.

Nach einem kurzen Frühstück verlasse ich mit Frederick zusammen das Haus. Er schwingt sich auf ein rotes Fahrrad, das gestern noch nicht im Vorgarten stand, und sieht wartend zu mir rüber. „Luon, begleitest du mich bis zur Brücke?"

„Für lange Spaziergänge sind die hier", winke ich mit meinen Krücken, „nicht geeignet."

Der Typ in Jeans, Hemd und einer giftgrünen Windjacke schickt mir eine Kusshand und saust davon. Gleichzeitig steige ich in ein Taxi, das bei meinem Winken vorgefahren ist.

Ray Turin behandelt mich,– ohne mich auch nur einmal – außer beim Aus- und später beim Anziehen – zu berühren. Er weicht allen Fragen zu seinem Doppelleben aus und vertröstet mich auf kommende Tage.

Die nächsten vier Behandlungstage passiert nicht mehr. Ray bleibt distanziert und professionell. Es nervt! Auch mit Frederick bleibt es beim Kuscheln vor dem Einschlafen. Ich labe mich an seinen nackten Kapriolen, wenn er durchs Haus läuft, was mich immer geiler auf ihn macht. Zu feige den ersten Schritt selber zu tun, harre ich frustriet aus. Täglich verliebe ich mich mehr in den Blonden, der immer öfter auch zuhause einen seiner Cowboyhüte trägt – sonst natürlich nichts weiter. Er öffnet mittlerweile auch splitternackt die Haustür für den Briefträger und schockierte Zeugen Jehovas, dass die sich wahrscheinlich nie mehr an meine Haustür trauen werden.

Einerseits lebt Frederick seinen Nudismus offen aus, verdrängt aber andererseits sein Coming-out als mein schwuler Lebenspartner. Den provokativen Porno-Darsteller oder den sexuellen Draufgänger, als den er sich in Lausanne und *Bellgarde-sur-Valserine* outete, gibt es in Basel nicht mehr. Natürlich reime ich mir alles Mögliche zusammen, was in seiner Kindheit und frühen Jugend passiert sein könnte. Warum hat er Angst vor Nähe? Warum scheut er sich vor Sex mit mir, jetzt, da wir offensichtlich ein Paar geworden sind? War es auf dem Gestüt doch nur eine homoerotische Phase oder ein brüderliches Experimentieren und Grenzen abtasten? Wir leben seit über einer Woche zusammen, schlafen im gleichen Bett und stehen uns wirklich nahe. Was mache ich falsch? Liebt mich Frederick nicht mehr?

Gehörnte Überraschung

Als die nächste Session mit Ray ausfällt, fühle ich mich abgeschoben und sexuell extrem unbefriedigt. Weil mir der Mut fehlt, Ray darauf anzusprechen oder mit Frederick den nächsten Schritt zu wagen, tue ich das einzig Naheliegende, ich erstelle mir bei drei verschiedenen Gay Internetportalen ein Profil und hoffe, dass sich ein Typ meldet, mit dem ich endlich meinen ersten schwulen Sex zelebrieren kann. Keine halbe Stunde später erhalte ich eine Message.

Geil?

Mehr steht nicht. Genervt aber der Wortkargheit schreibe ich zurück: *Ich suche niemanden zum Kuscheln!*

Ficken? Jetzt!

Als ich die Homepage des Senders checke, gibt es weder ein Foto, noch persönlichen Angaben oder einen Profiltext. *Mann aus Basel sucht Mann für unkomplizierten Sex. Jetzt! Falls du Fragen hast, schreibe mir!*

Das werde ich nicht tun. Soll der Idiot seine Hausaufgaben erledigen. Profiltext sind dazu da, um sich das nervige Erfragen der Grunddaten zu ersparen. Trotzdem schreibe ich.

Ich bin unerfahren und scheu. Prompt kommt die Antwort:

Soll ich dich verführen?

Wenn auch neugierig, will ich mich trotzdem nicht mit einem Feigling abgeben. Chatte ich mit einem uralten Knacker, einem Stricher oder gar einer Frau? Weil mir einsilbige Kommunikation zu blöd ist, lösche ich mein Profil wieder.

Frederick schneidet den ganzen Abend Ausschnitte aus diversen Prospekten, die er auf dem Arbeitsamt, an der Uni und aus einer Bibliothek organisierte, aus und sortiert die Schnipsel neu. Den schönen Nackten so beschäftig zu beobachten, weckt jetzt nicht nur Lust auf ihn, sondern auch Eifersucht. Frederick kniet sich ins neue Projekt, während ich mir nicht einmal den neuesten Entwurf des Inserates durchgelesen habe.

„Was hast du?“ Mein Freund spürt meine miese Laune.

„Mein Bein schmerzt!“, lüge ich. „Ich lege mich ins Bett. Kommst du auch?“

„Später! Ich will einer Literaturgruppe beitreten.“

„Du liest?“

„Aber sicher! Am Anschlagbrett der Uni hing eine Einladung. Das Buch, das besprochen wird, besorgte ich mir schon.“

„Aha!“

„Hier!“ Der Nackte mit dem Cowboyhut streckt mir seine neueste Errungenschaft hin. Das Cover zeigt einen Kerl in einer Jeanslatzhose, der mit verschränkten Armen grübelnd vor der Golden Gate in San Francisco steht.

„Selbstverständlich schwul“[1] lese ich den Titel laut vor. Wenigstens setzt sich Frederick bewusst mit sich und seiner Sexualität auseinander. Vielleicht findet er im Buch Tipps, mich endlich voll und ganz als das zu akzeptieren, was ich für ihn bin: sein Partner, der sich nach Sex sehnt! Sarkastisch frage ich: „Bist du schwul?“

Frederick läuft knallrot an und widmet sich wieder seinen Schnipseln. Da sitzt er, splitternackter in meinem Arbeitszimmer, teilt mit mir

---

[1] Erschien im Himmelstürmer Verlag von Manual Sandrino,

das Doppelbett und scheut sich zuzugeben, wie er empfindet? Was lief in seiner Kindheit so schief?

„Erzählst du mir von der Literaturklasse?"

„Ja!", krächzt seine Stimme. „Sie startet in wenigen Tagen!"

Als Frederick nach vier Stunden ins Schlafzimmer hochkommt, wirkt er verändert. Ich stelle mich schlafend und beobachte ihn aus nicht ganz geschlossenen Augenliedern. Mein Freund steinhart erregt. Natürlich steht er ihm jeden Morgen und auch tagsüber, wenn er auf der Couch liegt oder durch die Wohnung spaziert. Jetzt ist es anderes. Frederick ist geil. Sein Körper glüht und seine Augen wirken im schwachen Licht fiebrig. Hoffnungsvoll winde ich mich den Schlafenden mimend aus der Decke und signalisiere ihm unverdeckt meine Bereitschaft. Ich zittere vor Verlangen.

Frederick lässt sich viel Zeit im Badezimmer. Als er endlich zu mir ins Bett schlüpft, kuschelt er sich nicht wie sonst an mich, sondern dreht mir seinen Rücken zu. Er weint still in sein Kopfkissen. Verwirrt lange ich nach seiner Schulter um ihn zu trösten. Erschreckt rückt er von mir ab.

„Lass mich!"

Schockiert und traurig weiche ich von ihm ab.

Als ich am Morgen vom Klingeln des Weckers geweckt werde, ist Frederick bereits fort. In der Küche finde ich einen Zettel.

Hi Lu, ich bin an der Uni. Ein Freund will mir Fachbücher über Projektleitung und dergleichen zeigen. Abends besuche ich den Leiter dieses extravaganten Literaturkurses. Ich fand seine Adresse im Internet. Er ist bereit, sich vorab mit mir zu treffen. Ich werde bestimmt nicht vor Mitternacht zuhause sein. Dein F.

Zum Glück kann ich heute zu Ray Turin zur Behandlung. Bevor er mich ins Therapiezimmer führt, fragt er mich: „Luon, bist du bereit für etwas Neues?"

„Logo!", antworte ich und hoffe, er packt jetzt endlich zu.

Er tut es. Erstmals seit dem Check am ersten Tag berühren seine Hände meinen Körper, kneten und massieren. Leider vergeht die Stunde viel zu schnell. Ray widmete sich nur meiner Rückseite, wenn er sich mit meinem Arsch auch Zeit ließ.

„Deine Rücken- und Schultermuskeln haben sich entspannt. Widmen wir uns morgen einer anderen Problemzone?“

„Wann wirst du mir endlich dein zweites Gesicht zeigen?“

Ray weicht aus und offeriert mir nach der Behandlung einer seiner alkoholfreien Liköre im Wohnzimmer. Auffallend viele Pornohefte stapeln sich auf dem kleinen Tisch zwischen uns. Die harten und zeigefreudigen Kerle machen mich ganz kribbelig. Wie gerne würde ich selbst endlich Sex erleben! Ray gefällt mir. Er ist ein wirklich guter Freund geworden, wenn wir auch noch nicht wirklich viel geredet oder anderes, als seine Behandlungen, zusammen unternommen haben. Die Vertrautheit, die ich seit der ersten Begegnung fühle, verwandelte sich in Freundschaft.

Weil mir der Mut fehlt auf seine Provokation mit den Pornoheften einzusteigen, rede ich über Belangloses. Mich nervt meine Feigheit. Ob es Ray auch so geht? Aber besitzt ein sexuell unerfahrener Typ antike Dildos oder Intimschmuck, der sichtbar zwischen Kondomen liegt. Muss ich den ersten Schritt mache? Sollte ich Ray um eine Sextherapie bitten?

Zuhause stürze ich mich in die Planung für eine experimentierfreudige Männergruppe aus schwulen Langzeitarbeitslosen. Frederick leistete hervorragende Vorarbeit. Ob ich sein Inserat schalten sollte? Wäre nur mein sexueller Hunger auf meinen blonden Wunderknaben nicht so schmerzhaft! Lenkt mich eine Gruppe davon ab? Meine körperliche Verfassung verbesserte sich täglich. Morgen! Ja, Morgen werde ich den Schritt wagen.

Leider verschlafe ich Fredericks Heimkommen.

Abermals schleicht er sich am nächsten Tag vor Sonnenaufgang aus dem Haus. Weicht er mir aus? Was hat er nur?

Als ich bei Ray Turin vor dem Haus aus dem Taxi steige, ist mir zum Weinen.

„Luon, bist du das?“, fragt mich Ray durch die Gegensprechanlage, als ich klingelte. Als ich bejahe, bittet er mich, oben die Haustür hinter mir zu verschließen, mich direkt in den Behandlungsraum zu begeben und dort nackt zu warten.

Im fünften Stock ist die Haustür angelehnt. Vom Masseur fehlt jede Spur. Weil ich mich inzwischen wieder alleine an- und ausziehen kann, tue ich, wie geheißen und lege mich splitternackt bäuchlings auf die Liege.

Endlich höre ich Schritte im Flur.

Die Massageliege ist heute so im Raum platziert, dass ich Rays Eintreten nicht sehen kann. Weil Ray schweigt, tue ich es auch. Die Atmosphäre knistert sexuell aufgeladen.

„Öl oder Bodylotion?“, flüstert er.

Ich hauche: „Öl!“

Ray träufelt mich aus einem Flakon reichlich vorgewärmtes Öl auf den Rücken und meinen Arsch. Mir schaudert, als seine Hände das Öl verteilen. Bei meiner Schulter ist er sehr vorsichtig, sonst packt er erstmals richtig zu. Seine Hände kneten, dass ich seufze. Ray wechselt ständig seine Position, bleibt dabei aber immer am Fußende der Pritsche. Warum zeigt er sich nicht? Nach fast einer Stunde verlässt er den Raum. Aus dem Flur fordert er mich auf, von der Liege auf den Massagestuhl zu wechseln.

Verdattert sehe ich mich um. Da steht etwas, das entfernt an einen Stuhl erinnert. Die Auflage für die Beine ist so fixiert, dass ich mich nur rücklings mit weit gespreizten Beinen darauf knien kann. Für meine Armen gibt es weitere Stützen wie auch für meinen Kopf. So auf Armen und Beinen wird Ray sonst überall freien Zugriff haben.

„Bereit?“

„Und willig!“, hauche ich mutig.

Diesmal kann ich den Masseur sehen, als er das Behandlungszimmer betritt. Ich rechnete mit vielem, doch nicht damit. Auf seinem Kopf trägt Ray Widderhörner. Sonst ist er, bis auf eine Ziegenfellhose, die seine Erektion unbedeckt lässt, nackt. Der Faun stellt sich so dicht vor mich, dass seine dicke Latte meine linke Wange streift. Augenblicklich glüht mein Körper.

Ray bleibt so stehen. Während seine Hände meinen Nacken kneten, streichelt er meine Wange. Hart und sanft, professionell und provokativ zugleich, stimuliert er meine Lust. Wenn seine Hände auch wahre Wunderwerke vollbringen, so ist seine Gesichtsmassage um ein Vielfaches besser. Frederick ist unschuldig und verspielt, aber Ray verströmt eine animalische Wildheit, die mich taumeln lässt. Er ist so geil, wie der Bock, als den er sich mir offenbart. Auf diesem Stuhl, bin ich ihm vollkommen ausgeliefert. Endlich!

Immer öfters berührt seine dicke Latte meine Lippen.

Mir schaudert. Scheu genieße ich die Intimität.

Ray riecht nach Wald, Erde und Moschus. Als seine Hände über meinen Kopf hinweg nach meinem Arsch packen, muss er dazu breitbeinig näher heranrücken. Erstmals lecke ich seine Eichel. Sie schmeckt nach Erdbeeren, Feigen und Zimt. Als Ray Einlass fordert, überflutet mich der Rausch. Die Nymphe in mir erwacht und überlässt sich hemmungslos von der roten Lust des Bocks überschwemmen.

Seine Finger wandern zwischen meine Backen.

Ich koste immer gieriger die neue Frucht der Erkenntnis.

Als Ray plötzlich laut aufbrüllt, stimme ich ein. Glühend rinnt seine Lava über meine Schulter. Bevor ich richtig mitkriege, was passierte, stellt sich Ray hinter mich und ölt mit heißem Öl meinen Anus für ein weiteres Einweihungs-Ritual. Ich hörte, dass es beim ersten Mal arg schmerzen kann.

Nicht bei Ray! Seine Massage entspannte mich nicht nur, sie macht mich willig. Als er mit beiden Händen nach meiner Erektion langt, stößt er zu. Jede Hemmung fällt augenblicklich von mir ab. Mir wird bewusst, dass ich mich ihm nicht passiv ergebe, sondern aktiv auffordere mich zu erobern. Ich bin keine Jungfrau, die er besteigen kann, sondern ein Mann, der sich ihm im Kampf ergibt. Rays Ziegenfellhose kitzelt, was mich noch mehr anstachelt. Als sein Mund meine Schulter küsst, fasse ich rücklings nach seinen Hörnern. Er schnaubt und stößt immer rascher und tiefer zu.

Durch einen feuerroten Nebel erkenne ich Ray als Jüngling. Wir sind beide Tempelnovizen eines Fruchtbarkeitsgottes. Um seinen Hals trägt er eine weiße Muschelkette. Ray ist ein paar Jahre älter als ich und mir als Mentor und Lehrer zugeteilt. Als er mich im Ringkampf besiegt, reißt er mir den Lendenschurz runter und besteigt mich im Sand der kleinen Arena am Seeufer. Die anderen Jungs hocken sich um uns und feuern ihn an.

Endlich ist es passiert! Es war vollkommen anderes, als ich immer glaubte. Die Jungfrau in mir träumte von Frederick auf einem Bett aus Moos und Blumen im Wald neben einem sprudelnden Quell. Doch es war der Bock, der den Mann in mir in meiner persönlichen Arena bezwingen und erwecken musste. Benommen sehe ich mich um. Der Fruchtbarkeitsgott ist fort.

Ein frisches Badetuch auf der Liege ist Hinweis, dass es vorbei ist. Als ich das Badezimmer betrete, ist die Dusche nass. Ray war bereits hier.

Mutig, meinen Frederick zum Vorbild nehmend, spaziere ich nach der Reinigung splitternackt durch den Flur in Rays Wohnzimmer. Nach wildem Sex mit einem Bock hat Prüderie keinen Platz mehr. Meine neue Freiheit fühlt sich fantastisch an. Erstmals kann ich Fredericks Vorliebe für seinen exhibitionistischen Nudismus nachempfinden.

„Danke!“, flüstere ich.

„Jetzt kennst du mein geheimes Doppelleben.“

„Du bist ein megageiler Bock!“, stelle ich fest.

Ray lacht schallend auf. Leider trägt er jetzt eine Trainingshose und eine seiner schrill bunten Westen. Er schenkt mir einen hellgrünen Sud ein, der nach Minze, Artischocken und Brombeeren schmeckt. Während wir die nächste Stunde über Belangloses quatschen, schüttelt er bei meinem Anblick immer wieder belustigt seinen Kopf. „Mir war immer bewusst, dass Fredy überzeugen kann. Doch dass er dich so rasch zum hemmungslosen Nudisten bekehrt, wundert mich schon.“

„Nein!“, widerspreche ich. „In mir steckt kein Nudist. Mir ist nach dem geilen Sex einfach nicht nach Verstecken. Ray, das war mein erstes Mal!“

„Morgen um die gleiche Zeit?“ Verschmitzt zwinkert er mir zu. Damit schmeißt mich Ray aus seiner Wohnung.

Als ich wieder auf der Straße meine Armbanduhr checke, ist schon zwei Uhr nachmittags. War ich vier Stunden mit Ray im Sexrausch?

Zuhause bemerkt Frederick meine Veränderung sofort. „Hat dich Ray gefickt?“ Komischerweise klingt er kein bisschen eifersüchtig. Er scheint nicht einmal überrascht, als ich nicke. „Gut so! Lu, du hattest es nötig!“ Er boxt mir kumpelhaft in die Seite, als ob ich einen Wettkampf gewonnen hätte.

Sprachlos nach seinem Kommentar, humple ich in die Küche, um mir einen Kaffee aus der Espressomaschine zu lassen.

„Hast du gedacht, du setzt mir Hörner auf?“

„Was?“

Frederick lacht. „Wie war Ray?“ Erst jetzt fällt mir auf, dass mein Freund giftgrüne Shorts und eine gleichfarbige Jacke trägt.

„Interessiert es dich wirklich?“ Fredericks Reaktionen auf mein Fremdgehen erstaunen mich. Ich weiß über schwule Beziehungen so rein gar nichts.

„Logisch! Kann ich morgen mitkommen und zusehen?"

„Was?"

„Luon, ich will lernen."

„Beim Zusehen?"

„Klar! Scheust du dich?"

„Ähm, nein!", gestehe ich. „Nicht vor dir!"

„Gut, dann rufe ich nachher Ray an, um mich für morgen als stiller Beobachter anzumelden."

„Im Ernst?" Ich kann noch immer kaum glauben, was Frederick vorschlägt.

„Ich muss jetzt los! Ich lernte gestern den Kerl vom Literaturkurs kennen. Er ist ebenfalls Nudist."

„Frederick, sehen wir uns zum Abendessen?"

„Nein! Ich werde mit Apollon im Rhein schwimmen und später mit ihm abhängen."

„Im Rhein kann man schwimmen?"

„Aber hallo! Das ist megageil! Komm doch mit?"

„Das werden meine Verletzungen noch nicht zulassen." Der Gedanken in dieses eiskalte Wasser steigen zu müssen, lässt mich augenblicklich frösteln. Hat sich Frederick in diesen Apollon verliebt? Geht er deshalb so locker mit meinem Sex mit Ray um? Hofft er dadurch ebenfalls machen zu können, was er will? Eifersüchtig schlürfe ich meinen Kaffee.

Am frühen Abend steht Ray vor meiner Haustür. Ohne dass ich es steuern kann, bin ich augenblicklich steinhart, was meine leichten Hosen nicht verbergen.

„Frederick hat mich angerufen!"

„Hat er? Ray, bist du deswegen hier?"

„Du brauchst Hilfe beim Erstellen einer Homepage?"

„So! Sagt er das?"

„Als ich meinen eigenen Internet-Auftritt für die Praxis entwickelte und gestaltete, lernte ich wie es geht."

„Cool!" Erst führe ich Ray durchs Haus, dann richten wir uns vor meinem Laptop im Wohnzimmer ein. Ray trägt eine Muschelkette um den Hals, die bei jeder seiner Bewegungen knackende Geräusche von sich gibt. Ist er auch in diesem Leben mein Mentor und Lehrer? Seine Nähe stimuliert mich so sehr, dass ich versucht bin, mir die Hosen auszuziehen. Ich lasse es nur zu, weil mir Ray die nächste Stunde konzentriert arbeitend eine Homepage mit diversen Unterseiten kreiert. Die Zeit vergeht, als ob wir zusammen ringen oder in der Sonne relaxen würden. Seine Nähe ist mir sehr vertraut geworden. Hat Sex diese Wirkung oder ist es meine Erinnerung an ein längst vergangenes Leben? Den kräftigen Typen vor meinem Laptop sitzen zu sehen, flößt mir Mut ein. Die mit Frederick vorbereiteten Texte füllen bald die Startseite und weitere Seiten auf denen ich meine Philosophie wie Sinn und Zweck der Selbsthilfegruppe erkläre. Bei den Angaben für die Anmeldebedingungen hilft mir Ray.

„Fehlen noch gute Fotos von dir wie ein Logo und Hintergrundbilder."

„Wie müssen solche Bilder aussehen?"

„Sie sollten Sympathie und Vertrauen in dich und dein Projekt erwecken. Welche Grundstimmung braucht dein Projekt?"

„Es soll Mut machen, sich auf Experimente einzulassen. Es muss zum Text passen." Laut lese ich von der Startseite vor: *„Wer bin ich, wenn ich nicht mein Job bin? Welches Doppelleben will ich ins Licht zerren? Welche Stärken warten darauf, erweckt zu werden? Falls Dich diese Fragen ansprechen und Du schon über ein Jahr auf Stellensuche bist, solltest Du Dich umgehend bei mir melden. Ich bin ein junger Kolumbianer, Bachelor of Science in Psychologie und auf der Suche nach schwulen Männern, die mutig und experimentierfreudig ihrem Leben einen neuen Sinn geben wollen. Check die Anmeldung meine Homepage, darauf findest Du alles, was Du für Deine Bewerbung für die Gruppe wissen musst."*

„Hast du Fotos?"

„Von mir auf einem Pferd."

„Zeig mal!"

Ich suche in meinem Laptop nach den Bildern von *Bellgarde-sur-Valserine.* „Die haben mir Freunde zugeschickt."

„Nochmals zurück!", bettelt Ray. „Ist das Frederick?"

„Yep!" Grinsend vergrößere ich das Bild.

„Reitet Fredy einen Bullen?"

„Er war der Star des dortigen Rodeos."

„Das tat er nackt?" Weil ich nicke, kopiert Ray das Bild, um es auf meine Homepage einzufügen. Darüber schreibt er: *Sei der schwule Mann, der mutig und experimentierfreudig seinem Leben einen neuen Sinn gibt. Reite den Bullen des Lebens! Lass Dich nicht kleinkriegen!*

„Frederick hat ja ne Latte!"

Ich lache, da ich Ray nicht glaube, dass er dieses harte Detail übersah. Ein weiteres Bild von mir auf Rotflanke – vor dem Unfall – betitelt Ray mit: *Ob beim gemütlichen Trott oder wildem Galopp, Luon Logroño zeigt Dir, wie Du die Zügel halten musst, um obenauf zu bleiben!*

„Lieber nicht!", lache ich auf. „Falls rauskommt, dass ich am selben Tag abgeworfen wurde, ist das ne echte Blamage."

„Dann eben: *Egal wie wild der Ritt auf Deinem neuen Wegen wird; egal wie oft Du dabei abgeworfen wirst, das alles gehört zum abenteuerlichen Ritt in Deine neue Zukunft. Auch Luon Logroño fiel vom Pferd. Er weiß, was es bedeutet wieder aufzusteigen! Er kennt die Techniken des Vorwärtshumpelns. Er weiß, wie wichtig es ist, niemals aufzugeben.*"

„Mann, du solltest Texter für Werbeagenturen werden!"

„Gefällt's dir?"

„Ey, Mann, das ist genial! Ich will auch ein Bild von dir!"

„Von mir? Warum?"

„Hast du keine Lust beim Projekt mitzumachen?"

Ray schüttelt seinen Kopf. Doch so, dass es weder ein klares Ja noch ein Nein bedeutet. Als er danach gähnt, checke ich erstmals meine Uhr. Es ist nach Mitternacht. Der Künstler meiner Homepage fügt noch ein gutes Porträtbild von mir zu meinen persönlichen Angaben ein und stellt meine Homepage ins Netz. Beiläufig erwähnt er, dass die Seite mit seiner verbunden sei, doch das würden nur Profis rausfinden. So müsse ich nicht erst ne eigene Adresse haben. Ray benutzt andere Fremdworte, die mir aber alle nichts sagen. Hauptsache ist, ich bin ab sofort online und es funktioniert. Meine Seite kann sich echt sehen lassen. Ich reaktiviere die drei Gay Chatprofile und gebe das Inserat auch dort auf. Ray verlinkt alles. Wer künftig mein Inserat anklickt, landet automatisch auf meiner Startseite.

„Jetzt muss ich los! Sehen wir uns morgen in der Praxis?"

„Worauf du wetten kannst!"

Weil ich heute Nacht eh nichts mehr vorhabe, warte ich vor dem Computer sitzend auf erste Rückmeldungen. Sie kommen! Zum Glück sind die Anweisungen auf der Homepage selbstredend. Bewerben kann man sich nur auf dem Postweg. Ray riet mir dazu. Das würde Fakes und Feiglinge aussortieren. Weil ich keine Lust verspüre alles tausend Mal erklären zu müssen, betont der Text zudem, dass vorherige E-Mails unerwünscht sind und nicht beantwortet werden. Mit der Bewerbung muss zusätzlich der Lebenslauf, ein aktuelles Porträt wie zwei aussagekräftige Bilder, die auf ein mögliches Doppelleben hindeuten, eingereicht werden. Wer sein Doppelleben noch nicht kenne, müsse eben kreativ sein. Ich bin mir sicher, dass Fredericks Bullenritt den einen oder anderen inspiriert.

Bis Frederick – weit nach zwei Uhr in der Früh – nachhause kommt, habe ich bereits über fünfzig Besucher auf der neuen Homepage. Als ich meinem Freund davon erzähle, lacht er los.

„Du hast ein Bild von mir veröffentlicht?“ Stolz schwillt er seine Brust und liest immer wieder den Text dazu. „Ray hat dich wirklich aus der Reserve geholt! Mann, endlich schreitest du zur Tat! Wurde auch Zeit!“

Trotz seiner Ankündigung morgen meinen Sex mit Ray – ich hoffe, es kommt wieder dazu – zu bezeugen, bleibt Frederick im Bett abermals auf Abstand. Erst als er glaubt, ich sei eingeschlafen, rückt er näher, legt seinen Kopf auf meine Brust und kräuselt mit seinen Fingern in meinem Schamhaar.

Glücklich über seine Nähe, gleite ich noch während ich einschlafe aus meinen Körper und werde sogleich von einem mächtigen Sog ergriffen.

Die Magie des Flötenspielers

Für einen Moment bin ich, wer ich immer bin. Doch schon mit dem ersten Atemzug verändert sich alles. Einmal mehr werde ich zu meinen Alter Ego *Urugnas*.

Ich befinde mich im Palast des jungen Gottkönigs *Atanua Nanahuatl*. Seit ich den Tempel des nackten Gottes mit der Sonne auf dem Kopf im Süden ausgegraben habe, gehört der nackte Mann mit der Sonne auf dem Kopf zum Pantheon von *Tollan*. Der junge Atanua versteht sich selbst als die lebende Inkarnation dieser lange verschollenen Gottheit. Statt einer Sonne, trägt der Gottkönig eine Krone aus funkelnd klaren Diamanten und Kristallen auf seinem Kopf. War sein Vater schon eitel, übertrifft der junge Herrscher ihn bei weitem, und das selbst ohne Kleidung. Bestimmt Tausend geladene Gäste reihen sich zur rechten und zur linken seines Thrones auf Bänken oder Steinquadern, die alle mit reichbestickten Kissen bedeckt sind. Viele junge Männer schlossen sich dem neuen Kult des wiederentdeckten Sonnengottes an und tragen bis auf silberne Stirnbänder mit Kristallen nichts weiter auf ihrem Leib.

Ich selbst trage das Blau eines Gelehrten. Als einer der ehemaligen Erzieher von Atanua Nanahuatl darf ich mich im inneren Kreis bewegen ohne mich den Regeln des nackten Sonnengottes unterwerfen zu müssen. Frauen sind in Atanuas unmittelbarer Nähe keine geduldet. Wohl unterhält er einen weiblichen Harem und zwei königliche Gemahlinnen, doch jeder weiß, dass er die Gesellschaft seiner Lustknaben vorzieht. Diese bilden hinter ihm eine gute Hundertschaft.

Neben dem Gottkönig steht der *Quingu*, der Anführer der *Kihanga*, der Jaguar-Krieger. Bis auf seinen Kopfputz aus dem ausgestopften Kopf eines Jaguars und der Körperbemalung einer gescheckten Raubkatze, ist auch Quingu nackt und schwer bewaffnet.

Bunt ist sonst der Haufen der geladenen Gäste aus Männern und Frauen. Der Adel ist in aufwändige Roben gekleidet, trägt Federn, Perlen- und Muschelketten; die Priester alle nur Lendenschürze, Federumhänge und die Federkronen in denen, je nach Rang, kurze oder lange feuerrote *Aiptyl* Federn eingearbeitet sind.

Neben mir wartet *Jehle* auf den Start des Spektakels. Sein Gelehrtenmantel ist sehr dunkel; er nennt es mitternachtsblau. Außerhalb des Palastes oder der Archive verzichtet er nie auf eine bescheidene Federkrone aus ausschließlich blauen Papageienfedern oder auf einen Federkragen, wozu er dann nur einen Lendenschurz trägt. Deshalb nennen ihn viele heimlich den Vogelmann der Archive, den *Ya'halan* von *Tollan*. Seit meine Lebenspartnerin und Mutter meines Sohnes zu den Göttern heimgekehrte, leben Jehle und ich zusammen. Wir sind kein Liebespaar, doch unzertrennliche Freunde geworden.

Mit dem Auftritt von zwanzig Trommlern, die durch vier Seiteneingänge den Thronsaal betreten, verstummt augenblicklich das Geschwätz der Gäste. Das Konzert des berühmten Komponisten und Flötenspielers aus dem versunkenen Inselreich beginnt.

„Ist es wahr, dass der hellhäutig goldblonde Mann ein Anhänger des *neuen* Gottes ist?" Jehle nuschelt in mein Ohr.

„Er ist nicht nur wegen seinem Flötenspiel und seinen Kompositionen berühmt, sondern auch wegen seiner Wohlgestalt und Schönheit. Für die monumentalen Statuen des nackten Gottes mit der Sonne auf dem Kopf, die den Platz vor dem Palast ziert, so munkelt man, soll der schöne *Hun-Nal-Yeh* Model gestanden haben."

„Aber die Statue zeigt das Gesicht von Atanua Nanahuatl, unserem lebenden Gottkönig!", widerspricht Jehle. Weil uns die Kollegen aus den Archiven finster anfunkeln, verstummen wir.

Zu den Trommlern gesellen sich *Pthet*-Spieler, die ihre feinen Seiteninstrumente entweder zupfen oder mit langen Stöcken klopfen. Wie Meeresbrandung donnern die Trommelklänge und wie Sturmwinde peitschen die schrillen *Ne*-Töne über unsere Köpfe. Mitten aus diesem Unwetter erklingt eine einzelne hellklingende Flöte. Wie Hun-Nal-Yeh mit seiner Kristallflöte diesen Lärm nicht nur übertönen, sondern bezwingen kann, ist für mich unerklärlich. Noch ist der Meistermusiker nicht zu sehen. Die magischen Klänge seiner Kristallflöte scheinen von überall gleichzeitig zu kommen.

Jehle wischt sich verstohlen Tränen der Rührung aus den Augen. Ich tue so, als ob ich nießen müsste, um meine eigenen Emotionen zu verbergen. Die Musik ist so unglaublich schön, dass viele der Gäste im Thronsaal bald hemmungslos weinen.

Als die Trommeln, die *Pthet* und *Ne* mit einem einzigen Schlag verstummen, wird Hun-Nal-Yeh auf einem Schild stehend von Jaguar-Kriegern hineingetragen. Alle Blicke haften auf dem Solisten, der jetzt eine Flöte in Form eines Penis spielt.

Vor dem Thron steigt der nackte Mann vom Schild und erklettert das Zikkurat, das für ihn aufgestellt wurde. Gleichzeitig werden Feuerbecken entzündet. Seine Haut schimmert wie flüssiges Gold, seine hellen Haare flammen wie lebende Sonnenstrahlen und sein muskulöser Leib ist vom Tanz gestählt. Nicht ein Haar lenkt von der makellosen Schönheit dieses Jünglings ab. Es ist offensichtlich, dass dieser perfekte Mann das

Model der kolossalen Statue vor dem Palast ist. Während er im Flammenlicht zu seinem sinnlichen Flötenspiel tanzt, lockt, bezaubert und bannt er die Versammelten. Trommel um Trommel setzt in das neue Stück ein. Eine Gruppe nackter Tänzer tauchen hinter Säulen auf und heizen mit erotischer Akrobatik die Gemüter auf. Während die sexuelle Spannung langsam überschwappt, ergibt sich auch Hun-Nal-Yeh vollkommen seiner Klänge hin. Sofort wird klar, dass die Flöte, die er bläst, seinen eigenen überdurchschnittlichen Proportionen wie ein Zwilling gleicht. Obwohl hellhäutige und blonde Menschen seit dem Untergang der Inseln und den Einwanderern aus dem vom Vulkan zerstörten *Cuicuilco* keine Seltenheit mehr sind, gleich doch keiner diesem einzigartigen Hun-Nal-Yeh.

„Kein Wunder ist Atanua Nanahuatl von diesem Mann besessen. Urugnas, ist der Musiker ein ausgebildeter Lustknabe?“

„Das munkelt man“, tuschle ich zu Jehle. Wäre ich dem Mann mit der Sonne auf dem Kopf in meinen Visionen nicht schon begegnet, ich würde in diesem unglaublich schönen Meisterflötist die lebendige Inkarnation des neuen Sonnengottes sehen. Gebannt von der tanzenden Erscheinung und seiner Musik vergesse ich alles um mich herum. Luden seine Klänge gerade noch zum ungezügelten Sex ein, transformiert er mit einer weiteren seiner Flöten die Lust in himmlische Verzückung. Während die Trommeln wieder anschwellen, wechselt der nackte Flötist ständig seine Instrumente: mal bläst er die Panflöte, eine Doppelflöte, eine runde Scheibe oder abermals den Priapos.

Als Hun-Nal-Yeh endet, wird es still. Nur das Atmen der vielen Gäste ist zu hören oder ein gelegentliches Knistern aus einem der Feuerbecken. Einer Statue gleich steht der schöne Jüngling auf der Plattform und wartet auf die Reaktion des Gottkönigs.

Normalerweise tritt Atanua Nanahuatl bei solchen Gelegenheiten selbst ins Zentrum, um sich zu zeigen und feiern zu lassen. Heute nicht. Fürchtet der Gottkönig im Glanze dieses Mannes zu verblassen oder dass jeder erkennt, dass Hun-Nal-Yeh und nicht Atanua selbst Modell für die Kolossalstatue stand? Der Gottkönig bleibt auf seinem Thron sitzen und gibt schließlich mit erhobenen Händen das Zeichen, den Künstler mit Applaus zu würdigen. Auffällig ist sein folgender Blick auf seinen *Quingu*, den Anführer der Jaguar-Krieger.

Als der kurz nickt und seinen Dolch am Gurt um den nackten Leib berührt, ahne ich, dass Hun-Nal-Yehs Leben gerade bedroht wurde.

Wie ein Hurrikan fegen Hochrufe und Klatschen die vorherige Stille fort.

Hun-Nal-Yeh schreitet vom Podest und direkt auf mich zu.

Mein Herzschlag setzt für einen Moment aus.

„Urugnas, du musst mir helfen! Man wird mich beim nächsten Vollmond zu Ehren des Regengottes opfern!“, wispert Hun-Nal-Yeh. „Finde die Aufzeichnungen von *Ah-Xoc-Xin*!“ Der schöne Flötenspieler wartet auf keine Reaktion, sondern verlässt den Thronsaal unter Hochrufen.

Ich ziehe Jehle aus der Menschentraube, die dem berühmten Musiker folgt, in eine von einer Säule verdeckte Nische. „Jehle, was weißt du über Ah-Xoc-Xin?“

„Den Verräter?“

„Verräter?“, wundere ich mich.

„Er wurde kurz vor dem Tod des letzten Gottkönigs wegen Hochverrat in den Kerker geworfen und verurteilt!“

Kopfschüttelnd sehe ich in die Richtung, in der der schöne Hu-Nal-Yeh verschwunden ist. Der Vollmond zu Ehren des Regengottes ist in vierzig Tagen.

Ein ungeplanter Dreier

Schon um acht Uhr weckt mich Frederick indem er mir herrlich duftenden Kaffee ans Bett bringt. Nur langsam verblasst das Bild dieses ungewöhnlichen Mannes namens *Hun-Nal-Yeh*, wie auch die magischen Klänge seiner diversen Flöten.

„Hattest du einen geilen Traum?“

Zählt ein Konzert mit einem erotischen Supermodel als solcher? Laut frage ich: „Warum?“

Er nickt auf einen klebrigen Fleck auf meinem Bauch.

„Hast du eine Verabredung?“, lenke ich ab und decke mich zu. Gähnend reibe ich mir den Schlaf aus den Augen. Mein Freund trägt bereits eine seiner giftgrünen Shorts und ein phosphorgrünes Musle Shirt.

„Ein Mann muss tun, was ein Mann tun muss!"

Weil mir Frederick nicht mehr verrät, verdrehe ich meine Augen und quäle mich aus dem Bett. „Was ist?", knurre ich ihn an, denn er sucht nach weiteren eingetrockneten Flecken.

„Luon, du bist wirklich keine Jungfrau mehr!"

„Und das kannst ausgerechnet du erkennen?" Ich wollte ihn nicht beleidigen, es rutschte mir einfach so raus. Glücklicherweise überhört Frederick meinen bissigen Unterton, denn er lächelt, dreht sich um und verlässt das oberste Stockwerk.

„Sehen wir uns heute irgendwann?", rufe ich ihm nach.

„Worauf du wetten kannst!"

Auf einem Tablett neben meiner Kaffeetasse liegen zwei Croissants. Auf dem Weg hinter die Wand mit dem Bad, verschlinge ich hungrig die Backware. Sie ist noch warm. War das unschuldig grüne Gift schon beim Bäcker? Was heckt Frederick aus? Wird er um zehn Uhr wirklich bei Ray Turin auftauchen, um einer erhofften Wiederholung der Sextherapie beizuwohnen? Während ich mich nach einer ausgiebigen Dusche anziehen, hoffe ich, dass Frederick wirklich schon zu Ray aufgebrochen ist. Ich hätte so gerne Sex mit ihm. Definitiv anderen, als mit Ray, aber auf jeden Fall mehr als Händchenhalten oder heimliches Schamhaarkraulen.

Als das Telefon um halb neun Uhr klingelt, hoffe ich, es ist nicht Ray, der absagt. Es ist ein Kerl namens *Apollon*, der sich nach Frederick erkundigt.

„Frederick hat das Haus schon verlassen!"

„Spreche ich mit Luon?" Als ich bejahe, sagt Apollon: „Luon, deine Vorstellungskraft öffnet dir Türen zu fernen Welten."

„Was?" Spricht Frederick mit Fremden über mich?

„Frederick wird dich leiten. Vertraue ihm! Er liebt dich aus der Tiefe seines Herzens. Und ja! Wir waren zusammen im Rhein schwimmen. Er würde so gerne bei der NAWA arbeiten, doch ich habe keine Arbeit für ihn. Das ist deine Aufgabe."

Wenn ich auch keine Ahnung habe, von was dieser Apollon spricht oder was *NAWA* bedeuten könnte, verrate ich ihm trotzdem: „Ich habe gestern ein Inserat geschaltet."

„Frederick hat es mir weitergeleitet. Es erfordert Mut und Abenteuerlust den doppelten Leben ins Gesicht zu sehen."

„Du meinst Doppelleben?"

„Das auch!", bestätigt Apollon, weicht aber meiner eigentlichen Frage aus. „Bereite dich auf viele Dossiers vor."

„Glaubst du?"

„Wer führt kein heimliches Doppelleben? Sei einfach gewappnet, dass du mit deinem Inserat auch die anlockst, denen du bis jetzt aus dem Weg gegangen bist."

„Ich kenne ich Basel kaum Leute", gebe ich zu bedenken. „Ich bin in Venezuela aufgewachsen." Warum erzähle ich das einem Wildfremden?

„Sorry, ich muss los! Frederick wird gleich hier eintreffen!"

Bevor ich nachfragen kann, legt Apollon auf.

Weil ich es zuhause nicht mehr aushalte, spaziere ich los. Nur noch mit einer Krücke geht es schon ganz gut. Bis zu Ray Turins Wohnung bräuchte ich normalerweise nicht mehr als zwanzig Minuten, doch ich will mein Bein schonen, warum ich gemütlich den Umweg übers *Viadukt* und den *Hauptbahnhof* nehme. Bei dieser Strecke muss ich keinen der Hügel in Basel bewältigen. Der Weg den *Spalenberg* hinunter zum *Markplatz* und auf der anderen Seite den *Rheinsprung* hoch, um über den *Münsterhügel* zum Kunstmuseum zu gelangen, wäre spannender und kürzer.
Weil ich fast vierzig Minuten zu früh am Ziel bin, setze ich mich in eines der Kaffees am *Aeschenplatz* und genieße die Morgensonne mit einem Fruchtsaft. Wird Ray mich heute abermals mit aufgesetzten Hörnern und in seiner Ziegenfell-Chaps erwarten? Was, wenn Frederick die Hörner trägt? Oder noch besser, wenn er statt mir auf dem Stuhl kniet? Je länger ich mir neue Varianten ausdenke, desto unmöglicher wird es mir im Café aufzustehen. Als es endlich fünf vor zehn Uhr ist, bezahle ich. Auf die Sekunde pünktlich klingle ich bei Ray. Der Summton ertönt, doch diesmal ohne Instruktionen. Oben erwartet mit Ray in einem seiner Arztkittel und Jeans.

„Luon, du humpelst ja kaum noch."

„Das verdanke ich deinen Fähigkeiten."

„Willst du etwas trinken?" Ray führt mich statt in die Praxis in sein überfülltes Wohnzimmer. Das Ziegenfell liegt zusammengeknäult auf einem der Sessel und die David-Statue trägt die Widderhörner.

Abwinkend schiele aus der Tür den Flur hinunter zum Zimmer

meiner sexuellen Einweihung.

„Luon, macht es dir etwas aus, wenn wir heute nur reden?"

„Reden?" Spucke ich das Wort aus. Ich will auf gar keinen Fall *nur* reden. Ich will überhaupt nicht reden. Ich will Sex! Doch statt ihm das zu sagen, nicke ich resigniert und setzte mich zum Ziegenfell auf den Sessel. Liebevoll streichle ich es und hoffe, Ray versteht den Wink. Entweder tut er es nicht oder etwas bedrückt ihn so sehr, dass er für Lust einfach nicht empfänglich ist.

„Was ist passiert?", sorge ich mich, als er mir ein Mineralwasser aus der Küche holt, anstatt mir einer seiner alkoholfreien Kräutermixturen anzubieten.

„Ach, Luon!", klagt er.

„Hat dich Frederick angerufen?" Überschritt mein neugieriger Freund eine Tabugrenze?

„Ja! Ich vertröste ihn auf einen späteren Zeitpunkt."

„Späterer Zeitpunkt?", hake ich sofort nach. „Dann wärst du einverstanden?"

„Ach, Luon!", seufzt der Typ im Arztkittel abermals und setzt sich mir gegenüber auf die Couch. „Das hier", reicht er mir einen eingeschriebenen Brief, „kam mit der Post."

„Soll ich den Brief lesen?" Da Ray nickt, entfalte ich das Papier. Es ist eine Wohnungskündigung. „Wann?"

„So bald wie möglich! Der Hausbesitzer meldet Eigenbedarf an. Spätestens in drei Monaten muss ich raus sein!"

Meine Blicke huschen von Objekt zu Bild, von Pflanze zu Statue und all den Millionen anderen Sachen.

„Luon, als Arbeitsloser finde ich keine neue Wohnung. Niemand wird mir die Kaution erlassen und einen Mietvertrag mit mir abschließen. Muss ich bald zum Sozialamt, wird der Staat zudem eine Verfügung erlassen, dass eine neue Wohnung maximal achthundert Franken kosten darf. Für achthundert Franken findest du in Basel nichts weiter, als eine Besenkammer. Wo soll ich nur mit all meinen Sachen hin?"

„Wo wirst du künftig massieren?"

„Du verstehst, dass ich heute nicht in Stimmung bin?"

Hätte ich Mut, würde ich sagen: *Würde dich da geilen Sex nicht auf andere Gedanken bringen?* Aber ich bin trotz des gestrigen Erlebnisses verkrampft. „Ich hatte gestern Abend schon über fünfzig Besucher auf der neuen Homepage“, lenke ich ab. „Heute habe ich noch nicht nachgesehen.“

„Frederick hat es mir spät nachts per SMS mitgeteilt. Er ist stolz auf dich und natürlich auch auf sein Bild, dass du zur Werbung benutzt.“ Ray rauft sich die spärlichen Haare. „Ach Luon, wenn ich doch nur wüsste, was ich tun soll.“

„Zieh bei mir ein!“ Noch während ich es ausspreche, bin ich versucht das Angebot zurückzuziehen. Was, wenn Ray zusagt? Was, wenn bald all sein Zeug in meinem Haus rumsteht?“

„Ernsthaft?“ Ray sieht mir direkt in die Augen.

Abermals fühle ich nur Wärme und Zuneigung für ihn – und Lust auf geilen Sex. „Frederick lebt zurzeit auch bei mir. Er muss ebenfalls einverstanden sein.“

„Hast du denn überhaupt Platz?“ Ray breitet seine Arme aus und versucht all seine Sachen damit zu umfangen, was absurd ist.

„Mein Haus hat vier Stockwerke, einen Keller und im Hof einen Schuppen, den ich aber nicht nutze. Da ich noch nicht lange in Basel lebe und nichts aus *Caracas* mitgebracht habe ...“

„Das würdest du tun?“, unterbricht mich Ray. „Dir ist klar, dass das gestern zügelloser Sex und keine Verlobung war?“

„Auch wenn ich bis gestern noch eine Jungfrau war, blöd bin ich deswegen nicht, noch hat mir der Sex das Hirn zerfressen.“ Als ich mich sagen höre, „lass uns doch zu mir rübergehen!“, kann ich kaum glauben, es laut ausgesprochen zu haben.

„Jetzt?“

„Warum nicht? Gestern warst du nur Gast. Heute wirst du alles mit anderen Augen ansehen. Zudem kennst du nur die ersten beiden Stockwerke.“

„Na dann! Ich ziehe mir nur rasch etwas anderes an!“

„Die Ziegenfellhose?“

Warum Ray zur Hausbesichtigung seinen Arztkittel in Schlips und Kragen umtauscht, will ich gar nicht wissen.

Als uns das Taxi später am *Leonhardsgraben* absetzt, ahne ich, dass ein neues Kapitel in meinem Leben beginnt.

„Über wie viele Quadratmeter Wohnfläche verfügst du?"

„Keine Ahnung! Das Haus ist groß genug für drei."

„Und das gehört alles dir?"

„Meine Mutter überredete mich, einen Teil meines geerbten Geldes in Immobilen anzulegen."

In Rays Augen erkenne ich, dass er mich gerade neu einschätzt, wobei er noch nicht sicher ist, wie viele Nullen er anfügen muss. Um nicht über Geld, noch woher es ursprünglich stammt reden zu müssen, biete ich Ray eine Führung an. Erstmals fällt mir auf, dass meine Wohnung ziemlich leer ist. Ich nutze nicht mal ein Viertel der Wohnfläche und das, obwohl Frederick bereits viel Zeug von sich hier deponiert hat. Hält sich Ray mit seinem Dekorationsrausch etwas zurück, würden sich seine Bilder, Skulpturen und Pflanzen hier gut machen.

„Luon, könntest du es dir vorstellen, mich zur Untermiete zu haben? Wir kennen uns erst seit kurzem und ..."

„Ja, kann ich!" Ich spreche bestimmt, als ob ich mich selbst noch davon überzeugen müsste.

„Willst du auch?"

„Lass uns Frederick anrufen!" Da mein Freund auf seinem Mobile Phone nicht abhebt, versuche ich die Nummer, unter der Apollon mich heute Morgen angerufen hatte. Nach dem dritten Klingeln höre ich Apollons Stimme: *Apollon Holmström, vorübergehender Leiter der NAWA Basel. Die NAWA vermittelt zurzeit keine Nudisten. Falls Sie mehr Informationen wollen oder um einen Rückruf bitten, hinterlassen Sie mir Ihre Nummer und Anliegen und ich rufe Sie zurück, wenn ich das nächste Mal im Büro bin. Für alle Anrufer wegen der schwulen Literaturklasse, Jungs, checkt bitte die NAWA-Homepage.*

„Anrufbeantworter!" Ich lege auf.

„Falls es dir morgen mit dem Angebot noch immer ernst ist, und ..." Ich will schon etwas antworten, da legt mir Ray seinen rechten Zeigefinger auf meine Lippen. „... und sollte Frederick einverstanden sein, dass ich euer Eheleben störe ..."

„Tust du nicht!"

„Was würde mich die Miete kosten?"

„Achthundert Franken!" Der Betrag rutscht mir einfach so raus. Soviel Geld würde Ray vom Sozialamt für die Miete bekommen. Gratis will ich ihm keine Bleibe anbieten, das würde alles nur verkomplizieren. Weil ich mit der Führung im Schlafzimmer unter dem Dach angekommen bin, lässt sich Ray auf Bett plumpsen. „Willst du nicht mit Frederick alleine leben?"

„Frederick ist noch nicht offiziell hier eingezogen. Zudem, bisher wohnte ich in Studentenwohnheimen. Ich hatte immer Zimmerkumpels. Das Bad mit mindestens sechs anderen Kerlen zu teilen, ist mir nicht unangenehm. Eine Wohngemeinschafte ist doch cool!"

„Ich muss darüber schlafen. Luon, gibst du mir die Telefonnummer von Frederick? Er und ich kennen uns schon länger. Ich will erst herausfinden, was er wirklich darüber denkt."

„Unseren Dreier stellte ich mir etwas anders vor!"

„Ray zieht hier ein?" Frederick starrt mich ungläubig an, als ich ihm die Botschaft am Abend verklickere. „Bist du jetzt mit ihm zusammen?" Er klingt aggressiv.

„Natürlich nicht!"

„Warum fragst du dann *ihn*, mit dir zusammen zu leben?" Dem Blonden im giftgrünen Outfit schießen die Tränen in die Augen, die er sich schniefend wegwischt.

„Frederick!", fasse ich nach seiner linken Hand.

Blitzschnell entzieht er sie mir, wie einer Viper, die ihm den tödlichen Biss verpassen will. „Lass mich!", wimmert er und flüchtet aus dem Haus.

„Warte! Bitte, Frederick! So warte doch!"

Der Blonde hat sich bereits sein rotes Fahrrad geschmissen und saust Richtung *Lyss* davon.

Fassungslos stehe ich im Vorgarten und blicke ihm nach. Was habe ich getan? Frustriert hocke ich mich vor den Fernseher. Kein Programm will mich ablenken. Mit Ray Sex zu haben geht durch, doch eine Wohngemeinschaft zu gründen nicht? Ich verstehe Frederick nicht. Der Einzige, den ich anrufen könnte, ist Apollon. Bestimmt heult sich mein Freund bei ihm aus. Die beiden stecken ja ständig zusammen. Plötzlich total eifersüchtig gebe ich Apollon die Schuld für alles. Stinksauer zappe ich weiter durch die Programme, bis ein Horrorfilm meiner Laune am besten entspricht.

Zwei Stunden später liege ich alleine in meinem Doppelbett – zum ersten Mal, seit ich von Lausanne zurück bin. Traurig packe ich Fredericks Kopfkissen, um mein Gesicht darin zu vergraben. Es riecht nach seinem Apfel Shampoo und seinem ganz eigenen Geruch. Mich selbst quälend umarme ich es und drücke es an mich, als ob es mein Frederick sei.

Im Bann der Mondgöttin

Frederick tauchte die ganze Nacht nicht mehr auf und rief auch nicht an. Traurig nach einer fast schlaflosen Nacht quäle ich mich schon früh aus dem Bett. Nach zwei Tassen Kaffee finde ich die ersten drei Bewerbungen in der Post. Mir ist nicht nach Lesen. Würde Ray heute auf mein Angebot einer Wohngemeinschaft einsteigen, wüsste ich nicht, wie ich reagieren soll. Um ihm aus dem Weg zu gehen, verbringe ich den ganzen Morgen an der Uni. Erst besuche ich eine Psychologie Vorlesung, die mich langweilt, danach hänge ich vor der Mensa ab und warte darauf, dass das Mittagessen serviert wird. Lustlos, gelangweilt und traurig starre ich den Fußboden an.

„Kolumbianer! Bist du das?"

Ich sehe auf. *Pit*, ein Skater mit Millimeterhaarschnitt, den ich bei einem früheren Besuch in Basel schon einmal auf dem Uni Gelände getroffen hatte, rollt auf seinem Brett auf mich zu.

„Wie heißt du doch gleich wieder?"

„Luon!", antworte ich ihm. „Hi, Pit!"

„Buenos dias, Luon! Wer hat dir denn ans Bein gepinkelt?"

„Reitunfall" Ich erkläre ihm die Sachlage.

„Du reitest?" Der Zwanzigjährige zieht sich seine Baggy Jeans hinten hoch, die aber sogleich wieder so tief rutscht, dass sein Arsch nur von seinen roten Boxershorts darunter verdeckt wird. Während ich Pit von der Farm in den französischen Alpen erzähle, klemmt er sich sein Rollbrett unter den Arm und sieht sich nach jemandem um. Plötzlich lächelt er, als ein hellblondes Bleichgesicht in tänzelnden Schritten näherkommt.

„Na, das gibt's ja nicht!" Das Bleichgesicht schlingt seine Arme um meine Hüfte und küsst mich zur Begrüßung auf beide Wangen. „Luon, du bist wieder in Basel? Bleibst du diesmal?“

„Hallo, *Sumy*!“

„Studierst du jetzt in Basel weiter?“, fragt mich der finnischen Ex-Balletttänzer.

Für einen Moment runzle ich die Stirn. Nein, dieser hellblonde dünne Kerl ist nicht der geile Superman aus meinem Traum. Mit jenem *Hun-Nal-Yeh* hat Sumy nur die hellen Haare gemeinsam, ansonsten existieren keine Ähnlichkeiten; nicht einmal die Hautfarbe. Der Traummann hatte goldene Haut. Laut sage ich: „Nein! Ich kann mich nicht entscheiden. Sumy, was treibst du hier?“

„Pit rief an und verriet mir, dass heute ungarisches Gulasch serviert wird. Das ist übrigens Pit!“, zeigt Sumy auf den lachenden Skater, den ich bereits kenne.

„Wir kennen uns!“ Pit hebt trotzdem seine rechte Hand, um mich cool mit High Five nochmals zu begrüßen.

„Gulasch esse ich total gerne!“, verrät Sumy und leckt sich die Lippen. „Zudem kann ich mir das Essen hier an der Mensa noch leisten!“ Sein Unterton verrät mir, dass es ihm finanziell nicht gut geht. Der weißblonde Finne hakt sich bei Pit und mir unter, um uns in die Mensa hinein zu ziehen, wo jetzt endlich das Mittagsbuffet eröffnet wurde. „Luon, isst du oft hier?“

„Überhaupt nie!“, gestehe ich.

Wir stehen als erste fürs Mittagessen an. Als wir bestellen, drängt sich Sumy vor. Er ist ein schlanker Typ – nicht so schlaksig wie ich, sondern sportlich drahtig. Wegen seinem Unfall musste er seine angestrebte Karriere als Balletttänzer aufgeben. Sein rechtes Bein war zweimal gebrochen. Das zumindest verriet er mir, als wir uns vor einigen Monaten zum ersten Mal an der Uni über den Weg gelaufen sind. Wie schon damals, trägt er auch heute hautenge Klamotten.

„Ich versuche ebenfalls das Gulasch mit Kartoffel“, ordere ich, als mich die Bedienung hinter der Theke ungeduldig ansieht. „Sumy, was treibst du jetzt?“

„Ich bin arbeitslos! Weil ich nicht mehr tanzen kann, muss ich mich neu orientieren.“

„Seine Laufbahn als Profi-Stripper muss er an den Nagel hängen!“, scherzt Pit.

„Idiot! Vielleicht studiere ich?“ Sumy klingt wenig überzeugt. „Jetzt besuche ich erstmals eine schwule Literaturklasse. Vielleicht motiviert mich das? Du musst wissen, ich schreibe Kurzgeschichten.“

„Warum bist du nicht motiviert?“, frage ich sofort.

„Schon, aber nicht für ein Studium! All meine Träume zerbrachen mit dem Autounfall. Mein Bein ist inzwischen wieder heil, doch für eine Profikarriere wird es nicht mehr reichen. Die Bänder machen nicht mehr richtig mit.“ Sumy will sein Essen an der Kasse bezahlen und grabscht in seinen Leggins nach Geld.

„Lass stecken! Leute, ich lade euch ein!“ An die Kassiererin gerichtet, sage ich: „Dreimal Gulasch à discrétion plus die Getränke.“

„Hey, danke!“ Pit klopft mir auf die Schulter. „All you can eat? Klingt verdammt gut!”

„Das haben wir nicht!“, widerspricht die Kassiererin.

„Dann eben mit Nachschlag!“ Weil ich mit einer hundert Frankennote vor ihrem Kopf schwenke, tippt sie einfach sechsmal Gulasch ein und kassiert ab. Danach händigt sie jedem von uns einen Coupon für eine zweite Portion aus.

„Was ist dir passiert?“ Der Finne nickt auf meine Krücke. „Hattest du auch einen Autounfall?“

Während ich mein Gulasch, das Besteck, Servietten und eine Coke auf mein Tablett platziere, erzähle ich Sumy die Kurzversion, verschweige aber Frederick. Pit schafft es trotz vollem Tablett immer wieder Sumy in den Arsch zu kneifen, was den zu allerlei Tucken-Gehabe anstachelt. Für meinen Geschmack falle ich hier mit dem Weißblonden und dem Skater, die beide keinen Hehl daraus machen ein schwules Paar zu sein, genug auf. Endlich an einem Tisch bei der Fensterfront, in der sich langsam füllenden Mensa, kann ich mein Tablett abstellen und die Krücke neben mich auf den Boden legen.

„Ein schwuler Literaturkurs?“, hake ich nach. Frederick erwähnt schon einen solchen. Ob es der Gleiche ist? „Was hat es mit dem Kurs auf sich?“

Sumys graue Augen blitzen auf. „Ich fand den Link vor etwa drei Wochen über die Basler Gay-Seiten. Im Kurs wird es um die homoerotische Literatur des Einundzwanzigsten Jahrhunderts wie ihren Einfluss auf uns im täglichen Leben gehen. Das erste Buch, das besprochen wird, ist von einem Basler Autor mit dem Titel *Selbstverständlich schwul!*"[2]

„Frederick liest das Buch auch gerade!", rutscht mir raus.

„Wer ist Frederick?"

Soll ich es leugnen? „Ein Freund!" Ist er das noch? Hat er mir gestern den Laufpass gegeben oder schmollt er nur?

„Ist das ein Franzose, der gerne in giftigen Klamotten rumläuft?" Sumy scheint Frederick zu kennen.

„Ja, giftgrün!"

„Er besuchte gestern nach mir den Kursleiter der Literaturklasse. Ja, ich kenne ihn. Heißer Typ!"

„Der Kursleiter?", frage ich.

„Der ist megaheiß. Nein, ich meinen deinen Frederick!"

„Ja, das ist er!"

„Fredy ist den Freund?" Pit sieht von seinem Gulasch auf. Er überhörte meinen Unterton nicht. „Gib es doch endlich zu! Luon, was ist schon dabei schwul zu sein?"

„Pit, machst du auch mit?" Ich will jetzt weder ein öffentliches Coming-out in der Mensa, noch über Frederick sprechen.

„Logo!", antwortet er mir. „Der Kursleiter ist echt der Bringer! Ich kenne Apollon. Er studiert hier an der Uni."

„Ist es eine Studentengruppe?"

Sumy schüttelt seinen Kopf. „Mitmachen kann jeder schwule Kerl. Nicht das Alter, sondern die Bereitschaft, sich in die Gruppe einzubringen, zählt."

„Komm doch auch? Luon, da lernst du bestimmt ein paar Jungs aus Basel kennen", versucht Pit mich zum Mitmachen zu animieren. „Sumy wird in einem der Kurse einen eigenen Beitrag leisten."

Sumy nickt mehrfach. „Apollon bat mich, eine meiner Kurzgeschichten vorzulesen. Vielleicht tanze ich dazu?"

„Apollon?", unterbreche ich Sumy. „Ist das der Kursleiter?"

„Genau! Er heißt wirklich Apollon." Sumy rümpft darüber seine Nase. „Wer nennt denn seinen Sohn nach einem griechischen Gott der Dichtkunst und des Sports?"

Und wer nennt seinen Sumy? Ich behalte meinen Kommentar für

---

[2] Erschienen im Himmelstürmer Verlag.

mich. „Eine Schreibklasse? Ich dachte es geht um die Besprechung zeitgenössischer Gay Literatur."

„Apollon will, dass sich jeder aktiv im Kurs einbringt", erklärt Sumy.

„Ich schreibe nicht!", lüge ich. Niemand soll wissen, dass ich meine Träume notiere und gelegentlich Tagebuch führe.

„Luon, ich brauche einen neutralen Kritiker. Dieser da", zeigt Sumy auf Pit, „lacht nur ständig und versteht eh nicht, was ich mit meiner Geschichte aussagen will."

„Ich interessiere mich für dich!", zeigt Pit auf den Weißblonden. „Aztekischen Tempeltänzern lassen mich kalt!" Pit schiebt sich einen Brocken Gulasch zwischen die Zähne und lacht mit vollem Mund.

„Ich schreibe über die Maya oder vielleicht sogar über die Ahnen der Maya!", mault Sumy. „Nichts da mit Azteken!"

„Darüber schreibst du?" Neugierig geworden starre ich den Finnen an, der rein äußerlich so rein gar nichts mit der fast vergessenen Kultur von Mesoamerika zu tun hat.

Sumy schaufelt das Gulasch in sich hinein. „Luon, willst die Geschichte lesen?"

„Kolumbianer, mach doch auch beim Literaturkurs mit! So sehen wir uns regelmäßig!" Pit kickt mich unter dem Tisch, dass ich sofort aufheule.

„Sorry! Dein Bein habe ich total vergessen. Tut mir leid!"

„Geht schon wieder! Für eine Literaturklasse habe ich echt keine Zeit", winke ich ab. Erst muss ich die Krise mit Frederick beheben.

„Darf ich dir meinen Entwurf hierlassen?"

„Das Gulasch schmeckt hervorragend!", lenke ich ab.

„Bitte!", bettelt der Weißblonde mit seitlich millimeterkurz rasierten Haaren und einem mit Gel hochfrisierten Haarkamm. Der Finne erhebt sich, schwenkt seinen bereits geleerten Teller, schnappt sich seinen Coupon und schreitet wie ein Profitänzer zurück zum Buffet, um seinen Nachschlag zu holen.

„Seid ihr beiden schon lange zusammen?", wende ich mich an Pit. Obwohl ich den Skater auch so gut wie überhaupt nicht kenne, gefällt mir seine coole Art und wie offen er mit seinem Schwulsein in der Öffentlichkeit umgeht.

„*Sumy Smarhon* aus Finnland ist mir einfach so passiert! Wir lernten uns vor zwei Jahren kennen. Das war kurz vor seinem Autounfall. Mann dieser Typ konnte tanzen! Er trainiert, seit die Physiotherapie durch ist, fast täglich in einem privaten Tanzstudio. Wir sind heute dicke Freunde und lieben uns, doch das ist es auch schon. Wir sind kein Paar mehr. Sein Schreiben bedeutet ihm viel, denn es gibt ihm Kraft. Kannst du nicht einfach so tun, als ob du interessiert bist und Sumys Geschichte überfliegen?"

Als Sumy mit abermals vollem Teller zurückkommt, quatschen die beiden Freunde nur noch über den angehenden Kurs und das Buch, das sie lesen sollen. Als Pit auch seinen und meinen Nachschlag holt, schiebt mir Sumy ein paar zerknüllt Seiten hin. „Das ist mein Entwurf." Als ich das Manuskript einstecke, zwinkert mir Sumy zu. „Danke!"

„Luon, wir beide sind morgen wieder hier zum Essen verabredet. Sehen wir dich auch?", fragt mich Pit.

„Mal sehen! Erst sollte ich das hier lesen!"

„Wir müssen los! Ich habe eine Vorlesung, und Sumy muss zum Arbeitsamt."

„Meine Nummer steht auf der Rückseite meiner Geschichte. Ich freue mich über ein ehrliches Feedback!"

Pit und Sumy verabschieden sich und schlendern Hand in Hand Richtung *Petersplatz* davon. Für *nur* Freunde turteln sie ganz schön.

Leider nimmt Frederick noch immer keinen Anruf von mir an. Im Botanischen Garten setze ich mich im Schatten auf eine Bank und träume kurz beim Anblick der Farbenpracht der Blüten und der üppigen Vegetation von meiner Kindheit in Kolumbien. Um mich von Fredericks Verschwinden abzulenken, kram ich in meinem Rucksack nach Sumys Manuskript, um es zu überfliegen. Der junge Finne schreibt:

Verängstigt werde ich mit fünfzig anderen Jungs, im Alter zwischen zwölf und achtzehn Sonnenzyklen, von Jaguar-Kriegern in den Palast geleitet. Ich bin einer der ältesten der Flüchtlinge aus dem untergegangenen Cuicuilco. Genaugenommen bin ich ein Sklave. Ich wurde an der Küste eingefangen und hierher verschleppt. Ich hörte natürlich schon vom Prinzen, der von der Göttin Chen berührt wurde. Wie viele der Noblen von Tollan, wird auch er sich mit einem Jungen vermählen. Stimmen die Gerüchte, soll Atanua Nanahuatl ein gutaussehender schwarzhaariger Kerl sein, der viel Sport treibt. Er habe sich ganz und gar dem in seiner Kindheit im tiefen Süden im Dschungel entdeckten neuen Sonnengott verpflichtet.

Ich lese den ersten Abschnitt ein zweites Mal. Wie kann es sein, dass Sumy von einer Stadt schreibt, von der ich seit einiger Zeit selbst träume? Aber nicht nur *Tollan* scheint Sumy zu kennen, sondern auch den Prinzen *Atanua Nanahuatl.* Und dann kennt er auch meine Arbeit, die Ausgrabung meines Tempels des nackten Mannes mit der Sonne auf dem Kopf. Das kann kein Zufall sein! Mit zitternden Händen lese ich weiter:

Ein Mann in blauem Lendenschurz und dem Gelehrtenmantel, wie sie die Na'ac, die hohen Beamten der gottköniglichen Archive der Hauptstadt tragen, erwartet uns. Er ist sehr dünn. Sein schwerer Mantel hängt ihm wie Fledermausflügel über der Schulter. Er stellt sich uns als der Na'ac Urugnas vor.

Vor Schreck den Namen zu lesen, den ich in meinen Träumen trage, lasse ich Sumys Manuskript fallen.

Was geht hier vor? So etwas gibt es doch nicht!

Zähneknirschend grollt tief in mir eine Wut auf Frederick. Er muss in meinem Traumbuch gelesen haben. Das ist die einzig vernünftige Erklärung. Das Klatschmaul muss erst Apollon, danach auch noch Sumy von meinen Träumen erzählt haben. Warum tut Frederick das? Kann ich froh sein, dass ich den Kerl, der vor keiner Privatsphäre haltmacht, losgeworden bin? Wutschnaubend angle ich nach den Seiten und lese weiter:

Der dürre Na'ac fordert uns alle auf, sich unserer Lendenschürze zu entledigen. Der Prinz lebe nach den Prinzipien des nackten Mannes mit der Sonne auf dem Kopf. Sein künftiger Gemahl müsse sich ebenfalls dazu bekennen. Aus Angst bei Nichtbefolgung in den Kerker geworfen oder einem der unzähligen Götter geopfert zu werden, schleudere ich als erster meinen Lendenschurz von mir. Im untergegangenen Reich Cuicuilco galt Nacktheit als das edelste aller Gewänder. Als auch die anderen Kandidaten bereit sind, führt uns dieser Urugnas in den Palast hinein. Gewaltige Säulen tragen ein buntbemaltes Dach mit einem breiten Flies aus Symbolen und Schriftzeichen. Einige Götterstatuen erkenne ich wieder, denn auch in meiner versunkenen Heimat wurden sie verehrt, wenn wahrscheinlich auch unter anderen Namen. Als wir von den Jaguar-Kriegern umzingelt und von Urugnas angeführt den Thronsaal betreten, sitzt der Gottkönig Tarax auf seinem vergoldeten Steinthron. Ein Ring aus rotgekleideten Priestern, von denen einige heimliche schwarze Zurajir sind, umgibt ihn. Ein Mann in einer schlichten Lendenschürze und einem Kopfputz aus gelben Federn steht auf einem siebenstufigen Podest im Zentrum. Da seine Arme und Füße mit Stricken gebunden sind, wird er ein weiterer Sklave oder ein vor Gericht stehender sein. Schwerbewaffnete Jaguar-Krieger mit gezückten Dolchen und Sperren bewachen ihn. Der Name Ah-Xoc-Xin wird genannt. Mich interessiert der Prozess, der diesem so harmlos wirkenden Mann gemacht wird, nicht. Meine Augen suchen zwischen den Priestern und Kriegern nach dem jungen Prinzen, den ich vielleicht heiraten soll. Leider befindet sich Atanua Nanahuatl nicht in der Gesellschaft seines göttlichen Vaters. Urugnas presst seinen rechten Zeigefinger auf seine Lippen, damit keiner von uns auf die Idee kommt, des Gottkönigs Richtspruch mit Murmeln oder Tuscheln zu stören. Aber keiner wagt es auch nur laut zu atmen. Meine Mit-Konkurrenzen zittern noch mehr als ich aus Ehrfurcht und Angst.

Ah-Xoc-Xin? Dieser Name wisperte mir der schöne blonde Musiker in meinem Traum zu. Frederick – falls er wirklich Sumy von meinen Träumen erzählt haben sollte – konnte diesen Namen nicht kennen. Habe ich Frederick vorschnell verurteilt? Wo mein lustiger Freund wohl gerade stecken mag? Längst habe ich ihn von all meinen Anschuldigungen freigesprochen. Ich vermisse ihn so sehr! Bevor ich hier im Botanischen Garten zu flennen beginne, lese ich weiter in Sumys Geschichte:

Ah-Xoc-Xin wird Hochverrat vorgeworfen und Verleugnung des neuen Gottes, den Tarx seinem Sohne zuliebe in Tamoanchan einführte. Zwei der Priester mit den längsten feuerroten Aiptyl-Federn in ihrem Kopfputz lesen Ausschnitte aus den verbotenen Lehren dieses Ah-Xoc-Xin vor. Mir ist nicht nach zuhören, denn endlich entdecke ich einen muskulösen Jüngling, der weit hinter dem Goldthron seines Vaters sitzt und sehr gelangweilt mit einer Kette aus Türkisen um seinen Hals spielt. Das muss der Prinz Atanua sein. Mein Herz klopft augenblicklich doppelt so schnell, denn der Dunkelhaarige blickt jetzt genau in meine Richtung.

Langsam schieb ich mich zwischen den anderen männlichen Sklaven hindurch, bis kein Leib mehr meinen eigenen verdeckt. Als ich sicher bin, dass der Prinz mich gut sehen kann, stelle ich mich seitlich, damit er mich im Profil anschmachten kann. Seine Blicke weichen nicht mehr von mir, was eine ungewohnte Reaktion in mir auslöst. Erst werde ich darüber so verlegen, dass ich mich mit meinen Händen bedecken und vom Prinzen abwenden will, aber wenn ich ihm gefalle, erwählt er vielleicht mich! Scheu senke ich meinen Blick, schiele aber ein weiteres Mal zu Atanua, der mir jetzt aufmunternd zulächelt.

Unter den anderen jungen Männern und Knaben falle ich mit meiner sehr hellen Haut auf. Meine Eltern gehörten zum alten Inselvolk weit im Osten im Ozean gelegen. Doch als die Beben, noch vor meiner Geburt immer heftiger wurden, flohen sie aufs Festland nach Cuicuilco, der wichtigsten und mächtigsten Kolonie im Westen. Die Beben nahmen stetig zu. Kurz nach meiner Geburt versank nicht nur die gewaltige Insel meiner Ahnen für immer im Ozean, sondern Vulkane verwüsteten überall auf der bekannten Welt Städte. Die Perle im Westen, Cuicuilco, verschwand gleichzeitig mit der Mutterinsel für immer von der Oberfläche der Erde. Mein helles Perlenhaar verrät meine Herkunft aus dem untergegangen Atlan im Ozean. Die anderen eingefangenen Flüchtlingsjungen sind alle dunkelhäutiger als ich, und die meisten von ihnen haben schwarzes Haar.

Atlantis? Schreibt Sumy von Atlantis? Kopfschüttelnd lese ich weiter:

Als der Verräter Ah-Xoc-Xin abgeführt wird, verlässt der Gottkönig Tarax mit seinen rotgebemalten und mit roten Federn geschmückten Priestern den Thronsaal. Eine Hundertschaft von Jaguar-Kriegern folgt ihm.

Kaum ist das Gefolge von Tarax verschwunden, winkt uns Urugnas zusammen, dass wir uns jetzt dem Thron des Prinzen nähern dürfen. Weil meine Lust einfach nicht abklingen will, bedecke ich mich mit meinen Händen und nehme das Grinsen der jüngeren Sklaven darüber einfach hin.

Vor dem Thron des Prinzen werfen wir uns alle flach auf den gekachelten Steinboden – nur Urugnas bleibt stehen und senkt nicht einmal seine Augen. Nach einer Ewigkeit tippt Urugnas einem nach dem andern von uns auf die Schulter, damit wir uns einzeln erheben, ein paar Schritte auf den Prinzen zugehen und uns ihm präsentieren.

Als ich drankomme, hellt sich die Mine des Prinzen wieder auf. Er sagt kein Wort, mustert mich nur mit seinen dunklen Augen, doch seine Hände spielen jetzt nicht mehr mit der Türkiskette, sondern liegen, etwas wegdrückend in seinem Schoss. Gefalle ich ihm so sehr? Danach werden wir alle von Jaguar-Krieger wieder aus dem Palast und in die Gärten des Tempels der Chen geführt, wo wir uns für das kommende Ritual vorbereiten müssen.

Seltsamerweise blitzen beim Lesen immer wieder Bilder durch meinen Kopf, die mit Sumys idealisierter Geschichte nichts zu tun haben. Ich erinnere mich, dass ich an jenem Tag Tafeln von Abschriften dieses Verräters *Ah-Xoc-Xin* in Kisten packte, um sie im Archiv für immer verschwinden zu lassen. Auch ich war damals noch vom Verrat dieses Nordländers überzeugt gewesen.

Kopfschütteln, lese ich in Sumys Geschichte weiter:

Ob ich geopfert, in den Harem des Prinzen oder sogar zu seinem Gemahl gemacht werde, steht noch in den Sternen. Trotzdem fürchte ich mich nicht. Bis zum übernächsten Vollmond verbringe ich mit fast hundert anderen auserwählten Jungen im Tempel der Chen mit Leibesübungen, Tanz und Gesang.

Abermals lasse ich das Manuskript sinken. Ich war damals einer von *Atanua Nanahuatls* Lehrern bevor sein Vater verstarb und der Sohn selbst zum Gottkönig erhoben wurde. Aber wie kann Sumy eine Geschichte schreiben, in deren Anfänge ich selbst verstrickt war? Auf den weiteren Seiten beschreibt Sumy die Hitze der uralten Hauptstadt, die Düfte in der Luft und die schwellende Aufregung unter den Einwohnern in Erwartung eines neuen Festes. Farbenfroh erweckt Sumy die Bräuche jener vergessenen Kultur zum Leben. Dennoch fällt mir seine kindliche Naivität gegenüber der dunklen Seite jener Zeit auf. Sumy schreibt durch die Augen eines Teenagers, der sich in einen Prinzen verliebte, den er aber nicht kannte, sondern nur idealisierte.

Ich aber kannte Atanua Nanahuatl, seine Launen, seinen unstillbaren Geltungsdrang und seine Eitelkeit. In Sumys Geschichte wird nichts davon erwählt. Sumy schreibt:

Ich wurde gebadet, gesalbt und nur mit den herrlichsten Federn geschmückt. In mein Perlenhaar wurden gebohrte Türkise, Lapislazuli und Aquamarine eingeflochten. Mein Leib wurde vollkommen enthaart und stellenweise mit Mustern und Zeichen bemalt. Seit meiner ersten Begegnung mit dem Prinzen, war es mir verboten, mich mit anderem als mit Federn, Edelsteinen oder Farbe zu kleiden. Wir wurden in den Lehren des nackten Mannes mit der Sonne auf dem Kopf eingeweiht und mussten bei unserem Leben schwören, niemals wieder unsere Leiber vor den Augen des einzig wahren Sonnengottes zu verbergen. Im Tempel wurde gemunkelt, dass der Prinz die Inkarnation des erst kürzlich wiederentdeckten Sonnengottes sei, dessen Darstellung ihn ausnahmslos als nackter Mann mit einer Sonne auf dem Kopf zeigt. Würde ich bald einen Gott heiraten?

Wieder kollidieren meine eigenen Erinnerungen mit denen von Sumy. Kurz nachdem ich im Tal der Sklaven im Schoss der Großen Mutter die Tafel entdeckte und später den Tempel des nackten Mannes mit der Sonne auf dem Kopf im Dschungel im Süden ausgrub, wurde ich zum Dank einer der Erzieher des damals erst fünfjährigen Prinzen. Zum meinen Aufgaben gehörte es, den kleinen Prinzen alles, was ich über den nackten Mann mit der Sonne auf dem Kopf in den Ruinen seines Tempels ausgrub oder aus den wenigen Schriften an den Tempelwänden, die ich glaubte entziffern oder wenigstens vage deuten zu können, lehren. Je älter der Prinz aber wurde, desto eigensinniger wurde er. Bald wollte Atanua selbst eine Sonne auf dem Kopf tragen; seiner Kleidung hatte er sich längt entwöhnt. Trug er als Knabe noch Perlschnüre um seinen Bauch, seine Oberarme und Fußgelenke, wurden diese bald durch die kostbarsten Edelsteine ersetzt, welche das alte und das neue Reich aufbringen konnten. Da nichts seinen Körper verbarg, trainierte er seine Muskeln. Immer neue Bilder eines extrem eitlen Gecken blitzen in meinen Erinnerungen auf, dann wieder Momentaufnahmen eines Teenagers, dessen Kopf- und Körperputz das Sonnenlicht in allen Farben so stark reflektieren, dass man in seiner Gegenwart immer geblendet war. Der verwöhnte Bengel war alles andere, als ein gütiger und würdiger Nachfolger seines Vaters.

Tarax war nach meinem Fund im Tal der Sklaven tatsächlich so etwas wie ein Freund geworden. Mit seinem Sohn verband mich nur meine Aufgabe, ihn zu lehren. Aber der Prinz verdrehte alles zu seinem eigenen Gutdünken, erfand Rituale und Gesetze und erschuf schon in jungen Jahren einen Kult um den nackten Mann mit der Sonne auf den Kopf, der selbst mit den wenigen Abbildungen nichts mehr gemeinsam hatte.

Ungläubig über meine Erinnerungen – oder sind es doch nur Hirngespinsten? – schüttle ich dunkle Vorahnungen ab. Taucht erst *Jehle* aus jener Zeit in der Gegenwart auf, dann vielleicht auch *Hun-Nal-Yeh*? Doch was, wenn *Atanua Nanahuatl* abermals in neuer Verkörperung seinen dunklen Schatten werfen sollte? Mir treibt es Tränen in die Augen und Schweiß auf die Stirn.

Atanua war keine Manifestation des nackten Mannes mit der Sonne auf dem Kopf – zumal nicht jener Version, die ich im Tempel ausgrub. Atanua Nanahuatl war ein bösartiger Tyrann, der von seinem eigenen

Glanz vollkommen verblendet war. Noch ein Schritt und ich taumle ich eine Vergangenheit, der ich für immer zu entkommen glaubte. Trotzdem – oder wegen morbider Neugier – lese ich weiter Sumys Geschichte:

Dann kam der Vollmond, der der Göttin Chen geweiht war. Exakt hundert der schönsten Knaben und Jünglingen waren erwählt worden, um für den Prinzen zu tanzen. Immer zu zehnt wurden wir aufgefordert vor den Prinzen und seine roten Priester zu treten, um unser Bestes zu geben. Im Heiligtum der Chen war dazu eine kreisrunde Arena gebaut worden, die mit rotem Sand bestreut war. Tausend Fackeln beleuchteten diesen roten Ring des Schicksals. Auch wenn wir in einem anderen Raum vollkommen von Jaguar-Krieger abgeschirmt wurden, erhaschte ich trotzdem immer wieder kurze Blicke auf den Ring des Schicksals.

Atanua Nanahuatl konnte ich auf seinem Goldthron nicht sehen, dafür aber meine tanzenden Konkurrenten. Jeder der stolperte, wurde sofort von den roten Priestern aus dem Fackelring geschleift. Erst als der letzte, der jeweils zehn jungen Tänzer den Ring verlassen hatte, wurde eine neue Zehnergruppe eingelassen. Ich gehörte zu den letzten. Da noch immer kein Sieger festzustehen schien, pochte mein Herz vor Aufregung und Vorfreude den Prinzen von meinem Können zu überzeugen.

Immer von neuem erklangen die Trommeln, die schrillen Pthet oder die klaren Ne-Flöten. Im Geiste tanzte ich während meiner Wartezeit jede Nummer mit, wirbelte in meiner Fantasie um die eigene Achse, sprang hoch in die Luft, schlug Saltos und präsentierte meinen Körper voller Leidenschaft und Glut.

Abermals beginnt das Stück, dass ich die letzten Tage und Nächte immer und immer wieder geübt hatte. Die Jaguar-Krieger scheuchen die letzten Zehn, wozu ich gehöre, in den roten Ring des Schicksals. Augenblicklich wird mir klar, warum der Sand hier rot ist. Versage ich, wird auch mein Blut den Sand einfärben. Bevor mein Herz vor Schreck erstarrt, wie das bei dreien meiner Gruppe passiert, fokussiere ich den Prinzen auf seinem Thron.

Stoisch blende ich aus, was mit den drei Knaben passiert, die stolperten. Nur aus den Augenwinkeln erkenne ich, dass sie von roten Priestern zu einem Altar in der dunkelsten Ecke der Göttin der Magie und der Nacht geschleift und ihr dort geopfert werden. Ihr Blut besudelte den Boden, dass das Fackellicht sich darin spiegelt. Ich straffe meine Haltung. Je mehr meiner Konkurrenten ausscheiden, desto sicherer werden meine Schritte. Stolz in meinem spärlichen Federkostüm und den Schmuckbändern um meine Arm- und Fußgelenke wirble ich durch den feuchten Sand.

Schockiert lasse ich Sumys Manuskript abermals sinken. Auch ich war damals Zeuge jenes Abschlachtens zum Gefallen des jungen Wahnsinnigen. Meine Abscheu für Atanua Nanahuatl wuchs an jenem Tag ins Unermessliche. Es war mir danach kaum noch möglich den Teenager zu unterrichten, ohne an das Blutbad zu denken. Die Schreie der Jünglinge übertönten sogar die Trommeln und Flöten. Ja, ich erinnere mich an Sumys Tanz. Der nackte Jüngling mit der fast weißen Haut wirbelte wie ein archaischer Dämon durch das Fackellicht im Tempel der Göttin *Chen*. Ich hoffte, diesen Tanz nie mehr sehen zu müssen. Jetzt kriege ich durch das Lesen die Bilder nicht mehr aus meinem Kopf. Bis auf den jungen Tänzer überlebte keiner von den hundert das Massaker.

Plötzlich entsinne ich mich dem Namen des Siegers. Er nannte sich *Shapash*. Er verdrehte Atanua den Kopf und wich fortan nicht mehr von seiner Seite. Hatte ich erst nur Atanua als Schüler am Hals, so danach auch den hellhäutigen Shapash vom untergegangenen Inselvolk. Sumys Manuskript auf meinem Schoss liegend, zittern meine Hände so sehr, dass ich sie in meine Jeanstaschen schiebe.

Habe ich wirklich schon einmal gelebt? War ich wirklich ein *Na'ac*, ein Gelehrter am Hofe des Gottkönigs in der sagenumworbenen Stadt *Tollan*, die Jahrhunderte später von den Azteken *Teotihuacán* genannt wurde? Kam Sumy damals wirklich aus dem im Atlantik versunkenen Atlantis? Viel zu aufgeregt, um das Manuskript zu Ende zu lesen, humple ich nach Hause, um im Internet eigene Recherchen anzustellen und Sumys Geschichte einzuscannen, um einen Ausdruck davon zu meinen Traumeintragungen zu heften.

Es gab bei den *Maya* tatsächlich eine Mondgöttin namens *Chen*. Sie war sowohl Frau wie Mann und in ihrer Funktion auch die Göttin der Magie. Sie galt nicht nur als die Beraterin der Gottkönige, sondern auch als die Befürworterin und Schutzgöttin der Homosexualität. Bei Vollmond wurden in ihrem Namen die Jünglinge des Adels in homosexuellen Ehen miteinander verbunden. Aber *Chen* war zudem eine Personifikation der Nacht mit all ihren Schrecken; der Artemis aus dem antiken Griechenland nicht unähnlich.

Als ich am nächsten Morgen Sumy Smahons Bewerbungsdossier für meinen Kurs aus dem Briefkasten fische, ahne ich, dass ich damit uraltes Karma aufarbeiten muss. Der freundliche Sumy von heute hat nichts mit dem heimtückischen Shapash von damals – oder aus meinen Albträumen – zu tun. Ihn wegen meiner Fantasie auszuschließen, wäre nicht gerecht. Wenn wir Leben um Leben wieder auf diese Erde zurückkehren, tun wir das jedes Mal mit neuen Vorsetzen und Absichten. Damals in den Anfängen des Maya Reichs oder sogar davor, galten andere Gesetze, andere Moralvorstellungen und andere ethische Grundlagen als heute. Die Welt von damals mit den heute gängigen Maßstäben zu messen wäre sinnlos und sogar dumm.

Leider nimmt Frederick noch immer keine Anrufe von mir entgegen. Er hat sogar seinen Anrufbeantworter ausgeschaltet. Muss ich mir Sorgen machen? Wenn ich doch nur wüsste, wo er wohnt? War ich ihm ein derart schlechter Freund?

Gequält schleppe ich mich ins Wohnzimmer und weiche dem Stapel mit Bewerbungsschreiben wie auch dem Zettel mit Rays Telefonnummer aus.

Obwohl ich überhaupt nicht müde bin, nicke ich trotzdem auf der Couch ein.

Ich bin Vater

Kaum eingeschlafen, erwache ich abermals als Urugnas in *Tollan*. Es ist heiß und das, obwohl sich die Sonne eben erst im Osten über den niedrigen Hügeln aus dem Ozean erhoben hat.

Tarax verstarb letzten Abend. Mein guter Freund, Gönner und Gottkönig reitet auf den Schwingen von *Quetzalcoatl* ins Land hinter dem Horizont. Zur Trauer bleibt mir keine Zeit. Als Kundiger der neuen Religion, die *Atanua Nanahuatl* sich um den nackten Mann mit der Sonne auf dem Kopf zusammenbastelte, ist mein Platz an der Seite des *neuen* Gottkönigs. Lieber würde ich Tarax betrauern. Der Prinz bestand darauf, seinen Vater noch in derselben Nacht mit den uralten Göttern zu vereinen, um sofort selbst den *Varkas-Thron* zu besteigen. Während die roten

Priester noch immer mit der Abhaltung der Rituale zu Ehren des *alten* Gottkönigs auf der Mondpyramide beschäftigt sind, mussten wir *Na'ac* und die neue Priesterschaft des nackten Mannes mit der Sonne auf dem Kopf die ganze Nacht auf der Sonnenpyramide die Inthronisierung vorbereiten. Niemand wagte in dieser Nacht ein Auge zuzutun. Jeder ahnt, dass eine vollkommen neue Zeit im Reich *Tamoanchan* anbrechen werde. Auch ich!

Im Westen, rund um die Mondpyramide beklagen schon die ganze Nache Trommeln und Klageschreie den Tod des Herrschers. Kaum nahte der Tag mit seinem Licht, mischten sich die fröhlicheren Klänge der *Ne*-Flöten und den Chören aus Knabenstimmen vom Osten um die Sonnenpyramide herum dazu. Wer würde jetzt noch Atanua Nanahuatls Eroberungswahn und Eitelkeiten stoppen? Ich? Meinen Einfluss auf ihn verlor ich, als er sich selbst zur neuen Inkarnation des nackten Mannes mit der Sonne auf dem Kopf zu verstehen begann. Längst ist jener ausgegrabene Tempel im Dschungel weit im Süden zu einem wichtigen Heiligtum erklärt und die Völker dort vertrieben worden.

„Tarax war wirklich dein Freund?“, fragt mich Camani.

Camani steht in den Roben einer ersten Gemahlin neben mir und wiegt in ihren Armen unseren Sohn *Zonsiod*. Ihre Worte klingen betrübt.

„Tarax wählte mich, als ich noch ein Jüngling unter den Schülern des Archivs war, aus und schickte mich in den sicheren Tod. Doch im Bergwerk im Tal der Sklaven fand ich etwas, dass unser Reich für immer veränderte.“

„Den nackten Mann mit der Sonne auf dem Kopf“, antwortet mir Camani. Sie und Jehle sind die beiden einzigen, denen ich von meiner Begegnung mit dem Gott berichtete.

„Nach dem Fund erhob mich Tarax augenblicklich in den Stand eines vollausgebildeten *Na'ac* und machte mich, noch während ich im Süden den Tempel ausgraben ließ, zu einem der Erzieher seines Sohnes.“

Camani lehnt ihren Kopf an meine Schulter.

„Ich war fortan verhasst!“, fahre ich mit erzählen fort. „Niemand gönnte mir meinen plötzlichen Aufstieg. Keiner verstand, warum der Fund einer Tafel mich zum *Na'ac* gemacht hatte.“ Neue Erinnerungen an meinen ersten Tag als *Na'ac* in den gottköniglichen Archiven blitzen lebendig vor meinem inneren Bildschirm auf.

Ich schritt damals in den blauen Roben eines *Na'ac* durch die Gänge des Archivs im Westen. Tausende von Schriftrollen, Tafeln und allerlei Fundstücke und Relikte aus dem versunkenen Reich *Cuicuilco* und der untergangenen Insel unserer angeblichen Ahnen standen mir zur Erforschung zur freien Verfügung. Viele dieser Aufzeichnungen ruhten ungelesen im Archiv, denn niemand vermochte die älteren Zeichen zu entziffern und so von ihrer Weisheit zu profitieren. Die Hallen der Weisheit unter ihren Kuppeldächern in der Farbe des Wissens gehalten, sind noch heute mein liebster Schatz. Blau ist meine Welt, die Mosaikböden, die Decken, die bemalten Trennwände und natürlich die Regale, Schränke und Truhen. Vom dunkelsten Ozeanblau bis zum klarem Sommerhimmel, von der Farbe der Saphire oder Sternenblumen nachgeahnt, vom silberblau der Fischschuppen zu den herrlich leuchtenden Farben von Papageienfedern, von Waldbeeren oder den Augen der Kinder aus dem hohen Norden, im Archiv gibt es alle Blautöne, die man sich nur vorstellen kann. Manche sind so fein wie zarte Ideen, andere gleichen soliden und saftig manifestierten Gedanken. Zahllose Statuen stützen Regale, halten gewaltig blauschimmernde Pyramiden, lehnen überirdisch groß an den Wänden um das Gewölbe zu tragen oder dienen mit offenen Armen als Ablageflächen. Ob aus Stein gehauen, aus Holz geschnitzt, aus milchig leuchtendem Metall oder aus Kristall gefertigt, eines haben alle diese männlichen Statuen gemeinsam: sie alle sind nackte Männer und alle tragen etwas. Ob Tarax deswegen unbedingt mehr über den nackten Mann mit der Sonne auf dem Kopf erfahren wollte? Gehörte der nackte Mann zu den vergessenen Göttern, die das Inselvolk vor viele Tausend Sonnenzyklen hierhergebracht haben sollte?

Tief in Erinnerungen schwelgend höre ich wieder jemanden fluchen. Auch wenn diese Worte längt ihren Klang in der realen Welt verloren haben, ihr Echo spukt noch immer in meinen Gedanken.

„Du tollpatschiger Idiot! Steht auf! Einer der *Na'ac* des westlichen Archives wird dich den verbotenen *Zurajir* opfern, stellst du dich weiterhin so ungeschickt an!"

„Lass mich in Ruhe!", knurre ich den Hilfsverwalter an. „Wenn es mich auch all meinen Mut kostet meinem früheren Lehrmeister zu widersprechen, dann stehe ich ihm dennoch seit meiner Rückkehr aus dem Schoss der Großen Mutter an Rang - wenn auch nicht an Wissen – über ihm. Der Verwalter muss sich plötzlich meiner Gunst des Gottkönigs erinnern, verneigt sich eingeschüchtert und verzieht sich katzbuckelig.

„*Na'ac* Urugnas?"

Ich drehe mich der Stimme zu und leire eine Floskel: „Ich diene nur der Weisheit. Mein Leben gehört ..."

„Ja, ja!", scheucht eine weibliche Stimme mein Stottern beiseite. „Willkommen in den Archiven! Ich bin Camani. Ich betreue die Weisheit der Göttinnen im für Männer unzugänglichen südlichen Teil des Archives." Nach ein paar freundlichen Worten, lässt mich Camani nach unserer ersten Begegnung mit einem Lächeln stehen.

Schlurfend bringe ich meine zusammengesuchten Schriftrollen und ein paar der kleinen, hellblauschimmernden Pyramidenspeicher zurück an ihre Orte zwischen den hohen Regalen. Kaum außer Sicht lehne ich mich rücklings an die verschiebbaren Wände und spähe der hübschen Maid nach. Dabei rutscht mir der viel zu wuchtige Gelehrtenmantel einmal mehr über meine Schulter und entblößt meine Hühnerbrust.

„Ach Urugnas!", brummelt die Stimme eines uralten *Na'ac*. „Du bist noch jung und trägst schon heute die Verantwortung eines vollausgebildeten Gelehrten. Gräme dich nicht! Du wirst nicht nur in die Robe, sondern auch in die Rolle, die dir der Gottkönig zugewiesen hat, hineinwachsen. Ich tat mich während meiner ersten Mondphasen mit Kleidung auch schwer. Diese Art Mäntel sind zu lange und zu voluminös für das Klettern auf Leitern. Mir half es damals, mir einen Gürtel umzubinden. Ein Strick tut es auch! Wichtig ist nur, dass die beiden vorderen langen Stoffbahnen dieser Mäntel sich nicht mehr um deine Beine wickeln können. Sieh, junger Kollege!" Der Alte dreht sich um die eigene Achse und präsentiert mir seinen eigenen Gürtel, der offiziell nicht zur Garderobe dazugehört.

„Danke, Meister *Na'ac*!" Ich verneige mich vor dem Hüter der Weisheit. „Das wird helfen!", murmele ich und mustere den zahnlosen Kreis auf seinem Hocker sitzend.

„Das Tragen von Roben sollte wieder freiwillig sein. Damals, als ich noch jung war, gab es diese Zwänge nicht. Damals reichten Körperbemalung oder Federn vollkommen aus. Mein müder Körper mag das Gewicht des Zeremonienmantels kaum noch zu stemmen. Unter uns", flüstert der Greis, „meist arbeite ich nur im Lendenschurz."

„Meister des Wissens, darf ich dich etwas fragen?" Als er nickt, deute ich auf ein der blauen Statuen. „Wer ist der Mann, der mir tausendfach in unterschiedlichster Gestalt entgegenblickt?"

Stirnrunzelnd mustert mich der Greis, dann lacht er schallend auf. „Junger Urugnas, entweder hast du wahrlich noch sehr viel zu lernen oder du hast bei einem deiner Stürze den Kopf geschlagen? Dieser Mann, der nackt die Weisheit trägt, ist der Träger der Wahrheit, der blaue Gott. Er ist der Hüter der Weisheit. Er ist der allererste *Na'ac*, der vor undenklicher Zeit von der Insel im Ozean kam, um das damalig ungebildete Volk – unsere Ahnen hier auf dem Festland – zu lehren!"

„Er ist immer nur nackt abgebildet!"

„Damals, in der alten Welt, lange bevor die ersten Erdbeben den Inselkontinent zerbrachen, und lange bevor die Erdplatten sich öffneten, um das uralte Reich zu verschlucken, wandelten die Götter nur nackt über die Welt."

„Warum muss ich diese unpraktische Kleidung tragen, wenn der erste aller *Na'ac* dies auch nicht tat?", frage ich den Greis. „In diesem Abschnitt der Hallen der Weisheit sieht uns, außer den Schriftrollenträgern und Regalabstaubern, niemand."

„Weisheit fordert ihren Tribut. Junger Urugnas, schule deinen Geist! Unsere blauen Mäntel und Kragen sind eine schwere Last, doch sie kennzeichnen uns außerhalb dieser Hallen als Hüter des Wissens. Sie schützt uns vor allen, die statt Weisheit Blut und Gewalt sähen", erklärt mir der Uralte. „Junger Urugnas, Schriften über Erziehung findest du im nächsten Gang. Ich hörte, dass du mit der Aufgabe betraut wurdest, den jungen Prinzen zu lehren. Ich hoffe, Prinz Atanua Nanahuatl wird ..." Der Greis bricht ab und schüttelt sein fast kahl gewordenes Haupt. „Die uralten Götter schweigen – für die meisten zumindest!" Seine fast blinden Augen wirklich plötzlich lebendig. „Urugnas, lehre den Prinzen die Weisheit unserer Ahnen. Erinnere ihn daran, wer und was wir wirklich sind!"

„Der Prinz wird in den nächsten Sonnenzyklen wohl kaum mehr, als Spielen wollen. Zudem schickt mich der Gottkönig bald in den Süden zurück, um den Tempel im Dschungel auszugraben."

„Das ist gut! Lerne dort alles, was du kannst und kehre als anerkannter *Na'ac* in die Archive der Hauptstadt zurück."

Später, auf der Suche nach besagten Schriften, erklettere ich ein paar Gänge weiter eine der Leitern, verheddere mich abermals im ungewohnten Gewand und stürzte.

„Schwachsinniger!“, brüllt mich einer der Aufseher an. „Dürrer Bengel, ich sagte dir schon hundert Mal, du sollst dir Kleidung zulegen, die deinem Körper entspricht. Du brichst dir noch eines Tages das Genick! Warum arbeitest du nicht wie jeder andere Novize und Lehrling in deinem Lendenschurz?“

„*Na'ac* Urugnas, hast du dich verletzt?“ Abermals sorgt sich der Uralte von vorhin um mein Wohlergehen, betont dazu laut meinen neuen Titel, dass des Aufsehers Blicke plötzlich panisch vom Alten zu mir und wieder zurück flitzen.

„Verschwinde!“, scheucht ihn der alte *Na'ac* davon. „Verkünde allen in den vier Archiven, dass Urugnas hoch in Tarax persönlicher Gunst steht!“

„Erhabener!“ Der Aufseher wirft sich bäuchlings in den Staub und robbt rückwärts davon.

War ich davor einfach der Idiot, der Versager oder der Dürre, wurde ich fortan gefürchtet und gehasst.

Ein paar Tage später, irgendwo im Archivlabyrinth begegne ich Camani zum zweiten Mal. Auf meinen Armen trage ich Rollen und Speicher. Dabei bleibe ich mit meinem Gelehrtenmantel irgendwo hängen und er rutscht mir nicht nur von der Schulter, sondern entblößt diesmal meinen nackten Hintern. „Ich komme schon zurecht“, lüge ich, da ich beobachtet werde. Ärgerlich schiebe ich mir den Mantel wieder über meine Schulter. Kaum bücke ich mich nach den zerknüllten Schriftrollen, rutscht der Mantel abermals. Ärgerlich schüttle ich mich und stehe sogleich splitternackt im Archiv. „Ohne Kleidung wäre ich längst fertig“, fluche ich in der alten Sprache vor mich hin.

„Urugnas, ich helfe dir beim Aufsammeln.“

Als ich die schlanken Arme einer Frau bemerke, schrecke ich hoch und ziehe mir verlegen den Mantel bis zum Bauchnabel hoch. Weil mir Camani die Rollen reicht, greife ich danach und stehe sogleich wieder im Gewand der alten Götter vor ihr. Sie lacht amüsiert, zieht mich in eine dunkle Nische und wir lieben uns.

Das alles geschah kurz bevor ich für sehr lange Zeit in den Süden aufbrechen musste. Ich hatte keine Ahnung, dass Camani auf mich warten würde, noch dass sie bereits meinen Sohn in sich trug.

Heute, fast fünf vollständige Sonnenzyklen später, steht sie mit unserem Sohn auf ihren Armen neben mir. Jeden Moment wird die Krönungszeremonie für Atanua Nanahuatl beginnen.

Weil es mehrfach an der Haustür klingelt, schrecke ich aus meinem Nicherchen. „Komme ja schon!“, knurre ich zur Tür.

Ich war verheiratet? Mit einer Frau? Ich hatte einen Sohn? Was war mit Jehle – meinem geliebten Frederick? Kehrte ich aus dem Süden in eine Familie zurück?

Müde und zermürbt quäle ich mich von der Coach. Frederick würde nicht klingeln. Ob es Ray ist? Ich spähe aus dem Fenster. Es ist der Postbote.

„Sind Sie Luon Logroño?“, will der Uniformierte wissen.

„Was gibt's?“, rufe ich hinaus.

„Post!“

Warum wirft er sie nicht einfach ein? Warum bekomme ich heute zweimal Post? Ich hatte doch schon eine Bewerbung von Sumy im Briefkasten? In einen Bademantel gehüllt, humple ich zur Tür und öffne dem Postboten.

„Muss ich irgendwo unterschreiben?“

„Nein! Doch die Menge an dicken Couverts passt nicht in ihren Briefkasten.“ Bevor ich dumm fragen kann, deutet der Postbote auf einen Sack. „Das ist alles für Sie!“

Kopfschüttelnd schleppe ich den Postsack ins Wohnzimmer, um seinen Inhalt auszuschütteln. Es sind ausnahmslos Bewerbungsdossiers. Um mich über Fredericks Verlust abzulenken, sortiere ich die Umschläge nach Dicke und Farben. Als ob das etwas bringen würde? Nicht einen öffne ich. Einzig den von Sumy lege ich oben auf.

Egal, wie oft ich später Frederick versuche auf seinem Mobile Phone zu erreichen, er nimmt keinen meiner Anrufe entgegen. Ich wiederum hebe nicht ab, wenn Ray anruft. Was sollte ich ihm sagen? Wegen meinem Angebot ist der Mensch, denn ich wirklich liebe, verschwunden. Das ist natürlich nicht Rays Schuld.

Auch die nächsten Tage höre ich nichts von Frederick.

Ray weiche ich seit drei Tagen aus. Wegen einer angeblichen Sommergrippe – so log ich ihn mit einer SMS an – ließ ich auch weitere Therapiestunden sausen. Meine Stimme sei fort und das Fieber quäle mich.

Am Samstagabend rufe ich Apollon an, in der Hoffnung, er wüsste etwas über Fredericks Verbleiben. Er lädt mich ein, zu ihm in die NAWA-Filiale rüber zu kommen, die nur einen Steinwurf von meinem Haus entfernt liegt. Da er an Vorbereitungen für die Literaturklasse sei und eh Pause machen möchte, käme ihm die Ablenkung wie gerufen. Zudem würde er den Lover von Frederick endlich gerne persönlich kennenlernen. So genannt zu werden, lässt mich sofort aufbrechen. Erstmals ohne Krücke schaffe ich den kurzen Weg fast ohne Humpeln.

Am Ziel gibt es zwei Klingeln. Eine ist mit *NAWA* gekennzeichnet, die andere mit *Martin Holmström, Begründer und Präsident der NAWA.*[3] Ich klingle bei beiden.

Kurz darauf höre ich Apollons Stimme durch die Gegensprechanlage. „Luon, bist du das? Komme ins obere Stockwerk!“

Der Summton erklingt und die Haustür springt auf. Die Holztreppe knarrt, während ich in den ersten Stock hochsteige. Ein Firmenlogo verrät mir erstmals, was es mit der NAWA auf sich hat. Unter den Goldlettern steht der Name ausgeschrieben: *Nudist at Work Agency – Filiale Basel.* Augenblicklich wird mir klar, warum Frederick hier nach einer Stelle suchte. Ob er und Apollon hier nackt zusammen abhängen? Sofort flammt Eiversucht auf, dann Trauer, weil mein lustiger Cowboy sich nicht mehr blicken lässt.

Ein großer Mann mit hellblonden fast schulterlangen gelockten Haare, klaren hellgrünen Augen und einer golden gebräunten Haut begrüßt mich oben ohne in der Tür stehend. Er sieht aus wie das vollkommene Klischee eines australischen Surfer Models.

„Willkommen in der NAWA! Ich bin Apollon!“[4]

---

[3] Mehr zur NAWA in: Apollon und Mercury Band I: Wahre Träume leben; und Band II: Einer muss sterben

[4] Mehr zu Apollon in: Am Quell der Weisheit

Mit offenem Mund starre ich ihn an und das nicht, weil er bis auf eine transparente weiße Leinenhose sonst nichts weiter anhat, sondern weil ich ihn augenblicklich wiedererkenne. Noch bevor ich meinen Namen nenne, frage ich gerade heraus: „Apollon, glaubst du an vergangene Leben?“

„Nein!“, antwortet er.

Apollons Erscheinung raubt mir den Atem. Er hat breite Schwimmerschultern, einen perfekten Waschbrettbauch und eine schmale Hüfte. Schockierend ist, er sieht exakt so aus, wie *Hun-Nal-Yeh*, der nackte Musiker und Flötenspieler aus meinem Traum. Meine Blicke irritieren Apollon kein bisschen. Wer so gut aussieht, wird es gewohnt sein, angestarrt zu werden.

„Frederick hat mir viel von dir erzählt.“ Der hellblonde Schönling führt mich in einen fast quadratischen Raum. An einer Wand reihen sich zwei Schreibtische mit Computern und in einer Ecke lädt eine bequem aussehende Sitzgruppe zum Verweilen ein. Ein runder Glastisch mit vier Stühlen steht bei der Fensterfront und wird von der Sonne direkt beleuchtet. Überall liegen Bücher und an den Wänden hängen Flip Chart Bogen mit skizzierten Ideen für diverse Workshops oder Gesprächsrunden. Da alles in einer Sprache geschrieben ist, die ich nicht verstehe, gebe ich es auf, weiter Werkspionage zu treiben. Der Steinboden riecht nach Zitrone, als ob Apollon eben erst nass aufgewischt hätte.

„Was erzählt Frederick denn so von mir?“

„Luon, möchtest du etwas trinken?“ Der halbnackte Schönling spaziert barfuß in die Küche und kehrt mit einer Karaffe selbstgemachter Limonade und zwei Gläsern zurück. Er füllt mein Glas. Endlich setzt er sich auf eine Couch und bietet mir einen Platz auf einer weiteren an. „Luon, wie würdest du eine neue Gruppe starten?“

Überrumpelt von seiner Frage, trinke ich erst einen Schluck seiner Limonade und sehe mich danach nochmals im Raum um. „Meinst du deine Literaturklasse?“

„Ganz generell!“

„Ich würde mich erst vorstellen, dann das Konzept kurz erklären und zum Schluss die Teilnehmer auffordern zusammen mit ihrem Namen auch der Grund ihres Kommens und ihr persönliches Ziel für ihre Teilnahme am Kurs zu nennen.“

„Wie würdest du dich selbst vorstellen? Verbal?“

„Wie sonst?“ Was wird das? Verwirrt über den Gesprächsverlauf sehe ich Surfer Boy in seine hellgrünen Augen.

Er grabscht nach einem Block und notiert sich darauf meine Ideen; er nummeriert sie sogar von Eins bis Drei. „Und das Konzept?“

Weil er mit dem Kugelschreiber in der Hand auf meinen Rat wartet, denke ich erst über eine Antwort nach. „Show don’t tell!“, rate ich. „Schupse die Klasse ins eiskalte Wasser!“ Dabei gönne ich mir einen weiteren Schluck des eisgekühlten Getränkes. „Lange Einführungen sind langweilig und überflüssig. Die Teilnehmer stellen sich in den ersten Minuten auf den Grundton der Veranstaltung ein. Ich würde niemals mit einem Vortrag beginnen, das macht die Teilnehmer passiv und lässt sie zu Konsumenten werden. Zudem baut es Hemmschwellen auf.“

„Mit Anlauf mitten in die Handlung! Vollkommen egal, ob ich die Teilnehmer schockiere, überfordere oder langweile?“

„Langeweile ist tödlich! Aber gegen Schockieren und etwas Überfordern ist nichts einzuwenden“, gebe ich mich erfahren – als ob ich das wirklich wüsste! „Apollon, setz die Latte hoch! So holst du Erwartungen eher ab. Ich war schon oft an stinklangweiligen Workshops. Bis die Leiter endlich zur Sache kamen, war ich längst abgedriftet.“

„Er liebt dich!“

Ab dem abrupten Themenwechsel schrecke ich hoch. Apollon ist der dritte Blonde, den ich in letzter Zeit getroffen habe. Frederick ist der lustige und einfachgestrickte Südfranzose mit dem süßesten Grinsen und den liebsten Augen; Sumy ist ein hellblondes sehniges Leichtgewicht; und Apollon ist der Inbegriff männlicher Perfektion. In einen Mann wie Apollon könne ich mich nie verlieben. Ich hätte immer das Gefühl ihm nicht zu genügen oder in seinem Schatten zu stehen. Ob er einsam ist? Anstatt ihn das zu fragen, nicke ich.

„Frederick ist verletzt!“, stellt Apollon fest.

„Warum? Ich liebe ihn!“ Mir ist plötzlich zum Heulen.

„Hast du ihm das gesagt?“ Apollon erhebt sich von der Couch und wechselt zu den Schreibtischen. Vor dem mit dem riesigen Flat Screen setzt er sich und öffnet ein File. Neugierig setze mich neben ihn.

„Was denkst du?“ Apollon ruft ein Foto auf.

„Bist du das?“ Apollon steht vor einer Palme im Sand an einem

Strand. Im Hintergrund glitzern Lichtreflexionen auf den Wellen und einzelne Touristen spazieren in der Ferne. Einige sehen zu ihm rüber, andere aufs Meer hinaus. Bis auf einen in der Sonne blitzenden Cockring, der perfekt zum Silbertablett passt, auf dem volle Sektgläser stehen, ist Apollon splitternackt. „Das ist ein erotisches, aber gleichzeitig ästhetisches Foto!"

„Danke! Mein Cousin hat es letzten Sommer von mir in Malibu geschossen."

„Du warst in Amerika?"

„Ja, ich war in Kalifornien und danach in Miami.[5]

Wir wechseln in Small Talk. Ich erzähle von den Destinationen, an denen ich die letzten Jahre gelebt habe und starre dabei auf das geile Bild von Apollon auf dem Flat Screen. Noch während ich von Caracas und meinem Psychologie Abschluss berichte, klickt er zum nächsten Bild. Abermals ist der Hellblonde mit der Goldhaut bis auf eine schwarze Fliege um den Hals und eine Sonnenbrille splitternackt. Er steht an einer stark frequentierten Strandbar und schenkt Drinks aus.

„Arbeitest du immer nackt?"

„Mein Cousin hat mir die Leitung dieser NAWA-Filiale in Basel übertragen. Jobangebote gibt es kaum welche, warum ich keine Mitarbeiter rekrutiere. Frederick würde sofort anfangen, doch wüsste ich nicht wo ich ihn einsetzen soll. Von Rotlichtangeboten lasse ich die Finger, das ist nicht die Nische, in der die NAWA operiert. Diese beiden Bilder", tippt Apollon auf die Nacktaufnahmen, „sollen mit einem Text zusammen in eine Offerte. Martin Holmström, mein Cousin, versucht von Los Angeles aus einen NAWA-Auftrag in Paris zu bekommen."[6]

„In Paris?" Ich könnte Frederick nach Paris begleiten. Wir könnten zusammen in dem Loft meiner Mutter wohnen.

„Anlässlich einer experimentellen Fotoausstellung im *Centre Pompidou* will der Gallerist nackte Männer an der Vernissage haben. Sie sollen

[5] Nachzulesen in Apollon und Mercury. Band I: Wahre Träume leben; und Band II: Einer muss sterben

[6] Mehr über Martin Holmström in: „Nackte Geheimnisse" und „Was der Wind nicht verwehen kann

die Häppchen verteilen und später das Dinner für geladene VIP-Gäste in seinem Stadthaus servieren. Eigentlich nichts Besonderes."

„Falls du einen Übersetzer ins Französisch brauchst ..."

„Frederick hat das schon erledigt. Wo ist er eigentlich?" Als ich meine Achseln hebe, fährt Apollon fort: „Er hätte gestern die Druckvorlage abnehmen sollen."

Kurz erzähle ich, wie Frederick vor vier Tagen verschwunden ist. Bald ist mir bewusst, dass Apollon nichts davon weiss. „Frederick reagiert auf keinen meiner Anrufe!" Um nicht loszuheulen schlürfe ich an der kalten Limonade.

„Hat er Ähnliches schon einmal gemacht?"

„Wir kenne uns noch nicht lange", gestehe ich.

„Nicht in diesem Leben!", korrigiert mich Apollon.

„Dann glaubst du doch an frühere Leben?"

„Nein!", wiederholt Apollon. „Das hat für mich nichts mit Glauben zu tun, sondern mit Erinnerungen und Erfahrung!"

„Du erinnerst dich? Woran?"

„Warst du bei ihm zuhause?", wechselt Surfer Boy das Thema.

„Frederick hat mir seine Adresse nie genannt!"

„Kein Problem!" Apollon klickt die geilen Bilder von sich weg und sucht im online Schweizer Telefonbuch. Nach ein paar Klicks hat er *Frederick Ferrands* Adresse in Basel gefunden und wählt die Festnetznummer. Niemand meldet sich.

„Hast du eine Ahnung wo er sein könnte?", flehe ich Apollon um Rat an.

„Frederick sprach nie von seiner Vergangenheit. Er wollte nur alles über die NAWA wissen und Nudistenerfahrungen austauschen. Hat er keine Lieblingsorte?"

Kopfschüttelnd verneine ich. Kenne ich meinen lieben Freund tatsächlich so schlecht?

Apollon fokussiert mich und sagt: „Hüte dich vor dem Einen, der sich als dein Freund ausgibt! Dein Freund ist dein Feind! Vergiss das nicht!" Keine meiner neuen Fragen beantwortertet er. Im Gegenteil, er schiebt mich unter einem Vorwand aus dem Haus.

Zuhause lege ich mich früh ins Bett und grüble über den Tag. Warum hat mir Apollon seine Aktbilder gezeigt? Steht er auf mich? Wollte er austesten wie es ist, gleich mit Aktion zu beginnen? Meine volle Aufmerksamkeit hatte er. Über Apollons Provokationen nachdenkend, schlafe ich ein und finde mich abermals in Gestalt dieses Urugnas in einer fernen Vergangenheit wieder:

Die Sonne ist längst untergegangen, als Jehle endlich nach Hause kommt. Kaum im Haus, verschließt mein Freund alle Läden vor den Fenstern und betätigt den Verschmelzungsmechanismus der runden Eingangstüre. Wie diese Technik funktioniert ist leider auch eines dieser Wunder, das bald vergessen gehen wird. Heute bin ich froh, dass unser altes Stadhaus noch über diese Technologie verfügt.

„Was ist los?" Gähnend strecke ich mich im Korbstuhl.

„Das!" Jehle streckt mir eine Rolle unter die Nase, die er sich aus einer von vielen verborgenen Falten seines langen fast schwarzen Gelehrtenmantels zog. „Das ist eine der geheimen Abschriften des Prozesses gegen Ah-Xoc-Xin!"

„Dem Verräter?"

Jehle nickt.

„Bist du vollkommen übergeschnappt? Falls jemand wüsste, dass du geheime Schriften aus dem Archiv entwendest ..."

„Mich hat niemand gesehen! Davon wissen nur du und ich." Jehle entrollt das Schriftstück auf einem unserer Arbeitstische und schiebt dazu Wachstafeln und Fächerspeicher einfach auf den Boden. „Urugnas, sieh dir das an!"

Neugierig beuge ich mich über das Pergament. Es ist voller geometrischer Glyphen und darüber stehen in Jehles geschwungener Handschrift Übersetzungsvorschläge. „Du hast die Zeichen entschlüsselt?"

„Die meisten davon! Inzwischen kann ich fast alle Texte, die wir im Dschungeltempel ausgegraben haben, entziffern. *Emesh*, die Verlobte deines Sohnes, half mir dabei!"

„Du hast Emesh eingeweiht?"

„Natürlich! Sie brachte mich auf die Idee Ah-Xoc-Xins zensierte Lehren aus dem verbotenen Archiv zu stehlen! Darin ..."

„Emesh leistete die Schwüre der *Na'ac* noch nicht! Vertraust du ihr?"

„Sie war die Verlobte deines Sohnes. Selbstverständlich vertraue ich ihr. Zudem, dein Sohn war auch kein *Na'ac* und du hast ihm ...“, wirft Jehle ein.

Mein Knurren bringt ihn zum Schweigen. Bevor mich die Trauer über *Zonsiods* Tod übermannt, beuge ich mich über die geklaute Rolle. „Warum setzt du uns solcher Gefahr aus? Du bringst und noch beide in die Bergwerke im Tal der Sklaven.“

„Niemand hat mich gesehen! Mein dunkler Mantel ...“

„Ja, ja!“, unterbreche ich Jehle. Der ehemalige Krieger und Spurenleser ist ein Meister im Anschleichen und dem plötzlich spurlosen Verschwinden.

„Zudem verdächtigt uns niemand!“

„Jehle, was hast du rausgefunden?“

Anstatt zu antworten, kniet sich Jehle auf den Boden und drückt auf einem der aufgemalten Symbole irgendwelche Punkte im Bild an. Eine Verriegelung klickt. Jehle hebt einen zuvor unsichtbaren Deckel hoch und holt aus dem Geheimfach eine der Schrifttafeln, die wir damals im Dschungeltempel ausgegraben hatten. Danach kramt er ein zweites Pergament aus einer der eingenähten Tasche seines mitternachtsblauen Mantels. „Ich bin ganz zufällig darauf gestoßen, als ich neue Tafeln besorgen musste.“

„Ich habe erst gestern neue angefordert!“, brause ich auf.

„Urugnas, beruhige dich! Du stehst noch immer in der Gunst des Gottkönigs. Keiner wagt es, dich oder deinen getreuen Freund“, Jehle zeigt auf sich, „zu verdächtigen!“

„Atanua Nanahuatl hat nur seine eigene Eitelkeit im Sinn. Sein Ehegatte fördert täglich seinen Narzissmus. Liefere ich ihm nicht bald neue Erkenntnisse oder Übersetzungen, dann ...“

„Aber der Gottkönig irrt sich vollkommen in seiner Interpretation über den nackten Mann mit der Sonne auf dem Kopf. Noch sind meine Übersetzungen vage Vermutungen, doch die Zeichen des nackten Mannes mit der Sonne auf dem Kopf stehen eindeutig nicht für einen Sonnengott!“

Sofort sehe ich mich in unserem Haus um, überprüfe die Verschmelzung der Haustüre und ob die Fensterläden wirklich alle fest verschlossen sind. Der vergessenen Technologie traue ich nicht immer.

„Atanua Nanahuatl ist nicht an der Wahrheit, sondern nur an Bestätigungen seiner Ideen interessiert. Er ist vollkommen verrückt!"

„Psst!", zische ich genervt.

„Wie auch immer", flüstert Jehle flüstert, „im verbotenenArchiv werden die Unterlagen von Verbrechern und dergleichen aufbewahrt. Beim Warten auf meine Bestellung neuer Schrifttafeln erkannte ich in einem noch nicht archivierten Stapel eine halb verdeckte Tafel, auf der exakt die gleichen Zeichen geschrieben standen, wie auf den Artefakten aus dem Dschungeltempel. Nur waren diese Glyphen schwungvoll und glichen mehr unserer modernen Schriftzeichen."

„Hat das noch jemand bemerkt?"

„Wahrscheinlich nicht! Nur du, unsere Gehilfen und ich dürfen ins verbotene Archiv mit den Ausgrabungen aus dem Dschungel. Seit der Gottkönig ahnt, dass seine Lehre nicht mit den Überlieferungen übereinstimmt, wurde alles weggesperrt."

Ich nicke. Mein eigener Sohn Zonsiod ist dafür verantwortlich. Er steckte Atanua Nanahuatl, dass der nackte Mann mit der Sonne auf dem Kopf niemals ein Sonnengott war. Dafür schickte ihn der Gottkönig, zusammen mit meiner Frau Camani, mit den Jaguar-Kriegern in den Norden, um einen alten Tempel zu erkunden. Atanua Nanahuatl wusste, dass sich in der Region Rebellen verschworen. Natürlich überlebte weder meine Frau, noch mein Sohn das Gemetzel in das sie hineingerieten."

„Es war ihr Todesurteil", bestätigt Jehle.

„Das war die letzte Warnung, niemals wieder an seinen neuen Lehren zu zweifeln."

„Urugnas, das liegt über fünf Sonnenzyklen zurück." Jehle streicht das Pergament glatt. „Ich habe diese Tafel natürlich ausgeliehen!" Aus einer weiteren Falte zaubert er sie heraus.

„Du hast sie gestohlen?" Neugierig beuge ich mich darüber. Der obere Teil der Tafel ist mit uralten Schriftzeichen versehen, doch der untere Teil in der geschwungenen Schrift, die in ganz *Tamoanchan* gängig ist. „Eine Übersetzung?"

„Es ist tatsächlich eine Übersetzung!" Jehle vergleicht die Schriftzeichen mit denen, die er auf dem Pergament auflistete und mit Übersetzungsvorschlägen versah. Ebenso vergleicht er die Glyphen mit denen der gestohlenen Tafel und dem Artefakt aus dem Fußbodenversteck. „Urugnas, ich lag mit vielen eigenen Forschungen und Annahmen der alten Glyphen richtig. Doch erst mit dieser Übersetzung wird es mir möglich sein, die Geheimnisse aus dem Dschungeltempel vollständig zu lüften."

„Hast du den Text schon gelesen?", frage ich Jehle.

„Nein!"

Jehle ist in Vielem wie damals, als ich ihn als jungen Mann bei den Ausgrabungen des Tempels kennengelernt hatte. Noch heute ist er mein treuer Gefährte, mein Freund und der unheimliche Spurenleser. Gerade diese letzte Fähigkeit entwickelte er in der Hauptstadt für Geheimgänge. Als er damals mit mir nach Tollan kam, fing er als mein persönlicher Gehilfe in den Archiven an, spezialisierte sich auf Glyphen. *Camani*, meine verstorbene Gemahlin und Mutter meines Sohnes, gehörte schon damals zu den Schriftenkundigen. Sie schulte Jehle. Bald überflügelte Jehle jeden Schriftgelehrten und wurde selbst zum *Na'ac* erhoben. Seit dem Tod meiner Familie sind Jehle und ich unzertrennlich. Atanua Nanahuatl wollte uns trauen. Doch ich will mit nichts, was mit des Gottkönigs Irrglauben zusammenhängt, zu tun haben.

Jehle liest von der Tafel, die er aus dem Geheimversteck im Fußboden gezogen hat ab: *„Atma ist Liebe, die sich als Weisheit, Freiheit und Macht manifestiert. Atma ist das Herz eines jeden Menschen, seine Seele, der unsterblich göttliche Teil. Atma ist unverhüllt, rein und nackt. Atma ist Erleuchtung, die wie eine Sonne auf dem Kopf die nackte Reinheit adelt.* Hier bricht der Text ab."

„Jehle", wispere ich, „wo hast du das her?"

„Von einer Tafel der Ausgrabungen."

„Nein, ich meine die Tafel, die es dir so rasch ermöglichte, die fehlenden Glyphen zu übersetzen."

„Sagte ich doch! Urugnas, die lag in einer großen Truhe mit noch nicht archivierten Rollen und Tafeln."

„Wir müssen rausfinden, wer das übersetzt hat."

Jehle blickt sofort sehr abenteuerlustig. „Es lag in der Truhe mit den Irrlehren der Rebellen. Die Truhe war mit *Ah-Xoc-Xin, gefährlicher Verräter* gekennzeichnet."

„Ah-Xoc-Xin wurde verurteilt"

„Nein!", korrigiert Jehle. „Er ist aus der Grube geflüchtet."

„Wann brechen wir ins Archiv ein?"

Jehle sieht mir in die Augen, lacht und hockt sich wie eine Schildkröte, die ihren Kopf aus dem Panzer schiebt über die Tafeln auf dem Arbeitstisch. Immer neue Tafel holt er aus weiteren Verstecken im Haus – von den meisten wusste auch ich nichts. Konzentriert arbeiten wir bis helles Sonnenlicht an den Ritzen der verriegelten Fenster und der Tür kratzt.

Ein betrunkenes Wildschwein auf dem Tresen

Am Sonntag, kurz nach dem Mittagessen, ruft mich Noel an und redet auf Französisch auf mich ein. Frederick sei am Freitag bei ihm auf der Pferderanch aufgetaucht. Erst war er ganz der Alte, doch seit gestern Nacht benehme er sich – selbst für seine Verhältnisse – sehr sonderbar. Gestern Nacht hätte er sämtliche Gäste ziemlich aufdringlich angemacht und danach die halbe Nacht im Hof laut und falsch gesungen. Ob ich nicht vorbeikommen könne, um ihn zur Vernunft zu bringen. Woher Noel meine Telefonnummer hat, frage ich nicht. Weil ich in der Schweiz noch nicht Autofahren darf – ich sollte endlich meinen Führerschein umschreiben lassen! – rufe ich Apollon an.

Anrufbeantworter!

Bleibt nur noch Ray. Ich erkläre ihm die Situation. Schon eine halbe Stunde später hupt er vor meinem Haus. Warum ich mein *Paz* und mein *Flicidade* einpacke, schreibe ich meiner Verzweiflung zu. Die Zwillinge von Frederick lasse ich auf dem Regal stehen. Frederick gehört hierher! Die beiden geschnitzten Holzspielzeuge aus meiner frühesten Kindheit in *Cartagena*, haben mir schon immer Frieden und Glück gebracht. Liebevoll streichle ich die Giraffe und das Wildschwein und packe sie in meinen Rucksack.

Wir erreichen *Bellgarde-sur-Valserine* gegen sieben Uhr abends. Die Dämmerung hat schon eingesetzt.

Noel ruft, als ich mich mit Ray zusammen auf dem Schotterweg dem Haupthaus nähere. „Salut Luon!“ Der Betreiber des Gestüts kommt sofort zur Sache. „Dein Freund ist im Saloon und tanzt wieder betrunken auf dem Tresen. Schau selbst!“ Noel schiebt die schwingbare Tür in den

Saloon auf.

Frederick torkelt auf dem Tresen. Er ist betrunken, nein, er ist Sturz -Hagel besoffen. Er stolpert, bis auf seine Cowboystiefel nackt zwischen den Bierflaschen und Gläsern. Laut grölt er französische Kinderlieder während er seinen Cowboyhut schwingt. Einige der Kerle klatschen ihm immer wieder auf den Arsch, denn er willig jedem entgegenstreckt.

Mir ist zum Weinen.

Ray behält zum Glück einen kühlen Kopf. Er stellt sich an den Tresen und winkt dem nackten Betrunkenen zu, bis er seine volle Aufmerksamkeit gewinnen kann. „Fredy, schau mal wer hier ist?" Ray zeigt auf mich. „Luon will dich heimholen! Er vermisst dich!"

Jetzt weine ich wirklich.

„Du bist gekommen?", lallt der nackte Cowboy und setzt sich seinen Hut wieder sehr schräg aufs Haupt. „Ja, willst du mich denn noch?"

Heulend eile ich zu ihm und sehe zu ihm hoch.

„Warum flennst du?", versucht Frederick zu sprechen und wechselt von Französisch ins Deutsch. „Was macht der denn hier?" Er zeigt auf Ray. „Musste dein neues Schätzchen dich unbedingt begleiten?"

„Fredy, komm sofort runter!", befiehlt Ray energisch.

„Fickst du jetzt mich?" Frederick hält ihm seinen Arsch hin, was Lacher bei angetrunkenen Gästen auslöst, die bestimmt schon an Ähnliches dachten oder beobachtet haben. „Gefällt dir mein Arsch? Kommt er an den von Luon ran?"

„Reiß dich zusammen!" Ray klettert auf den Tresen hoch.

„Warum?", lallt der Besoffene. „Ficke mich hier und jetzt!"

„Komm erst runter!"

„Niemand will mich! Ich bleibe bei Noel!"

Weil Fredrick stolpert, fängt ihn Ray auf und drückt ihn wie ein Kleinkind an sich.

„Ich will nicht alleine sein!" Dann bricht es auch Frederick heraus. Er flennt in Rays Armen.

Noel hilft den beiden vom Tresen hinunter zu steigen.

Erstmals seit seiner Flucht stehe ich Frederick von Angesicht zu Angesicht gegenüber. „Du bist doch mein *Felicidade* und ich dein *Paz*! Wir gehören zusammen. Du und ich! Wir beide!" Ich strecke Frederick meine bemalten Holztiere hin.

„Bin ich wirklich dein *Felicidade*?“ Staunend starrt mich Frederick an. „Luon, was machst du hier auf der Ranch?“

„Ich hole dich heim! Zieh bei mir ein!“

„Jetzt?“

Ich nicke.

„Was ist mit dem da?“ Torkelnd zeigt Frederick auf Ray.

„Ray wird bei uns beiden zur Untermiete wohnen. Du hingegen wirst bei mir als mein Lover und Partner fest einziehen.“

„Echt?“

„Ich habe euch die Honeymoon Suite bereitgemacht. Was ist mit dir?“, erkundigt sich Noel bei Ray.

„Ein Notbett in der Honeymoon Suite wird reichen.“

Als wir kurz darauf Frederick ins Bett legen und zudecken, flüstere ich zu Ray: „Danke!“ Danach ziehe ich mich auch aus und lege mich zu Frederick, um ihn in meine Arme zu nehmen. Heute ist er wirklich mein Wildschwein *Felicidade* – zumindest stinkt er wie eine Sau!

Kaum an Frederick gekuschelt eingeschlafen, stehe ich mit meiner Frau *Camani* und meinen inzwischen volljährigen Sohn *Zonsiod* im Thronsaal von Atanua Nanahuatl. Der Gottkönig hat mich und Camani kommen lassen, weil er noch immer auf die Übersetzungen der Texte aus dem ausgegrabenen Tempel tief im Süden wartet. Camani hat zusammen mit meinem Sohn, Jehle und *Chandra-G'up-La,* ihrem besten Schüler, viele der Glyphen entschlüsselt und erste Übersetzungsentwürfe ausgearbeitet. Vieles davon ist Spekulation. Was wir über den nackten Mann mit der Sonne auf dem Kopf herausgefunden haben, wird dem Gottkönig nicht gefallen. Sein Gespinst von einem uralten Sonnengott, als den er sich selbst versteht, würde in sich zusammenfallen. Wahrscheinlich handelt es sich beim nackten Mann mit der Sonne auf dem Kopf um den unsichtbaren weißen Gott, der in jedem Menschen darauf wartete durch Bewusstsein erweckt zu werden – die Seele.

Leider platzt mein Sohn vor Stolz zwei neue Glyphen entschlüsselt zu haben, die diese gefährliche Theorie bestätigen. Dass genau Solches Ah-Xoc-Xin den Prozess machte, ignoriert men Sohn. Alle Warnungen prallen von Zonsiod ab. Er hofft, indem er dem Gottkönig dies verrät, selbst in den Stand eines *Na'ac* aufzusteigen, eines Gelehrten und Weisen im Reiche *Tamoanchan*. Zonsiod ist zu einem ansehnlichen Mann herangewachsen. Seine große Liebe ist meine neueste Schülerin Emesh. Die beiden sind glücklich und wollen bald die Erlaubnis des Gottkönigs zur Ehe einholen. Warum setzt mein Sohn das alles auf Spiel?

Im Thronsaal des Palastes ist es, bis auf die Beleuchtung um den Thron, dunkel. Wie immer trägt der Gottkönig nichts weiter als unzählige Perlschnüre, Diamanten und Kristall auf seinem Leib und eine seiner gewaltigen Kronen aus den klarsten Edelsteinen. Ein Dachfenster leitet das Sonnenlicht genau auf diese Krone, die wie eine lebendige Sonne alles überstrahlt. Wenn auch nicht mehr so schlank wie in seiner Jugend, strotzt der Körper des Gottkönigs noch immer von jugendlichem Elan.

„Urugnas, bis zum nächsten Vollmond will ich Resultate! Falls du sie nicht lieferstt, entziehe ich dir den Status als *Na'ac*!"

Bevor ich meinen übereifrigen Sohn stoppen kann, fällt er auf die Knie und streckt sich vor dem Gottkönig aus mit seinen Handflächen nach oben gerichtet; dem Zeichen, dass er ums Wort bittet. Jehle erbleicht, was bei seinem dunklen Teint eher einem Ergrauen gleicht. Als dann auch noch Camani sich niederwirft, ahne ich den Opfertod meiner Frau und meines Sohns voraus.

Drei ist keiner zu viel

„Luon? Luon, bist du das wirklich?" Frederick schüttelt mich wach und setzt sich neben mir im Doppelbett auf. „Was machst du in *Bellgarde-sur-Valserine*?"

„Ich hole dich nach Hause!" Nur langsam verblassen die Bilder von dieser gewaltigen Halle im Palast des Gottkönigs aus meinem Traum. Warum träume ich von der Vergangenheit? Was haben diese Träume zu bedeuten? Warum erleide ich Kummer und Verlust über Figuren, die ich nicht kenne.

„Du willst mich noch?", fragt mich Frederick und langt nach meiner rechten Hand.

Nur langsam verblasst der Schrecken der Gewissheit, dass der neueste Traum vor dem letzten passierte. Mit dem Bild des jungen Mannes, der mein Sohn gewesen war, tauchen Erinnerungen an *Zonsiod* auf, die sehr real sind. In Gedanken wiege ich den hübschen dunkelhaarigen Knaben in meinen Armen, bringe ihm als Teenager die Grundzüge unserer Sprache und Schrift bei und beobachte, als er Mitte Zwanzig geworden sich mit Emesh, meiner fleißigsten Schülerin, zusammentut und sich in sie verliebt.

„Warum weinst du?", sorgt sich Frederick.

„Ach nichts!", lüge ich und versuche den Kummer um einen Verlust, der einfach keinen Sinn ergibt, beiseite zu schieben. Jetzt traure ich schon um imaginäre Traumgespinste! Wo soll das noch hinführen?

„War ich so schlimm drauf?" Statt ein lustiges Grinsen aufzusetzen, zieht Frederick eine Fratze.

Offensichtlich kann er sich nicht mehr an letzte Nacht und sein peinliches Benehmen auf dem Tresen erinnern. Besser so! „Du bist mein *Felicidade* und ich dein *Paz*! Schon vergessen?"

„Luon, dein Hals ist etwas kurz für eine Giraffe!" Endlich lächelt er. „War ich wirklich so übel drauf, dass du mich jetzt dein Wildschwein nennst?" Plötzlich riecht er an sich und rümpft seine Nase. „Zugegeben, das Wildschwein passt heute."

Lachend boxe ich ihm in die Seite. Endlich platzen die Seifenblasen aus Traumkummer. Stattdessen überlagern sich Jehles Traumgesicht mit Fredericks in dieser Realität. Äußerlich besteht keine Ähnlichkeit zwischen ihnen. Dennoch, Jehle und Frederick sind ein und dieselbe Person.

„Ich erinnere mich noch an einiges", sortiert Frederick seine Erinnerungen. „Am Freitagabend gab es ein paar Kerle, die voll auf meinen Strip auf dem Tresen abgefahren sind. Sie luden mich danach zu sich an den Tisch ein. Wir stießen, nach meinen etlichen geleerten Bierflaschen, mit Weißwein an. Ich war abgefüllt für alles bereit. Danach verschwimmen die Erinnerungen. Dass sie mich nicht vergewaltigt haben, verdanke ich Noel, der mich in eines seiner Zimmer einschloss, um mich auszunüchtern. Am Samstagnachmittag gab er mir Pferde zum Ausreiten. Abends betrank ich mich aufs Neue. An den Sonntag kann ich mich kaum noch erinnern, bis du aufgetaucht bist. Lu, hast du wirklich geweint, als du mich gesehen hast?"

„So betrunken warst du also doch nicht?"

„Oh, das war ich! Aber als ich dich sah, wollte ich nicht mehr betrunken sein. Ist Ray wirklich mit dir hierhergefahren?"

„Er liegt dort drüben auf dem Notbett!" Mit einem Kopfnicken weise ich zum Fenster, wovor Ray noch immer schläft – oder so tut als ob. „Erinnerst du dich, was ich dir sagte?"

„Dass du mich liebst?" Am Blitzen in Fredericks Augen ahne ich sofort, dass er sich erinnert.

„Liebst du mich denn?", kontere ich.

„Das musst du fragen?" Erstmals küsst er mich nicht auf meine Wangen oder die Stirn, sondern auf meinen Mund. Seine Lippen bleiben geschlossen, doch ich ahne, dass wir in unserer Beziehung einen gewaltigen Schritt vorwärts gemacht haben.

„Hast du eine Zahnbürste dabei?", fragt er irgendwann.

„Ray und ich sind sofort losgefahren, als Noel uns anrief."

„Bleib liegen!", befiehlt er mir und eilt – natürlich in seinem Lieblingskostüm – aus der Honeymoon Suite. Kurz darauf kommt er mit drei Zahnbürsten, einer Tube Zahnpasta und einer Flasche Duschgel zurück. „Luon, ich will dich küssen, doch unser erster Kuss soll frisch sein."

Als ich die Dusche höre, geselle ich mich zu ihm. Fredericks Mund schäumt, als ob er Tollwut hätte. Sein Leib glänzt schlüpfrig von der Seife. Gegenseitig waschen wir uns, während sich unsere Münder immer wieder verspielt zu flüchtigen Küssen treffen. Wann genau sich Ray zu uns unter die Dusche stellte, habe ich nicht mitbekommen. Nur, dass er sowohl mir, wie Frederick gleichzeitig mit seiner linken und rechen Hand die Rücken und Hintern massiert. Seine geschickten Finger gleiten über unsere Körper und heizen uns auf, endlich das zu tun, was wir seit jedem Leben in einer versunkenen Zivilisation immer tun wollten, es aber nie wagten. Wie lange wir uns unter der Dusche küssen, während Rays Hände uns gekonnt stimulieren, ist unwichtig. Es zählt nur, Ray führt uns wie ein archaischer Priester zu einem neuen Höhepunkt in unserer Beziehung.

Später beim Frühstück entschuldigt sich Frederick immer wieder bei Noel für sein kindisches und saublödes Verhalten. Doch da er wieder nackt im Saloon auftauchte und so die Gäste abermals bei guter Laune hält, ist auch das bald vergessen. Trotzdem bin ich mir sicher, dass Noel sein Angebot, ihn als Mitarbeiter auf der Ranch einzustellen, nicht wiederholt.

Am späten Nachmittag brechen wir zur Heimreise auf. Ich fahre bei Frederick mit und Ray folgt uns in seinem Wagen.

„Wird Ray jetzt bei uns einziehen?", fragt mich Frederick und klingt dabei nicht mehr eifersüchtig.

„Ja!", antworte ich knapp. „Wir müssen die ganze Wohnung neu einrichten. Ich denke, Ray sollte das Erdgeschoss bekommen, den Hof und den Schuppen. Wir beide richten uns zusammen die oberen Stockwerke ein."

„Ray ist ein guter Koch und er mixt obercoole Liköre!"

Die ganze Strecke nach Basel zurück schmieden wir Pläne, verwerfen sie wieder und wachsen immer mehr als Paar zusammen. Tausend Fragen stelle ich Frederick, denn ich will alles über ihn erfahren; jedes noch so kleine Detail.

Als wir vor dem Haus vorfahren, erkenne ich zwei prallgefüllte Postsäcke vor der Tür stehen. Mir graut beim Gedanken all die Bewerbungen sichten zu müssen. Frederick lässt mich als erstes Aussteigen und parkt seine Wagen in die enge Lücke vor meinem Haus. Da erkenne ich, dass die Haustür nur angelehnt ist.

„Ist Ray vor uns angekommen?", fragt er, als er mich wie hypnotisiert die offene Tür anstarren sieht.

Erleichtert atme ich auf. „Das ist die Erklärung!"

Mein Freund will schon die Schwelle überschreiten, um mir Licht zu machen.

Ich halte ihn zurück. „Warte! Ray hat keinen Schlüssel!"

„Wurde hier eingebrochen?"

„Offensichtlich!" Was, wenn der Rothaarige aus Lausanne mich hier ausfindig gemacht hat? Wird er mich ermorden, wie es der *Úsuga Clan* mit meiner ganzen Familie in Kolumbien getan hatte? Was hat mich verraten? Der Transfer des Familienvermögens? Hätte ich doch den neuen Namen meiner Mutter annehmen sollen?

Frederick schiebt mich beiseite, duckt sich und schleicht als erster ins dunkle Haus hinein. Ich folge ihm humpelnd. Mein Freund verschmilzt regelrecht mit den Schatten. Wie er das macht, ist mir unerklärlich. Würde er schwarze Kleidung tragen, wäre es nachvollziehbar; doch giftgrün? Er muss seine Cowboystiefel ausgezogen haben, denn nicht der leiseste Laut ist zu hören. Ich selbst, viel zu ängstlich mich im Dunkeln in meinem Haus herumzuschleichen um einen vermeidlichen Einbrecher oder Meuchelmörder zu überrumpeln, knipse im Erdgeschoss alle Lichter an. Sämtliche Möbel sind umgeworfen. Stockwerk um Stockwerk checken wir die Lage. Meine wenige Habe ist durchwühlt, alle Schubladen herausgezogen und ihr Inhalt auf dem Boden ausgeleert.

„Hier hat jemand etwas gesucht!“, nuschelt Frederick.

Plötzlich blendet mich ein Lichtstrahl. Frederick knipste einen Spot an und streifte damit mein Gesicht. Mein Blick fällt auf das Regal, wo ich einen fixen Platz für die Zwillingstiere *Paz* und *Felicidade* eingerichtet hatte.

„Wo sind unsere Holztiere?“, fragt mich Frederick, als er meinem Blick folgte.

„Meine sind in meinem Rucksack im Wagen!“

„Und meine?“ War Frederick zuvor ein Diebfänger und Schleicher, wird er augenblicklich zum Berserker und brüllt total außer sich vor Wut: „Verdammter nichtsnutziger Halunke! Wenn ich dich in die Finger kriege, zertrümmere ich dir den Schädel, zermalme deine Knochen und koche mir aus deinem Blut Würste!“ Er hört gar nicht mehr auf zu fluchen und zu toben, während seine Drohungen immer blutrünstiger und wahnsinniger werden. Zwischendurch weint er, rauft sich die Haare. Danach durchsucht er über eine Stunde das ganze Haus nach dem Verbleib von seiner Giraffe und seinem Wildschwein.

„Wer bricht hier ein, um sich bemalte Holztiere zu klauen?“ Meine Frage bleibt unbeantwortet, da Frederick jetzt aufgeregt im Wohnzimmer unten die Polizei alarmiert und immer wieder erklärt, dass sein wertvollster Besitz gestohlen wurde und sofort Beamte vorbeikommen müssten.

Sind unser Glück und unser Frieden wirklich gestohlen worden? Als zwei Polizisten kurz darauf das Protokoll für den Einbruch aufnehmen, können es die beiden kaum glauben, dass mein Freund wegen Kinderspielzeug einen solchen Aufstand macht. Immer wieder verlangt er, dass sofort eine Fahndung nach dem Dieb in die Wege geleitet wird. Weil sonst nichts fehlt und der Materialschaden mich nicht sonderlich berührt, werde ich immer betroffener über Fredericks Ausrasten. Immer wieder weint er hemmungslos, wimmert und beklagt seinen Verlust. Wie Frederick es schließlich schafft, dass die beiden Polizisten Verstärkung rufen und den Rest der Nacht überall im Haus Fingerabdrücke nehmen, kann ich mir beim besten Willen nicht erklären.

Gegen Morgengrauen versprechen die Polizisten sogar, die nächsten Tage öfters vor meinem Haus zu patrouillieren. Mehr könnten sie im Moment auch nicht tun. Natürlich ruft Frederick den armen Ray kurz nach sechs Uhr in der Früh an und erzählt ihm alles. Da er direkt zu sich nach Hause fuhr, hatte Ray natürlich nichts vom Einbruch mitbekommen.

Post, Post und noch mehr Post

Schon um neun Uhr kommt Ray mit Croissant zum Frühstück in meinem Haus vorbei. Komischerweise ist auch Ray wegen dem Diebstahl sehr betroffen. „Luon, wo sind deine Tiere?"

„Noch im Wagen in meinem Rucksack!"

„Hol sie sofort rein!", fordert Ray. Als ich das Haus verlasse, eskortieren mich der Therapeut und Frederick. Der Cowboy bewaffnet sich sogar mit einem Messer aus der Küche.

Verdattert beobachte ich meine beiden ungleichen Freunde. Ihre Augen flitzen durch die Straße, checken die Dächer der Umgebung ab und bewegen sich, als ob sie jeden Moment auf jemanden losgehen müssten. „Leute, was ist mit euch?"

„Er ist dir auf den Fersen! Wir hüten und bewachen!", antwortet mir Ray so ernsthaft, dass ich dumm lache.

„Was geht hier ab?"

„Erst bergen wir den Schatz!", flüstert Frederick. Kaum sind wir alle drei mit meinem Rucksack wieder im Haus, untersucht Frederick die beiden Holztiere, wie ein Arzt einen Patienten. Immer wieder tauscht er Blicke mit Ray, der grimmig nickt.

„Luon, lasse *Paz* und *Felicidade* niemals wieder unbewacht!", ermahnt mich Frederick.

„Vielleicht hat der Dieb nur aus Zufall ...?"

„Kaum!", widerspricht mir Ray.

„Der Dieb wusste, was er sucht", beharrt auch Frederick.

„Leute", grunze ich genervt, „was verheimlicht ihr mir?"

Die beiden tauschen Blicke. Ray schüttelt kaum merklich seinen Kopf, warum Frederick plötzlich so tut, als ob überhaupt nichts sei und mich beide nur veräppelt hätten.

Beim Frühstück haben es beide plötzlich sehr eilig bei mir einzuziehen. Vordergründig sprechen sie davon, mich zu beschützen. Was passiert hier? Komischerweise fürchte ich mich kein bisschen. Wäre der Täter ein Assassine aus Kolumbien, hätte er mich in der gleichen Nacht aus der Distanz erschossen oder wäre nochmals eingebrochen, um sein Werk zu vollenden. Trotzdem beunruhigt mich Ray. Er beteuert alle paar Minuten, dass er als Bodyguard auf mich aufpassen werde, schielt aber ständig zu den Holztieren vor uns auf dem Küchentisch. Frederick liebkost ständig meine Holzgiraffe und mein Wildschwein. Warum ihm *Paz* und *Felicidade* so viel bedeuten, kann ich nur auf seine frühesten Kindheitsträume zurückführen. Das, oder ich bin in einem Thriller gelandet, in dem Mikrofilme oder ein Smaragd in Spielzeug versteckt wird.

Übermüdet tragen wir nach dem Frühstück aus viel starkem Kaffee alle unversehrten Möbel und Gegenstände ins erste Stockwerk hoch. Da es neben dem Lift ein Gäste-WC gibt und darin noch genügend Platz für eine Duschkabine ist, beauftrage ich eine Sanitärfirme mit der Installation. Ray könnte auch bei uns oben Duschen, doch falls er wieder massiert, will ich keine Fremden oberhalb des Erdgeschosses antreffen; ein zweites Badezimmer ist eh eine gute Investition.

Frederick weicht nicht mehr von meiner Seite. Ständig redet er davon *Paz* und *Felicidade* in die Bank zu bringen, um sie dort einem Safe hinter dicken Panzertüren zu sichern.

„Warum?"

„Darum!", beharrt er.

„Was ist los? Sag schon!"

„Lu, sie dürfen nicht in die Hände des *Zurajir* gelangen."

Schlagartig werde ich hellhörig.

Da Frederick auf stur stellt und Ray jedes Mal, wenn ich ihn danach frage, beschäftigt Möbel nach oben trägt, bringt alles weitere Ausquetschen nichts. Plötzlich erinnere ich mich an Apollon Worte: *Hüte dich vor dem Einen, der sich als dein Freund ausgibt! Ein Freund ist dein Feind! Vergiss das nicht!*

„Ray, bleibst du hier?“

„Selbstverständlich!“ Abermals wechseln die beiden Blicke.

„Ihr müsst mich nicht bewachen!“, protestierte ich.

Sie wechseln weitere dieser Blicke. Frederick schlüpft in giftgrüne Klamotten und verlässt das Haus.

Ray räumt das Erdgeschoss vollkommen leer, saugt danach den Steinboden und wischt ihn nass auf. Im ersten Stock hilft er mir die wenigen Möbel neu zu arrangieren und das bisher leere Zimmer im zweiten Stock in ein privates Wohnzimmer zu verwandeln.

Am Nachmittag schafft mein Nudisten-Cowboy sein ganzes Hab und Gut in wenigen Fuhren mit seinem Wagen hierher. Wie sehr mein Freund auf giftgrün steht, wird mir bewusst, als er Koffer um Koffer auspackt und seine Kleidung in meinem – unserem! – Schlafzimmer auf dem Boden sortiert. Bis auf Jeans, diverse Cowboyhüte wie Cowboystiefel mit bunten Franzen, Lederjacken und weiße T-Shirts trägt er wirklich nur giftgrün.

Ray lässt sich für seinen eigenen Einzug zum Glück mehr Zeit. Bevor er einen Laster mietet, widmet er sich weitere drei Tage dem Keller und dem Schuppen im Hof. Er räumt aus, entsorgt Ramsch des Vorbesitzers, putzt, streicht und schafft Platz. Immer wieder vermisst er Wände und stellt Skizzen an, wie er seine Kunstwerke aufhängen oder stellen will. Bei dem Durcheinander in seiner alten Wohnung ist es für mich nur schwer vorstellbar, dass da jemals ein Konzept zu Grunde lag.

Gleichzeitig wird der Einbau der Dusche im Badezimmer im Erdgeschoss fertig und ein neues Sicherheitsschloss, sowie eine Alarmanlage werden ebenfalls installiert. Erst als sich Frederick mit eigenen Augen von den Warnlichtern und neuen Sicherheitsmaßnahmen überzeugt hat, stoppt er über *Paz* und *Felicidade* zu wachen, als ob sie aus purem Gold wären. Er erlaubt mir sogar mein Kinderspielzeug jetzt neu auf einer Kommode neben dem Bett aufzustellen.

„Luon, Frederick!“, brüllt am dritten Nachmittag Ray aus dem Hof. „Kommt schnell zum Schopf!“

Frederick zuckt wie vom Blitzt getroffen auf und hetzt nackt die Treppe hinunter, um Ray draußen zu suchen. „Alter, wo steckst du?“

„Hier oben!“

Als ich ebenfalls unten ankomme – mit dem Lift – ist Frederick schon über die Leiter aufs Dach des mit Efeu und wilden Reben überwucherten Schopf geklettert. Ray steht ebenfalls oben und winkt wie ein Verrückter. Auch der Nackte vollführt einen Freudentanz.

„Was ist?", will ich wissen.

„Sie sind nicht fort! Ich kann sie flicken!" Frederick hält jubelnd etwas über seinen Kopf. Von unten kann ich nichts erkennen, noch die Aufregung verstehen.

Neugierig klettere ich die Leiter hoch und spüre erstmals wieder richtige Schmerzen. Auf dem Flachdach liegen buntbemalte Bruchstücke aus Holz. Frederick kniet davor und sortiert sie fein säuberlich.

„Ich kann sie reparieren!" Er weint vor Freude und küsst den Kopf seines Holzwildscheines, der abgetrennt vom Leib in seinen Händen liegt.

„Was ist das?" Rays gute Laune ist augenblicklich fort. Er zeigt auf blaue Scherben, so klein, als ob jemand mit einem Stein eine Glasmurmel zertrümmert hätte.

„Das ist nicht das Original!", nuschelt Frederick. Ertappt sieht er weg, als ich ihn fokussiere.

„Welches Original?"

„Versteckt im Bauch deines *Felicidade* befindet sich ein wertvoller blauer Stein. In meinem war nur eine blaue Murmel."

„Woher weißt du davon?" Da mich eh kaum noch etwas über diesen Flitzer wundert, schüttle ich nur meinen Kopf. Bevor er mir antworten kann, spreche ich es selbst aus: „Du hast als Kind davon geträumt! Stimmt doch?"

Der nackte Blonde nickt, sammelt jeden noch so kleinen Holzsplitter seiner beiden Spielzeugtiere ein und trägt sie, in Rays T-Shirt gewickelt, in die Küche. Den restlichen Nachmittag ist er damit beschäftigt mit Pinzetten und Leim seine Giraffe und sein Wildschein wieder heil zu machen. Einmal fährt er um die Ecke in ein Malergeschäft und besorgt sich Farben, feine Pinsel und ein Stück Leder, um seinem Wildschwein daraus einen neuen Bauch um den arg zertrümmerten Bauch zu basteln. Meinen kindlichen Freund bei seiner Arbeit zu beobachten rührt mich. Immer wieder wische ich mir heimlich Tränen aus den Augen. Als er mit Zusammenleimen und mit dem Stopfen kleiner Löcher mit Sägemehl fertig ist, füllt er den hohlen Bauch des Wildschweines mit Stopfwolle und schiebt eine neue blaue Glasmurmel in den Bauch. Genauso gewissenhaft widmet er sich danach seiner Giraffe.

Ray ist schon seit Stunden zurück in seiner Wohnung, um dort sein Hab und Gut für den Umzug einzupacken. Als er gegen acht Uhr ins Haus kommt, wird Frederick gerade mit dem korrigierenden Bemalen seiner Giraffe fertig und entfernt mit einer Rasierklinge letzte Leimspuren des neuen Lederbauches am Wildschein. Selbst das zufriedene Grinsen hat er wieder perfekt hingekriegt. Aber er hat nicht nur renoviert und geflickt, sondern dafür gesorgt, dass die beide Giraffen und die beiden Wildscheine sich neu noch viel mehr wie identische Zwillinge gleichen. Einige der wenigen Unterschiede sind, dass mein *Paz* einen längeren Hals und Ohren hat und dass sein *Felicidade* etwas dicker und grösser ist.

„Glücklich?“, frage ich den Holzspielzeug-Doktor.

„Morgen sind die Farbe und der Leim getrocknet. Erst dann dürfen die beiden Ausreißer wieder zu deinen!“

Später beim Abendessen – das Ray zubereitete – spreche ich meine neuen Mitbewohner auf ein anderes Thema an: „Leute, was machen wir damit?“ Ich deute hinter mich auf inzwischen sechs volle Postsäcke mit Bewerbungsschreiben. Zum Glück sind sie nicht allzu groß. Ich wage mit meiner Verletztung selbst die noch nicht tragen.

„Ich kann Empfangsbestätigungen per E-Mail verschicken?“, bietet Frederick an.

„Sollten wir nicht erst vorsortieren?“, werfe ich ein.

„Nach welchen Kriterien?“ Frederick holt einen Stift.

„Wie wählen wir aus?“

„Wir?“, lache ich erfreut, dass sich Ray auch daran beteiligen will. Ray und Frederick wechseln Blicke und schneiden Grimassen. „Na gut! Einer für alle – alle für einen!“, zitiere ich aus *Die drei Musketiere*.

„So sei es!“ Ray packt sich Fredericks und meine rechte Hand und drückt sich leidenschaftlich.

„Dann mal los!“ Der nackte Frederick schleppt den ersten Sack aus dem Flur vor der Wand und leert den Inhalt auf den Boden des ausgeräumten Erdgeschosses.

„Nicht hier unten!“, zischt Ray. „Ich will morgen weiter vermessen und vielleicht erste Gegenstände umziehen.“ Er kniet sich sofort auf den

Boden und schaufelt die dicken Couverts wieder in den Sack zurück. Kaum fertig, schultert er sich zwei der Postsäcke und trägt sie nach oben. Frederick folgt ihm mit zwei weiteren und ich schiebe den Rest in den Lift. Da im ersten Stock noch immer Möbel zusammengerückt an einer Wand stehen, gibt es davor genügend leere Fläche.

„Ob uns Apollon einen Flip Charts ausleiht?", murmelt Frederick, rafft sich auf und ruft Apollon an. Keine fünf Minuten später verlässt er, nur in giftgrünen Shorts, das Haus.

„Wozu brauchen wir einen Flip Chart?"

Ray schüttelt seinen Kopf und holt den letzten Postsack aus dem Lift, um auch ihn auf den Boden auszuleeren.

Ich sitze inmitten all der Umschläge und bin über die Menge wie gelähmt. Ray ergeht es ähnlich, als er sich neben mich pflanzt. Erst als es unten scheppert und kurz danach der Lift im ersten Stockwerk hält, damit Frederick den Flip Chart hinauszerren kann, erwache ich wieder aus der Lethargie.

„Den hast du von der NAWA bis hierher geschleppt?"

„Ist ja nicht weit!" Frederick fährt die Beine des Gestells aus und stellt den Flip Chart hinter den Berg aus Bewerbungsschreiben. Er zückt einen dicken schwarzen Filzschreiber und sieht Ray und mich erwartungsvoll an. „Leute, ich warte!", tippt er ungeduldig mit seinem Fuß auf den Boden.

„Unser Giftgrüner hat Pläne!", spottet Ray.

„Unsere Kriterien für Zu- respektive Absagen. Ich höre!" Selbstverständlich lässt er dabei seine Hosen fallen.

„Wollen wir nicht erst alle Couverts öffnen und uns die Bilder ansehen?", schlägt Ray vor.

„Luon, mit wie vielen Freiwilligen willst du starten?"

„Maximal zehn!" Dabei zähle ich nur die Umschläge in meiner unmittelbaren Nähe, stoppe aber bei fünfzig.

Schwule Männer, notiert Frederick auf dem Flip Chart.

„Denkst du, es haben sich Heten oder Frauen gemeldet?"

„Hier!", zupft der Flitzer einen Umschlag aus dem Haufen. „Marianne irgendwas!", liest er den Absender vor. „Ihr können wir ruhigen Gewissens ungelesen absagen."

„Eine Bewerbung weniger", atme ich erleichtert auf.

„Und was ist, wenn Marianne ein transsexueller Mann ist, eine Tunte oder es sich bei Marianne um den Künstlername eines Travestiekünstlers handelt?", gibt Ray zu bedenken.

„Pech gehabt!" Damit packt Frederick Mariannes Umschlag wieder in einen der leeren Säcke. „Leute, schaut mich nicht an, als ob ich gerade jemanden gesteinigt hätte! Wir suchen maximal zehn schwule Männer. Zermartern wir uns bei jedem, den wir nicht annehmen können die Köpfe, kommen wir nie vom Fleck. Kriterien!", fordert Frederick abermals.

„Gibt es eine Altersgrenze?", fragt Ray.

„In der ersten Runde? Ja!", beschließe ich. „Ich will experimentierfreudige und flexible Kerle, die etwas wagen und zu Verrücktheiten bereit sind."

„Mein verstorbener Lover war einiges älter als ich, doch er war viel kreativer und flexibler als ich", wirft Ray ein.

„Leute!", meckert wieder der Nackte. „Wollen wir mit Leuten unseres Jahrgangs starten oder spielt das Alter keine Rolle?"

„Ich möchte auf jeden Fall mit älteren Männern arbeiten. Doch Frederick hat Recht, für das Experiment ist es einfacher, wenn niemand mein Vater oder Großvater sein könnte."

„Endlich klare Ansagen!" Frederick schreibt groß die Zahl dreißig auf den Flip Chart.

„Jungchen", knurrt Ray, „Ich bin älter!"

„Du bist die Ausnahme!" Frederick bleibt hartnäckig. „Weiter!" Je mehr er in seiner Rolle als heutiger Leiter aufgeht, desto härter wird seine Erektion. So diskutieren wir bis Mitternacht und haben nur sieben Kriterien aufgeschrieben.

„So finden wir die idealen Kandidaten nicht!", bringt es der zappelige Nackte endlich zur Sprache.

„Es hilft die Ziele für die Gruppe zu fokussieren." Kaum habe ich es laut ausgesprochen, langt sich Frederick an den Kopf. „Alter! Ziele! Ohne eine klare Vision finden wir unseren Weg niemals. Luon, was willst du mit der Gruppe erreichen?"

Als wir uns alle weit nach drei Uhr in der Früh in unsere Betten zurückziehen – Ray schläft auf einer Matratze auf dem Fußboden im Erdgeschoss – haben wir noch immer keinen einzigen der Umschläge geöffnet. Zudem gibt es nicht ein Ziel, sondern diverse. Jeder von uns verfolgt eigene, die nur darin übereinstimmen, dass wir bei der Sache auch Spaß haben wollen und, dass wir gemeinsam nach Wegen suchen, den Freiwilligen zu neuen Jobs zu verhelfen.

Zum Glück treffen die nächsten Tage weniger Bewerbungen ein. Ray will keine Zeit verlieren und bucht für Donnerstag eine Umzugsfirma, die nur einspringen kann, weil es mitten im Monat ist. Damit ist klar, die nächsten Tage und das Wochenende sind für Packen, Wohnungsräumung und den eigentlichen Umzug reserviert. Sumy lässt sich nicht zweimal bitten, als ihm Ray als Gegenleistung fürs Helfen eine Spezialmassage anbietet.

Während unser Bewerbungs-Post-Berge weiter ruhend anwächst, verbringen Frederick und Sumy die meiste Zeit in Rays alter Wohnung, um seine Schätze in Umzugskarton einzupacken. Meine Schulter- und Beinverletzung beeinträchtigt mich kaum noch. Nach dem dritten Tag Kunstgegenstände in Schutzfolie einwickeln, Bilder abhängen und an einer Wand aufreihen, uns durch Berge erotischer Hefte und Kataloge wühlend und Muschel und Federn sortieren, wandert Sumys Bewerbung bei mir Zuhause ungeöffnet auf einem neuen Stapel, den Frederick mit *Zum Vorstellungsgespräch einladen!* betitelt.

Leider bleibt Frederick, bis aufs übliche Kuscheln und Schmusen – und das trotz unseres ersten Fummels unter der Dusche auf der Ranch – zurückhaltend. Ray riet mir, ihm die Zeit zu geben. Doch auch ohne diesen Rat würde ich Frederick zu nichts zwingen. Als angehender Psychologe ist mir sehr bewusst, dass mein Freund in seiner Kindheit oder frühen Jugend ein schweres Trauma erlitt, dass nur langsam heilt. Bisher weiß ich nur, dass sein Vater ihn regelmäßig mental verprügelte, wenn er sich anderen Jungs näherte. Oder haben seine Hemmungen damit zu tun, dass ich ihn damals im Reich *Tamoanchan* niemals wirklich an mich heran ließ? Fürchtet er, ich degradiere ihn zurück zum besten Freund, wenn er mir seine körperliche Liebe schenkt? Scheiß Karma!

Der Tag von Rays Umzug ist endlich gekommen. Frederick ist schon um sieben Uhr in der Früh mit seinem roten Fahrrad zu Rays Wohnung gefahren, um dabei zu sein, wenn die Männer der Umzugsfirma mit dem Verladen des Lasters beginnen.

Ich halte hier die Stellung. Vor der Ankunft des Lasters mit all den Umzugskartons und Möbeln wird ein Spezialtransporter heikle Kunstwerke wie auch die Statuen anliefert. So ist es auch. Kurz vor neun Uhr klingelt es an der Haustür.

„Sind wir hier richtig bei Luon Logroño?" Als ich nicke und die Tür fixiere, damit sie für den Einzug offen bleibt, streckt mir der kräftige Kerl mit Sonnenbrille, in einem schwarzen Nylonleibchen und Handwerkerhosen die Hand zum Gruß hin. „Alex Ischl! Ich koordiniere den Umzug der heikleren Gegenstände." Alex dreht sich um und ruft zwei Kollegen zu: „Abladen!" Wieder mir zugedreht fragt er: „Welches Stockwerk?"

„Erdgeschoss!"

„Treppen oder Schwellen?"

„Nur die drei Stufen zur Haustür hoch. Der Raum liegt gleich hinter dieser Sichtschutzwand."

Abermals dreht sich der Dunkelbraunhaarige zu seinen beiden Kollegen um und erteilt lautstark Instruktionen: „Männer, die Klötze reichen! Damit bauen wir eine Rampe."

Ich lasse die Kerle arbeiten und ziehe mich in die Wohnung zurück. Bei Umzügen durch Fachleute steht man immer entweder im Weg oder man kommt sich dumm und überflüssig vor. Neugierig verfolge ich das Geschehen von der offenen Küche im Erdgeschoss aus.

Als erstes wird eine Apollon-Statue, die den griechischen Gott der Kunst, der Wissenschaft und des Sports – natürlich splitternackt zeigt und bestimmt drei Meter hoch ist – auf einem Sackwagen von den Arbeitern über die provisorische Rampe hineingeschleppt. Da ich diese Statue in Rays Wohnung noch nie gesehen habe, muss sie in seinem Schlafzimmer gestanden haben, das ich nie betrat.

„Wohin mit dem strammen Burschen?", fragt mich Alex, schiebt seine dunkle Sonnenbrille über die Nase runter und blickt mir über ihren Rand hinweg in meine Augen.

Ray überließ mir seine finalen Einrichtungspläne. „Gleich rechts vom Sichtschutz ins Wohnzimmer hinein." Ich zeige auf das Ende der Wand, die vorgelagert die Illusion eines Flurs erzeugt. Kaum haben die drei Träger die Apollon-Statue am neuen Standort vom Sackwagen losgebunden, schieben sie den Marmor auf einem Filz, bis ich zufrieden bin. Während danach die beiden anderen Männer, klobige Kerle um die fünfzig, zurück zum Transporter schlurfen, betatscht der gutaussehende Sonnenbrillenträger die Skulptur.

„Ein schönes Stück!" Alex streichelt den Pimmel des Steingottes und zwinkert mir über den Rand seiner Sonnenbrille zu. „Der erste Eindruck zählt!" Damit tätschelt der den Steinarsch und folgt danach seinen beiden Kumpels, um die nächste Statue vom Wagen zu laden.

Der Apollon, den ich in Fleisch und Blut kenne, sieht besser aus als der Jüngling, der für diese Statue Model stand. Trotzdem, der Anblick dieser nackten Steinskulptur verrät jedem Besucher augenblicklich, was in diesem Haus Sache ist.

Alex und sein Team rackern volle drei Stunden, bis alle Statuen, Bilder, Skulpturen, größere Vasen und Masken überall im geräumigen Zimmer verteilt herumstehen.

„Jungs, holt ihr den Rest! Ich helfe Herr Logroño beim Aufhängen der Bilder." Kaum sind die beiden anderen Packer mit dem Transporter losgefahren, zieht sich Alex sein Nylonleibchen aus und stopft es sich zusammengeknüllt hinten in die die Gesäßtasche seiner Handwerkerhose. Die beiden Träger der Latzhose schiebt er wieder hoch. „Ganz schon heiß heute!"

Small Talk? Darauf habe ich gerade überhaupt keinen Bock. Darum hole ich Rays Plan und kontrolliere, ob die schweren Statuen auch richtig platziert sind. Da mir Alex, jetzt oben ohne, auf Schritt und Tritt folgt, fühle ich mich unbehaglich. Für einen Umzugsfachmann, sieht er sehr gut aus – viel zu gut. Er ist sich dessen bewusst, denn er erklärt, dass er diesen Job nur vorübergehend mache. Ihm schwebe eine ganze andere Karriere vor. Für seine Selbstfindung bräuchte er Unterstützung.

„Darf ich Ihnen etwas Kaltes zum Trinken anbieten?" Eigentlich würde ich ihm lieber wieder aus der Distanz heimlich beim Arbeiten beobachten.

„Einfach nur Alex!", beharrt er. „Ein Bier wäre toll!"

„Alkohol gibt's keinen während der Arbeit! Wasser, Cola oder Orangensaft?"

„Ne Coke wäre cool, danke!"

Als ich ihm eine eiskalte Flasche aushändige, trinkt er gierig. „Heute sind bestimmt schon dreißig Grad Celsius und das anfangs April!"

„Der perfekte Tag zum Umziehen oder sich Vorzustellen."

Im oberen Stockwerk warten stapelweise Bewerbungsschreiben. Ob sich Alex auch beworben hat? „Was schwebt dir vor? Ich meine statt der Umzugsbranche?"

„Ich bin gelernter Maurer mit Abschluss", steigt Alex Ischl drauf ein. „Aber ich bin nicht zum Handwerker geboren."

„Sondern?", hake ich nach.

„Man sagt, ich sehe ganz ansehnlich aus", untertreibt er, doch ich reagiere nicht darauf. „Na ja, falls das stimmen sollte?" Abermals fischt er nach Kompliment. Vergeblich! „Vielleicht tauge ich etwas als Model?"

„Eine harte Branche!"

„Um ehrlich zu sein", grunzt er, „ich arbeite seit über einem Jahr nicht mehr auf dem Bau."

„Das meinte ich nicht!"

„Mode ist nix für mich!", bemerkt Alex.

„Sondern?"

„Keine Ahnung! Wie schon gesagt, ich brauche intensive Beratung von einem Fachmann." Dabei lächelt er verkäuferisch. „Herr Logroño, an Mut fehlt es nicht. Ich bin für fast alles zu haben und total experimentierfreudig. Ich dachte schon an Gay Pornos, doch das kann man nur machen, wenn man jung ist."

„Ah, die erste Fuhre mit Umzugskartons ist hier!" Froh über die Ablenkung, eile ich zur Tür.

Alex folgt mir, zieht sich das Nylon aber nicht wieder über. Die Figur und das Aussehen um eine Schauspielerkarriere zu starten hätte er, auch für Rollen mit Kleidung und Text.

Sumy und Frederick treffen zeitgleich mit dem Transporter mit ihren Fahrrädern ein, stellen sie auf der Straße ab und eilen ganz aufgeregt zu mir ins Haus.

„Mann, Luon, diese Packer sind so etwas von effizient", lobt Frederick. „Du glaubst es nicht, doch es ist alles im Laster verpackt. Wir müssen nur noch ausladen, dann ist Ray umgezogen. Er rief vorhin bei einer Firma für Taglöhner an, damit sie heute Nachmittag die Schlussreinigung tätigen. Drei Frauen und ein Mann werden um zwei Uhr alles erledigen. Heute Abend will Ray bereits die Schlüsselübergabe machen."

Als Alex mit der ersten Schachtel zur Tür rein kommt, gafft ihm Sumy auf die nackte Brust. „Wo war denn dieser Beau? Den habe ich heute Morgen nicht einmal gesehen?"

„Alex ist voll in Ordnung!", pflichtet ihm Ray bei, der kurz nach den beiden auf einem weiteren Fahrrad bei mir eintrifft. „Der Bauarbeiter und die beiden anderen Männer verpackten schon gestern Abend die Skulpturen. Ihren Spezialtransporter parkten sie über Nacht im Parkhaus meiner früheren Wohnanlage. Sie wären heute Morgen den anderen nur im Weg gewesen, denn Apollon und David passten nicht in den Lift und mussten über die Treppe runter getragen werden."

„Bauarbeiter?" Neugierig stellt sich Sumy neben Ray.

„Er heißt Alex Ischel. Sein Großvater kommt aus Innsbruck. Er sucht einen neuen Job", schalte ich mich ein.

„Wohin damit?", fragt Alex auch schon mit einem übergroßen Kaktus in eine Wolldecke gewickelt.

„Wo ist mein Einrichtungsplan?", stöhnt Ray.

„Dein Plan ist ja schön und gut, doch jetzt müssen erst einmal die ganzen Schachteln irgendwohin platziert werden. Bei der Fülle wirst du kaum parallel schon mit Einrichten beginnen können."

„Einfach vor die Fensterfront zum Hof hin!" Ray faltet seinen Plan und stopft ihn in eine der Seitentaschen seines Laborkittels. Warum er den für den Umzug trägt, verstehe ich erst, als ich sehe, dass er darin auch Platz für ein Metermaß, diverse Stifte, einen Schraubenzieher und einen Hammer findet. Zudem muss sich der Bauwollstoff auf seinem sonst nackten Oberkörper kühlend anfühlen.

Sumy platziert sich bei Eingang und liest die Beschriftung der Kartons ab. „Hier steht Küche!" Er tippt auf einen Karton, den Alex gerade an ihm vorbei trägt.

„Du hast aber eine tolle Figur! Tanzt du Ballett?"

Der junge Finne läuft sofort knallrot an.

„Alter, stehst du auf den schwitzenden Muskelmann mit der Designer Sonnenbrille?", foppt ihn sofort Frederick, als Alex in die falsche

Richtung weitergeht.

„Die Küche ist dort drüben!“ Sumy tänzelt zu Alex und zeigt auf die offene Küche, die absolut nicht zu übersehen ist.

„Danke, wie nett von dir!“

So geht es die nächsten zwei Stunden. Sumy weicht nicht mehr von Alex‘ Seite. Ray versucht dem Schachtelchaos irgendwie Herr zu werden und Frederick und ich leiten alle Schachteln, auf denen *Dekoration* steht in den Schuppen und die mit *Hobby* in den Keller.

„Ray muss ja einige Hobbys haben! Ich habe bereits vierzehn Schachteln mit dieser Aufschrift gezählt“, wundert sich Frederick, als wir zusammen in der inzwischen total überfüllten Küche versuchen an den Kühlschrank mit den kalten Getränken für die Helfer zu kommen.

Bereits kurz nach vier Uhr ist der Spuk vorbei. Bis auf Alex ziehen alle Umzugsmänner mit den Fahrzeugen wieder ab.

„Was macht der schwitzende Muskelmann noch immer hier?“, wundert sich Frederick.

„Alex bot seine Hilfe beim fachmännischen Aufhängen der Bilder und Kunstgegenstände an.“

„In diesem Chaos?“ Frederick schüttelt seinen blonden Kopf. „Jetzt ist erst mal Pause!“, kommandiert er. „Leute, wer hat Hunger auf Pizza?“

Alex ist der erste, der ruft: „Diabolo extra scharf!“

„Isst er mit uns?“, tuschelt Frederick.

„Vielleicht ist er ein Freund von Ray?“, rate ich.

Vierzig Minuten später hocken wir alle auf Klappstühlen im Hof und verschlingen die Pizzen. Alex, jetzt mit heruntergelassenen Trägern seiner Handwerkerhosen, diskutiert angeregt mit Sumy, der ihm ständig auf den öligen Oberkörper starrt.

„Kennst du Alex?“

„Wen?“, fragt Ray.

„Den Packer, der Sumy anbaggert.“

„Ich dachte, er sei ein Freund von dir?“, gibt Ray zurück.

Frederick schüttelt lachend seinen Kopf. „Was passiert hier? Alex!“, ruft er und spaziert auf ihn zu. „Was machst du noch hier? Aufzuhängen ist heute nix mehr!“

„Ich bin ein Mann, der eine Gelegenheit beim Schopfe packt. Ich dachte, ich könnte mich vorstellen, wenn ich schon mal hier bin!“ Alex legt den Karton mit der Pizza neben sich auf den Boden im Hof, steht auf und kommt auf mich zu. „Ich habe mich vor ein paar Tagen auf ein Inserat beworben. Als ich heute Morgen hier eintraf, konnte ich den Zufall kaum fassen. Du bist doch *der* Luon Logroño?"

„Du scheinst aber nicht arbeitslos zu sein?", wirft Frederick ein, der dem Muskelmann irgendwie misstraut.

„Ich arbeite im Taglohn. Das war mein dritter Tageseinsatz. Leute, ich will mein noch verborgenes Doppelleben ans Licht zerren! Dazu bin ich zu allem bereit!"

„Auch zu Gay Pornos?", provoziere ich ihn.

„Jetzt? Mit wem?" Angriffslustig sieht er sich in der Runde um, packt sich Sumy und knöpft ihm die Shorts auf.

„He!", protestiert der, wehrt sich aber kein bisschen.

„Schon gut! Wir haben begriffen!", winkt Frederick ab.

„Kein Nackt-Casting?" Verwundert sieht sich Alex um. „Ups! Dann habe ich etwas falsch verstanden, denn eines meiner beigelegten Fotos ..."

„Leute, oben liegen hunderte von Umschlagen mit Bewerbungen. Bis auf Alex, ist sonst jeder in dieser Runde Teil der Experimentiergruppe." Kurz blitzen Bilder von Sumy als Shapash auf, doch ich verscheuche sie. Sumy ist heute kein Lustknabe mehr, der einen wahnsinnigen Gottkönig umgarnt. Nein, Sumy ist heute ein hilfsbereiter und sehr lieber Kerl. Laut sage ich: „Leute, was denkt ihr, nehmen wir Alex auf?"

„Ich gehöre dazu?" Sumy gafft mich mit riesigen Augen an.

„Wir alle haben Alex heute kennengelernt. Reicht dieser Probetag, um uns ein Bild von ihm zu machen?", fahre ich fort.

„Ich bin dabei!", jubelt Sumy. „Ich bin dabei!"

„Und?", frage ich nochmals.

„Ganz schön frech, sich selbst zum Vorstellungsgespräch einzuladen", bemerkt Frederick. „Und zum Pizza-Essen!"

„Ihr habt auch mich aufgenommen?", fragt Ray.

„Logisch!", bestätigt Frederick.

„Dann sage ich nur dies", erklärt Ray. „Mutig neue Wege einschlagen und seine Stärken einzusetzen, darum geht es doch. Alex bewies heute nicht nur Muskelkraft, sondern auch Durchsetzungsvermögen. Falls ich mitstimmen kann?"

„Ray, du gehörst zum Organisationsteam", bestätigt Frederick.

„Deine Stimme zählt!“

„Dann hat Alex meine Zusage!“

Da auch Sumy seine Hand hebt, obwohl er nicht zum Organisationsteam gehört, schmunzle ich.

„Frederick?“ Mein giftgrüner Freund hält sich zurück.

„Wie kann jemand, der kaum Einsätze als Umzugsmann hatte, die Leitung dafür übernehmen?“

Eine berechtigte Frage. Ich bin auf Alex’ Antwort gespannt.

„Ich war Vorarbeiter, als ich noch auf dem Bau arbeitete. Leute, keine Ahnung! Ich bekomme immer den Job als Aufseher. Das muss so ein Ding sein, dass mir im Blut liegt.“

„Warum findest du auf dem Bau keinen Job? Du bist jung, hast Muskeln, bist Vorarbeiter und kannst anpacken. Was verschweigst du uns? Warst du im Knast? Bist du ein Mörder?“ Frederick bombardiert Alex mit Fragen. Sollte ich Frederick die kommenden Vorstellungsgespräche führen lassen? Seine Argumente sind alle durchdacht und klug.

„Arbeitsunfall!“ Alex steht auf, knöpft sich die seitlichen Knöpfe seiner Arbeiterhose auf und lässt sie bis zu den Knien runterrutschen. Darunter trägt er eine enge Unterhose aus dem gleichen schwarzen Nylonstoff, wie sein Hemd. Während wir alle auf seine dicke Beule und das dunkle Schamhaar starren, klopft sich Alex auf den linken Oberschenkel. „Ein Dachbalken fiel mir vor vier Jahren darauf. Der Oberschenkelknochen war mehrfach gebrochen. Heute ist bis auf die Narbe“, er zeigt auf eine weiße, bestimmt dreißig Zentimeter lange verheilte Narbe, „äußerlich nichts mehr zu sehen. Innen“, klopft er auf den gut trainierten Schenkel, ist eine Platte verschraubt.“

Sumy fasst nach der Narbe und flüstert: „Deiner Bewerbung liegen geile Nacktfotos bei?“

Alex nickt. „Packarbeiten gehen, wenn sie nicht länger als drei bis vier Stunden am Stück dauern. Länger macht mein Bein nicht mit. Meinen gelernten Beruf kann ich nicht mehr ausführen.“ Sehr langsam zieht Alex seine Hose wieder rauf, lässt die seitlichen Köpfe aber alle offen. „Mein Absender steht auf dem Umschlag“, nuschelt er Sumy zu.

„Ok!“ Mehr sagt Frederick nicht.

„Alex! Willkommen in der experimentierfreudigen Selbsthilfegruppe für langzeitarbeitslose schwule Männer, die neue Wege in der Jobsuche angehen wollen!“

„Ist das unser Name?“, meckert Frederick. „Alter, das kann sich ja keiner merken!“

„Ich muss in meine alte Wohnung, um die Reinigungstruppe zu bezahlen und die Schlüsselübergabe zu tätigen.“ Damit ist Ray der erste, der sich zurückzieht.

Ohne dass ich auch nur einen dieser unendlich vielen Umschläge öffnen musste, hat sich eine Gruppe von inzwischen schon vier Männern gebildet, die mir vertrauen, ihnen bei ihren Zukunftsplänen zu helfen.

„Sumy“, zieht Frederick den Ex-Balletttänzer auf seine Füße, „wir beide haben im ersten Stock noch etwas zu erledigen. Luon, kommst du auch?“

„Später!“

Der Giftgrüne und er Tänzer verschwinden ins Haus.

Als es dunkel wird und ich Alex Silhouette erstmals im Mondlicht sehe, schaudert mir. Verwirrt schüttle ich die Vorahnung ab. Heute ist ein Tag zum Feiern und keine Nacht, um über Phantome zu grübeln.

Die Schlange schleicht sich ins Paradies

Die halbe Nacht höre ich Ray im Erdgeschoss herumtigern, Schachteln aufreißen und Möbel rücken. Irgendwann schreckt Frederick aus einem Traum hoch, zittert und eilt ins Badezimmer. Weil er über eine Viertelstunde nicht wieder herauskommt – und ich wegen Rays Krach eh nicht wieder einschlafen kann – geselle ich mich zu meinem Freund. Er sitzt auf der Badewanne und vergräbt sein Gesicht in seinen Händen.

„Was hast du?“

„Nur ein Albtraum! Nichts weiter!“

„Dieser quält dich aber. Was ist passiert?“

„Luon, wusstest du, dass man Frösche dressieren kann?“

„Hast du von Fröschen geträumt?“ Weil Frederick sofort nickt, aber mit verweinten Augen aufsieht, setze ich mich neben ihn und lege ihm meinen Arm und die Schulter. Sein nackter Leib ist feucht von kaltem Schweiß.

„Ich war noch ein Kind und lebte im Dschungel. Bis auf Federn trug ich nie mehr. Es war eine glückliche und sorgenfreie Zeit. Der Stammesälteste, unser *Ya'halan*, unser Wolkenmann, war zu Besuch."

„Was ist ein Wolkenmann?"

„Eine Art Medizinmann und jemand, der das zweite Gesicht besitzt", erklärt mir Frederick, aber in einem Tonfall, als ob ich das selbst wissen müsste.

„Und Ya'halan ..."

„Sein Name war nicht Ya'halan. Ya'halan war sein Titel. Jeder Stamm hatte seinen eigenen Ya'halan. Luon, du musst dich erinnern!" Fredericks Dringlichkeit überrascht mich. „Es ist überlebenswichtig."

„Bist du auch ein Ya'halan?"

„Ich hatte in jenem Leben die Gabe, doch mein Schicksal war ein anderes."

„Willst du mir von den Fröschen erzählen?"

„Sie waren giftgrün und ziemlich groß."

Ob sich Frederick selbst auch als einen solchen Frosch sieht? „Träume können geheime Botschaften sein. Die Frösche könnten dich selbst symbolisieren?"

„Spinnst du! Analysierst du mich gerade?"

„Nein!", lüge ich. „Ich will von den Fröschen hören!"

„Ich war im Traum ein Kind. Mit einigen anderen unseres Stammes versammelte ich mich zu Füssen des *Ya'halans* unserer Sippschaft. Der Wolkenmann fragte uns Kinder, ob man Frösche dressieren könne. Einige Kinder verneinten, andere glaubten fest daran. Der *Ya'halan* räusperte sich und begann uns eine Geschichte zu erzählen: *Kinder, in nicht allzu fernen Zukunft wird ein Mann sich die Sonne auf den Kopf setzen und den Fröschen das Sonnen beibringen.* Natürlich lachten wir ihn alle aus. Aber wir wussten auch, dass unser *Ya'halan* in seinen Träumen die Zukunft sehen konnte. Wir hörten weiter gebannt zu. *Ein Mann mit einem glitzernden Stein auf den Kopf gebunden kam an einem Froschteich vorbei. Er blieb stehen und beobachtete die Frösche. Irgendwann sprach er leise vor sich hin und verkündet seine Beobachtung: Frösche müssen lernen sich zu sonnen.* Einer der Knaben, protestierte: *Aber Frösche sonnen sich doch gar nicht! Sie verstecken sich unter Blättern und weichen der Sonne aus!*"

Das ist auch meine Meinung. Weil Frederick entrück die gekachelte

Wand vor uns anstarrt, unterbreche ich ihn nicht. Mein Freund fährt ohne Pause mit seiner Erzählung fort:

„Der Mann mit der Sonne auf dem Kopf entschied, den Fröschen die richtige Art zu leben beizubringen und dazu gehörte die Anbetung der Sonne – das sich richtig sonnen. Für ihn hockten die Frösche einfach auf ihren säulenartigen Beinen herum und glichen den Kuppeldächern der Weisheitstempel. Der Mann mit der Sonne auf dem Kopf wollte aber, dass diese Säulen sich strecken und statt nur ihre Rücken, auch ihre Bäuche die Kraft der Sonne spüren sollten. Ein pausbackige Junge lachte auf, ging auf alle Vieren und hockte sich quaken, zur Belustigung auf den Boden vor den Ya'halan. *Wie soll der Mann mit der Sonne auf dem Kopf den Fröschen sagen, dass sie sich auf den Rücken legen müssen?*"

„Das interessierte mich auch!"

Frederick sieht zu mir rüber. „Also gut! Der Wolkenmann erzählte weiter von seiner Traumbeobachtung: *Der Mann mit der Sonne auf dem Kopf legte sich mitten unter die Frösche auf seinen Rücken. Er tat das fortan für mehrere Tage. Täglich kam er zum Teich und legte sich unter die Frösche auf seinen Rücken, um sich die Sonne auf den Bauch brennen zu lassen.* Sofort demonstrierte es der pausbackige Knabe, zog sich seinen Lendenschurz aus und legte sich in unserer Mitte auf seinen Rücken, um belustigt zu quaken. *Haben die Frösche es nachgeamt?*, fragte ich Ya'halan in meinem Traum. Er erzählte weiter: *Es dauerte Tage, doch nach und nach begannen die Frösche den nackten Mann mit der Sonne auf dem Kopf nachzuahmen.* Der lustige Knabe in unserer Mitte quakte noch lauter. Als Ya'halan in seiner Erzählung stoppte, als ob es die ganze Geschichte gewesen wäre, fragte ich ihn: *Kann man die Frösche, die um den Teich auf ihren Rücken liegen und ihre Vieren von sich strecken, besuchen?*"

„Gute Frage!", bringe ich mich ein.

„Was?" Frederick sieht mich wie in Trance an. „Luon, sei still und lerne! Der *Ya'halan* sprach mit ernster Stimme: *Jehle, das wirst du! Oh, ja das wirst du!*"

„Der Mann in deinem Traum nannte dich Jehle?"

„Logisch! Wie sonst? Lässt du mich endlich meinen Albtraum erzählen?"

„Was ist daran so schrecklich? Du zitterst ja immer noch!"

„Was den Fröschen in seiner Vision passiert sei, fragte ich den Wolkenmann. Er schwieg. Aber ich blieb beharrlich und folgte unserem *Ya'halan*, als die anderen Kinder Frösche-Sonnen-Spielend in den Dschungel davoneilten. Als ich den Wolkenmann eingeholt hatte, beteuerte ich abermals, dass ich seine Vision verstehen wolle. *Das wirst du, junger Jehle. Früh genug!* Weil ich ahnte, dass mir der *Ya'halan* das Ende seiner Vision erst erzählen würde, wenn ich den Anfang begriffen hätte, sagte ich: *Die Säulen der Frösche sind nur durchgestreckt, wenn sie hoch springen. Die Frösche hocken mit dem Rücken zur Sonne, weil sie so immer sprungbereit sind.* Der Ya'halan nickte traurig und sah mir in meine Kinderaugen. *Falls niemand das Volk warnt, wird der Mann mit der Sonne auf dem Kopf diese Säulen für immer brechen. Eine Schlange wartet im Dschungel, um sich die wehrlosen Frösche zu holen. Jehle, du wirst dem Mann die Sonne auf seinem Kopf auslöschen müssen. Du und ein Mann, den du lieben lernen wirst. Doch er wird dich erst erhören, wenn es zu spät ist.*"

Weil Frederick wieder zittert, nehme ich ihn in meine Arme. Warum löst ein so harmloser Traum eine derartige Angst in Frederick aus? Statt zu fragen, streichle ich ihm seinen Kopf.

„Luon, selbst ein Frosch kann einer Schlange entkommen, wenn er auf die Kraft in seinen Beinen vertraut. Aber wenn ein Frosch auf dem Rücken liegt, ist er schutzlos ausgeliefert."

„Aber Frösche sind zum Glück nicht so dumm!"

„Wir Menschen aber schon!"

Harte Arbeit fordert ein süßes Dessert

Weil wir wegen all den Schachteln, die Ray in der Nacht vor die Küche stapelte nicht mehr reinkommen, lade ich meine Mitbewohner in ein Café am *Spalenberg* zum Frühstück ein.

„Heute ist Auspacken angesagt!", stelle ich fest.

Ray nickt heftig.

Bevor sich Frederick zum Frondienst anmeldet, komme ich ihm zuvor: „Ray, du leerst deine Schachteln. Frederick und ich widmen uns den eingegangenen Bewerbungen. Es wird Zeit für eine erste Sichtung nach geeignete Kandidaten."

„Hier!" Frederick zieht sich zwei Fotos aus der Innentasche seiner giftgrünen Windjacke und wedelt damit vor uns über dem Frühstückstisch. Weil eine Kellnerin ihren Kopf wendet, verdeckt er die Fotos mit seiner Serviette.

„Ist das Alex?" Rays Augen blitzen neugierig. Er denkt nicht an seine Schachteln, sondern setzt sich neben Frederick.

„Was? Zeig her! Oha!"

„Tauschen wir?"

„Heißer Typ!", lobt Ray, als ich mit ihm das Foto tausche.

Beide vergrößerte Aufnahmen zeigen Alex Ischel. Um das jedem klar zu machen, steht sein Name drauf. Das eine Bild zeigt ihn nur im schwarzen Nylonslip, auf einer Baustelle neben einem Betonmischer stehend. In seiner linken hält er einen Spachtel und in der rechten Hand einen gelben Schutzhelm. Auf seinem muskulösen Oberkörper steht: *Vergangenheit!* Das andere Bild soll auf sein Doppelleben hinweisen. Alex sitzt breitbeinig auf einem schwarzen Ledersessel in einer Boutique für Herrenmode. Auf dem Boutique-Bild verdeckt nur das enge Nylonlhemd seinen Luxuskörper. Seine Sonnenbrille ist über seine Stirn ins Haar hochgeschoben, seine manikürten Händen liegen auf den Armlehnen des Sessels und seine Füße stehen auf dem Bode. Seine steinharte Erektion bildet das perfekte Zentrum des Bildes.

„Ob die anderen Kandidaten auch solche Bilder beigelegt haben?", wundere ich mich. Plötzlich haben wir es eilig mit dem Frühstück fertig zu werden.

Keine halbe Stunde später reißen wir im ersten Stock die Umschläge auf.

„Leute, hier sind durchsichtige Schutzhüllen", verteile ich bestimmt an die dreihundert davon an meine beiden Freunde. „Bitte bringt die Dokumente nicht durcheinander! Die Fotos müssen bei den Dossiers und Umschlägen bleiben!"

Ray und Frederick nicken, kichern und zeigen sich immer neuentdeckte Aufnahmen von Bewerbungskandidaten.

„War mein Inserat derart zweideutig?", beginne ich mich zu fragen, da mindestens die Hälfte aller eingegangenen Bewerbungen Aktaufnahmen enthalten. Mehrere davon zeigen die Kerle nicht minder hart, wie die eine Aufnahme von Alex. Auch Sumy hat ein solches Bild beigelegt, wenn seine rechte Hand auch beinahe alles abdeckt.

Wir sortieren aus. Der langen Rückwand des Zimmers entlang liegen die harmlosen Bilder; gegenüber aber reiht sich eine Galerie aus zeigefreudigen Kerlen fast jeden Alters.

„Und jetzt?"

„Träumt jeder schwule Mann davon Pornostar zu werden?" Ich lese das erste Motivationsschreiben. Prompt wird als heimliches Doppelleben eine solche Karriere angegeben. „Keine Pornostars!", verkünde ich.

„Warum nicht?" Ray dreht bereits das Foto eines Afrikaners durch die Finger. „Der hat definitiv, was die Branche braucht: Rekordmasse!"

„Oh, der ist gut!", schnappt sich Frederick eines der anderen Dossiers. „Der hier schreibt: *Ich hasse es, mehr als meinen Cowboyhut und meine Stiefel bei der Arbeit zu tragen. Ich bin der lustige Organisator und Zahlenjongleur, den jedes lukrative Unternehmen einfach braucht. Wählt mich und ihr werdet keinen anderen mehr wollen!*"

„Zeig her!", fordere ich sofort den Brief und die Bilder dazu.

Ray schnappt zuerst. „Ohlala!", ruft er und kann seine Blicke nicht von den beigelegten Fotos lassen. „Den will ich als nackter Hausdiener oder privaten Lustknaben."

„Ja, ja! Zeig schon her!" Ein hellhäutiger, vollkommen haarloser Typ steht seitlich abgedreht vor einer weißen Wand und präsentiert seinen Torso und seine Latte. Mit seiner linken Hand stützt er sich in der Hüfte ab und mit der rechten hebt er zum Gruß seinen Cowboyhut. Auf dem zweiten Bild trägt der geile Kerl zum Cowboyhut ein aufgeknöpftes Hemd und eine locker sitzende Krawatte, während er seinen Knüppel mit der rechten Hand bearbeitet. „Wurden diese Bilder in Apollons Büro aufgenommen?" Ich erkenne den Sessel und im Hintergrund den Schreibtisch mit dem riesigen Flat Screen.

Frederick lacht. „Ich habe von beiden Aufnahmen bereits Postern anfertigen lasse. Ist Apollon nicht ein super Fotograf?"

„Alter, ich werde mir deine Bewerbung sehr genau durchlesen und die Bilder einer eingehenden Kontrolle unterziehen. Vielleicht lade ich dich doch noch zu einem privaten Vorstellungsgespräch ein?"

„Aha!" Keck zwinkert mir Frederick zu. „Allzeit bereit!"

„Meine Bewerbung liegt auch irgendwo dazwischen", gesteht Ray.

„Hätte ich auch Aktfotos beilegen müssen?“

Kopfschüttelnd über meinen beiden Kollegen, schreite ich weiter die Galerie der heißen Bilder ab. „Leute, wir sind uns doch einig, dass wir keinen Gay Porno drehen?“

„Vielleicht hat Apollon Verwendungszweck für all diese verkappten Erotik Stars!“

Frederick widerspricht: „Die *Nudist at Work Agency* vermittelt nackte Mitarbeiter, aber niemals Sexarbeiter!“

„Ich dachte, Apollon fehlt es an Personal?“

„Nein, Lu! Seriöse Nudisten hätte Apollon genug. Es fehlt an Angeboten. Basel ist einfach nicht das Pflaster dazu. Sein einziger Auftrag, den er vielleicht an Land ziehen kann, ist einer für Nacktkellner im *Centre Pompidou* in Paris. Doch ...“

„Ja, ja!“, unterbreche ich. „Widmen wir uns unserem Projekt. Ich schlage vor, jeder sucht sich seine Traumkandidaten. Nochmals: wir suchen keine Porno Darsteller! Alles klar?“

So vergehen die nächsten Stunden. Allmählich trennt sich die Spreu vom Weizen. Alleine unter meinen Bewerbungen finde ich vom Akademiker bis zum Eisenleger, und vom Floristen bis zum Konzertpianisten fast alles. Kaufleute, Laboranten, Verkäufer, Friseure, Kellner, Köche, Putzkräfte und Studenten, alle haben etwas gemeinsam, sie finden seit über einem Jahr keinen neuen Job. Bei einigen der Lebensläufe wundert mich das auch nicht. Da gibt es Lücken und Ungereimtheiten und teilweise offensichtliche Falschangaben. Natürlich vergleiche ich bei den Interessanteren oder bei den ganz schlechten den Lebenslauf mit den Arbeitszeugnissen. Maßgeblich sind für mich nicht *nur* geile Bilder, sondern gute Motivationsschreiben.

Da Frederick das Dossier eines hübschen Kerls mit Latte zu den Absagen legt, muss auch er die Kriterien bei den Inhalten und nicht bei den Ablenkungen suchen.

Weil ich irgendwann eine Pause brauche, widme ich mich interessiert Fredericks Lebenslauf. Da steht in einem Slogan nach den persönlichen Angaben: *Ich bin Nudist. Mit Zahlen jonglieren und knifflige Aufgaben souverän lösen, kann ich aber auch im Anzug!* Das Bild im CV zeigt mir den lustigen Flitzer in einen dunkel blauen Armani Anzug, weißem Hemd und Krawatte. Bis auf den Kündigungsgrund im letzten Abschnitt, erhielt er von der Bank ein ausgezeichnetes Arbeitszeugnis. Doch wer will jemanden einstellen, dem wegen sexueller Handlungen bei der Arbeit gekündigt wurde? Für mich ist das ein Zeugnis seines Mutes und seiner Verrücktheit.

„Ich habe nur drei ausgewählt!" Ray rappelt sich nach Stunden hoch. „Jungs, ich habe unten zu tun. Ich kann keine Briefe mehr lesen. Mir schwirrt der Kopf. Zudem ähneln sich die meisten der Motivationsschreiben so sehr, als ob sie alle von den gleichen Internetquellen abgeschrieben wären. Jeden ohne Fantasie habe ich rigoros aussortiert. Zu Mut gehört mehr, als ein provokatives Selfie. Einige verwechseln dein Projekt ..."

„Unser Projekt!", korrigiere ich Ray.

Er lächelt. „Verwechseln *unser* Projekt mit einem One-Night-Stand oder einem unpersönlichen Quicky."

„Was ist mit dir?", frage ich Frederick, als Ray sich ins Erdgeschoss zu seinen Schachteln zurückzieht.

„Diese Berge von Bewerbungsunterlagen erinnern mich an die Archive im *Alten Reich*."

„Altes Reich?"

„Luon, kannst du dich nicht erinnern? Wir sortierten einmal zusammen Akten. Damals ging es nicht um Bewerbungen, sondern um geheime Aufzeichnungen und Forschungen."

„Was weißt du noch aus jener Zeit?"

„Es tauchen in der letzten Zeit immer wieder neue Bilder auf", erzählt Frederick und legt sich dabei auf seinen Bauch, damit ich auf seinen hellhäutigen Arsch starren kann. „Eigentlich begannen die Erinnerungen, als wir uns in Lausanne zum ersten Mal begegneten. Vorhin sah ich mich durch einen langen Flur gehen, der sich wie von Geisterhand bewegte. Plötzlich teilten sich hohe Regale und eine Treppe in einen Keller wurde sichtbar. Ich trug Körbe mit Schriftrollen und hellblau leuchtenden Pyramiden, die kaum grösser als eine Pflaume waren."

„Was hast du damals gemacht?"

Frederick zuckt mit seiner Schuler. „Ich kam als junger Mann in die Hauptstadt der *Varkas*, jenen Gottkönigen, die glaubten, die Welt gehörte ihnen. Ursprünglich war ich ein Krieger und Spurenleser, der Reisende sicher durch den Dschungel führte. So lernte ich einen der *Na'ac*, einen

Gelehrten und Forscher, kennen. Er grub in der Nähe meines Dorfes einen Tempel aus. Ich half ihm dabei und verliebte mich in ihn. Er beachtete mich nicht so, wie ich das gerne gehabt hätte. Um in seiner Nähe zu bleiben, führte ich ihn nach abgeschlossener Feldforschung zurück in die Hauptstadt. Dort wurde ich sein Gehilfe in einem der Archive."

„Daran erinnerst du dich?"

„Logisch! Im Moment weiß ich nur, dass ich in jenem Leben noch eine andere Aufgabe zu bewältigen hatte. Meine Tätigkeit im Archiv war hauptsächlich Tarnung und Vorwand."

„Wofür?"

Fredericks Blick verrät mir, dass er mehr sagen möchte.

Warum ich es nicht selbst ausspreche, verstehe ich nicht. Wir sprachen bereits über Träume und vergangene Leben.

„Häppchen?" Ray streckt seinen Kopf ins obere Stockwerk. „Ich habe uns unten etwas zu Essen zubereitet. Kommt ihr beide runter?"

Frederick rückt sich seinen Cowboyhut zurecht, bleibt aber sonst wie er ist, als er mich auf die Füße hochzieht, damit wir Hand in Hand nach unten gehen können. Ray schafft Platz. Ein paar der Schachteln werden zu einem Tisch umfunktioniert und mit einem bunten Tuch bedeckt. Darauf stehen drei Platten aus köstlich aussehendem Fingerfood. Einzig seinen speziellen Massagestuhl, einen Hocker aus der Küche und ein Sitzkissen stehen darum.

„Was ist denn das?" Natürlich setzt sich der nackte Cowboy auf den Stuhl, der ihn zwingt rücklings und breitbeinig seinen Arsch darzubieten. „Das Teil ist bequem!"

„Warte, ich stelle ihn für deine Körpergröße ideal ein!" Als Frederick aufstehen will, packt ihn Ray am Genick. „Bleib schön wo du bist, Bürschchen!"

„Geil!", stöhnt Frederick theatralisch.

Ray schiebt die verstellbare Sitzfläche in ideale Position.

„Jetzt kippe ich nach vorne", beschwert sich Frederick.

Ray fixiert die Stützen für die Knie, doch so, dass Fredericks Beine sich noch weiter öffnen müssen. „Ich sichere dich!" Stattdessen verpasst er Frederick Fußfesseln.

„Bequem?“, frage ich.

„So kann ich nicht essen!“, protestiert der Festgebundene.

„Erst gibt's Naschwerk!“

Ich schlucke leer, werde knallrot und steinhart.

Zum Schluss verbindet Ray dem Angebundenen die Augen und verpasst ihm einen Klapps auf den hochgestreckten Arsch. Danach trägt Ray das Essen zurück in die Küche. „Für dich! Luon, zieh die an!“ Er reicht mir die Ziegenfell Chaps.

Supernervös ziehe ich mich aus und schlüpfe in mein Kostüm. „Und die Widderhörner?“ Als ich mich nach Ray umdrehe, ist er aber verschwunden.

Im Wohnzimmer wartet Frederick. Seine Hoden sehen aus wie reife Früchte. Endlich fühle ich mich bereit, sie zu pflücken. Als Ray zurückkommt, ist er bis auf Federschmuck auf seinem Kopf nackt und hart erregt. Er reicht mir die Widderhörner, die ich aufsetze und mit einer Vorrichtung fixiere. Ray langt nach einer Panflöte und stimmt in ein Lied ein.

So nähern wir uns Frederick. Scheu geworden, bleibe ich einen Meter vor dem gefesselten Lustobjekt stehen. Nicht so Ray. Er stellt sich breitbeinig vor den Massagestuhl, spielt weiter die Flöte und schiebt sein Becken provokativ vor Fredericks Gesicht. Anders als ich bei meiner Entjungferung, lässt sich Frederick nicht lange bitten. Eifersüchtig beobachte ich meine beiden Mitbewohner. Während Ray als brasilianischer Medizinmann verkleidet weiter auf der Flöte spielt, tut es Frederick auf dem anderen Instrument. Die Lust lässt das grüne Früchtchen rasch reifen. Sein Körper nimmt eine gesunde rote Färbung an.

Erst als Ray seine Flöte weglegt. Fokussiere ich Frederick als Bock und tausche dazu den Platz mit Ray. Kaum berührt das Fell meiner Chaps Fredericks Wange, sucht sein Mund nach einem weiteren Leckerbissen. Abermals ist es Ray, der mich in die richtige Position schieben muss, bis mir Frederick sein spontanes Können demonstriert. Ich nehme ihm den Cowboyhut ab und wuschle in seinen blonden Haaren.

Unser Sextherapeut holte inzwischen in der Küche das aufgewärmte Massageöl und träufelt es mir über die ausgestreckten Hände und danach ausgiebig auf Fredericks Rückseite. Mein Freund taumelt in neuer Lust, als Rays Hände sich erst seinem Rücken, dann seinen Schenkeln widmen. Fredericks heißer Atem auf meiner intimen Stelle verrät mir, wie sehr ihm das Spiel gefällt.

Geschickt bereitet Ray das weiße Fleisch vor, das immer wilder unter seinen Händen zuckt und sich gefesselt im Stuhl aufbäumt. Der Masseur fragt mich mit Blicken ob ich als erster wolle. Weil ich noch sehr gut in Erinnerung habe, wie toll sich Ray in mir angefühlt hatte, soll auch Frederick erst in den Genuss eines Profis kommen. Der Medizinmann lässt sich nicht zweimal bitten – offensichtlich träumte er schon lange davon seinen Fredy zu ficken. Wie heftig sein Verlangen danach ist, erstaunt mich. Noch mehr Fredericks Reaktion, laut stöhnend gibt er sich Ray leidenschaftlich hin und dass, obwohl er doch weiß, dass ich vor ihm stehe.

„Jetzt lass mich wieder ran!“, lechzt Frederick stöhnend. Erst jetzt realisiere ich, dass ich mich beim Zusehen von ihm entfernte.

In Rays Rhythmus einsetzend, bewege ich meine Hüften bald genauso rasch vor und zurück. Leider bin ich für solch wilden Sex zu unerfahren. Nach nur knapp neunzig Sekunden halte ich es nicht mehr aus.

Ray kommt in Fahrt. Er stößt härter und tiefer zu, packt sich Fredericks Backen und stöhnt hemmungslos seine Lust. Aber Ray ist unser Freund. Als er sieht, dass ich bereits fertig bin, gibt er mir das Zeichen, seinen Platz einzunehmen.

Augenblicklich bin ich wieder steinhart.

Frederick ist endlich mein! Mein Liebestanz soll ihm beweisen, wie sehr ich ihn will. Ray legt sich unter den Massagestuhl und entlockt Frederick neue Lustschreie – oder bin ich es? Nach dem zweiten Durchgang ist meine Lust kein bisschen abgekühlt. Auch Ray gönnt unserem Lustknaben keine Pause.

Erst als die Dämmerung einsetzt, löse ich Frederick die Augenbinde und befreie ihn von seinen Fesseln. Ich muss ihm aus dem Stuhl helfen, in den er über eine Stunde geschnallt war. Sich auf mich stützend küsst er meine Lippen immer und immer wieder. Ray überlässt uns dieser intimen Zweisamkeit und verzieht sich oben in unser Badezimmer.

Frederick schiebt mich später, als Ray die Treppe runterkommt, in den Lift und fährt mit mir nach oben. Erst als wie zusammen unter dem Wasserstrahl stehen, stoppen seine Küsse. „War das deine Idee?“

Kopfschüttelnd verneine ich.

„Ray stand schon immer auf mich! Ich habe zwar nur dich zum Vergleich, doch er hat da Techniken drauf, die ich definitiv von ihm erlernen möchte."

„Du willst noch mehr von ihm?", spiele ich den Entsetzten.

„Du etwa nicht?"

Als wir wieder runterkommen, stehen alle Fenster offen und die abendliche Frische erfüllt den Raum. Der Massagestuhl ist verschwunden und die leckeren Häppchen sind wieder serviert. Wir drei bleiben nackt, verschlingen das Fingerfood, helfen danach Ray beim Auspacken und kneifen uns immer wieder gegenseitig verspielt in die Hintern.

Ray hat drei, Frederick sieben und ich vier Kandidaten von den fast zweihundert eingegangenen Bewerbungen aussortiert. Ich reduziere nochmals auf die Hälfte. Frederick setzt sich nach der Vorausscheidung hinter den Computer und beginnt mit dem Verschicken der Absagen der definitiv ausgeschiedenen Kandidaten per E-Mail. Ich koordiniere die Termine der sieben Vorstellungsgespräche auf morgen und übermorgen.

Offenbarungen

Kaum – total erschöpft und sehr glücklich in Fredericks Armen – eingeschlafen, überschreite ich die Schwelle in den Tempel des Wissens mit den Archiven. Ich befinde mich tief im Labyrinth aus Gängen, Fluren und Sackgassen. Hier lagert neues und uraltes Wissen, faszinierendes, vollkommen sinnloses und sehr gefährliches. Zu letztem gehören seltsame Objekt aus dem alten Reich, das im Meer versank. Einige dieser Artefakte sind Quelle und Energiespeicher, woraus die *Zurajir* all ihre dunklen Künste der Magie und der Manipulation von Materie und dem Geist ziehen. Die hellblau leuchtenden Pyramidenspeicher sind alle aus jenem Reich. Heute kann sie niemand mehr herstellen oder ahnt, wozu sie wirklich einst erschaffen wurden. Als man herausfand, dass sich darauf Daten abspeichern lassen, nutzen sie viele Forscher dazu. Noch andere Objekte ruhen tief unter der Erde in Gewölben unter der Sonnen- und der Mondpyramide. Ist unsere eigene Zivilisation auch noch jung, die entdeckten Objekte mit ihrer Technologie sind es nicht. Wahrscheinlich wird auch das wenige Wissen in der Anwendung irgendwann verblassen und für immer vergessen. Was kaputt geht, lässt sich nicht mehr repariere, dazu ahnt einfach niemand, wozu die Gegenstände einst geschaffen wurden oder wie. Was wir heute als die Macht der *Varkas* oder die Magie der *Zurajir* ansehen, war zu vergangenen Tagen bestimmt normaler Alltag. Schlurfend wandle ich durch die Gänge, vorbei an Kammern und immer neuen Fluren mit Regalen.

Jehle ist nicht nur mein Freund geworden, sondern der Mensch, der mir über den Verlust meiner Gefährtin und meines einzigen Sohnes half. Er besitzt viele Gabe. Eine ist speziell in diesem Labyrinth unbezahlbar. Jehle findet alles! Wie er es macht, verriet er mir einmal, doch ich ermahnte ihn – bei seinem Leben! – mit niemandem darüber zu sprechen. Mein guter Jehle besitzt *das Auge des Tigers*. So nennt man die Klarheit der Hellsichtigkeit. Es ist die Gabe der *Ya'halan*, der im Dschungel lebenden Medizinmännern und Heiler. Jehle erkennt Krankheiten, aber auch die dunklen *Zurajir*, die sich hinter den Masken normaler Menschen verbergen und ungesehen bleiben wollen.

Grübelnd steige ich eine Treppe tief ins verbotene Archiv hinab. Erschöpft setze ich mich unten auf eine der Truhen, um meinen Rücken zu entlasten und meinen Beinen nach den vielen Stufen auszuruhen. Heute bin ich ein alter Mann, der schon unzählige Sonnenzyklen mithilft *Atanua Nanahuatls* Eitelkeit zu füttern. Trotz der Müdigkeit ermahne ich mich zur Eile. Zur schattenlosen Zeit muss ich dem Gottkönig eines der Artefakte aus dem wiedergefundenen Dschungeltempel bringen. Vieles haben Jehle und ich nicht über den Ursprung und den wahren Zweck der Ruine herausgefunden; das Wenige was wir hingegen wissen, können wir dem Gottkönig nicht offenbaren.

Ich setzte dem damals noch jungen Prinzen die Idee in den Kopf, sich einen blitzenden Edelstein auf den Kopf zu binden, um so den nackten Mann mit der Sonne auf dem Kopf nachzuahmen. Hätte ich nur geahnt, was daraus entsteht. Aber solche Gedanken bringen nichts. Es ist geschehen. Das lässt sich nicht mehr rückgängig machen.

Auf einem der Reliefs aus dem Dschungeltempel glaubte der junge Gottkönig einen roten Fluss zu erkennen. Jehle ist überzeugt, es handle sich dabei nicht um Blut, und bei den Köpfen, die um den Fluss auf der sehr schlecht erhaltenen Platte zu sehen sind, nicht um abgetrennte Schädel, sondern um das Volk, dass vom Licht, das dem Mann mit der Sonne auf dem Kopf entspringe Segen und Leben erhält. Diese Deutung kostet meine Frau und meinen Sohn das Leben. Seither dieser so falschen Deutung sind die fähigsten *Kihanga,* ausgebildete Jaguar-Krieger, zu Spionen und Assassinen geworden, die im ganzen Reich ständig auf der Suche nach Ungläubigen sind. Ihr Blut muss die Macht des unersättlichen Tyrannen auf dem *Varkas-Thron* nähren. Aus Angst, der Gottkönig könnte weitere Bilder zur Legitimierung seiner Schreckensherrschaft missbrauchen, habe ich besonders undeutliche oder missverständliche Abbildungen des nackten Mannes mit der Sonne auf dem Kopf tief im Verlies unter dem Archiv versteckt und einige sogar zerstört.

„Urugnas, wo bleibst du?" Jehle erwartet mich ungeduldig. „*Er* duldet keine Verspätungen! Dir bleibt nicht mehr viel Zeit! Ebenfalls läuft Yun-Nal-Yehs Zeit ab. Der Vollmond, der für sein Selbstopfer vorgesehen ist, wird bald am Himmel stehen."

„Ach Jehle", seufze ich und blicke dem dunkelhäutigen, einstigen Krieger in seine Augen. Auch Jehle ist alt geworden, wenn er auch weder hinkt noch gebückt geht, so sind ihm die vielen Sonnenzyklen dennoch anzusehen.

„Was *Er* wohl diesmal zu sehen glaubt?", frage ich und zeige Jehle die Platte, die wir dem Gottkönig bringen müssen.

„Viel wichtiger ist es Hun-Nal-Yeh irgendwie zu entlasten!"

„Aber wie? Seit dem Konzert, als er mich um Hilfe bat, hat er sich nirgends gezeigt. Glaubst du, Hun-Nal-Yeh wurde von den Jaguar-Kriegern schon in die Grube geworfen?"

„Nein! Der Meistermusiker ist unbeschadet. Er residiert in einem der Lustflügel des Sonnenpalastes, wo er bewacht wird. Das erfuhr ich von einem *Na'ac,* der nicht ahnt, dass ich seine Identität als *Zurajir* spüre."

„Dein zweites Gesicht bringt uns irgendwann um!"

„Ich kann uns in Hun-Nal-Yeh Gefängnis einschmuggeln."

„Kannst du?"

Jehle nickt, dreht sich um und ist in seinem Nachtschatten-Mantel von der Dunkelheit verschluckt.

Die Sonne ist noch nicht aufgegangen, als ich aus dem Traum erwache. Wer war ich damals wirklich? Der Lehrer eines Massenmörders? Ein blinder Trottel? Bevor ich die Details vergesse, quäle ich mich aus dem Bett und tippe den Traum in meinem Laptop ein. Frederick erzählte in seinem Frosch-Traum ebenfalls vom nackten Mann mit der Sonne auf dem Kopf. Unsere Träume hängen zusammen, sie bilden Fragmente zu einem größeren Bild. Irgendwann müssen wir die einzelnen Teile zusammensetzen. Irgendwann gebe ich meinem Lover all meine Aufzeichnungen zum Studium. Leider träume ich nicht in einer chronologischen Reihenfolge.

Kaum alles aufgeschrieben, schlüpfe ich zurück zu Frederick ins Bett und kuschle mich an ihn. Wie sich unsere Beziehung seit Rays Sextherapie wohl verändern wird?

Um zehn Uhr weckt uns Ray, der mit Alex Ischel an seiner Seite unser Schlafzimmer durch den Lift betritt.

„Guten Morgen, Chef!", begrüßt mich Alex. Seine Sonnenbrille hat er sich ins gewellte Haar hochgeschoben. Sein muskulöser Torso wird von einem feinmaschigen feuerroten Tank-top betont; sonst trägt er nur noch eine über den Oberschenkeln abgeschnitten Jeans und Turnschuhe.

„Ray!", knurre ich und setze ich mich genervt im Doppelbett auf. „Auf ein Wort!", winke ich ihn zu mir.

Alex bleibt beim Lift stehen, lässt aber seine Blicke über den nackte Frederick huschen, der wegen der Hitze seine Decke in der Morgendämmerung auf den Boden strampelte.

„Ray, du wohnst hier! Wenn du in meinen privaten Wohnraum hochkommst, ist das vollkommen in Ordnung – auch unangemeldet. Doch", dabei sehe ich Ray eindringlich in seine großen braunen Augen, „Fremde haben im ersten, zweiten und dritten Stock dieses Hauses ohne meine oder Fredericks ausdrückliche Einladung nichts verloren."

„Sorry!", murmelt Ray. „Ich dachte, da er jetzt ..."

„Ja, Alex gehört zur Selbsthilfegruppe, doch gehört er keiner Verbrüderungsaktion an, noch bin ich an einer schwulen Kommune interessiert."

„Tut mir leid!"

Fredrick erwacht und deutet auf dem Bett sitzend zu den Holztieren auf der Kommode. Er verdreht dabei so indiskret seine Augen, dass ich abermals nur meinen Kopf schüttle.

Ray versteht augenblicklich und nickt Frederick kaum merklich zu.

„Luon, hast du eine Bohrmaschine?"

„Im Keller gibt es Werkzeug. Das weißt du doch!"

„Cooles Haus", bemerkt Alex, und als Frederick gähnend und sich mit der Decke über den Kopf gezogen auf den Bauch legt, fügt er an: „Geiler Arsch!"

„Raus!", brülle ich.

„Denkst du auch, ich habe einen geilen Arsch?" Frederick kniet sich aufs Bett und wackelt mit dem Teil, dem ich gestern meine volle Aufmerksamkeit schenkte. Kaum lange ich rüber, öffnet sich der Lift abermals.

„Es wird laut werden", erklärt uns Ray. „Alex hilft mir die großen Bilder aufzuhängen."

Weil Frederick sein Hinterteil gleich noch williger hochsteckt, kann es Ray nicht lassen zum Doppelbett rüber zu kommen und den weißen Pfirsich zu kneten. Nur weil mein geiles Betthäschen sofort noch viel härter wird, schicke ich Ray nicht sofort wieder fort. Mit seiner rechten bearbeitet der Masseur meinen Hoppelhasen und mit der linken zieht er mir die Decke fort. Da ich auf dem Rücken liege wird sofort erkennbar, wie bereit ich für Sex bin. Ray erkennt es auch, eilt in unser Badezimmer und kommt mit Massageöl – wie das wohl dahin kam? – zurück. Er hilft dem jungen Cowboy die ideale Position zu finden und ölt meine Latte für Fredericks ersten Ritt. Statt sich am Sattelknauf festzuklammern, wie damals beim Bullenritt, fasst der nackte Cowboy nach meinen Händen und setzt sich auf mich. Zum Glück gibt es diesmal keine Schiedsrichter, die nach ein paar Sekunden pfeifen oder Punkte verteilen.

Ray lässt uns alleine. Abermals hat er die Hemmschwelle für uns genommen. Erneut verhalf dieser ehemalige Laborant unserem Sexleben auf die Sprünge. Bestimmt könnte Ray damit Geld verdienen.

„Ist das alles von mir?" Lachend betupft Frederick später die heißen Spuren auf meinem Torso. Weder der Lärm der Bohrmaschine, noch Rays weitere Besuche, um nach einer Wasserwaage und später nach Draht zu fragen, stören uns. Im Gegenteil: Ray inspirierte uns beide Mal, unser Bestes zu geben und Neues auszuprobieren.

„Ich dachte, du stehst nicht drauf?", nuschle ich Frederick nach über einer Stunde Morgengymnastik ins Ohr.

„Louis bohrte mir seinen Finger rein, das war nicht sonderlich toll."

Plötzlich ernst, blickt mir mein Liebhaber in die Augen. „Luon, bin ich jetzt wirklich schwul?"

„Hattest du jemals Zweifel?"

Vorstellungsgespräche

Den ganzen Tag lang hängen Ray und Alex zusammen im Erdgeschoss Bilder auf, platzieren Masken und Kunstgegenstände und bauen Regale zusammen. Von Stunde zu Stunde transformiert sich mein früher so nüchtern gehaltenes Wohnzimmer in diese Mischung aus Museum für Völkerkunde, Heilungstempel, botanischem Garten und erotischem Kabinett. Alex passt da rein wie eine weitere Statue. Nur noch in seinen Turnschuhen und der sehr kurzen Jeans, könnte er sich einfach neben Dionysos stellen und würde perfekt zur Dekoration passen.

Kurz vor sechs Uhr ziehe ich mich um. Ich will den ersten Kandidaten, der sich offiziell zur Selbsthilfe-Männer-Gruppe vorstellt, nicht in Bermuda Shorts und T-Shirt empfangen. Niemand soll denken, es handle sich um eine erotische Aktion. Zugegeben, bei der riesig nackten Apollon-Statue beim Eingang und zwei geschnitzten hölzernen Dildos, aus dem alten Reich der Mitte, die neben einer Papyrusstaude hängen, dürfte das nicht so leicht sein. Dazu kommen der flitzende Cowboy und der ebenfalls fast nackte Alex, die beide Ray helfen.

„Leute!", fordere ich um Aufmerksamkeit. Als mir alle zuhören, lasse ich meine Blicke umherschweifen. „Jungs, könnt ihr euch bitte etwas mehr anziehen?"

„Warum?" Frederick lehnt es kopfschüttelnd ab.

„Ach macht doch, was ihr wollt!" Wenn der Kandidat meinen nackten Cowboy nicht aushält, wird er die Gruppe eh nicht aushalten. Bin ich mir doch sicher, dass Frederick seine Gewohnheit, jetzt, da er damit auch bei Ray und neu auch bei Alex punktet, nicht ablegen wird.

Pünktlich um sechs Uhr klingelt es an der Haustür. Ich öffne im Anzug und Krawatte, was bei den anderen im Haus Lacher auslöst, die sie aber verkneifen, als ein konservativ aussehender Mann, ebenfalls im Anzug, eintritt. Er trägt eine Fliege zum karierten Jackett und sieht aus wie aus einer anderen Zeitepoche. Er streckt mir seine rechte Hand zum Gruß hin.

„Emil Escher, sehr erfreut Sie kennenzulernen, Herr Logroño!"

„Willkommen, Herr Escher!" Weil ich Gekicher hinter der Sichtschutzwand höre, ergänze ich: „Einfach Luon. Darf ich Sie Emil nennen?".

„Gerne! Ich bin Emil!"

„Führen wir das Gespräch im oberen Stockwerk in meinem Büro. Es zieht gerade ein Untermieter ein und Freunde helfen ihm dabei." Um Emil den Anblick der Verrückten auf dem Weg zur Treppe zu ersparen, schiebe ich ihn zum Lift.

Wir setzen uns in meinem Refugium im zweiten Stock an den Tisch. Natürlich habe ich Emils Dossier vor mir liegen, wie auch seine beiden Bewerbungsfotos. Emil ist vierundzwanzig Jahre alt, wenn er auch jünger wirkt, was selbst sein veralteter Aufzug nicht kompensiert. Ich vermute, das hat entweder etwas mit seinem letzten Job als Verkäufer bei einem Altmänner-Mode-Laden zu tun oder mit ihm als leidenschaftlichem Geiger. Dazu schiele ich auf den schwarzlackierten Kasten, den er dabei hat. Ob er hier Vorspielen will? Eines der Fotos zeigt Emil im dunklen Frack Geige auf einer Konzertbühne spielen, und das andere muss er kürzlich vor dem Geschäft aufgenommen haben, das ihn nicht mehr wollte. Natürlich habe ich auch sein Motivationsschreiben im Kopf, doch ich will es nochmals aus seinem eigenen Munde hören. Darum frage ich:

„Emil, wer bist du, wenn du nicht dein Job bist?"

Der junge Mann mit den dunklen Haaren, die er als Seitenscheitel trägt, lächelt. Nicht zuletzt wegen diesem Lächeln, habe ich ihn auswählt. Ja, Emil gehört zu meinen Wunschkandidaten. Er ist mir sehr sympathisch. Feminin schlägt er seine Beine übereinander und hockt sich vorne auf die Sitzfläche.

„Seit Kleinkind spiele ich Geige", haspelt er nervös. „Ich besuchte die Musikhochschule und schloss dort ab. Eine Saison lang spielte ich beim Sinfonie Orchester Basel. Den Job als Verkäufer nahm ich an, als ich eine weitere Saison nur gelegentlich als Geiger bei anderen Orchestern einspringen konnte."

„Dann würdest du sagen, du bist Geiger aus Leidenschaft?"

„Ach!", stöhnt Emil und wirft sich mädchenhaft eine Locke aus der

Stirn. „Auch wenn ich nicht so aussehe, aber Klassik ist nichts für mich. Ich liebe *Mozarts Violinkonzert* und *Rachmaninoff*, doch zieht es mich zu Jazz, Blues und Zigeunermusik."

„Hast du nie in einer Band gespielt?", wundere ich mich.

„Erst als ich dein Inserat las, wurde mir bewusst, dass ich ein Sucher bin. Ich ahne, dass etwas ganz Anderes in mir schlummert. Entweder bin ich zu feige hinzusehen oder es versteckt sich einfach zu gut. Ich will dieses Vage ins Licht zerren! Darum bin ich heute hier. Vorhin erhaschte ich einen Blick auf einen nackten Cowboy im Erdgeschoss. Gehört er auch zu dieser Selbsthilfegruppe?"

„Frederick?" Statt Erklärungen abzugeben, nicke ich nur.

„Hast du ihm geholfen, sich selbst zu finden?"

„Frederick ist als Nudist im Südfrankreich aufgewachsen. Das zumindest behauptet er. Also nein, er tut, was ihm gefällt!"

„Lerne ich bei dir auch so mutig zu sein?"

„Emil, willst du dich ausziehen?" Das war nicht wirklich als Frage gedacht, doch Emil denkt tatsächlich darüber nach.

Schweigend beobachte ich ihn. Ich wählte ihn aus, weil sein Dossier anders, als die der anderen war. In seinem Motivationsschreiben betont er, dass er ein Feigling sei, doch es auf keinen Fall bleiben möchte.

Endlich sieht er mir in meine Augen. „Luon, ich bin kein Verkäufer. Das bezieht sich auch auf mich selbst als Musiker. Viele sagen, ich sei einfach zu feige, das zu sein, was ich bin. Ich weiß aber nicht, was ich wirklich bin. Wenn du möchtest, ziehe ich mich jetzt aus."

„Das gehört nicht zum Vorstellungsgespräch."

Emil atmet erleichtert auf, wenn seine Augen auch etwas enttäuscht wirken. „Später in den Sitzungen?"

„Was glaubst du, passiert in der Selbsthilfegruppe?" Emil hat Ideen, das spüre ich. Warum ihn nicht aushorchen?

„Es geht darum herauszufinden, wer ich bin und was ich beruflich in der Zukunft machen könnte. Das ist durch das klare Inserat selbstredend. Doch da du nur mutige schwule Männer suchst, denke ich schon, dass die Gruppe nicht nur rein akademisch an die Sache rangehen wird."

„Aha! Was erwartest du von mir?"

„Ich bin ein Feigling", widerholt er abermals. „Doch der Satz: *Welche Stärken warten darauf erweckt zu werden?* ging mir nicht mehr aus dem Kopf. Die einzige Stärke, derer ich mir bewusst bin, ist meine Musik. Ich kann mit meiner Geige zu den Menschen sprechen. Aber“, Emil schüttelt seinen Kopf und schiebt sich danach abermals eine Locke zurück in die Frisur, „alte und konservative Menschen erreiche ich nicht. Darum verließ ich das Sinfonie Orchester, darum flog ich auch aus einen weiteren Ensemble. Klar spiele ich die alten Meister. Dennoch ... Ach, ich weiß auch nicht!“

„Emil, du bist genau an dem Punkt, an dem auch all die anderen stehen. Ich spüre, dass du etwas verändern willst!“

Emil nickt. „Allerdings!“

„In dir brennt die Leidenschaft. Die Menschen, mit denen du bisher zu tun hattest, löschten dieses Feuer, anstatt es anzuschüren. Ich werde Öl hineinkippen!“

„Genau!“ Emil mimt eine Pose, die Marilyn Monroe gerecht werden würde. Er tut es aber so natürlich, dass ich nicht glaube, er habe es einstudiert. Emil ist einfach so. Er ist schräg genug, sich in unserer Gruppe zu behaupten. „Darf ich vorspielen?“

„Bitte! Wenn du willst?“ Das war so überhaupt nie gedacht, doch wir haben noch fast eine halbe Stunde, bis der nächste Kandidat zum Vorstellungsgespräch erscheint.

Emil öffnet seinen Geigenkasten, bringt sein Instrument zärtlich in Position und beginnt zu improvisieren. Sein Spiel klingt erst konservativ und scheu, wie der erste Eindruck über ihn, doch nach und nach befreit sich etwas. Erst keck, wie seine Posen, dann immer mutiger brausen seine Emotionen auf. Längst steht er breitbeinig im Raum und wirkt von Sekunde zu Sekunde selbstbewusster. Seine vorne längeren Haare lösen sich aus der Frisur und fliegen um seinen Kopf, wie offene Flügel, als er immer lauter und schneller spielt. Irgendwann stampft er mit seinem rechten Fuß den Takt und wirbelt wie ein Faun im Rausch um unsichtbare Nymphen. Als Emil nach etwa zehn Minuten endet, stehen Frederick, Ray und Alex bei der Treppe und klatschen wilden Applaus.

Emil ist genial!

„Luon, was zögerst du?“, ruft Alex. „Mann, dieser Typ ist ein Virtuose. Er kommt wie ein Vulkan.“

„Genauso jemanden brauchen wir!“, stimmt Ray zu.

Emil errötet, noch mehr, als Frederick mit wippender Erektion auf ihn zukommt, um ihm auf die Schulter zu klopfen. „Alter, verdammt geiles Spiel! Echt voll Hardcore! Sieh mich an, mein Schwanz stellte sich bei deiner Musik sofort auf. Echt, das ist mir noch nie zuvor bei Geigenmusik passiert. Fass mal an!“

Emil tut es nicht, bedankt sich aber für das Kompliment.

„Na, dann!“ Ich schüttle dem Geiger seine rechte Hand, nachdem er sein Instrument zurück in den Kasten gebetet hat. „Du bist aufgenommen! Wann wir uns zum ersten Mal als Gruppe treffen, kann ich noch nicht sagen. Die Vorstellungsgespräche haben eben erst begonnen. Ich melde mich bei dir! Keine Angst! Emil, das ist nicht nur so daher geredet. Du bist dabei! Hundert Prozent!“

„Definitiv!“, bestätigt Frederick. „Du bist pure Lust!“

Leider sind die nächsten vier Kandidaten, die ich mir für heute vorgenommen habe, allesamt Nieten. Der erste kneift schon, als er die nackte Apollon-Statue im Flur sieht. Der zweite ist nicht fünfunddreißigjährig, wie in seinem Lebenslauf geschrieben, sondern fünfundsechzig – also ein Fake von der schlimmsten Sorte. Der dritte glaubte, wir wären eine Agentur und er könne hier seine selbst zusammengebastelten Seminare verkaufen. Der vierte ist bei Fredericks Anblick so geil, dass er sich sofort auszieht und meinen Freund so übel anmacht, dass ihn Ray hochkantig rauswirft.

„So täuschen Dossiers!“, stelle ich kurz nach zehn Uhr abends fest. Jeder dieser letzten drei Kandidaten zogen wir in die engere Wahl.

„Emil ist eine Bereicherung!“, bringt sich Alex ein, der noch immer nur in seiner Jeans und den Turnschuhen Ray beim Einräumen seiner Bücher und Pornohefte hilft. „Er hat dieses Etwas, dass ihr alle auch habt!“

„Das Verrückten-Gen?“, fragt Frederick und steckt Alex seine Zunge raus, um danach arschwackelnd in seinem Cowboystiefeln durchs Zimmer, in dem nur noch die Hälfte der Umzugskarton herumsteht, zu stolzieren.

Leider bringt auch der Sonntag nichts Neues. Einer erscheint erst gar nicht; ein zweiter wird wütend, als er erfährt, dass er nicht bezahlt wird; und der dritte Kandidat unterschrieb gestern einen Arbeitsvertrag und suche deshalb nicht mehr weiter. Zwei letzten zwei wären passabel, aber eben nur das. Ich spürte keine Energie, keinen Tatendrang und dieses Etwas schon gar nicht, warum ich beide auch weder Ray noch Frederick vorstelle. Frustriert berate ich mich danach mit den beiden. Sie vertrösten mich auf die sieben Kandidaten, die wir für die zweite Runde aufgespart plus die fast vierzig weiteren Dossiers, die wir nicht gleich ausgesiebt hätten.

Außenseiter oder Anführer?

Den ganzen Tag sichte ich abermals Dossiers, doch mir fehlt die Lust weitere Kandidaten einzuladen. Einzig bei einem früheren Oberkellner namens *Quin el-Abiar* jucken meine Finger, ihm eine E-Mail zu schreiben. Wie ich, muss auch Quin entweder Mittel- oder Südamerikaner sein, so zumindest sieht er auf den Bewerbungsfotos aus. Eines der zusätzlichen Aufnahmen zeigt ihn im Frack als Oberkellner in einem Fünfsterne Hotel in der Innenschweiz. Quin ist ein schneidiger Kerl mit einem durchdringenden, aber gütigen Blick. Das zweite Foto lässt mich nicht mehr los. Quin ist darauf nackt. Leider verdeckt sein Ganzkörper-Body-Painting und seine Stellung als schleichende Raubkatze seinen Pimmel, rückt aber seinen Arsch und bemalten Anus ins Zentrum. Er gleicht einem sexhungrigen Jaguar, der sich vorsichtig durch den Dschungel bewegt oder darauf wartet, bestiegen zu werden. Das Bild macht mich total geil. Kurzentschlossen schicke ich ihm eine SMS: *Quin, dein Dossier überzeugt! Heute Zeit für ein Vorstellungsgespräch?*

Prompt antwortet er, dass er so kurzfristig leider nicht kommen könne, da er an einem schwulen Literaturkurs teilnehmen möchte, der heute Abend beginnt.

Bei Apollon Holmström? Simse ich.

Quin bejaht.

Ich gebe ihm für morgen einen neuen Termin und denke erstmals ernsthaft darüber nach, Apollons Kurs auch zu besuchen. Ich muss Quins geilen Arsch heute noch sehen! Als ich Frederick erzähle, dass ich ihn zu Apollons Literaturveranstaltung begleite, tanzt er aufgeregt um mich herum und hört überhaupt nicht auf, mir den Kurs schmackhaft zu machen.

Um halb acht Uhr verlassen wir zusammen die Wohnung, um die dreihundert Meter zur NAWA-Filiale zu spazieren. Abermals genieße ich die Frühlingswärme, wenn ich über meinem Kapuzenshirt auch noch eine Lederjacke trage. Am Ziel vor dem Haus der NAWA-Filiale warten bereits Sumy, Pit wie Rhydian, ein krausköpfiger Engländer.

„Kommt Ray auch?" Sumy trägt wieder hautenge Sachen, die eine klare Vorstellung davon geben, wie der Tänzer bestückt ist.

„Er montiert mit Alex zusammen Regale und hängt seine zehntausend Federn und andere Dekorationsgegenstände auf."

„Alex Ischl ist bei Ray?"

Sumys Pupillen vergrößern sich augenblicklich. Ob er sich gerade überlegt Apollons Kurs sausen zu lassen?

„Sumy, die beiden sind essen gegangen. Vor zwei Stunden werden sie nicht wieder zu Hause sein. Du kannst nach dem Kurs mit Frederick und mir zu einem Drink vorbeischauen!"

„Cool! Mache ich vielleicht!"

„Gilt die Einladung auch für mich?", schiebt sich Pit vor, hebt sein Rollbrett auf und sieht zu den Lichtern im ersten Stock des Hauses hoch. Er murmelt: „Wenn sich Sumy einen neuen Stecher sucht, will ich dabei sein!" Dann lacht Pit und zeigt nach oben. „Apollon wartet! Wollen wir?" Ohne auf eine Antwort zu warten, klingelt er.

Im Arbeitszimmer im ersten Stock ist aus den Sesseln, der Couch, diversen Stühlen und den beiden Bürostühlen ein Kreis gebildet. Zwei Typen in meinem Alter tuscheln zusammen beim Fenster stehend.

„Benny, hast du den großen hellblonden Kerl mit Schwimmerfigur vorhin auch gesehen?"

„Yep!", antwortet der andere.

„Das ist Thomas!", zeigt Frederick auf ihn.

„Wer ist der Schwimmer?", fragt wieder der dünne Benny. Offensichtlich quatschen sie über Apollon.

„Er studiert hier an der Uni. Ich traf ihn schon an Vorlesungen. Er muss so etwas wie ein Genie sein", klärt ein dritter namens Franco, der spanisch oder italienisch aussieht, auf. „Er leitet den schwulen Literaturkurs!"

„Apollon sieht so jung aus!" Benny gehört offensichtlich zu den wenigen, die nicht zuvor im Internet über Apollon recherchiert oder ihn vorab persönlich besuchten.

„Er ist kürzlich zwanzig geworden“, tuschelt Franco.

„Er singt und schwimmt“, ergänzt Thomas, ein unscheinbarer Typ mit großer Klappe. „Ich kenne auch seinen Lover.“

„Apollon ist schwul?“, fragt Benny.

„Was sonst? Einer der so gut aussieht, kann doch nur …“

„Ja, ja!“, schneidet Thomas Franco das Wort ab. „Also, Apollons Lover ging mit meinem Bruder zusammen an die Handelsschule. Auch er ist seltsam.“

„Dein Bruder?“, fragt Benny und erntet einen Fußtritt.

„Dieser Lover!", fährt Thomas fort. „Er verschwand letzten Herbst und wurde kurz vor Weihnachten in Las Vegas ermordet. Seine Todesanzeige war im Internet. Sie machte auch hier an der Uni ihr Runden.“[7]

„Apollons Freund wurde ermordet?“, frage ich sofort Frederick, der sich endlich in meine Nähe begibt.

Als abermals die Türklingel ertönt, bricht das Gespräch ab.

Rhydian eilt nach unten und kommt mit einem Mexikaner zurück. Warum ich plötzlich auf Spanisch mit diesem Kerl losquassle, schreibe ich einem Grundbedürfnis zu, endlich wieder einmal in meiner Muttersprache reden zu können. *Antonio Ambato*, so der Name des Eingetroffenen, kommt ursprünglich aus Mexiko City, wo er zehn Jahre im Transportwesen tätig war. Vor drei Jahren zog er in die Schweiz. Er arbeitet für *Novartis*, wurde aber vor einem Jahr wegen Burnout gekündigt. All das erfahre ich bereits nach den ersten paar Minuten von Antonio.

„Hola!“, begrüßt Frederick meinen Gesprächspartner, winkt aber sofort ab, als Antonio in seiner Muttersprache losschwafelt. „Sorry, viel mehr Spanisch spreche ich nicht!“

„Antonio sucht mutig das Abenteuer eines neuen Jobs“, erkläre ich Frederick. Dabei zwinkere ich ihm vielsagend zu.

„Ist dem so?“ Mein Freund bleibt distanziert und mustert den hochgeschossenen Mexikaner kritisch. Plötzlich hellt sich seine Miene auf und er lacht schallend los.

„Meine Mutter ist Schweizerin“, wechselt Antonio in einen ulkig klingenden Schweizerdialekt. „Sie sprach zuhause in Mexico mit mir und meinem Bruder oft Bern-Deutsch.“

---

[7] Nachzulesen in: „Am Quell der Weisheit“

„Ein mexikanischer Berner? Luon“, wechselt Fredericks Tonfall, „wir sollten Antonio heute Nacht noch interviewen!“ Das von Frederick zu hören, erstaunt mich. Sonst ist er der Kritische. Ich nicke und Frederick bestätigt mit High Five.

Noch weitere Studenten und Männer treffen für den ersten schwulen Literaturkurs ein. Als wir zu elft sind schlägt eine Turmuhr acht Uhr. Abermals klingelt es und ein weiterer Latino betritt kurz darauf den Raum im ersten Stock. Es ist *Quin el-Abiar*. Auch ohne seine Raubkatzenbemalung erkenne ich den ehemaligen Oberkellner sofort. Sein Knackarsch ist im Original genauso zum Anbeißen, wie auf dem *Fick-mich-jetzt-Bild.* Ich winke Quin zu mir.

„Hallo, Quin! Ich bin Luon, wir haben ...“

„Luon Logroño? Du bist auch hier?“

Bevor ich dem ehemaligen sexy Oberkellner antworten kann, betritt Apollon, nur mit einem gelben Badetuch um die Hüfte geschwungen, den Raum und setzt sich auf den einzig noch freien Sessel. „Ein Freund riet mir“, sieht Apollon direkt zu mir, „keine langen Worte zu machen, sondern direkt zum Kern der Sache vorzustoßen.“ Er langt nach dem Buch, das für heute Abend zur Diskussion steht. „Selbstverständlich schwul!“, liest er den Titel und zeigt das Cover[8]. *„Jeder hat die Wahl, ein Außenseiter oder ein Anführer zu sein: es liegt alles nur an einem selbst!“* Bevor Apollon weiterliest, setzt er sich breitbeiniger hin.

Augenblicklich starren wir alle auf das hochgerutschte Badetuch. Unsere abcheckenden Blicke sprechen Bände. Damit ist bewiesen, wir alle sind definitiv schwul.

Apollon legt das Buch vor sich auf den Boden. „Nudismus, Selbstbestimmung und Freiheit“, fasst Apollon zusammen, „darum geht es im Buch. Darum wird es auch in meinem heutigen Auftakt dieses Literaturkurses gehen.“

„Genau!“, unterbricht Sumy. „Ich habe das Buch schon gelesen. Der junge Held muss nicht nur seine Hosen fallen lassen, um zu erkennen wer er wirklich ist, sondern auch seine vorgefassten Meinungen und Ansichten.“

„Nacktheit ist das Metapher für das enge Kostüm, in das uns moralische und religiöse Muster zwängen“, bringt sich Quin, der neben mir sitzt, ein. „In meiner Heimat Libyen gibt es heute kaum noch Freiheit.

---

[8] Siehe „Selbstverständlich schwul!“ von Manuel Sandrino

Die Zwänge dort ersticken das Volk." Beiläufig öffnete der Tiefgebräunte zwei Knöpfe seines Hemdes.

„Wie tickst du denn?", will Frederick wissen. Kritisch nimmt er den Libyer unter die Lupe.

„Ich bin selbstverständlich schwul!", antwortet Quin.

„Genau wie ich!" Von dem fast Zweimeter-Kerl mit Schwimmerschultern, Knackarsch und einem Gehänge, das nur durchs schmale Handtuch bedeckt wird, kann keiner von uns seinen Blick abwenden. „Nudismus, Selbstbestimmung und Freiheit", wiederholt Apollon. „Show don't tell!" Ohne Faxen, reißt er sich das Badetuch vom Leib und präsentiert sich splitternackt.

Mir klappt der Kinnladen runter. Apollon nimmt meine Ratschläge wörtlich. Er schockiert und setzt die Latte hoch; seine richtet sich steinhart auf. Scham kennt Surfer Boy keine.

Apollons hellgrünen Augen wandern von einem zum anderen. Mir drängt sich der Gedanke auf, dass dieser Typ mit sich selbst vollkommen im Reinen ist. Seine sexuelle Provokation ist geplant und unsere Reaktionen verpasst dem heutigen Thema die richtige Würze.

Mein Blick wandert zu Frederick. Ob er gerade mit dem Gedanken spielt zu strippen? Er tut es nicht! Frederick ist genauso ungezwungen wie Apollon. Ihn störte es auch nie, wenn anderen ihn anstarren, von ihm fantasieren oder ihn verspotten. Ob sich Apollon bewusst ist, dass wir ihn nicht nur vergöttern, sondern ihn uns als williges Sexspielzeug vorstellen? Bestimmt! Einem Mann wie Apollon entgeht so etwas nicht.

„Wann ist ein Penis nur ein Penis? Und wann sprechen wir von einem Schwanz?", fragt Apollon. Die Atmosphäre ist zum Zerreißen angespannt.

„Jetzt gerade ist deiner eine hammermäßig harte Latte!", bringt es Pit auf den Punkt.

„Deiner nicht?", spottet Thomas und nickt auf Pits hartes Zelt vorne in seiner Baggy Jeans.

Pit fasst danach. „Ich stehe dazu! Was ist mir dir?"

Thomas sitzt schon länger mit übereinander geschlagenen Beinen in der Runde wie, bis auf Pit und Frederick, alle anderen auch. „Das ist Privatangelegenheit!", verteidigt sich Thomas.

„Wir reden hier über *Selbstverständlich schwul!* und über unsere *ei-*

genen Erfahrungen mit homoerotischer Literatur", bringt sich Apollon in. Das eigene Lustempfinden ..."

„Geilheit!", flüstert Quin neben mir und platziert sich so, dass sein inzwischen offenes Hemd seine Brust zeigt.

„Apollon, du bist aber echt! Du bist keine Literatur!", kontert Franco, dessen Gesichtsfarbe tomatenrot angenommen hat.

„Bin ich meine eigene Erfahrung?", stellt Apollon eine komische Frage. „Oder bin ich das Produkt eurer Fantasie? Seht ihr wirklich mich oder nur eure Projektion? Bin ich noch euer Lehrer oder nur noch euer nächster Fick?"

Weil jeder hofft, Apollon bliebe so solange nackt in der Runde, wie wir angeregt diskutieren, tun wir es; gleichzeitig und ohne Punkt und Komma. Plötzlich sprudelt es einfach so aus uns heraus. Nicht ein einziges Mal muss Apollon in der ersten Stunde weitere Fragen stellen. Seine Latte und provozierenden Körperhaltungen sind Einladung für allerlei Spekulationen, inspirieren uns und stimulieren unsere Lust. Erst in der zweiten Stunde, schlägt Apollon immer wieder Brücken zum Buch, liest kurze Szenen daraus vor oder fasst unsere Schlussfolgerungen zusammen. Bald wechselt unser Thema von Sex zur Selbstfindung und weiter zu spirituellen Ansichten. Die zwei Stunden sind im Nu um. In meinem ganzen Leben habe ich noch niemals so intensiv über mein Schwulsein nachgedacht, wie während dieser ungewöhnlichen Buchdiskussion.

„Leute, das war's für heute! Ich hoffe diese Art des provokativen Unterrichts ist nach eurem Geschmack!" Apollon klappt demonstrativ das Buch zu.

„Das war extrem anders!" Thomas klatscht als erstes.

„Extrem voll Hardcore!", lobt Quin. „Ich wünschte, mehr schöne Männer hätten deinen Mut zum Exhibitionismus!"

„Ich habe im Kühlschrank Limonade bereitgestellt. Wer noch für Small Talk bleiben möchte, ist herzlich eingeladen." Apollon spaziert in die Küche voraus, sein Handtuch lässt er liegen, wo er es vor zwei Stunden hinwarf.

„Das war überraschend! Das war – das ist – extrem mutig von dir, dich uns allen *so* zu zeigen", verwickle ich Apollon in der Küche in ein Gespräch.

„Schwule Männer ticken doch alle gleich. Wippt eine Latte, sind sie voll bei der Sache!" Dann boxt er mir kumpelhaft in die Seite. „Dein Tipp mit der Provokation war genau das, was dieser Klasse den Anfang verlieh, den ich mir erhoffte."

„Ist es dir egal, wie andere über dich denken?"

„Was sollen sie denn über mich denken?", kontert Apollon.

„Du warst genau wie der Held des Buches!", schwärmt Benny, der uns als erster in die Küche gefolgt ist.

„Ist es dir nicht peinlich, dass ich mir dich wahrscheinlich nie mehr ohne Latte vorstellen kann?", fragt Thomas, drängt sich in die Küche vor Apollon und starrt dem auf die nicht schrumpfen wollende Zeigefreudigkeit.

„Mut zum Experimentieren schadet nie!" Dabei legt mir Apollon seinen Arm um die Schulter. „Luon hat mich dazu inspiriert. Er ist ein guter Berater!"

„Damit habe ich nichts zu tun!", wimmle ich das Kompliment ab.

„Arbeitest du oft als Nudist?", fragt Quin und starrt Apollon noch viel interessierter an. Sein eigenes Hemd hat sich der Libyer inzwischen ausgezogen.

„Ab und an!", nickt Apollon. „Die *NAWA* hat ihren Hauptsitz in Los Angeles mit einer Zweigfiliale in Miami Beach und steht für *Nudist at Work Agency*. Ich leite den Kurs im Auftrag der NAWA. Natürlich tue ich das nackt! Ohne Luons Tipp, hätte ich damit bis mindestens zur zweiten Sitzung gewartet."

„Allen Göttern sei Dank, hast du es nicht gemacht!" Frederick schiebt sich neben mich. „Scham ist so etwas von überflüssig!"

„Zu deiner Frage", dreht sich Apollon Quin zu. „Ich trat schon als nackter Sänger bei einem Feuerfestival im Elsass auf und ebenso in Beverly Hills bei einer Privatparty für einen ehemaligen Football Profi."[9]

„Ich glaube", murmelt Sumy zu Benny, „ich hätte es auch getan!"

„Du?"

Sumy nickt! „Leute, ich bin schwul, und ich lebe es auch!"

„Bist du Nudist?", fragt ihn Antonio, der Halb-Mexikaner.

„Nein!", schüttelt Sumy seinen Kopf. „Doch in letzter Zeit träume

[9] Nachzulesen in: „Am Quell der Weisheit" und in „Apollon und Mercury: Einer muss sterben"

ich davon, einer zu sein."

„Als neue Karriere?", bohrt Antonio weiter.

„Nein! Vielleicht? Ja! Keine Ahnung!" Sumy winkt ab. „Ich war in einem früheren Leben Nudist."

„Apollon, wie bist du so mutig geworden? Mann echt jetzt, du bewegst dich selbst mit Latte so natürlich, als ob du bekleidet wärst. Was ist dein Geheimnis?", will Quin wissen

„Mein Cousin trainierte mich in Los Angeles!"[10]

„Du hattest ein Nudisten-Training?", wundert sich Franco.

„Mein Cousin verfolgte ganz andere Ziele, doch ja! Seither fühle ich mich ohne Kleidung genauso wohl, wie mit."

„Sind Nudisten nicht Gegner von Erotik! Die wenigen, die ich kenne, sind alle alte Knacker, Ex-Hippies oder solche, die Nacktheit zu ihrer Religion erhoben haben", erklärt Quin.

„Ich bin, wie ich bin! Warum keine Latte?", fragt Apollon.

„Na, weil ich an der Uni bei Vorlesungen sehr oft im gleichen Raum wie du sitze!", erklärt Thomas. „Wir kennen uns!"

„Alter", klopft jetzt Pit dem erregten Apollon auf die Schulter, „dieses Bild von dir hat sich in meinem Kopf eingebrannt. Ich werde künftig, egal, wo ich dich treffen, immer an deine Mordslatte denken."

Apollon lacht. „Offensichtlich bin ich im Moment nicht nur Nudist, sondern auch deine Sexfantasie!"

„Du inspirierst mich!", bringt sich der finnische Sumy wieder ein. „Als ehemaliger Balletttänzer musste auch ich lernen, mich zu zeigen. Ohne ein gesundes Körperbewusstsein kann man nicht oben ohne in hautengen Strumpfhosen, die deine Arschbacken exakt abzeichnen und deinen Pimmel durch Push-up-Effekte betonen, vor Hunderten von Zuschauern auftreten und es ohne bleibenden psychischen Schaden überstehen. Um uns für diese Art des Exhibitionismus zu trainieren, tanzten einige der Jungs manchmal nach den offiziellen Proben nackt."

„Wo tanzt du?", fragt Franco.

„Seit meinem doppelten Beinbruch bin ich aus der Ballettgruppe ausgeschieden. Ich tanze nur noch privat." Sumy klingt plötzlich niedergeschlagen.

---

[10] Nachzulesen in: „Apollon und Mercury: Wahre Träume leben"

„Auch arbeitslos?", flüstert Quin. „Ich will mich bei Luon bewerben. Vielleicht ist das auch etwas für dich?"

Damit hat Sumy mir Quin für den Abend geschnappt. Bestimmt wird er ihm alles über uns andere erzählen. Falls Frederick mit meiner Wahl einverstanden sei sollte, nehme ich den lybischen Oberkellner in unserer Gruppe auf. Leider kann ich auch Antonio nicht mehr entdecken. Wo ist Frederick?

„Das war heute der Auftakt! Ab jetzt liegt es an euch!" Damit reicht Apollon Limonade und Gläser herum. Plötzlich flüstert er mir direkt ins Ohr: „Luon, du hast deine eigene Truppe zusammen. Suche nicht weiter! Jetzt müsst ihr handeln. Dein Feind kann heute dein Freund werden. Vermassle es nicht!"

„Welcher Feind?", haste ich hervor.

Doch Apollon hat sich schon Thomas und Pit zugewandt, die ihn über Bücher, die er empfehlen kann, aushorchen.

In drei Tagen ist Vollmond

Antonio Ambato, der Berner-Mexikaner und *Quin el-Abiar*, der ehemalige Oberkellner aus Libyen kommen beide am nächsten Morgen zusammen zum Vorstellungsgespräch.

Frederick folgt hundert Prozent Apollons Beispiel und empfängt die beiden nackt. Er trägt nur seine Cowboystiefel und einen seiner Hüte. „Leute! Willkommen!"

„Noch ein Nudist?" Quins nordafrikanische Züge hellen sich sofort auf. „Wirst du auch gleich so hart wie Apollon?"

„Ich muss meinen nackten Leib nicht als Jaguar bemalen, um einen Vorwand zu haben, mich zu zeigen!" Warum Frederick schnippisch reagiert, verstehe ich nicht. Bisher hatte es ihn noch nie gestört, was andere denken. Bei Komplimenten lachte er und Beleidigungen überhört er. Nicht bei Quin. Seine Abneigung gegen den Libyer scheint echt zu sein. Der nackte Cowboy hakt sich bei Antonio unter und führt ihn um die Sichtschutzwand in Rays Wohnzimmer, das schon beinahe so üppig und lebendig in allen Farben erschreckt, wie seine frühere Wohnung. Während ich Quin mit dem Lift nach oben fürs Gespräch bringe, bleibt Frederick unten bei den anderen.

„Dein nackter House-Cowboy scheint mich nicht zu mögen!", bringt es Quin gleich auf den Punkt.

„Frederick ist mein Lover! Wir sind ein Team. Ich will dich in der Truppe haben!", bringe ich es gleich auf den Punkt. „Überzeugst du mich jetzt beim Vorstellungsgespräch, und stimmt Ray nachher ebenfalls für deine Aufnahme, bist du mit Mehrheitsentscheid in unserer Selbsthilfegruppe."

„Danke! Ich würde wahnsinnig gerne bei euch mitmachen. Sumy hat mir gestern Nacht schon von euch dreien erzählt, wie auch von einem Alex. Wohnt der auch hier im Haus?"

„Nein! Aber Alex Ischl wird später bestimmt Ray weiter bei der Gestaltung seines neuen Museums-Erotik-Lustgartens in meinem früheren Wohnzimmer helfen." Dann räuspere ich mich und zücke Quins Dossier. „Warum ein Jaguar?"

„Schon als Kind faszinierten mich diese Raubkatzen. Für ein Kostümfest bemalte mich ein befreundeter Künstler als Jaguar. Er war über sechs Stunden damit beschäftigt, mir überall auf dem Körper diese gelbschwarzen Flecken aufzumalen und mein Gesicht in das einer Dschungelkatze zu verwandeln."

„Sehr detailliert!", lobe ich. Das Foto mit der schleichenden Menschenkatze, die dabei ihren Arsch so direkt in die Kamera streckt, dass ich abermals nur daran denke, diesen Dschungelkater zu besteigen, liegt vor mir.

„Danach fotografierte er mich. Es gibt eine Serie von über hundert Bildern. Leider musste ich mir für die Party einen schwarzen Mini-Tanga anziehen, was sich falsch anfühlte und hässlich aussah."

„Ein heimliches Doppelleben?"

„Mich als Raubkatze bemalt zu bewegen?" Quin kratzt sich am Kopf. „Nein! Ich ließ von einigen Fotos Posters anfertigen und diese hängen jetzt beim mir zuhause. Mein Jaguar-Dasein ist Vergangenheit." Plötzlich kratzt sich Quin am Kopf. „Seltsam ist, dass ich, seit ich dein Inserat vor wenigen Tagen gelesen habe, fast jede Nacht davon träume, eine Menschenkatze gewesen zu sein."

„Erinnerungen an ein früheres Leben?" Augenblicklich bin ich hellhörig. Gehörte Quin zu den *Kihanga*, den Jaguar-Kriegern jener längst vergessenen Kultur?

„Ich denke schon! Aber ehrlich, ich beschäftige mich nicht mit der Vergangenheit. Mich interessiert nur die Zukunft. Ich brauche einen neuen Job. Vom Arbeitsamt bekomme ich genug, um bis zur Wintersaison ohne Job auszukommen."

„Wintersaison?"

„Vielleicht heure ich in einem der Luxushotels in St. Moritz oder Gstaad wieder als Oberkellner an."

„Anheuern?"

Quin schüttelt seinen Kopf. „Nur wenn es wirklich sein muss! Mein Oberkellner-Dasein sinkt, wie ein havariertes Schiff auf hoher See. Als ich Apollon gestern den ganzen Abend nackt den Kurs leiten sah, wollte ich plötzlich, wie er sein."

„Nackt arbeiten?", hake ich sofort nach.

„Warum nicht? Seit ich regelmäßig diese Jaguar-Träume habe, hat sich meine Beziehung zur Nacktheit verändert. Trotzdem habe ich bis auf die Körper-Bemalung damals und zweimal Nacktbaden an einem FKK-Strand, keine weiteren Erfahrungen als Nudist aufzuweisen."

„Was sind das für Jaguar-Träume?"

Quin winkt ab. „Das sind nur Träume! Vielleicht auch erotische Fantasien? Das hat nichts zur Sache! Wann fragst du Ray, ob ich im Team bin?"

„Dein Bewerbungsfoto ist verdammt geil!" Ich schiebe dem Libyer das Katzenbild zu. „Was bezweckst du damit?"

„Erst hatte ich ein anderes ausgewählt, das mich einfach frontal und bemalt zeigt, doch es strahlte keine Erotik aus."

„Erotik gehört zu deinem Doppelleben?"

Quin lacht auf. „Ich führe kein Doppelleben!"

„Dennoch ist dein Bewerbungsbild nicht alltäglich."

„Ich will mich verändern! Verstehe mich nicht falsch, ich bin gerne Kellner, aber mich dürstet nach mehr. Das hier!", tippt Quin auf sein erotisches Foto, „war nur Spaß! Etwas schlummert in mir. Seit deinem Inserat erwacht es. Das macht mich ganz verrückt. Verstehst du das?"

Ich nicke. „Gehen wir nach unten. Kennst du Antonio?"

„Wir schwatzen gestern Abend in Apollons Küche und wir trafen uns vorhin auf dem Weg zu dir an der Tramstation. Antonio ist voll in Ordnung! Würde er Federschmuck tragen, er könnte glatt in einem Dokumentarfilm als Azteke durchgehen."

Möglichst unauffällig mustere ich Quin. Bei den Fotos seiner Bewerbung war ich überzeugt einen Lateinamerikaner vor mir zu haben. „Wie graziös du dich als Bemalter bewegst, ist erstaunlich. Tanzt du?"

„Nachdem ich als Teenager in die Schweiz geflohen war, besuchte ich Hipp-Hop-Kurse und African Dance. Das Tanzen befreite mich. Schwul zu sein, war für mich als Teenager nicht leicht zu akzeptieren. Wo ich herkomme ..." Quin bricht ab.

„Sumy tanzt auch. Er war Profi-Balletttänzer."

„Der sehnige Finne im hautengen Trikot?" Als ich nicke, leckt sich der Libyer seine Lippen. „Der weiße Junge ist heiß!"

Weil ich alles gehört habe und weil mein Entscheid eh schon steht, Quin in die Gruppe aufzunehmen, breche ich das Interview ab, um Ray und Frederick um ihre Stimmen zu bitten.

Frederick bleibt abweisend. Ihm sei der Jaguar-Krieger unheimlich. Er traue ihm nicht. Ray hingegen hat keine Bedenken und stimmt zu. Auch wenn es mir lieber gewesen wäre, auch Quin einstimmig aufzunehmen, muss die Mehrheit reichen.

Antonio Ambatos Vorstellungsgespräch fällt flach, weil Ray und Frederick sich schon für ihn entschieden haben, und ich ihn ohnehin im Team mit dabeihaben will. Damit steht die experimentelle Gruppe mit: Frederick, Ray, Sumy, Alex, Emil, Quin, Antonio und mir. Zudem spukt mir Apollons Warnung im Geiste: *Luon, du hast deine eigene Truppe zusammen. Höre auf zu suchen! Jetzt müsst ihr handeln. Dein Feind kann heute dein Freund werden. Vermassle es nicht!*

Wer dieser Männer ist mein Feind? Quin? Reagiert Frederick deshalb so kritisch auf ihn? Im Moment plagt mich eine ganz andere Frage: Wie soll ich meine eigene Gruppe beginnen? Bestimmt ziehe ich mich dafür nicht nackt aus und wedle mit meiner Latte! Trotzdem will ich mir an Apollon ein Beispiel nehmen – oder meinem eigenen Ratschlag folge. Der Auftakt muss den Ton für alle weiteren Sitzungen angeben.

Wer bin ich, wenn ich nicht mein Job bin? Welches Doppelleben will ich ins Licht zerren? Welche Stärken warten darauf erweckt zu werden? Erschreckend wird mir bewusst, dass ich selbst noch keine Idee habe, welche Stärken in mir auf Erweckung warten oder welches geheime Doppelleben in mir darauf lauert auszubrechen. Ray kann ich nicht fragen, der würde bestimmt meine noch immer unterdrückte Lust anführen; und Frederick wünscht sich wahrscheinlich einen zweiten Cowboy ohne Hosen.

Wer bin ich? Was will ich? Wer Ehrlichkeit will, geht zu einem ehrlichen Menschen. Wer den Weg zur Selbsterkenntnis einschlagen will, der sucht jemanden auf, der den Weg bereits gegangen ist. Der Einzige, der mir einfällt, ist Apollon. Er ist ehrlich zu sich selbst und soweit ich es beurteilen kann, auch zu anderen. Er lebt seinen Traum. Er strahlt diese heitere innere Gelassenheit aus, die ich selbst anstrebe. Apollon umgibt eine Aura hellen Lichts. Ohne lange zu Grübeln rufe ich Apollon Holmström an. Auch wenn ich am Telefon kein Wort über mein Begehren verliere, ahnt der junge Schwede sofort, was ich will und lädt mich zu sich ins Büro der *NAWA* ein.

Apollon heute im NAWA-Büro in Shorts und einem Tank Top zu sehen, ist befremdlich. Ich bin noch nicht ganz im Arbeitszimmer, indem gestern Abend der Literaturkurs stattfand, da bringt es Apollon auf den Punkt:

„Luon, der antike griechische Sonnengott, dem ich meinen Namen verdanke, sagte mir einmal in einer Vision: *Du musst die Antworten in deinem eigenen Herzen entdecken. Das ist der Tempel, den du aufsuchen musst. Das ist der Ort deines Orakels! Ich tötete vor Äonen den Drachen Python, der der Weissagung mächtig war und eignete mir dadurch seine Macht an. Auch du musst deinen schlimmsten Ängsten begegnen und sie besiegen. Nur so wirst du geläutert, um hinabsteigen zu können, um deinen eigenen Drachen, deinen eigenen Python, im Abgrund deiner Seele zu besiegen. Meine Strahlenkrone erringst du nur, wenn du sie dir verdienst. Nur deine eigne Erleuchtung kann dich krönen.*“

„Apollon, hast du deinen Dämon besiegt, den Drachen getötet?“ War das mein Python, das Böse in meiner Seele?

Der schöne Typ zuckt mit der Schwimmerschulter und antwortet mir: „Meine Einweihungen in die Mysterien der Selbst-Realisation haben nichts mit dir zu tun. Jeder muss seinen ganz persönlichen und eigenen Weg beschreiten.“[11]

[11] Nachzulesen in: „Apollon und Mercury: Einer muss sterben“

„Aber du kennst den Weg!“, widerspreche ich.

„Erst musst du dir bewusst werden, was du wirklich im Leben willst. Hast du das, folge diesem Pfad mit ganzer Leidenschaft. Der Halbherzige scheitert an den ersten Stolpersteinen; und Steine werden deinen Weg erschweren, das ist sicher!“

„Wolltest du immer schon Nudist werden?“

Apollon lacht schallen auf, führt mich in die Küche und bietet mir frischgepressten Orangensaft an. „Niemals!“

„Aber du bist es! Gestern warst du sogar mehr. Glaube mir, jeder von uns fantasiert von dir. Du warst purer Porno!“

„Weil ich mich nackt wohlfühle, und weil ich mich nicht daran störe, wenn er mir steht?“ Abermals lacht Apollon. „Ich schlug das gestrige Buch als Auftakt meiner Gruppe vor, weil es darin um den Unterschied zwischen Außenseiter und Anführer geht. Luon, du musst für deine Truppe ein Anführer werden.“

„Ich bin Psychologie Student und ...“

„Du willst dein Team analysieren?“ Weil ich nicke, lehnt sich Apollon rücklings vor den Küchenschrank und wiederholt: „Anführer oder Außenseiter? Du kannst das mit Macht, Zwang und Angst bewerkstelligen. Glaube mir, mit diesen niederträchtigen Methoden werden dir Millionen in den Untergang folgen. Die Weltgeschichte ist voll mit Biographien solcher Tyrannen, angeblichen Beschützern oder Erlösern, die mit irgendwelchen sinnlosen Werten und doppelmoralischer Rechtschaffenheit die Welt verbessern wollen. Doch weder Fanatismus, noch das Befolgen von seltsamen Regeln, noch das Einhalten uralter Dogmen führen dich zur Erleuchtung. Erleuchtung passiert in deinem innersten geheimen Tempel, also dem, was man gemeinhin als das Herz oder die Seele bezeichnet. Diese, deine eigene Entfaltung ist sehr persönlich. Darüber zu sprechen, ist so gut wie sinnlos, denn nur jemand, der die Erfahrungen alle selbst gemacht hat, wird dich verstehen. Nur ein erwachter im Geiste, erkennt eine erwachte Seele. Alle anderen werden dich deswegen auf ein Podest stellen, ans Kreuz nageln, dich anbeten, dich aus Angst verdammen oder einfach müde belächeln.“

„Kennen wir uns aus einem früheren Leben?“, wechsle ich das Thema und hoffe, Apollon wird mich jetzt gleich umarmen und sich als der Bruder und Freund längst vergangener Tage zu erkennen geben.

„Vielleicht?“ Es folgt kein heimliches Zwinkern, kein emotionaler Wiederkennungsausbruch, noch etwas anderes, das mir meine Träume bestätigt. Nichts!

„Echt nicht?“, dopple ich nach.

„Solange du auf Bestätigungen aus bist, lebst du in der Vergangenheit. Tatsache ist: all deine früheren Leben sind vorbei! Aus und Ende! Es ist vollkommen egal, wer du glaubst gewesen zu sein. Niemand, der von sich behauptet einst ein König oder eine wichtige Persönlichkeit gewesen zu sein, ist es heute noch immer. Keiner! Du bist heute das Produkt all deiner Erfahrungen, den positiven wie auch den negativen. Akzeptiere, wer du heute bist und gehe von dort aus vorwärts; mache das Beste mit dem, was du heute bist! Erinnere dich an deine Stärken, doch klammere dich nicht an die damit verbundenen Lektionen oder die Lebensumstände, in denen du diese Lektionen gelernt hast.“

„Ich soll mich erinnern und es trotzdem ignorieren?“

„Falls du dich an frühere Leben erinnern kannst, nutze daraus alles, was dich heute zu einem besseren Menschen macht.“

„Apollon, in letzter Zeit treffe ich einige Personen, die mir schon einmal in einem früheren Leben begegnet sind. Meine Selbsthilfegruppe besteht fast nur aus solchen. Wie soll ich damit umgehen?“

„Luon, die Gesetze der Anziehung und des Ausgleichs wirken immer und überall.“ Apollon nimmt mein und sein Glas Orangensaft und spaziert damit aus der Küche in sein Arbeitszimmer. Auf dem kleinen Tisch vor den Sesseln und der Couch platziert er sie und lümmelt sich selbst auf die Couch.

Ich folge dem barfüßigen Sportler und beobachte ihn interessiert. Plötzlich hoffe ich, er ziehe sich aus. „Karma?“, frage ich, als ich mich ihm gegenüber in den Sessel setze.

„Nenne es, wie du willst: Ausgleich, Balance, Wiedergutmachung, Ernte, das Tilgen von Sünde, Erlösung, Fegefeuer oder Karma.“

„Ich habe von dir geträumt!“

Abermals lacht Apollon. „Habe ich dich so inspiriert?“

„Nein! Das meine ich nicht!“ Ich nehme einen Schluck Orangensaft, dann korrigiere ich mich. „Doch! Aber ich träumte schon von dir, als ich dich noch gar nicht kannte. Du warst ein Komponist und Flötenspieler in einem längst vergessenen Reich. Du warst schon damals kein Freund von Kleidung."

„Du glaubst, nur weil ich Nudist bin, habe ich etwas gegen Kleidung?"

Verdattert gaffe ich Apollon an. „Woher soll ich das wissen? "

„Es ist *dein* Traum, mein lieber Kolumbianer! Darin sind *deine* Lektionen verborgen. Vielleicht sind wir uns damals – wann und wo immer das auch gewesen sein mag ..."

„In der Frühzeit von *Teotihuacán*, kurz nach dem Untergang von Atlantis", spreche ich dazwischen. „Die Stadt nannte sich damals noch *Tollan* und gehörte zu *Tamoanchan*."

„Luon, ist das wichtig?"

Apollon denkt leider nicht daran, sich seines Tank Top oder der Shorts zu entledigen. Ob ich ihn darum bitten kann? Laut sage ich: „Ich denke schon!"

„Deine Träume sind eine Mischung aus Erinnerungen und Eindrücken längst vergangener Tage, die sich mit Ideen und Konzepte der Gegenwart mischen. Ebenso können Charakteren von damals die Gesichter von Freunden und zufälligen Bekannten der Gegenwart annehmen. Dein Herz verrät dir, ob es sich um uralte Weggefährten oder um projizierte Wunschvorstellungen handelt. Aber ehrlich", Apollon zwinkert mir erstmals verschwörerisch zu und stülpt sich sein Tank Top endlich doch über den Kopf, „macht das einen Unterschied?"

„Für mich schon!" Den schönen Typen jetzt nur noch in seiner Short vor mir zu haben, jagt mir augenblicklich Blut ins Gesicht und in meine Schwellkörper.

„Luon, nur du selbst bestimmst deine Realität! Nutze deine Kreativität, deine Vorstellungskraft und deine Leidenschaft, um alles über jenes Leben zu erfahren. Offensichtlich beeinflusst es dein jetziges. Träume und Erinnerungen sind Zufälle, die dir in den Schoss fallen. Nimm sie an und mache das Beste daraus." Der hellblonde Sportler springt aus der Couch und schnappt sich mit seiner rechten Hand von einem Regal einen lebensecht aussehenden Holzpenis. Während er mit seinen Lippen die künstliche Penisspitze befeuchtet, knöpft er sich mit seiner freien Hand seine Short auf und lässt sich auf seine Füße segeln. Splitternackt fasst er jetzt mit beiden Händen nach der Penisflöte und entlockt ihr helle und klare Töne, während seine Finger über die Luftlöcher fliegen. Wie durch Magie zerreißt der Vorhang zwischen Gegenwart und Vergangenheit.

Plötzlich befinde ich mich im Lustpalast des Gottkönigs. Neben mir steht Jehle in einem seiner mitternachtsblauen Spezialgelehrtenmäntel mit den versteckten Innentaschen. Auch ich trage einen davon, wenn er mir auch viel zu groß über die Schulter rutscht. Gerade lässt Jehle eines seiner Einbruchswerkzeuge in eine der Geheimtaschen verschwinden und schiebt eine geschnitzte runde Tür in ein Gemach im Lustflügel des Palastes auf. Am Fenster mit Blick auf die vom Mond beschienene Sonnenpyramide steht Hun-Nal-Yeh, der auf seiner Penisflöte neue Melodien ausprobiert. Bis auf eine einzelne Kerze ist es sonst dunkel im Gemach.

„Ihr kommt spät!“, spricht der nackte Mann, als er sich endlich zu uns umdreht. Er lässt seine ungewöhnliche Flöte sinken. „Der Vollmond zu Ehren von *Quetzalcoatl* ist in drei Nächten.“ Er blickt nach draußen auf den fast runden Mond und die Sterne über der Stufenpyramide.

„Verehrter Hun-Nal-Yeh“, flüstert Jehle, „der wahnsinnige Gottkönig wird dich dem nackten Mann mit der Sonne auf dem Kopf opfern oder einem der vielen anderen Nebengötter und Dämonen im Reich.“

„Ja!“ Der Meisterflötist nickt. „Das Urteil ist gefällt. Habt ihr meinen Rat befolg und euch die konfiszierten Lehren von Ah-Xoc-Xin über den nackten Mann mit der Sonne auf dem Kopf gesichert?“ Der Flötenspieler schiebt sich die Penisflöte in seinen breiten Gurt und langt nach einer ellenlangen anderen Flöte. Liebevoll streichelt er das dünne Instrument und entlockt ihm ein paar klagende Laute.

„Atanua Nanahuatl wird weder durch neue Erkenntnisse, noch durch handfeste Beweise aus den verbotenen Schriften seine eigene Irrlehre überdenken“, spreche ich klare Worte.

Hun-Nal-Yeh nickt abermals: „Mein Tod ist beschlossen! Urugnas, selbst dein Einfluss als *Na'ac* und Berater des Gottkönigs können gegen die Launen des Tyrannen nichts mehr ausrichten. Du und Jehle, ihr beiden seid die nächsten! Die als rote Priester getarnten *Zurajir* brachten eure Namen in meinem Prozess bereits vor.“

Jehle knurrt, denn ähnliche Befürchtungen äußerte er mir gegenüber auch schon.

„Atanua Nanahuatl will mit seiner Vergangenheit brechen“, bestätige ich. Als der Entdecker des Tempels des nackten Mannes mit der Sonne auf dem Kopf habe ich überall im Reich *Tamoanchan* den Ruf ein Kundiger der Geheimnisse des neuen Gottes zu sein. In der Art, wie der Wahnsinnige sich *Shapash* zum Gatten nahm, verriet mir nur allzu deutlich, dass er keine Liebe in sich trägt. Meinen Hass auf ihn verfestigte sich, als er meine Frau und meine Sohn in den sicheren Tod schickte. Alles, was ich einst an Vertrauen, Respekt und Freundschaft für den Gottkönig hegte, ist getilgt. Atanua Nanahuatl ist mein Feind! „Was nutzen uns jetzt noch diese verbotenen Lehren?“

Hun-Nal-Yeh legt seine Flöte auf einen Tisch und fasst nach Jehles und meinen Händen. „Freunde“, spricht er uns vertraut an, „in den Lehren finden wir den Aufenthaltsort von Ah-Xoc-Xin und der gläsernen Stadt mit dem Tempel der Adepten.“

„Der Verräter“, Jehle korrigiert sich, „der Kundige der Geheimnisse des nackten Mannes mit der Sonne auf dem Kopf, lebt tatsächlich noch?“ Er stapft im dunklen Zimmer auf und ab und verschwindet dabei immer vollkommen in den Schatten.

„Ich war als Knabe sein Schüler“, flüstert der nackte Flötenspieler. „Als Ah-Xoc-Xin gefangen und nach *Tollan* verschleppt wurde, floh ich in den Süden. Dort fand ich andere, die seinen Lehren folgten. Mein Plan war es in die Hauptstadt zu kommen, ein eigenes Orchester zu gründen und im Geheimen nach den konfiszierten Aufzeichnungen zu suchen. Ich will die gläserne Stadt und den geheimen Tempel der Adepten finden.“

„Was ging schief?“, will Jehle wissen.

„Der Prinz war damals noch nicht zum *Varkas* und neuem Gottkönig erhoben worden. Er sah mich im Palast und ließ mich sofort von Jaguar-Kriegern zu sich bringen. Hätte ihn mein Flötenspiel nicht verzaubert, ich wäre in seinem Harem gelandet. Nur die Klänge meiner Flöten ersparten mir dieses Schicksal. Von meiner äußeren Erscheinung gebannt, ließ er von mir Statuen anfertigen, darunter auch die Kolossalstatue, der er aber sein eigenes Gesicht verpasste, um so den neuen Sonnengott darzustellen, zu dem er den nackten Mann mit der Sonne auf dem Kopf gemacht hatte. Bevor er mich in den Tempel der Göttin *Chen* bringen konnte, damit ich mich für die bevorstehende Vermählung im Tanz übe, floh ich. Verzweifelt suchte Atanua Nanahuatl nach mir oder einem Ersatz. Er fand ihn im hellblonden *Shapash*. Als mich vor wenigen Monden im Süden einer seiner Jaguar-Spione fand, wurde ich in die Hauptstadt zurückgeschleift. Das Konzert, an dem ich euch beide sah, folgte dem Prozess, an dem mein Todesurteil ausgesprochen wurde."

„Wir finden und klauen die geheimen Lehren von Ah-Xoc-Xin!", verspricht Jehle und boxt mich dazu hart in die Seite, bis ich brummelnd beipflichte.

„Ich fand schon einmal einen Tempel, der von allen längst vergessen war!", füge ich an.

„Hier!" Jehle zieht sich seinen mitternachtsblauen Gelehrtenmantel aus und reicht ihm dem nackten Flötenspieler. „Zieh den über! Wir bringen dich hier raus! Wir fanden ungenutzte Gänge unter dem Palast, die uns zu dir führten und durch die wir dich zurück zu den Archiven und in Sicherheit bringen."

„Ich kann das nicht anziehen!", sträubt sich Hun-Nal-Yeh. „Ich schwor niemals wieder ..."

„Was ist dir wichtiger?" Jehle schüttelt den jungen Musiker an der Schulter. „Dein Schwur der Hüllenlosigkeit oder dein Leben?"

„Bitte Meister Hun-Nal-Yeh, Jehle und ich irrten die letzten Nächte durch unzählige Gänge und Schächte unter der Stadt, bis wir endlich den richtigen fanden, der uns in diesen Flügel des Palastes brachte." So kurz vor der Rettung, will der Musiker wegen eines dummen Schwures lieber sterben, als einen Mantel zu tragen? Auch ich bin versucht, diesem nackten Bengel eine Tracht Prügel zu verpassen.

Regelrecht angewidert seinen herrlichen Körper verhüllen zu müssen, schlüpft Hun-Nal-Yeh endlich in Jehles Nachtmantel. Kaum die Kapuze hochgeschlagen, verschluckt ihn die Dunkelheit im Raum. Ich blase alle Kerzen aus und unsere Spezialmäntel machen den Flötisten und mich unsichtbar. Jehle, der ehemalige Krieger und Spurenleser, kennt offensichtlich noch andere Tricks, sich vor allen Augen zu verbergen.

„Wo bist du?", flüstere ich.

Jehle antwortet mir nicht. Wahrscheinlich hat er sich längst aus dem Gemach geschlichen. Ich weiß, dass der inoffizielle *Ya'halan* aus Kräutern und zermalmten Steinen ein Pulver kreierte, dass er bei sich trägt, und dass er damit jeden Jaguar-Krieger, der uns über den Weg laufen sollte, augenblicklich ins Land der Träume schicken kann.

„Hier durch!“, wispert Jehle, als der Musiker und ich den Flur erreichen, wo bereits zwei Diener in tiefem Schlaf am Boden liegen. Durch Wände, die keine sind, und über unzählige Stufen tief hinab in die Geheimgänge folgen wir den Markierungen, die wir bei unseren früheren Erkundigungen im Labyrinth unter der Stadt angebracht haben.

„Luon, ist dir nicht gut?“ Apollon stützt mich, als ich schwankend vor dem Sessel stehe und durch den Nackten hindurch in eine andere Realität blicke. Nur langsam verschwindet die Dunkelheit der Geheimgänge und weicht dem klaren Licht der April-Sonne an diesem späten Morgen in Basel.

„Finde den Schlüssel zu deinem Glück! Schließ damit die Türen in deine persönlichen Mysterien auf! Aber Luon, warte nicht zu lange. In drei Nächten ist Vollmond!“ Damit bugsiert mich der nackte Apollon aus seinem Büro und der Nudist-at-work-Filiale.

Warum ist der Vollmond in drei Nächten wichtig? Noch verwirrter als vor meinem Besuch bei Apollon taumle ich wie trunken durch die Gassen der Altstadt von Basel. Ob sich auch unter dieser Stadt noch immer unbenutzte Geheimgänge verbergen? Es gibt sie, das las ich in einem Fremdenführer.

Zuhause transformiert sich da Erdgeschoss in Rays unverkennbares Reich der Fantasie und der Träume. Wo noch vor wenigen Tagen die weißen Wände Dimensionen der Ruhe und der Weite vermittelten, locken und verführen jetzt unzählige Kunst- und antike Erotikgegenstände, Bilder und Grünzeug, sich dieser Welt vollkommen hinzugeben.

Ich entdecke Ray in seinem neuen Schlafzimmer. Nur im Lendenschurz, Holzketten um den Hals und einer Krone aus orangen, roten und blauen Feder auf dem Kopf montiert der Medizinmann einen Vorhang aus Hängepflanzen, Perlschnüren und Lichterketten als Sichtschutz um sein Himmelbett.

„In drei Tagen ist Vollmond! Mir kribbelt es jetzt schon unter den Nägeln!“

„Echt?“, frage ich Ray verwundert. „Bist du mondsüchtig?“

„Nein! Irgendetwas wird passieren.“

„Etwas Schlimmes?“

Ray zuckt mit der Schulter und schlägt mit einem Hammer einen weiteren Nagel in den früheren Türrahmen, dieses einstigen Erkerzimmers, um eine glitzernde Diskokugel in der Größe einer Kokosnuss aufzuhängen. Sofort dreht sich das Gebilde und wirft hundert blitzender Lichter an die Wände und auf den Boden. „Wir sollten bis dahin auf dem Weg sein!"

Noch einer, der in Rätseln spricht. Das ist genau das, was ich jetzt brauche. „Auf welchem Weg?" Am meinem aggressiven Unterton erschrecke ich selbst und füge vergnügter klingend an: „Einer Erkundungstour durch diesen Lustgarten?"

„Gefällt's dir?"

Obwohl ich überhaupt nicht der überladene, alles verzierende oder Sammlertypus bin, nicke ich.

„Luon, wir sollten sofort mit dem ersten Treffen beginnen."

„Warum die Eile?"

„Wegen dem Vollmond!" Mehr sagt Ray nicht, sondern zieht eine Art Mobile aus Muscheln und verbleichten Korralen Stücken aus einer Schachtel. „Die habe ich alle am Strand von *Mindoro* auf den Philippinen gefunden. Höre, wie sich diese Knochen des Meeres anhören." Während Ray mit seiner rechten Hand das Gebilde hochhält, streicht er mit seiner linken durch die weißen Fundstücke und lässt sie klirren.

Mit dem Klang in den Ohren ziehe ich mich nach oben zurück, um jedem Mitglied meiner Selbsthilfegruppe eine E-Mail-Einladung zur ersten Zusammenkunft zu schicken.

Ich schreibe: *Es ist Zeit geworden! Transformiere deine früheren Erfahrungen, um damit deinen persönlichen Fortschritt zu begehen. Nutze deine Kreativität um eine neue Ordnung deiner Bedingungen zu schaffen. Was bist du bereit zu opfern, damit dein neues Selbst geboren werden kann? Treffen, morgen um neunzehn Uhr bei Luon Logroño zuhause.*

Schon innerhalb einer Stunde bestätigen alle ihr Kommen.

Jetzt gibt es kein Zurück mehr!

Auf der Couch in meinem Wohnzimmer liegend, grüble ich über weitere Schritte nach. Ich muss mit einem gelungenen Auftakt beweisen, dass ich nicht nur Wege finde diesen Männern zu helfen ihre Stärken zu entdecken, sondern ihnen auch noch helfen kann, die geheimen Traumjobs zu realisieren. Natürlich könnte ich Frederick fragen, ob er sich als

Nudisten-Cowboy outet und von seinen Erfahrungen auf der Ranch erzählt. Bestimmt würde er auch den Film zeigen, wegen dem er seinen letzten Job in der Bank verlor. Aber da alle den Flitzer hier im Haus schon live erlebten, ist sein Outing keine Überraschung mehr. Ich muss etwas Eigenes finden. Irgendwie muss ich die Schlösser knacken, hinter denen die geheimen Doppelleben weggeschlossen sind. Es muss definitiv ein Einbruch ins Unterbewusstsein werden!

Darüber schlafe ich ein und erwache abermals in *Tollan*.

Ein- und Ausbruch

„Wir können tagsüber ganz offiziell Einlass fordern!", gebe ich zu Bedenken.

„Es muss heute Nacht sein!" Jehle, wieder in einem seiner Nachtschatten-Mäntel, steht neben mir und nickt zum nackten Hun-Nal-Yeh, der sich in unserem Haus in den Hausquellen die Schande Kleidung getragen zu haben, abwäscht. „Urugnas, spätestens beim Morgengrauen wird jeder wissen, dass der Gefangene geflohen ist. Nein! Es muss jetzt gleich sein!"

„Wir landen noch alle in der Grube!"

„PSST!", zischt Jehle und löst die Verschmelzung der Haustür auf. „Ich will weder im Tal der Sklaven in die Bergwerke, noch auf einem Altar zur Volksbelustigung als Opfer enden. Wir müssen die Tafeln mit den geheimen Lehren über den Mann mit der Sonne auf dem Kopf finden. Nur darauf wird der Aufenthaltsort der Adepten genannt. Wenn wir die konfiszierten Schriften des Verräters *Ah-Xoc-Xin* dazu brauchen, dann ist das eben so!" Kaum aus dem Haus im Garten draußen, verschwindet Jehle zwischen Büschen und Bäumen in der Nacht.

Getarnt schleichen Jehle und ich durch die Hauptstadt, immer im Schutz der Dunkelheit.

„Was, wenn der Korb weg ist, die Unterlagen abgespeichert oder schon gelagert sind?"

„PSST!" Jehle schleicht die Außenwand bis zu einer der Säulen, die das mächtige Gewölbe des Archivs tragen. Er tippt ein paar Symbole eines

Wandreliefs an und die Säule flimmert kurz auf, um auf der Rückseite der Wand den geheimen Zugang zu öffnen. Jehle schlüpft hindurch und klettert über die Stufen ins Untergeschoss.

Ich folge ihm dicht auf.

Am Ziel, einem Lagerraum indem Neueingänge vor der Sortierung und endgültigen Bestimmung zwischengelagert werden, hastet Jehle von Korb zu Korb. „Die Prozessakten, aus denen ich mich bediente, sind alle weg!"

„Das war auch vor vielen, vielen Tagen. Und jetzt?"

„Urugnas, du schlüpfst ins System. Was sonst?"

„Auf keinen Fall! Falls ich das tue, wird jeder Speichermechaniker sofort meine Spur aufnehmen können."

„Dann verwische sie! Das ist dein Talent!" Jehle schiebt mich vor sich her in einen angrenzenden Raum. An den Wänden tanzen die Farben unzähliger hier gelagerte Arbeitskristalle, Pyramidenspeicher und Schutzzauber, wie die technischen Sicherheitsmaßnahmen Uneingeweihten vorkommen müssen.

„Ich war noch nie hier!", gebe ich zu bedenken.

„Die vergessene Wissenschaft funktioniert überall im Archiv nach dem gleichen Prinzip", flüstert sofort Jehle. „Da eh keiner weiß, wie sie verändert werden können, wirst du ..."

„Ja, ja!", knurr ich.

„Urugnas, in der Forscherabteilung sind es die Blauen."

„Damit kenne ich mich aus!" Ich schiebe Jehle von mir fort. Kaum aus den tanzenden Lichtern, verschluckt die Dunkelheit meinen besten Freund. Konzentriert widme ich mich den tanzenden Lichtern aus den Kristallen. Zu immer neuen Bildern verweben sie sich und projizieren Illusionen in den Raum. Erst als ich die Muster zu erkennen glaube, greife ich in die schwebenden Gebilde vor mir. Augenblicklich verändert sich die Illusion. Glaubte das Auge gerade noch in einer Bucht der See mit wiegenden Pinien und Palmen zu stehen, manifestieren sich jetzt virtuelle Archive, kaum dass ich diverse Kokosnüsse, bunte Steine und Muscheln angetippte. Mutig steige ich durch Türen, betrete verbotene Räume und greife so in den schimmernden Regalen nach Tafeln und Rollen.

Jehle verfolgte all meine Handgriffe und meinen Weg durch diese imaginäre Welt der Kristalle. Als ich mich einmal kurz zu ihm umdrehe, macht er sich Notizen. Immer tiefer dringe ich in die Abteilungen mit Strafakten vor. „Ich kann nichts finden!", klage ich nach einer halben Ewigkeit.

„Benutzte *Ah-Xoc-Xin* noch andere Namen?"

„Woher soll ich das wissen?" Trotzdem folge ich neuen Punkten und Lichtpfaden tiefer ins virtuelle Archiv, bis ein Symbol, das wie ein Löwe, der einem anderen den Kopf abbeißt aussieht, auftaucht. Es funkelt blass lila auf, als ich *spiritueller Hochverrat* ins System einspeiste.

„Dieses Symbol kenne ich nicht!" Dicht hinter mir stehend, lehnt sich Jehle über mich, dass er mir beinahe die Armfreiheit raubt. Ich kann seinen Atem auf meinem Hals spüren.

„Ich muss ausholen können!", brummle ich und verpasse Jehle einen Fußtritt. Demonstrativ hole ich mit meinen Armen aus, um sofort zielgerichtet eines der angreifenden Symbole abzuwehren. Dieser Teil des Archivs zeigt sich als Dschungel. Präzise, wie ein Kolibri beim Nektar Schlürfen, tippe ich in rascher Reihenfolge neue Lichter an, die sich als Anakonda anschleichen. Eines ums andere erlischt. Meine Finger flitzen blitzschnell auf immer neue Gefahren, die sich selbst als bunte Schmetterlinge tarnen können. Übersehe ich auch nur einen der Wächter, die alle Zugänge tiefer ins verbotene Archiv bewachen, wird ein Alarm ausgelöst. Längst habe ich die vertrauten Regionen des Archivs verlassen und damit meine Kompetenzen überschritten, wie auch den Grad der Verschwiegenheit, der mit der Sicherung der hier gelagerten Akten einhergeht. Im Geiste eile ich durch Korridore, knacke unzählige Schlösser und überliste die Wächter, um sofort hinter mir alle Spuren zu tilgen und verräterische Öffnungen wieder zu versiegeln. Werde ich jetzt überrascht, kann ich mich nicht mehr rechtzeitig aus dem System lösen. Ein Teil von mir würde für immer durch diese Geistwelt irren.

Jehle erkennt die Gefahr und legt – zärtlich – seine Arme von hinten um meine Hüfte. Niemals zuvor zeigte er mir seine Liebe derart offen. Wenn ich auch nicht bereit bin, ihm jemals körperlich intim zu begegnen, flößt mir seine tiefe Zuneigung trotzdem Kraft und Zuversicht ein. Der heimliche *Ya-halan* nutzt all seine Fähigkeiten als Medizinmann und Traumwandler, um mich zu unterstützen und mit zusätzlicher Kraft und Willensstärke zu versorgen.

Ich befinde mich tief in der Kristalltechnologie einer Zivilisation, die lange vor unserem Auftauchen in dieser Welt, längst ihren Zenit überschritten hatte. Selbst als die letzten Bruchstücke der einst riesigen Inseln für immer vom Ozean verschluckt wurden, gab es kaum noch Gelehrte, die auch nur ahnten, wozu ihre Ahnen diese Kristalle erbaut hatten, die wir heute als Archiv benutzen. Jetzt dienen diese Kristalle als Speicher und als Zugänge ins Wissensarchiv unserer Zeit. Schleiche ich grade auch nur durch Projektionen, existieren diese Räume in Wirklichkeit an anderen Orten und sind dort sehr real. Niemand weiß, wo sie sich befinden. Ich ahne, dass sich manche wirklich unter der Stadt befinden, doch längst nicht alle. Ob diese Kristallpforten andere Dimensionen oder Zeiten öffnen können? Viele der *Na'ac* sind davon überzeugt, und die *Zurajir* bauen ihre Schrecken darauf auf. War ich gerade noch zwischen Steinmauern mit Fluren und Gängen, schreite ich seit längerem zwischen Wasserwänden und Flammen einher.

„Urugnas, du bist ins Archiv der Magier vorgedrungen!"

„Ja, ja!" Als ob ich das nicht wüsste!

Durch Jehles Umarmung fühle ich seine Furcht und gleichzeitig seinen ungebrochenen Willen, mir weiter zur Seite zu stehen. Längst haben sich durch die Verbindung zum Hauptkristall unsere Gehirnwellen verbunden. Strande ich in diesem Kristall oder in einem seiner Brüder, wird Jehle das gleiche Schicksal ereilen. Schon manch ein *Na'ac* lag nach solchen Ausflügen mit weit geöffneten Augen wie tot auf dem Boden vor den tanzenden Lichtern und war nicht mehr zu wecken.

Mit Jehles Unterstützung vermag ich eine Brücke über einen Lavafluss zu schlagen. Dahinter trete ich – jetzt mit Jehle an meiner Seite – in einen schwarzen Tempel ein. Wenn auch nur unser Astral- oder Sternenleib hier verweilt, so sind wir deswegen nicht unverwundbar.

„Die Zitadelle der schwarzen *Zurajir*!", haucht Jehle ehrfürchtig, als wir den schwarzen Tempel betreten. Als mein alter Freund meine Hand ergreift, schaudert es mich so sehr, dass meine Aufmerksamkeit für einen Moment flackere. Ein Gefühl, dass ich bisher immer vollkommen eingemauert habe, droht auszubrechen. Wieder konzentriert auf die Gefahr vor uns, verfestige ich gleichzeitig die Panzer um mein Herz. Jehle ist *nur* mein bester Freund. Ich bin kein Anhänger der Göttin *Chen* und ihren gleichgeschlechtigen sexuellen Praktiken.

„Urugnas, dort!" Jehle zeigt in dieser Welt aus Gedanken, Gefühlen und Instinkten auf Truhen und Kisten.

Ich folge seinem Fingerzeig und projiziere uns näher. „Unsere eigenen Dateien und Forschungen liegen hier weggesperrt“, wundere ich mich, als ich unsere Funde erkenne. „Alles, was wir bisher über die Artefakte des nackten Mannes mit der Sonne auf dem Kopf rausbekommen haben – außer deinen *richtigen* Übersetzungen – ist hier gehortet.“

„Urugnas, wir wurden bestohlen und ahnten es bisher nicht einmal. Was sonst noch haben die anderen *Na'ac* über uns in der Hand?“

„Das Beste ist, dass mir *Nefrofretis* selbst das Geheimnis zu diesem Hochsicherheitstrakt verriet.“

„Der Anführer der Zurajir?“, fragt Jehle.

„Ich wusste nicht, dass er zu den schwarzen Magiern gehört. Nefrofretis leitet eines der Archive. Er verriet mir einmal im Trunk, wie man Brücken über die Zeitflüsse schlägt. Er wollte mich lächerlich machen oder aber, er hoffte, dass ich bei einem Versucht es zu versuchen in den Todesschlaf falle.“

„War das zu Beginn deiner Karriere, als du zum jüngsten *Na'ac* aller Zeiten geworden bist?“

Ich nicke.

„Hast du niemals Nefrofretis dunkle Aura gesehen?“, fragt mich mein bester und ältester Freund.

„Mir ist die Gabe der Hellsichtigkeit nicht gegeben!“

Abermals taucht eines der lila schimmernden Symbole auf. Bevor das tanzende Licht wieder verschwindet, aktiviere ich das Symbol mit dem Löwen, der einen anderem den Kopf abbeißt. Augenblicklich erfüllt ein lautes Brüllen die Zitadelle der schwarzen Magier.

Jehle zuckte zusammen.

Ich werfe ihm einen zärtlichen Blick zu, dessen Intension mich selbst aus dem Gleichgewicht bringt. Sofort höre ich in der Ferne Wände brechen; Wände, die nichts mit der Zitadelle des Bösen zu tun haben. Leider bleibt mir für die Aufrechterhaltung dieser Mauern keine Energie. Bis zum Zerreißen angespannt konzentriere ich mich darauf, den brüllenden Löwen zu besänftigen. Hoffnungslos!

Als mir Jehle plötzlich einen sanften Kuss auf die Wange haucht, hätte ich ihn am liebsten in den Lavastrom gestoßen. Seine Lippen glühen und bringen die vorhin eingestürzten Schutzmauern um meine Gefühle zum Schmelzen. Panisch versuche ich mich gegen das zu wehren, was sich eingesperrt befreien will. Gleichzeitig kämpfe ich mit dem Löwen, der wild um sich beißt. Gelingt es mir nicht, ihn zu bändigen, zu verwandeln oder wenigstens sein lautes Brüllen zu unterbinden, werden uns die schwarzen *Zurajir* in ihrer Zitadelle finden und einer Folter aussetzen, die für Jahrtausende andauern kann. Warum lenkt mich mein ältester Freund ausgerechnet in dem Moment ab, indem ich meine gesammelte Vorstellung fokussieren muss? Jedes Gefühl, dem ich mich verschließe, stört meine Konzentration.

Ein weiterer Kuss von Jehle, diesmal einiges näher bei meinen Lippen, lässt mich so zittern, dass die geschmolzenen Mauern um mein Herz zu feinstem Sand zerstäubt davon wirbeln. Das Licht, dass mich danach umgibt, erfasst den brüllenden Löwen und verwandelt ihn in ein schnurrendes Kätzchen.

„Die Datei ist entschlüsselt, die Warnung verstummt und der Wächter legte sich zum Schlafen hin!“, jubelt Jehle über meinen Erfolg.

Was gerade passierte, kann ich mir nicht erklären. Ich habe die Macht des Wächters gebrochen. Weitere Symbole tauchen vor uns auf. Mir ist bewusst, dass sich hinter jedem von ihnen weitere Informationen und Erkenntnisse verbergen, Gefahren oder der sichere Tod.

„Nimm das Karminrote!“ Jehle zeigt auf flitzendes Symbol, das immer nur kurz irgendwo aufblitzt, um sich sofort wieder hinter anderen zu verbergen.

Mich umgibt noch immer das helle Goldlicht, das sich aus meinem Herz befreite. Es nährt meine Kraft und verleiht mir Schnelligkeit, Zuversicht und eine Leichtigkeit komplizierte Strukturen augenblicklich mit meinem Geist zu durchdringen und aufzulösen. Meine Hände und Finger flitzen wie Mäuse durch Maisfelder. Kein Symbol, egal wie rasch es sich auch zu verbergen versucht, entkommt mir. Blitzschnell packe ich zu, jetzt wie die Zunge einer Echse auf der Jagd nach Insekten. Warum ich plötzlich einen Pyramidenspeicher zücke und all die hier geklauten Unterlagen darin verberge, schreibe ich einer Laune zu, meinem erwachten jugendlichen Übermut oder der Freude, die das Goldlicht über mich ergießt. Kaum alles zurückgestohlen, verblassen die Artefakte und unsere Forschungen. Irgendwie kann ich den Sog nicht stoppen. Nach unseren Unterlagen zerrt der Kristall in meiner Hand auch an den Regalen und zieht sie über die Zeitbrücke in einen neuen Raum. Was ich hier tue, entzieht sich meiner Kenntnis. Es passiert einfach. Alles, was vom Sog erfasst wird, verschwindet unerreichbar und gut versteckt. Warum ich ein Netz webe und es über die Zitadelle des Bösen werfe, weiß ich auch nicht. Nicht nur all unsere von den *Zurajir* geklauten Schätze fange ich damit, sondern auch den schwarzen Tempel.

„Was machst du? Urugnas, du verschlingst das Böse!"

In der Hoffnung, den schwarzen Magiern ihr Geheimversteck und den Zugriff zu uralter Technologie für immer zu verwehren, nutze ich das Goldlicht aus meinem Herzen. Damit stähle ich das Netz und ziehe es zusammen. Dann passiert es. Das Goldlicht umhüllt die Finsternis und zieht sie in den kleinen hellblau gleißenden Pyramidenspeicher.

„Du wagst es!" Eine große schwarzverhüllte Gestalt eilt herbei und wirbelt mit ihren Händen. Der *Zurajir* erweckt die Finsternis in seinem Herzen und richtet diese schwarze Magie gegen Jehle und mich.

„Ein Wächter!", warnt mich Jehle überflüssigerweise.

Der rothaarige *Zurajir* im schwarzen Mantel knurrt in einer verbotenen Sprache Formeln, fasst nach dem Goldlicht und schreit schmerzerfüllt auf. Jetzt tanzen um das Goldlicht flimmernd rote und schwarze Symbolen. Sie versuchen dem Sog zu trotzen, ihn umzukehren. Dämonen schlagen auf den Pyramidenspeicher ein und zücken Schwerter um Jehle und mich zu ermorden. Plötzlich flammt der blaue Pyramidenspeicher in meiner Hand tiefrot auf.

„Der Schwarzmantel erweckt das Böse darin!", brüllt Jehle.

Feuer schwappt aus dem Pyramidenspeicher glühend auf Jehle und mich über. Augenblicklich stehen wir im Zentrum dieses Flammeninfernos. Die Glut droht real zu werden und mich und meinen geliebten Freund zu Asche zu verbrennen.

„TU DOCH ETWAS!" schreit Jehle.

Bevor die Flammen meinen Freund erreichen, greife ich ins Zentrum des vulkanischen Fluchs und tauchte meine Hände in den Rachen des Ungeheuers. Es will zubeißen.

Der Schwarzmagier verteidigt verzweifelt die Zitadelle des Bösen mit all ihren finsteren Geheimnissen und Wesen. Immer neue Waffen befreit er aus dem Gefängnis in meiner Hand.

Jehle umarmt mich.

Ich fühle seine Liebe, aber auch seine Panik. Ich muss ihn retten! Abermals ist es das Goldlicht, das die Führung übernimmt. Erstmals verstehe ich Mutterliebe – oder überhaupt Liebe? Mein Drang, meinen Freund zu beschützen, übermannt mich vollkommen. Wellen fluten, wie Ozeanbrecher, aus mir heraus und löschen die Feuer aus Hass und schwarzer Magie. Nichts ist mehr wichtig, außer meinen lieben Freund zu beschützen. Vor geistiger Anstrengung schnaube ich keuchend, denn einen solchen telekinetischen Eingriff hätte ich nicht überleben dürfen. Wo zuvor Feuer tobte, umfließt uns jetzt plötzlich erst Wasser, dann helles blaues Licht.

Der finstere Wächter schreit verzweifelt auf. Er ahnt, dass ich seine Magie breche. Er würgt und spuckt neue Flüche aus, die sich aber nach und nach gegen ihn selbst kehren.

Jehle fasst wieder nach meiner Hand. „Urugnas, ich liebe dich!"

War ich gerade kurz davor vor Erschöpfung zusammen zu brechen, erquicken mich die Worte meines alten Freundes wie Morgentau oder wie die ersten Sonnenstrahlen nach einer kalten Nacht. Das Goldlicht umhüllt uns jetzt beide. Es bildet einen Panzer aus purer Energie und verwandelt sich in eine Sonne, die keine Schatten zulässt. Ich setze mir diese Sonne auf den Kopf, um meine Hände frei zu haben.

Der *Zurajir* sackt erschöpft auf seine Knie. Seine Flüche brechen flammen über ihm zusammen, um ihn zu verschlingen. Warum ich meine Hand nach ihm ausstrecke, um ihm zu helfen, schreibe ich der Liebe zu, die mich durch Jehles Berührung und der Sonne auf meinem Kopf übermannen.

Anstatt meine Hilfe anzunehmen, verflucht mich der Schwarzmantel. Er schreit und droht, mich in einem anderen Leben zu finden und zu töten. Sein Körper verbrennt. Gleichzeitig flüchtet sein Hass in die eingesperrte Zitadelle des Bösen, die von meinem Pyramidenspeicher vollständig aufgesogen wird. Der Geist des schwarzen Magiers verschwindet, während sein Fleisch verkohlt und die Knochen zu schwarzem Leim schmelzen, der in den Abgrund tropft.

Jehle packt meine Hand, als wir ebenfalls in die bodenlose Schwärze taumeln.

„Urugnas, was passiert?"

Als sei eine neue Welt manifestiert, ahne ich, dass wir uns nicht mehr im Reich *Tamoanchan* befinden."

Jehle zeigt mit seiner freien Hand auf einen Felsen, der vage wie der Kopf eines Wildschweines aussieht.

Wir stehen auf einem Hügel in Küstennähe am Waldrand. Unter uns breitet sich eine weite Bucht aus, in der wenige Hütten zwischen Palmen und blühenden Büschen stehen. Vor Anstrengung erschöpft, stütze ich mich schwer auf den Wildschweinkopf. Kaum berührt meine Hand den Kopf, verschmilzt der Pyramidenspeicher mit dem Felsen. Die blaue Pyramide wird einfach vom Stein absorbiert. Ein letztes Mal flammt die schwarze Magie in der Pyramide auf. Dann erlischt das Licht. Damit bricht der letzte Bann in sich zusammen. Nur noch der Fluch des rothaarigen Schwarzmantels klingt als Echo in meinen Gedanken nach: *Ich werde dich in einem anderen Leben finden, jagen und töten!*

„Mann, Alter!" Frederick schüttelt mich an der Schulter. „Du zerquetschst mir meine Hand! Echt, ich hau schon nicht ab!"

„Lass mich schlafen!"

„Luon, ich habe die Idee, wie du den ersten Kurs starten kannst! Wenn du ..."

Gähnend schupse ich ihn aus dem Bett.

„Na dann eben nicht!" Frederick verlässt das Schlafzimmer.

Der neunte Mann

„Luon, du kannst doch nicht nur fünf Männer in die Selbsthilfegruppe aufnehmen!", reklamiert Frederick, als ich ihm später in meinem Arbeitszimmer unten, von meinem Plan erzähle.

„Wir sind genug!"

„Warum haben sich all die Kerle beworben, wenn du doch keinen von ihnen willst? All die vielen Bewerbungsdossies, und du ignorierst sie alle?" Kopfschüttelnd reicht mir mein Freund diverse Umschläge. „Ich habe neue Kandidaten rausgesucht." Frederick lässt die Dossiers eines nach dem anderen auf mich niederregnen.

„Was ist gegen eine übersehbare Gruppe einzuwenden?", kontere ich. „Ich will intensiv mit jedem Einzelnen arbeiten. Es geht nicht um Spaß und Party, sondern darum, neue Wege zurück in die Arbeitswelt zu finden und sie zu gehen."

„Trotzdem!" Frederick verschränkt seine Arme vor der Brust und hockt sich nackt im Schneidersitz vor mich. „Der hier", zupft er die Papiere aus einem der Umschläge, „ist Schneider, und der hier", wiederholt er es bei einem weiteren der auf mir liegenden Dossiers, „ist Fotograf. Der hier hat das schönste Lächeln, das ich jemals gesehen habe, der hier singt und dieser ist Zauberer!"

„Ein Magier?"

„Nein! Ein Zauberer! Ein Typ, der Kaninchen aus einem Hut ziehen kann. Aber das ist nicht alles!" Frederick hält mir ein Bild von einem rothaarigen Kerl mit gestutztem Dreitagebart und einem kräftigen Körperbau unter die Nase. Natürlich hat auch dieser Mann ein Akt Bild seinen Bewerbungsunterlagen beigelegt – ein sehr geiles Bild!

„Na gut!"

„Kann ich sie alle einladen?"

„Einen noch! Dann sind wir neun, das ist eine gute Zahl, um in Dreiergruppen zu arbeiten. Den da!" Weil ich einfach nicht weiter diskutieren will, reiße ich Frederick einen der Umschläge aus der Hand. „Lade ihn ein und interviewe ihn. Wenn Ray ihn auch will, soll er unser neunter Mann sein!"

„Echt? Den da?"

„Neun, also drei mal drei! Mehr will ich nicht in der ersten Runde!" Mich interessiert komischerweise überhaupt nicht, welchem Kandidaten ich die Chance gebe.

„Willst du sein Bewerbungsschreiben nicht lesen?", wundert sich Jehle über meine Haltung. Weil ich den Kopf schüttle, fasst er kurz zusammen: „Er kommt ursprünglich aus Paris ..."

„Frederick, ich vertraue dir!" Um das zu demonstrieren, humple ich – nur noch leicht – zum Lift, um Ray unten Gesellschaft zu leisten.

„Gut! Wie du willst!" In Fredericks Stimme höre ich Trotz.

Mir ist nicht nach Streit. Nicht nach meinem Traum, in dem seine Liebe mir das Leben rettete.

Nach dem Frühstück ziehe ich mich zurück, um meinen Auftritt vor der

Gruppe zu planen. Leider will mir einfach kein bombastischer Auftakt in den Sinn kommen. Sicher ist, ich bin kein Apollon, der heute Abend seine Hose fallen lässt! Immer wieder lese ich mein Einladungsschreiben an die Finalisten: *Es ist Zeit geworden! Transformiere Deine früheren Erfahrungen, um damit Deinen persönlichen Fortschritt zu begehen. Nutze Deine Kreativität, um eine neue Ordnung Deiner Bedingungen zu schaffen. Was bist Du bereit zu opfern, damit Dein neues Selbst geboren werden kann?*

Als dann um halb sieben Uhr abends Ray Fingerfood und Frederick Getränke bereitstellen, rückt der Moment der Wahrheit immer näher. Da Frederick eine seiner giftgrünen Shorts und ein gleichfarbiges T-Shirt dazu trägt, wird er mit seiner Nacktheit nicht ablenken. Auch Ray trägt keine seiner sonst üblich bunten Westen zu flatternden Leinenhosen, sondern Jeans, ein Hemd und eine locker umgebundene rosarote Krawatte.

„Keine Party!", warne ich. Doch die beiden ignorieren mich galant, während sie all die Lichterketten in Rays Reich anknipsen wie etliche Kerzen entzünden. „Hier unten?"

„Nur zur Begrüßung!", klärt mich Frederick auf. „Zieh du dein Ding durch, wir beide tun das unsere als Gastgeber!"

Ray räumt einen langen Tisch ab, den er aus dem Schuppen holte, und legt darauf die Bewerbungsdossies der Auserwählten; auch das von Frederick und sein eigenes. Es sind nur acht, denn von mir gibt es keines. Damit jeder Kandidat sofort seinen Platz um den langen Tisch findet, ist von jedem das aussagekräftigste Foto in einem Wechselrahmen hinter dem Dossier aufgestellt und der Name darauf gedruckt. Frederick muss jedes einzelne Bild eingescannt, mit Namen versehen und farbig ausgedruckt haben, denn alle sind einheitlich groß. Das neunte Foto – ohne dazugehöriges Bewerbungsdossier – ist ein Bild von mir. Ich sitze dabei mit einem Cowboyhut vor meine Blöße haltend, sonst nackt, auf einem Holztisch in *Bellgarde-sur-Valserine.* Das Foto muss kurz nach meinem Reitunfall geschossen worden sein.

„Gefällt's dir?", fragt mich Frederick, der mich beobachtet.

„Musst du unbedingt jeden Teilnehmer nackt zeigen?", kritisiere ich die Fotoauswahl.

„Es geht um Doppelleben!", kontert Frederick. „Zudem sind sie nicht alle ganz nackt!", protestiert er und tippt auf sein eigenes Foto. „Ich selbst posiere in Cowboystiefeln und -Hut!“

„Warum trägt Emil Escher jetzt nur einen Tanga, schwarze Kniesocken und eine Weste? Ich bin mir ganz sicher, dass dieses Foto nicht zu seinen Bewerbungsunterlangen gehört!“

„Jeder unserer Truppe will herausfinden, was unter der Schale liegt – ich nehme das wörtlich!“

„Hast du Emil herbestellt und fotografiert?“

„Vielleicht?“ Frederick zuckt mit seiner Schulter.

Ich drehe eine Runde um den langen Tisch. *Quin el-Abiar* aus Libyen ist als die geil bemalte Raubkatze zu sehen. *Antonio Ambato*, der mexikanische Berner, muss ebenfalls zur Fotosession hergekommen sein, denn auch er zeigt sich freizügig, genau genommen nur mit einer Fliege, die er aber nicht um seinen Hals gebunden trägt. Die Nacktfotos von *Alex Ischl* und *Sumy Smarhon* kenne ich aus ihren Bewerbungsschreiben. Neugierig sehe ich mir das Bild von *Ray Turin* an. Er trägt tatsächlich sein Hirschgeweih und die Ziegenfellhose dazu, nur ist sein Körper leider so abgedreht, dass nur sein Arsch zu sehen ist.

„Wer ist das denn?“

„*Rajir el Brujo*!“

„El Brujo?“

„Ist das kein spanischer Nachname?“

Lachend schüttle ich meinen Kopf. „El Brujo bedeutet der Zauberer.“

„Na dann“, zuckt Frederick mit der Schulter und setzt ein Grinsen auf, „passt es ja! Es ist sein Künstlername. Ich erzählte dir doch vom Zauberer, der ...“

„Seine Hosen verschwinden lassen kann?“ Neugierig gaffe ich den provokativen rothaarigen Mann an, der splitternackt mit riesiger Latte in einer Hängematte am Strand von *Cartagena* liegt. Ich erkenne den Landstrich sofort wieder. „Der kommt aus meiner Heimat?“

„Gibt es in Kolumbien Nacktstrände?“

„Keine Ahnung! An diesem Strand“, zeige ich auf das Foto, „ist Nacktbaden definitiv nicht erlaubt.“

„Gibt es rothaarige Kolumbianer?“

„Offensichtlich! Wobei viel rot kann ich nicht erkennen“, scherze ich und spiele auf seine Intimrasur an. „Warum ausgerechnet er?“

„Weil er ein Zauberer ist!“

„Echt, deswegen?“

„Na ja“, verdreht Frederick seine Augen, „auch wegen seiner Herkunft.“

„Und?“

„Ok! Ich wusste nicht, dass er aus deiner Heimat stammt. Ich habe sein Dossier nicht gelesen. Ich wählte ihn, weil er ein geiler Typ ist und eine Latte hat, die ich live sehen will.“

Kopfschüttelnd stelle ich das Foto von *Rajir el Brujo* zurück und schnappe mir sein Dossier, um es vor dem Treffen wenigstens kurz zu überfliegen. Geboren wurde Rajir in *Bogotá*, der Hauptstadt Kolumbiens. Danach lebte er abwechselnd in Venezuela, doch hauptsächlich in Brasilien, der Heimat seiner Mutter. Vor einem Jahr kam er mit seinem Partner, einem Fotografen aus *Rio de Janeiro*, nach Paris, wo die beiden seither leben. Rajir tritt in Paris als Zauberer auf und organisiert die Ausstellungen seines Partners. Was macht er in Basel? Rajir scheint auch nicht auf Stellensuche zu sein. Wie kommt sein Dossier unter meine Bewerbungen? Seine Heimadresse ist in Paris. Ich kenne die Gegend, er wohnt in der Nähe beim *Trocadéro*.

„Frederick!“, rufe ich nach meinem Freund. Doch der ist bereits an der Haustür und begrüßt Antonio, der mit Quin zusammen als erster eintrifft; dicht gefolgt von Emil.

„Luon!“ Emil Escher eilt in einem gut sitzenden Anzug auf mich zu, um mich spontan zu umarmen. „Ich konnte es kaum erwarten! Deine Worte: *Transformiere deine früheren Erfahrungen, um neu geboren zu werden! Nutze deine Kreativität, um das zu opfern, was du nicht mehr brauchst.* Luon, diese Worte beschäftigen mich seit ich gestern deine Einladung per SMS erhielt.“

„Meine Worte?“

„Ja, schon gut! Ich habe sie für meine Zwecke etwas neu zusammengestellt. Aber trotzdem! Danke!“, antwortet Emil. Da er seinen Geigenkasten dabei hat, hoffe ich, er wird in einer Pause etwas vorspielen.

Die nächste Viertelstunde treffen alle weiteren Kandidaten nach und nach ein. Wir quatschen beim Fingerfood, als ob dies nicht ein offiziell erstes Arbeitstreffen, sondern eine Vernissage wäre. *Rajir el Brujo* ist vollkommen schwarz gekleidet und spielt überzeugend seine Zauberer Rolle. Ständig zieht er Münzen, Rosen und einmal sogar eine weiße Taube aus seinen Ärmeln unter den Augen der Versammelten. Mit seinem aufgesetzten Zylinder überragt er uns alle. Immer wieder quatsche ich kurz auf Spanisch mit ihm, warum auch Antonio sich stets in unserer Nähe aufhält. Viel Neues erfahre ich nicht von Rajir. Wenn er auch stets lächelt und alle mit seinen Tricks unterhält, traue ich ihm nicht. Seine Blicke wandern etwas zu neugierig durch den überfüllten Wohnraum von Ray, als ob er nach etwas suchen würde. Aber Rays Sachen lenken nicht nur ihn ab.

„Suchst du etwas?" Frederick fragt Rajir ganz direkt und stellt sich neben mich.

„Dieser Raum ist voller Magie!", weicht Rajir aus.

„Ray ist auch ein Zauberer", steigt Frederick darauf ein. „Rays Magie ist die Fantasie, die er durch alte Kulturen und Bräuche zum Leben erweckt."

„Es ist eine starke Magie!", bestätigt Rajir.

Bevor dieser Abend in belanglosem Geplapper ertrinkt, schnappe ich mir ein herumliegendes Muschelhorn und blase kräftig hinein. Das Dröhnen haut mich fast um. Augenblicklich unterbricht jeder das Reden und richtet seine Augen auf mich.

„Jeder von euch sucht einen neuen Job!", dabei fokussiere ich Rajir, der aber mit keiner Mimik verrät, dass er hier eventuell falsch sein könnte. „Sucht ihr einen Job, um Ende Monat mit Geld belohnt zu werden oder sucht ihr ein Abenteuer, das eure kühnsten Erwartungen übertrifft?"

„Hört! Hört!", ruft Alex. Auch heute Abend trägt er nur ein Netzshirt und Jeans, worin er perfekt aussieht.

„Aufmerksamkeit und Interesse ist der Beginn eurer Reise", fahre ich fort. „Ich lade nun jeden ein, sich hinter eines der Fotos um den langen Tisch zu stellen. Nicht hinter das eigene Bild, sondern hinter das, von jemandem, den ihr unbedingt noch besser kennenlernen wollt."

„Wir sind neun! Es gibt aber nur acht Dossiers", protestiert Frederick.

„Ich bleibe der neutrale Beobachter!", erkläre ich. Als alle einen Platz an der Tafel eingenommen haben, lade ich sie ein, das Dossier zum Foto zu lesen. „Hier", verteile ich Blöcke und Schreiber, „notiert euch die Impulse, die ihr beim Lesen und Betrachten der Fotos bekommt. Schreibt einfach auf, was euch einfällt. Zensiert nicht! Wer ist der Mann, dessen Leben ihr hinter dem Lebenslauf zu erkennen glaubt? Welches könnten seine heimlichen Träume, Wünsche oder Fantasien sein? Was verbirgt sich zwischen den Zeilen? Zerrt es ans Licht!“

„Cool!“ Frederick schnappt sich Emils Bewerbungsunterlagen und notiert sich seine Gedanken dazu.

Schon nach fünf Minuten bitte ich darum, den Platz zu wechseln und einfach zum Nächsten in der Runde weiter zu gehen. Wichtig ist, dass jeder für jeden neuen Kandidaten ein neues Blatt Papier nimmt und dieses mit dem Namen des Betreffenden kennzeichnet. Als nach einer Dreiviertelstunde jeder zu jedem etwas aufgeschrieben hat, verteile ich Karteikarten und bitte in der nächsten Viertelstunde Highlights in Stichworten zu jeder Person auf beliebig viele Kärtchen zu schreiben. Diesmal soll auf Namen verzichtet und alles, was direkt auf den betreffenden schließen lässt, weggelassen werden; also Heimatort, Aussehen oder frühere Jobs. All diese Karten mit einzelnen Sätzen oder Stichworten sammle ich am Ende wieder ein, mische sie und lasse reihum jeden solange ziehen, bis alle Karten gleichmäßig verteilt sind.

„Was ihr jetzt auf euren gezogenen Karten in Händen haltet, sind Inspirationen für euch selbst. Es geht nicht darum, sie wieder anderen zuzuteilen. Lasst euch davon beflügeln. Tut so, als ob das auf der Karte exakt euch selbst beschreiben würde.“

„Und falls es überhaupt nicht zutrifft?“, reklamiert Sumy.

„Tut so, als ob! Seht es als ein Spiel an! Eure Karten dienen als Lupen, Kleines zu vergrößern; als Scheinwerfer, um Unbekanntes in der Dunkelheit zu beleuchten; oder sie dienen als Leuchtfeuer, die neue Wege durch das Labyrinth ungeahnter Möglichkeiten aufzeigen. Notiert euch dabei eigene Ideen, oder was die Worte auf den Karten bei euch auslösen. Überlistet euren Verstand und eure fixen Meinungen über euch selbst. Tut so, als ob ihr wirklich Schätze entdecken würdet oder zumindest eine Karte dazu erhalten hättet.“

Weil jeder mit neuen Ideen über sich selbst beschäftigt, schockiert oder überrascht ist, unterbreche ich erst nach einer halben Stunde wieder. „Wir machen Pause! In zwanzig Minuten wieder am Tisch!“

„Keine Feedback?“, murrt Quin.

„Erst nach der Pause! Ray hat alkoholfreie Liköre in der Küche bereitgestellt."

Ray eilt voraus. Bis auf Rajir folgen ihm alle anderen.

„Du bist in *Bogotá* geboren?", wechsle ich zu Small Talk.

„Meine Mutter ist aus Brasilien", antwortet mir Rajir. „Aber das ist jetzt nicht wichtig. Dies ist die Stunde des Opfers!"

„Was?" Verwirrt gaffe ich den rothaarigen Mann im schwarzen Outfit an.

„Kein Ungeweihter hat jemals den Schleier gelüftet. Dennoch ist es einem gelungen den Tempel zu verhüllen. Wo hast du ihn versteckt?"

„Haben dich die Zettel der anderen dazu inspiriert?", spiele ich den Lehrer, der zurück aufs Thema zu kommen versucht.

„Seit damals reise ich auf meiner Barke über den Styx auf der Suche nach der Zitadelle der Weisen. Wohin hast du sie versetzt? Ich fühle sie in diesem Haus!"

„Gute Show!", versuche ich ruhig zu bleiben. Der Zauberer ist mir unheimlich und seine Worte jagen mir Angst ein.

Rajir lacht schallend auf! „Luon, du hast mich durchschaut! Eine Bemerkung auf einer der Karten fordert, dass ich direkt zum Kern der Sache vorstoße! Ich soll die Schleier lüften und meine Reise durch die Unterwelt beenden."

„Wer hat das denn geschrieben?"

„Jemand mit Fantasie!" Rajir zieht mir eine Münze aus der Nase und reicht sie mir. Es ist ein kolumbianischer Peso.

Uraltes Karma

Frederick gesellt sich mit zwei Gläsern Sanddorn-Brombeersaft zu mir. „Rajir ist ganz schön unheimlich!", flüstert er mir zu.

„Du wolltest ja unbedingt noch einen Magier in der Runde haben! Er spielt nur glaubhaft seine Rolle."

„Das, oder er ist nicht der, der er vorgibt zu sein. Irgendetwas an ihm passt nicht zusammen."

„Eine deiner Ahnungen? Warum erst jetzt? Bei Quin und Alex warst du sofort sehr kritisch."

„Alex traue ich noch immer nicht über den Weg“, bestätigt Frederick. „Doch dieser *el Brujo* ist manipulierend. Er verbirgt hinter seinem Hokuspokus echte Dunkelheit. Hast du bemerkt, wie er das Zimmer mit seinen Blicken durchsuchte?“

„Wo ist er eigentlich?“

Frederick wirbelt um die eigene Achse und eilt danach durchs Erdgeschoss. Kopfschüttelnd kommt er zurück. „Die Toilette ist auch unbenutzt.“

„Ob er sich oben in unseren Zimmern rumtreibt?“

Frederick pfeift durch seine Zähne. Ray eilt aus der Küche. „Weißt du, wo Rajir ist?“, fragt er ihn, als wir drei unsere Köpfe zusammenstecken.

„Er stand vorhin mit einem Drink beim Lift!“ Ray wird aschfahl. „Frederick, sind die Holztiere im Safe?“

Auch meinem Freund weicht alle Farbe aus dem Gesicht. Warum Frederick und Ray beide plötzlich am ganzen Leib zittern, verstehe ich nicht. Was hat es mit *Paz* und *Felicidade* nur auf sich? Ray blockiert den Lift und Frederick hetzt der Treppe hoch. Ich eile ihm nach. Ganz oben im Schlafzimmer finden wir Rajir. Er schnappt sich gerade die vier Holztiere, stopft sie in eine Tasche. Ertappt wirbelt er zu uns herum, grabscht nach einem Pulver in seiner Tasche und bläst es uns ins Gesicht. Grob schupst Rajir Frederick beiseite, um über die Treppe mit der Beute zu entkommen.

Frederick schreit vor Schmerzen auf. Mir glühen die Augen. Ray kommt mit dem Lift an und zieht Frederick und mich sofort ins Badezimmer, damit wir uns die Augen mit viel Wasser auswaschen. Ray leckt in meinem Gesicht und ruft aus: „Pfeffer und eine Substanz, die Halluzinationen hervorruft! Ich hole Baldrian und ein Gegenmittel.“

Mit dem Kopf unter dem Duschkopf löscht das kalte Wasser das Brennen. „Ray, hast du nichts abbekommen?“

„Rajir hat mich nicht aus dem Lift kommen sehen! Frederick, spüle weiter!“, instruiert Ray meinen Freund, der über dem Waschbecken lehnt. „Ich verfolge ihn!“

„Dieser verdammte Magier hat uns nach all den Jahrhunderten aufgespürt!“, murrt Frederick.

„Du glaubst, Rajir ist der Dieb, der schon einmal hier eingebrochen ist?“

„Worauf du wetten kannst!“, faucht mein Freund. „Was machen wir jetzt? Unsere Giraffen und Wildschweine wurde uns unter unserer Nase geklaut!“

„Du bist mein *Felicidade*!“ Ich schlucke Duschwasser, huste und wiederhole: „Frederick, nur du bist mein Frieden und mein Glück. Das hölzerne Wildschwein und die Giraffe sind nur ...“

„Ich schwöre dir“, dreht Frederick seinen Kopf im Waschbecken mir zu, „ich hole uns unsere Giraffen und Wildschweine zurück! Bei meinem Schwur als Wächter, ich ruhe nicht, bis ich Rajir zur Strecke gebracht habe.“

„Übertreibst du nicht etwas?“, sorge ich mich um das geistige Wohl meines Freundes, der wieder, wie beim ersten Diebstahl vollkommen ausrastet.

„Warum hast du nicht auf mich gehört und die Holztiere im Safe eingeschlossen!“

„Ich habe keinen Safe!“, verteidige ich mich.

Nach Rays Wundermitteln erholen sich unsere Augen, das Brennen lässt nach und die Rötungen gehen zurück.

„Was war das?“, will Sumy wissen, der verwundert ab der Aufregung und Fredericks herumschreiendem Klagen hochkam. „Warum ist Rajir aus dem Haus getürmt mit Ray auf seinen Fersen?“

Weil auch alle anderen die überstürzte Flucht von Rajir el Brujo mitbekommen haben, wird die Pause einiges länger als geplant. Da aber alle auch über ihre Zettel mit den zufälligen Tipps und was diese in Gang setzten reden, erfüllt sich trotzdem das Ziel des heutigen Abends. Die Aufmerksamkeit aller ist auf neue Talente, verborgene Interessen und Geheimnisse gelenkt. Selbst Rajirs Diebstahl gehört irgendwie mit ins Bild. Weil Frederick, kaum dass er wieder sehen kann, per SMS mit Ray Kontakt aufnimmt und danach auf seinem Fahrrad die Jagd nach dem Dieb aufnimmt, versuche ich den Abend zu retten.

Ich trommle den Rest beim Tisch zusammen und verkünde: „Leute, Rajir hat Frederick und mich bestohlen. Er verkleidete sich als arbeitsloser Magier, um sich in unsere Runde einzuschleichen. Er klaute Symbole für Glück und Frieden. Doch echtes Glück und wahrer Frieden findet nur der, der tief in sein Herz blickt und mutig den Pfad beschreitet, den das

Leben für ihn vorbereitet hat."

„Gehört die Show dazu? Habt ihr das alles für uns inszeniert?", fragt schließlich Antonio, der mit Emil bereits darüber rätselte.

„Vielleicht?", bleibe ich vage. „Ist das wichtig? Das Einzige, was zählt ist, dass jeder von euch neue Impulse bekommen hat, wie er seine Aufmerksamkeit von Altem und Unnützem auf Neues und noch Unbekanntes richten kann. Wir sehen uns bald wieder. Ich benachrichtige euch über SMS, wann das nächste Treffen stattfinden wird."

Emil spielt danach bei Kerzenlicht auf seiner Geige und Sumy tanzt dazu. Nach Small Talk und Häppchen, leert sich das Haus erst kurz vor Mitternacht. Würde mir der Schrecken über das Ereignis nicht tief in den Knochen sitzen, wäre ich mit dem Auftakt meiner Selbsthilfegruppe sehr zufrieden.

Endlich alleine brüte ich über Fredericks Worte und seine wie Rays überstürzte Verfolgung. Was meinte mein Freund mit: *Dieser verdammte Magier hat uns nach all den Jahrhunderten aufgespürt! Bei meinem Schwur als Wächter, ich ruhe nicht, bis ich Rajir zur Strecke gebracht habe.*

Ich habe Fredericks dramatische Seite schon öfters erlebt, doch diesmal addierte sich eine Bedrohung dazu, die mir richtig Angst macht. Der Ernst und das Entsetzen in seiner Stimme über den Verlust von *Paz* und *Felicidade* und die Wildheit in seinen Augen, jagen mir noch immer einen gehörigen Schrecken ein. Ist Rajir der Schwarzmantel, der Frederick und mich damals, als wir beide als Jehle und Urugnas, die Zitadelle der schwarzen *Zurajir* in jener vergangenen Kultur, die heute das moderne Mexiko ausmacht, unschädlich machten? Warum bewachen Ray und Frederick meine beiden Holztiere, als ob unser aller Leben davon abhängt?

Plötzlich erinnere ich mich der letzten Worte meines Vaters, als er mich im Schrank auf unserem Anwesen in *Cartagena* vor den Mördern meiner Familie versteckte: *Luon, du darfst Felicidade und Paz niemals verlieren. Eines Tages werden sie dir den Weg weisen. Halte sie fest, egal was passiert! Jetzt höre auf zu weinen und sei ein Mann!* Gerade ist mir wirklich zum Weinen. Ich habe das Einzige verloren, was mir aus der Kindheit und aus Kolumbien geblieben ist.

Da meine beiden Freunde um zwei Uhr noch immer nicht von der Jagd zurück sind, forsche ich nach allen Ereignissen, die mit unserer Familie zu tun haben. Viel Neues finde ich nicht. Offiziell war unsere Familie im Smaragdhandel tätig. Erst als ich anfange über die Ereignisse zu recherchieren, die mit dem Familien Anwesen zu tun haben, passt plötzlich so einiges nicht mehr zusammen. Zudem finde ich noch etwas heraus, dass ich nicht verstehe. Als ich ungefähr fünf Jahre alt war, verwüstet ein Unwetter *Cartegenas* und besonders den Hügel mit unserem Anwesen. Der Sturm, wie es so einen noch nie in der Geschichte der karibischen Stadt gab, begrenzte sich auf den Radius um den Hügel, der meiner Familie gehörte. Seltsam war damals, dass unzählige Blitze in der Nähe der Villa am immer gleichen Ort einschlugen. Eine Boulevard Presse redete vom Zorn der alten Götter.

Ich erkenne den Einschlagort. Als Kind spielte ich oft in jenem Krater, den die Blitze geschaffen hatten. Damals konnte sich niemand erklären, warum ausgerechnet dieser Hügel und speziell ein einzelner Fels an die dreißig Mal vom Blitz getroffen wurde. Forscher, die sich dem Phänomen widmete, baten meinen Großvater um die Genehmigung unser Familiengrundstück geologisch und seismisch zu messen und zu untersuchen. Bis auf die Tatsache, dass der vom Blitz mehrfach getroffene und gespaltene Fels unbekannte Energiesequenzen freisetzte, konnte sich niemand einen Reim daraus machen. Im finalen Bericht hieß es dann, dass die ungewöhnlich vielen Blitze diese Signatur im Stein verursachten. Trotzdem wurde der Fels ausgegraben und für weitere Tests und Untersuchungen nach *Bogotá* transportiert. Mehr zum Thema gibt das Internet nicht her.

Kurz vor drei Uhr kehren Frederick und Ray heim.

„Wir haben Rajir bei der *Mittleren Brücke* am Rhein unten aus den Augen verloren. Entweder entkam er in den *Birsig Tunnel* unter die Stadt oder er sprang in den Rhein, um sich schwimmend in Sicherheit zu bringen", erklärt mir Ray.

Frederick eilt, noch während Ray erzählt, nach oben, um sich Rajirs Bewerbungsdossier zu holen. „Immerhin haben wir einen Hinweis: Er lebt in Paris! Verfolgen wir ihn dahin!"

„Oder wir lassen die Polizei ihre Arbeit tun!", werfe ich ein.

„Die Polizei interessiert sich nicht für geschnitzte Kinderspielzeuge! Nein!" Frederick stemmt sich seine Hände kampfbereit in die Hüfte.

„Die Polizei versagte schon beim ersten Diebstahl! Wir müssen Rajir selbst stellen! Zudem, kennen wir ihn!"

„Tun wir?" Ist Rajir auch Frederick in Lausanne oder auf der Ranch begegnet? Weil ich ertappt mit der Schulter zucke, packt mich Frederick und schüttelt mich.

„Luon, du und ich haben ihn herausgefordert!"

„Haben wir?", frage ich sofort.

„Damals, als wir ins Archiv eingebrochen sind und ..."

„Woher weißt du davon?", wundere ich mich. Hat Frederick doch in meinem Tagebuch gelesen?

„Hallo! Ich war dabei! Schon vergessen?"

Bis zum Morgengrauen bringe ich Ray und Frederick mit meinen Traumnotizen auf den neuesten Stand. Wir trinken extra starken Kaffee und notieren uns Details.

„Wir müssen nach Paris!", fasst Frederick nach zwei Stunden zusammen. „Der schwarze *Zurajir* aus jenen Tagen lebt unter uns. Falls es ihm gelingt, die Zitadelle des Bösen aus ihrem Gefängnis zu befreien, kann alles passieren."

„Aber die Kristallpyramide ist verschollen!", werfe ich ein.

Ray und Frederick wechseln Blick.

„Was jetzt? Leute, kennt ihr etwa den Aufenthaltsort dieses Kristalls?" Trotz der erschlagenden Übereinstimmungen unserer Erinnerungen und Visionen glaube ich noch immer nicht wirklich an früheren Leben; schon gar nicht an Magie und böse Zauberer. Es muss einfach eine logische oder zumindest eine psychologische Erklärung für all das geben. Meine Träume aufzuschreiben und darüber nachzudenken, sah ich doch letztlich immer als ein Studium über mein Unterbewusstsein an. Natürlich habe ich noch hundert andere Erklärungen, nur leider passt keine so gut, wie die Tatsache, dass Menschen beim Tod nicht sterben, sondern einfach den Körper wechseln. Fredericks Details über jenes gemeinsame Leben als befreundete Forscher sind zu präzise. Alles was er selbst ergänzt, steht nicht in meinem Tagebuch. Nachdem ich Sumys Geschichte auch noch vorgelesen habe, schnaubt Frederick.

„Der! Sumy war der blonde Verführer vom verrückten Gottkönig? Mann, habe ich *Shapash* und seine Launen gehasst!"

„Wir alle haben uns verändert!", wirft Ray ein. „Seit jenen Tagen sind tausende von Jahren vergangen. Wir alle haben uns weiterentwickelt und aus unseren Fehlern gelernt."

„Haben wir das?", bezweifle ich. Mit meinem Wissen über die Psyche des Menschen könnte ich allerlei erklären, vertuschen, verschleiern oder behaupten. Schizophrenie, gespaltene Persönlichkeit, Wahnvorstellungen, Flucht vor der Wirklichkeit, Depression, Verdrängungen, Angst und so weiter. Alles lässt sich immer auch in das eigene Werte- und Glaubens-System packen.

Frederick scheint meine Gedanken zu lesen, denn er sagt: „Luon, jede Religion – auch die Psychologie oder die moderne Medizin – arbeitet mit Mustern und Glaubenssätzen. Aber Fakt ist, nicht alles lässt sich erklären! Zudem verleugnen sowohl die moderne Medizin wie auch die Psychologie, genauso wie die meisten der orthodoxen Religionen, die Tatsache von Karma und Wiedergeburt. Was muss denn noch passieren, damit du endlich handelst? Der Pyramidenspeicher wollte gefunden werden! Irgendwie fand er den Weg zu dir." Frederick bohrt mir seinen rechten Zeigefinger in die Brust. „Entweder ließ der alte Schutz nach oder die *Zurajir* brachen die Siegel."

„Was für Siegel?"

Statt mir zu antworten, wiederholt Ray, was Frederick schon vorschlug: „Wir müssen nach Paris!"

„Ich habe uns die Suppe eingebrockt, ich löffle sie auch aus", fügt mein Freund an.

„Hast du nicht!" Erstmals erzähle ich Frederick und auch Ray die wahre Geschichte meiner Familie.

„Alle abgeschlachtet? So, wie in diesen Action Movies über Drogenringe und die Vendetta verfeindeter Klans?" Als ich nicke, umarmt mich Frederick. „Mann, kein Wunder bist du so verklemmt!"

„Was hat das jetzt damit zu tun?"

„Dein Vater versteckte den Pyramidenspeicher in deinem Spielzeug", erklärt mir Ray.

„Der Stein war in *Cartagenas* nicht mehr sicher! Er fand seinen Weg zu dem Menschen zurück, der ihn vor vielen Jahrhunderten erschaffen hatte", fasst Frederick zusammen.

„Wir müssen nach Paris!", spreche ich es diesmal aus.

„So bald wie möglich!", sprechen meine Freunde im Chor.

Kurz vor der Dämmerung lege ich mich ins Bett. Während Frederick sich beim Sonnenaufgang neben mir im Bett in seine Kissen kuschelt, will der Schlaf bei mir einfach nicht kommen. Ist Rajir wirklich der dunkle Wächter, der mich damals verfluchte? Ist Rajir der Verfolger aus Lausanne, der Mann, der vielleicht in *Bellgarde-sur-Valserine* auf mich geschossen hatte, warum ich vor Schreck von Weißflanke stürzte? Ist er der Einbrecher, den wir bei der Polizei als Unbekannter angezeigt haben? Was ist er noch? Was bilde ich mir bloß ein? Was ist tatsächlich Realität und was nur pure Fantasie?

Viel zu aufgeregt, um zu schlafen, surfe ich nach Rajirs Adresse in Paris. Es gibt wirklich Fotos von ihm und einem Starfotografen namens *Jacques Montparnasse.* Dieser betreibt am *Trocadéro* ein Foto Studio. Wenigstens haben wir eine echte Spur!

Später, im Bett, überkommt mich endlich die Müdigkeit und ich schlafe ein. Kaum die Schwelle in eine andere Existenzebene überschritten, bin ich wieder Urugnas, der Forscher.

Seit unserem Einbruch vor zwei Nächten ins Archiv und der Entwendung unserer gestohlenen Forschungen wütete ein Sturm über *Tollan.* Unzählige Palmen sind abgebrochen und selbst mächtige *Malyamibi* Bäume sind entwurzelt und ihre Äste und Laub wirbeln durch die Straßen. Unsere Mango Bäume im Garten haben fast alle ihre noch unreifen Früchte verloren. Obwohl ich Jehle warne im Unwetter die Früchte einzusammeln, lässt er sich nicht davon abbringen. Immer wieder entriegelt er die Türverschmelzung und eilt ins Unwetter um mit einem neuen vollen Korb der Früchte ins Haus zu eilen.

„Wir brauchen Reiseproviant!" Jehle kocht die Mangos ein.

Ich wiederspreche nicht. Hat sich der *Ya'halan* etwas in den Kopf gesetzt, nutzt alles zureden nichts. Jehle bereitet unsere Flucht aus *Tollan* vor. Hun-Nal Yeh, der Flötenspieler, versteckt sich in unserem Haus, hilft bei den Vorbereitungen und dem Packen unserer Habseligkeiten. Den jungen Mann immer nackt um mich zu haben, irritiert mich. Seit ich mir meiner Sexualität nicht mehr sicher bin, sehe ich auch ihn mit ganz neuen Augen.

Der Sturm zerrt an den Nerven und den Läden. Wir sind in unserem Haus eingesperrt. Der einzige Trost ist, dass wir hinter verschlossenen Läden ohne Verdacht zu erregen unsere Forschungen studieren können. Auch ohne die Tafeln mit dem geheimen Pfad zu den Adepten, müssen wir *Tollan* verlassen.

„Sollte man *Ah-Xoc-Xins* Lehren Glauben schenken", erklärt uns Hun-Nal-Yeh, der früher sein Schüler war, „dann sind wir alle *Atma*. Jeder einzelne von uns ist Atma, das unvergänglich unsterblich Ewige, sonnengleich an Licht und Energie, den Göttern gleichgestellt an Weisheit und Kraft. Ah-Xoc-Xin lehrte mich, dass Atma sich auf Klangflammen bewegen kann und selbst Teil dieser Klangflammen zu sein scheint."

„Klangflammen?", schüttle ich mein Haupt. „Waren das die Flammen, die der Schwarzmantel auf uns abfeuerte?"

„Das, aber auch das Goldlicht, das du dir auf den Kopf gesetzt hast und ebenso die Wellen, die aus deinem Herzen kamen und uns beiden das Leben zu retten", ergänzt Jehle.

„Das klingende Licht ist der Atem und die Ursache von Allem!", bestätigt der nackte Hun-Nal-Yeh.

„Meistermusiker, glaubst du, wir sind unsterblich?"

Der Nackt nickt Jehle zu. „Atma, unser wahres Selbst, ist unsterblich! Unsere leiblichen Körper sind es nicht. Diese werden geboren, wachsen und reifen, aber sie verwelken und sterben auch. Wir sind aber nicht unser sterblicher Leib, wir benutzen ihn nur."

„Aber wenn wir Atma sind, dann müssten wir uns doch an frühere Existenzen erinnern; sowohl an die in anderen sterblichen Körpern wie auch die, in der Zeit unter den Göttern im Reich der Unsterblichen. Stimmt das, dann hätten wir alle ja auch schon gelebt!" Jehle zappelt vor Aufregung, als er seine Gedanken laut ausspricht. „Dann lebten wir ja vielleicht sogar im versunkenen Reich unserer Ahnen?"

„Kunststück wurde Ah-Xoc-Xin angeklagt und verurteilt!", werfe ich ein. „Die Priester beanspruchen das vergessene Wissen als ihr eigenes. Sie behaupten, es wäre ihnen durch die Götter geschenkt worden, warum sie sich selbst als die Auserwählten ansehen. Glauben die Menschen nicht mehr daran, dass ihr spirituelles Überleben von Ritualen und der Fürbitte von Priestern anhängt, verlieren diese jede Macht über die Massen."

„Dennoch verstehen die Priester die uralte Kristalltechnologie nicht. Wäre es anders, gäbe es keine *Zurajir*, die damit Angst und Schrecken verbreiten, und", spricht Jehle immer schneller, „dann hätte mein Urugnas ihre Zitadelle des Bösen nicht einsperren können."

„Du hast das Heiligtum der Schwarzmäntel versiegelt?" Hun-Nal-Yeh verdreht seine Augen. „Urugnas, wo hast du das Böse versteckt?"

„In diesem Pyramidenspeicher." Ich ziehe den besagten hellblauen Kristall aus meiner Tasche, um ihn dem nackten Musiker zu zeigen.

„Zeigten dir die Götter kein Versteck dafür?"

„Wie meinst du das, edler Hun-Nal-Yeh?", fragt Jehle.

„Die Adepten in der *Gläsernen Stadt* hüten das uralte Wissen wie auch die vergessene Kristalltechnologie aus dem versunkenen Mutterreich. Wenn eine so gewaltige Macht, wie die Zitadelle des Bösen dem Einfluss der *Zurajir* entzogen wurde, muss einer der Wächter es mitbekommen haben. Tauchte keiner auf?", wundert sich der Musiker.

„Doch!", verrate ich. „Jehle und ich sind in einer anderen Welt, die sehr weit südlich unserer bekannten, nahe dem undurchdringlichen Dschungel liegt, gezogen worden. Wir sind durch die geheimen Kristallpassagen über den Rand unserer bekannten Welt hinausgegangen. Im Kopf eines Felsen, der wie der Kopf eines Wildschweins geformt ist, wäre der Tempel der ewigen Nacht für immer und ewig dem Zugriff der Schwarzmäntel entzogen und versteckt."

Draußen tobt der Sturm und rüttelt an den verschlossenen Läden. Die große Palme vor der Hausquelle raschelt, als ob ein Gigant den Baum in rasendem Zorn schütteln würde.

„Wir müssen zu diesem Ort und die hellblaue Pyramide dort dem Schutz des Wildschweins übergeben. Kennt ihr den Weg dahin?" Hun-Nal-Yeh sieht abwechselnd von Jehle zu mir.

„Das sichere Versteck liegt weit im Süden. Auf der Reise dahin passierten wir die schmale Landbrücke, welche unseren Kontinent mit dem südlichen verbindet."

„Jehle, das hast du gesehen?", wundere ich mich.

„In den Archiven gibt es alte Karten. Ja!", brüstet sich Jehle. „Ich könnte den Ort tatsächlich finden. Für die Reise würde wir viele, viele Mondzyklen benötigen."

„Die Hüter in der *Gläsernen Stadt* müssen darüber informiert werden." Hun-Nal-Yeh wagt es nicht den hellblauen Kristall mit der eingesperrten Zitadelle des Bösen zu berühren.

Ich schlurfe zu einem Regal und hole eine Karte unserer bekannten Welt, um sie auf dem Tisch auszubreiten. Schwer stütze ich mich mit den Ellbogen auf dem Holztisch ab, um die kleinen Schriftzeichen entziffern zu können.

„Hier!“ Zielsicher tippt Jehle mit seinem Zeigefinger weit jenseits des schmalen Landes eine Küste an. „Genau hier standen Urugnas und ich auf dem Hügel über der Bucht. Dort muss sich der Wildschweinkopf befinden.“

„Warum kannst du die Stelle so exakt bezeichnen?“

„Weil“, sieht Jehle zu mir, „es genau oberhalb dieser Bucht war! Wer wohl diese Karte angefertigt haben mag? Sie zeichnet exakt die Küstenlinie und die Bergkette im Hintergrund nach.“

„Urugnas, woher hast du sie?“, will Hun-Nal-Yeh wissen.

„Natürlich aus dem Archiv“, erklärt Jehle.

„Was bedeuten diese Punkte?“ Der nackte Musiker tippt diverse Markierungen an.

„Das sind uralte Türme. Hier in *Tollan* steht auch einer davon. Hinter den dicken Mauern dieser Türme befinden sich gewaltige Kristalle. Zwischen diesen Türmen“, tippe ich diverse um die Hauptstadt verteilt an, „segeln die fliegenden Schiffe auf den Kraftfeldern, die von den Kristallen erzeugt werden.“

„Heute gibt es kaum noch flugfähige Schiffe“, erklärt Jehle dem Musiker. „Bis auf wenige dieser Flugschiffe, die der Gottkönig bei Zeremonien besteigt oder die Jaguar-Krieger gelegentlich benutzen, gibt es keine mehr. Zu früheren Zeiten, so steht es in alten Aufzeichnungen, verbanden diese Kraftströme alle Städte des alten Reiches mit *Sar-Kurteva*, der untergegangenen Hauptstadt auf der versunkenen Welt. Die gewaltigen Kristalle erzeugten die Wellen und verbanden die Hauptstadt mit allen Kolonien in jede Himmelsrichtung. Ja selbst über den Ozean flogen diese fliegenden Schiffe oder Fluggleiter.“

„Fantastisch!“, ruft Hun-Nal-Yeh aus. „Unsere Ahnen nutzen die Kraft des Ur-Stroms zum Reisen. Erzeugen die Kristalle noch immer diese gleitbaren Klangwellen?“

„Das oder das uralte Volk kannte die Naturgesetze viel besser, als wir das heute tun“, gebe ich zu bedenken. „Nicht alles, was uns gegenwärtig als Magie erscheint, ist wirklich Zauberei. Wir nutzen in den Archiven die Kristalle, um unsere Archive zu überwachen und Dinge für immer vor Neugierigen zu verbergen. Seit dem Einbruch glaube ich fest daran, dass die Kristalle ebenso Portale zu anderen Orten öffnen können."

„Wann brechen wir auf?", drängt Hun-Nal-Yeh.

Jehle kostet seine eingekochten Mangos, verfeinert sie mit rotem Pfeffer, frischer Minze und unzählig anderen Gewürzen und füllt die Masse danach zum Eindicken und zur Abkühlung in ausgehölte Kokosnüsse. Ganz beiläufig erwähnt er: „Der Sturm klingt heute Nacht kurz ab. Ich kann es hören!"

„Echt?", wundert sich Hun-Nal-Yeh. „Jehle, verrätst du mir die Unterschiede im Klang des Windes?"

„Wenn du mir beim Verladen hilfst!" Während Jehle die gefüllten Kokosnüsse mit Wachs versiegelt, trägt der Musiker die ersten zu den anderen Vorräten auf dem Karren, der vor dem Haus an der Palme festgebunden ist. Bevor der nasse Nackte die letzten Nüsse von Jehle entgegennimmt, flüstert der ihm die Geheimisse des Windes ins Ohr.

Später, als Jehle und sein nackter Helfer alles für eine lange Reise verstaut habe, reicht er jedem von uns einen seiner mitternachtsblauen Mäntel, die unheimliche Ähnlichkeit mit denen der Schwarzmäntel aufweisen. Ob Jehle die finsteren *Zurajir* bestohlen hat? Ist der *Ya'halan* womöglich selbst in den dunklen Künsten bewandert? Ich verscheuche diesen Gedanken und ziehe mich für die heimliche Flucht aus *Tollan* um.

Der Meistermusiker schiebt seine unterschiedlichen Flöten in diverse Halterungen seines breiten Hüftgurts. Kleidung besitzt der Musiker keine. Abermals braucht es Überredungskunst, Hun-Nal-Yeh davon zu überzeugen, dass nur Jehles Spezialmäntel sie ungesehen durch die Straßen der Hauptstadt bringen können.

Erst als Jehle ihm zuflüstert: „Hun-Nal-Yeh, du bist Atma, unsterblich und ewig. Dein Körper ist eine Hülle, die zur Volksbelustigung abgeschlachtet wird, sollten wir auf der Flucht erwischt werden. Zudem", grinst er ihn an, „dein Körper ist genaugenommen auch nichts weiter als ein Kleidungsstück!"

Kaum alle Lichter im Haus gelöscht, verschluckt die Nacht drei Schatten, die ein Karren durch die vom Sturm gezeichnete Stadt ziehen. Niemand ist auf den Straßen. Der Wind heult fordernd und der dichte

Regen tilgt jede Spur.

„Es warten Vertraute außerhalb der Stadt. Einer von ihnen wird uns einen ausrangierten Fluggleiter zur Verfügung stellen“, verrät Hun-Nal-Yeh.

„Du verfügst über einen Fluggleiter?“ Jehle ist in seinem Spezialmantel und dem Regen unsichtbar.

Mit gebeugtem Haupt schieben wir den Karren durch Pfützen und versuchen Schlammlöchern auszuweichen.

„Ich hoffe, unsere ersparten *Klatus* reichen aus, um den Fluggleiter zu bezahlen?“, brummle ich vor mich hin.

Die verschlungenen Gassen, die parallel zur langen Prozessionsstraße, welche die Mond- und die Sonnenpyramide verbinden, nehmen kein Ende. Zum Glück hat der Regen nochmals zugelegt. Blitz und Donner schützen zusätzlich unsere überstürzte Flucht. Bei diesem Wetter werden auch die Jaguar-Krieger die Wärme und die Trockenheit ihrer Häuser oder dem Palast nicht verlassen. Die Mondpyramide haben wir längst hinter uns gelassen und die Sonnenpyramide ragt immer riesiger vor uns auf.

„Ich werde unser gemeinsames Heim vermissen!“ Jehles traurige Stimme durchbricht irgendwann den Dauerregen.

Mir ist nicht nach einer Antwort.

Wir passieren die Sonnenpyramide und danach endlich den Stadtrand mit dem Fluss der Stille.

„Bei der dritten Brücke warten unsere Komplizen.“

„Komplizen?“, frage ich Jehle, als sich auch schon zwei Gestalten aus dem nassen Unterholz beim Brückenpfeiler erheben. Wenn auch vollkommen unnötig bei diesem Wetter, schieben Hun-Nal-Yeh und Jehle den Karren hinter einen *Malyamibi* Baum mit weit ausladenden Ästen, um beim späteren Umladen nicht zufällig beobachtet zu werden. „Ab hier müssen wir unser Gepäck tragen“, erklärt er. „Wir brauchen Helfer!“ Dabei zeigt er auf die beiden Komplizen. Einer von ihnen ist einiges kleiner als der andere.

„Bist du sicher, das sind keine Jaguar-Krieger?“

„Sind es nicht!“ Jehle fasst nach meiner Hand.

Augenblicklich fühlt sich mein nasser Körper warm an. „*Chandra-G'up-La*?“, wundere ich mich, als ich den kleinen Mann mit dem hohen

Gelehrtenhut erkenne. „Jehle, was macht dein Schüler hier?"

„Jehle, Urugnas, seid ihr das?" Chandra-G'up-Las Flüstern durchbricht die Stille. Neben dem kleinen Mann steht *Emesh*. Sie war einst meine beste Schülerin und zudem beinahe die Ehefrau meines ermordeten Sohnes. Jetzt ist sie mit dem kleinen Mann zusammen.

„Warum dauerte das so lange?", zischt Emesh genervt. „Macht schnell! Wir müssen aus der Stadt raus sein, bevor die Dämmerung einsetzt!"

Jehle stopft alles Mögliche vom Karren in die Geheimtaschen seines Schattengewandes. Bald sieht mein Freund aus, als ob er schwer erkrankt sei und kokosnussgroßen Geschwülsten seinen Körper übersäht hätte. Weshalb hat er bloß so viele Geheimtaschen in seinem Schattenmantel?

Bald tragen wir alle fünf *Cisso*, eine Art Schlauch aus zusammengenähten Ziegenfellen, auf unseren Rücken, die mit Ersatzkleidung und den von Jehle vorbereiteten Lebensmitteln gefüllt sind. Als dann auch noch jeder mindestens zwei Taschen erhält, ist der Karren leer. Bis auf die Blitze gibt es längst keine anderen Lichter mehr, als wir auf der anderen Flussseite einen verwilderten Park durchqueren. Hier hausen die Ärmsten des Reiches, die Ausgestoßenen und die Kranken.

„Lasst uns diesen Park rasch passieren. Hier sterben Leute wegen wenig *Klatus*." Emesh übernimmt die Führung.

Das Wetter hält uns sogar die Diebe vom Hals, als ob es uns, wie ein unsichtbarer Wächter, beschützen würde. Die Stadtmauer nach dem Park ist an vielen Stellen so brüchig, dass wir uns durch die Risse und Spalten quetschen können. Keiner der Gottkönige schenkt diesem Abschnitt der Stadt Aufmerksamkeit, denn die Klippe, auf der die Mauer einst erbaut wurde, bietet Schutz vor Eindringlingen. Schon unzählige passierten diesen geheimen Zugang. Behelfsmäßige Stufen führen uns nach unten. Meine alten Knochen schmerzen und die Tragriemen des *Cisso* schneiden tief ins Fleisch. Endlos stapfen wir, einer hinter dem anderen, tiefer ins Tal. Ständig müssen wir uns gegenseitig stützen oder an den Händen halten. Viele Stufen sind weggeschwemmt oder verwandelten sich in glitschige Todesfallen.

Im Tal angekommen, wartet eine alte Frau mit fünf *Kejendros* in einer Höhle auf uns. Ich wechsle Blicke mit Jehle. Der winkt ab und deutet mit seinem Kinn auf Emesh. Offensichtlich hat die Gattin von Chandra-

G'up-La dies organisiert.

„Reiten wir, solange die Sonne noch in der Unterwelt weilt!" Emesh hetzt uns beim Verladen unseres Gepäcks auf die langbeinigen und übelriechenden Reittiere.

Wir folgen im Tal einem Fluss, bis dieser sich weiter südlich die Hügel hoch in einen tossenden Bergbach verwandelt. Leider entpuppt sich der Ritt als alles andere als eine Ruhepause oder Erholung. Die blökenden Viecher sind wohl schnell, aber extrem unbequem zu reiten. Die Sonne geht auf, doch wegen des andauernden Regens bleibt das Licht grau.

„Lasst uns rasten!", bittet Jehle. „Urugnas braucht dringend Ruhe!" Auch Jehle ist die Anstrengung der Flucht und die schlaflose Nacht anzusehen. Sein sonst sonniges Lachgesicht ist von tiefen Furchen der Erschöpfung gezeichnet.

Wie ich wohl aussehe?

„Wir müssen aus dieser Ebene!" Emesh lässt sich zurückfallen, bis sie zwischen Jehle und mir reitet. „Hier sind wir für Fluggleiter-Patrouillen ein leichtes Ziel!"

„Wir müssen in den Westen!" Hun-Nal-Yeh reitet schon lange nackt im Dauerregen. Sein schwarzer Mantel hängt über dem Sattelknauf seines *Kejendros*. „In den Hügeln des südlichen Westens gibt zahlreiche Verstecke. In einem davon wartet der Besitzer des Fluggleiters auf uns."

„Ich falle gleich vom Rücken dieses Stinkers!", gebe ich zu bedenken. „Ich bin ein alter Mann! Meine Kräfte sind für heute aufgebraucht."

„Brrr!", befiehlt Emesh.

Kaum gestoppt, hilft mir Jehle vom Rücken des Kejendros und bettet mich unter einen überhängenden Felsen an einen Baumstumpf. Erstmals seit unserem Aufbruch rinnt mir kein Wasser übers Gesicht.

„*Q'umarka* ist nicht mehr weit von hier!", erklärt Hun-Nal-Yeh, der trotz der Strapazen weder müde noch erschöpft aussieht. Bevor er jedoch eine seiner Flöten an den Mund führen kann, um uns aufzuheitern, schlägt ihm Emesh auf die Hände.

„Bei *Chacs* Tränen! Bist du von Sinnen? Wir befinden uns auf der Flucht, verrückter Musiker! Schnappen uns die Jaguar-Krieger wird nicht nur dein Blut beim nächsten Vollmond fließen, sondern das von uns allen."

Trotzig führt der Musiker trotzdem eine seiner längsten Flöten an den Mund und setzt sich neben mich. Sein Atem entlockt dem langen Rohr einen beruhigend tiefen Ton, der mich sogleich in den Schlaf wiegt.

„Wollen wir wirklich heute schon nach Paris?" Gähnend rekle ich mich im Bett und beobachte Frederick beim Kofferpacken.

„Mit dem TGV sind wir in drei Stunden in Paris."

„Und dann?" Ich setze mich auf und beobachte den Nackten mit dem aufgesetzten Cowboyhut, wie er giftgrüne Klamotten aus dem Schrank holt und in seinen Koffer schichtet.

„Luon, wir kennen Rajirs Adresse in Paris!"

„Sie stimmt sogar!", pflichte ich Frederick bei. „Ich recherchierte über seinen Partner im Internet. Der wird am ersten Mai im *Centre Pompidou* eine Vernissage seiner neuesten Fotos haben. Ich bin mir sicher, dass Rajir als Organisator da sein wird."

„Überraschen wir ihn!", knurrt Frederick gefährlich.

„Ich kann meine Selbsthilfegruppe aber nicht schon nach dem ersten Treffen im Stich lassen?"

„Nehmen wir sie alle mit!"

„Nach Paris?", zweifle ich.

„Klar! Warum nicht? Du hast doch ein Loft an der *Seine*. Passen wir da nicht alle rein?"

Hat mein verrückter Freund schon alles geplant? „Ich habe keine acht Betten!", werfe ich ein. Trotzdem gefällt mir sein Vorschlag. Eine neue Umgebung könnte den Kerlen helfen, neue Ideen zu entwickeln und Visionen zu finden.

„Wie viele kriegst du im Loft unter?"

„Fünf oder sechs, wenn ich Klappbetten organisiere!"

„Wir sind aber acht! Apollon kennt Leute in Paris."

„Warte!" Ich springe aus dem Bett und halte Frederick am Ellbogen. „Warum müssen wir Rajir nach Paris verfolgen?" Der rothaarige Mann verfolgt mich schon mein halbes Leben. Bestimmt lauerte er mir schon in *Caracas* auf, wahrscheinlich sogar schon in *Cartagena*?"

„Dreh den Spieß um! Werde jetzt du zu seinem Schatten. Er darf nicht entkommen. Rajir hat *Paz* und *Felicidade*! Deine und meine! Und er hat das, was sich im Bauch von deinem *Felicidade* befindet!"

„Die Zitadelle der Schwarzmäntel ist im Wildschwein?"

„Auch schon kapiert?“

„Ich bestelle alle Mitglieder unserer Selbsthilfegruppe heute Nachmittag hierher. Rufe du Apollon an und frage ihn nach der Telefonnummer seines Bekannten in Paris. Wir beide nehmen den letzten TGV heute Abend!“

Statt mir zu antworten, schlingt der Nackte seine Arme um mich und zerrt mich tanzend, wie ein Irrer, durch unser Schlafzimmer. „Wir fahren nach Paris! Wir fahren nach Paris!“

Heimliche Doppelleben

„Was willst du? Wer bist du, wenn du nicht dein Job bist? Definiert dich dein Job? Doch was, wenn du ihn verloren hast? Wer bist du dann?“

„Ich will endlich wieder einen Sinn in meinem Leben haben!“, antwortet mir Antonio als erster.

Wir sitzen im Kreis in meinem Wohnzimmer im zweiten Stock. Frederick fehlt, da er mit Apollon in der NAWA über dessen Bekannten in Paris sprechen will. Mein Freund ist viel zu zappelig, um am zweiten offiziellen Meeting der Selbsthilfegruppe teilzunehmen. Am liebsten würde er bereits im TGV nach Paris sitzen, um den Mann zu jagen, der mir und ihm das Spielzeug klaute. Natürlich geht es vordergründig nur um den im Bauch meines Wildschweins versteckten Pyramidenspeicher. Trotzdem rührt es mich, wie viel ihm unsere gemeinsamen Holzgiraffen und Wildschweine bedeuten. Fredericks Liebe und Fürsorge, seine zerbrochenen Tiere wieder zu flicken und neu zu bemalen, habe ich noch gut in Erinnerung. Was musste damals in ihm vorgegangen sein, als er als Kleinkind im Traum über den Atlantik bis nach Kolumbien reiste, um dort einem fremden Jungen beim Spielen zu beobachten? Seit ich weiß, dass Frederick immer schon über die blaue Pyramide im Bauch meines *Felicidade* Bescheid wusste, ahne ich, wie nahe er mir immer schon stand. Unsere Begegnung in Lausanne war definitiv kein Zufall.

Werden wir Rajir in Paris finden, und das bevor es ihm gelingt die Pyramide zu aktivieren und die Porte zur Zitadelle des Bösen zu öffnen? Nur wissen wir natürlich nicht, ob Rajir seine eigene Reise in die französische Hauptstadt überhaupt schon antrat. Sicher ist, er wird am ersten Mai zur Vernissage des Star Fotografen dort sein. Alles andere ist reine Spekulation. Er könnte in den noch fast zwei Wochen bis dahin auch nach Kolumbien fliegen oder sonst wohin. Versammelt er weitere Schwarzmäntel um sich? Haben sich noch weitere wieder reinkarniert? Passiert das wirklich?

„Mein früherer Job definiert mich nur doch durchs Fehlen eines Gehalts“, bringt sich Ray in die Diskussion ein. Er holt mich aus meinem Grübeln. „Ich war immer gerne Laborant. Das Forschen mit neuen Substanzen und die Erkenntnisse daraus befriedigten mich. Auch ohne meinen Job, bleibe ich Forscher. Ich brauche dazu kein Labor mehr.“

„Aber eine Küche!“ Alex Ischl lacht auf und langt nach seinem Glas, gefüllt mit einem von Rays neuesten Cocktail Kreationen aus Holunderblüten, Erdbeeren, Bärlauch und diversen anderen geheimen Zutaten. „Leute, mir fehlt der Bau überhaupt nicht!“, erklärt der ehemalige Bauarbeiter. „Ich war nur mit meinem Leib Gipser und Trockenbauer, nie mit Herz und Seele. Trotzdem, hätte ich den Unfall vor drei Jahren nicht gehabt, ich würde noch immer nichts anderes kennen.“

„Was willst du wirklich?“, wiederholt Sumy meine Eingangsfrage und schmachtet dabei den Dunkelhaarigen mit der Sonnenbrille im transparenten Seidenhemd an.

Wie schon beim Einzug von Ray, erinnert mich Alex auch heute mehr an ein männliches Katalogmodel für exklusive Unterwäsche, als an einen Handwerker. Zu einer zerrissenen Jeans, die speziell bei den interessanten Stellen zu genauerem Hinsehen verführen, trägt Alex nur noch Ledersandalen. Breitbeinig thront er zwischen Quin el-Abiar und Emil Escher, dass sich mir das Bild von *Atanu* aus den Anfängen der Maya Kultur aufdrängt.

Wenn ich Alex‘ Augen unter seiner Sonnenbrille auch nicht sehen kann, so weiß ich doch, dass darin nichts mehr vom blutrünstigen Tyrannen zu erkennen ist. Lernen wir durch die unzähligen Leben, in immer neuen Verkörperungen, wirklich dazu? Was, wenn wir letztlich doch stetig unsere Fehler wiederholen? Was bleibt aus abgelegten Leben hängen? Einige nennen diese Überbleibsel und Errungenschaften gutes oder schlechtes *Karma*. Äußerst sich das gesamte Karma in jedem einzelnen Leben? Oder bekommen wir es nur in Häppchen serviert? Stimmt es, dass wir jeden Fehler ausbalancieren oder anderes gesagt, dass wir jedes Vergehen gegen die Gesetze des Lebens zurückbezahlen müssen? Hat Alex seine Schulden in all den Leben seither bezahlt? Was, wenn nicht?

„Ich suche nach meiner Bestimmung!", antwortet Alex.

Bestimmung? Ist das ein anderes Wort, um die Umstände herbeizuführen, die helfen, unser Karma aufs Neue zu entfesseln? Ist Bestimmung die Arena, in der wir uns beweisen müssen? Oder ist Bestimmung der Zustand, der eintrifft, wenn das Karma getilgt und wir frei davon sind? Wäre Alex heute fähig, andere zu seinem Vergnügen in den Tod zu schicken? Das kann und will ich mir nicht vorstellen. Natürlich würde Alex sofort seine Kleidung ablegen und sich eine funkelnde Krone aufsetzen. Heute sind es falsche Diamanten an seinem Brillengestell und ein Glitzerstein im linken Ohr. Etwas Funkelndes braucht er noch immer – oder schon wieder. Die Schlitze in seiner Jeans sind so angebracht, dass Ausblicke auf seine Hoden und sein Pimmel beabsichtigt sind. Definitiv hallt das Echo jener Klänge nach Selbstverherrlichung als verdrängte Erinnerungen nach.

Laut frage ich: „Was ist mit versteckten Doppelleben?"

„Meinst du heimliche Träume?" Alex sieht zu mir rüber.

„Träume, Fantasien oder Wünsche!", konkretisiere ich. „Was würdest du tun, wäre alles möglich?"

„Deinen Luxuskörper als Topmodel verkaufen?" Als Sumy es ausspricht, errötet er, noch mehr, als ihm Alex über den Rand seiner Sonnenbrille zuzwinkert. „Stimmt doch!", beharrt der Ex-Balletttänzer. „Leugne es nicht!"

„Tue ich gar nicht!", gesteht Alex.

„Dein Doppelleben ist das eines Models?" Emil starrt auf Alex' Hose, die keinem verheimlicht, dass ihn der Gedanke daran härter macht. „Erotik Model?", spricht es Emil aus und hockt sich dabei mit übereinander geschlagenen Beinen so hin, dass er besser sehen kann. Er schwingt sich feminin seine Haare aus dem Gesicht und wirkt für einen Moment wie eine Frau. „Alex, hast du dich schon oft nackt fotografieren lassen?"

„Nur einmal! Dabei ist auch das Bild entstanden, das hinter dir an der Wand hängt!" Alex nickt auf sein Bewerbungsfoto. Frederick hing sie vor seinem Aufbruch zu Apollon alle an eine leere Wand. Rajirs Foto verstaute er in seinem Koffer.

„Nur einmal?“, zweifelt Quin.

„Leider ja!“ Alex hockt sich jetzt so in den Sessel, dass die Spitze seiner Latte durch einen der Schlitze hervorschaut.

„Schreib es auf!“ Ich reiche Alex Papier und einen dicken Filzschreiber.

Alex tut es. Danach liegt ein Zettel vor ihm auf dem Boden auf dem im Zentrum *Model* steht, doch rundherum immer neue Begriffe wie: Akt, Unterwäsche, Hochglanz-Erotik, Luxusartikel und vieles mehr in runden Kreisen ergänzt wurde. Einiges ist so klein gekritzelt, dass ich es aus der Distanz nicht lesen kann.

„Was Alex jetzt gerade demonstrierte, will ich, dass jetzt jeder für sich selbst tut. Schreibt auf, was ihr wollt. Zensiert nicht!“, instruiere ich die Gruppe und verteile weiteres Papier und Schreiber.

So geht das die nächste Stunde. Bis auf dem Zettel von Antonio Ambato, dem aztekisch aussehende Berner-Mexikaner, steht auf jedem anderen Zettel, was er heimlich gerne tun würde. Alles Nachfragen hilft nichts, Antonio will einfach nichts einfallen – oder er schämt sich, sich zu outen?

Quin el-Abiar verrät, dass er einmal als *Stripper* auf einer Bühne tanzen will. „Schon als Oberkellner malte ich mir aus, mitten in einer Gala Veranstaltung oder während einem Bankett aus meiner Uniform zu schlüpfen.“

Emil Escher will Geiger bleiben, doch definitiv nicht mehr in klassischen Ensembles. Auch Alex‘ Sticheleien helfen nichts, Emils Blatt verrät nur, das eine Wort *Geiger*.

Sumy Smarhon vermisst das Tanzen, doch wie Emil lechzt er nach neuem Publikum. Zusammenfassend benennt er seinen Traum *Selbstdarsteller* und *Lebenskünstler*.

Ray Turin outet sich als *Alchemist* in der Küche, was ich ihm aber nicht ganz abkaufe. Das ist nicht sein heimlicher Wunsch. Ob er davon fantasiert, sich wieder seine Hörner aufzusetzen und mit der Ziegenfellhose jeden im Raum zu besteigen? Kam ihm wirklich noch nie der Gedanke, sich als Sextherapeut zu versuchen? Plötzlich wird mir bewusst, dass auch mein Blatt unbeschrieben blieb. Welches Doppelleben lauert in mir? *Lehrer*, *Therapeut* oder *Anstifter zu Verrücktheiten*? Kurzerhand schreibe ich alle Begriffe auf.

Frederick und Apollon treffen ein.

„Leute, legt jetzt euer Blatt auf den Tisch. In der Küche unten gibt's Erfrischungen. Nutzt die Pause, um auf den Blättern der Anderen beliebig weitere Begriffe zu ergänzen", instruiere ich den Ablauf der Pause.

Frederick schnappt sich ein Papier und notiert im Zentrum *Nudist*. Keiner wundert sich, als er danach nur noch in Cowboystiefeln und einen Cowboyhut in der Küche auftaucht. „Was?", fragt er provokativ. „Leute, ich lebe meinen Traum! Das ist die nackte Seite von Frederick Ferrand!" Er verbeugt sich, als ob er eine Bühne betreten hätte und erwartet Applaus.

Alex schluckt leer, zieht sich sein transparentes Hemd aus, behält die löchrige Jean aber an. Da seine Latte die Schlitze immer stärker strapaziert, wird sie sich wahrscheinlich bald einen Weg in die Freiheit bahnen.

Emil kichert nervös und wechselt ständig Blicke zwischen Fredericks und Alex' Zeigefreudigkeit. Sumy schmiegt sich in Alex' Arme.

„Sind die beiden ein Liebespaar?", nuschle ich zu Frederick. Der verdreht seine Augen und brummelt etwas von *Sex*. Ob sich Summy von Pit getrennt hat? Sumy und Pit waren immer so verliebt gewesen. Erobert Sumy ein weiteres Mal seinen früheren Gottkönig, um ihn zu seinem Sexsklaven zu machen?

Kopfschüttelnd begrüße ich Apollon in die offene Küche. „Du hast Freunde in Paris?", komme ich gleich zur Sache.

„Mein Cousin und dessen Partner Sebastian kennen jeden Nudisten und Jobanbieter für Nacktarbeiter in Europa und Amerika. Weihnachten letztes Jahr eröffnete *Etienne* im Rotlichtviertel von Paris einen Gay Erotik Club namens *Le Garçon sans Pantalon*. Keinen Steinwurf vom Club entfernt bewohnt Etienne mit seinem neuen Freund und zwei seiner besten Freunde ein Haus. Etienne hat Platz für Untermieter."

„Wo befindet sich das Rotlichtviertel?" Wenn ich auch schon öfters in Paris war, dahin verschlug es mich nie.

„Du kennst das *Pigalle* bei *Montemartre* nicht?"

„Bei der *Sacré-Coeur* Kathedrale? Hast du die Adresse?"

„Ich komme mit nach Paris!" Apollon hakt sich bei mir unter und zieht mich zur Wand mit den Fotos. „Ich erzählte dir vom Angebot in Paris."

„Du hast den Auftrag bekommen?“

Apollon nickt. „Wenn ich mir deine Truppe so ansehe, brauche ich in Paris nicht lange nach Nudisten zu suchen.“

„Du bietest Jobs an?“

„Einmalige Gelegenheiten! Mal sehen, was ich in Paris aushandeln kann. Etienne sucht immer nach neuen Burlesque Nummern für seinen Club. „Quin“, zeigt Apollon auf das aufgehängte Foto des nackten Raubkatzenmenschen, „könnte damit sofort im *Le Garçon sans Pantalon* auftreten.“

„Frederick und Ray wohnen im Loft. Was ist mir dir?“

Apollon zuckt mit der Schulter. „Hast du noch ein Bett?“

„Jungs!“, rufe ich die Truppe wieder in den Kreis. „Wir fahren nach Paris. Apollon kann dort für experimentierfreudige temporäre Jobs anbieten!“ Damit ist jeder weitere Versuch mehr über Doppelleben und geheime Wünsche zu erfahren gestorben. Weil fast jeder finanziell entweder von der Arbeitslosenversicherung oder vom Sozialamt abhängig ist, wird aus einem spontanen Aufbruch nach Paris vorerst nichts. Ohne offizielle Abmeldung muss jeder mit Sanktionen und finanziellen Kürzungen rechnen, was sich keiner leisten kann. Selbst mein Angebot, die Zugtickets zu finanzieren und für Gratisunterkünfte in Paris zu sorgen ändert nichts. Die Klärungen verzögeren die Abreise um mindestens drei Tage.

Weil Frederick immer wieder seine Augen verdreht und mich damit ermahnt, dass er auch ohne mich heute Abend in den Hochgeschwindigkeitszug nach Paris steigt, bietet sich Ray an, mit den anderen zusammen in drei Tagen zu folgen. Bis dahin wird jeder mit seiner Beraterin oder seinem Berater auf dem Amt gesprochen haben und für einen Zwischenverdienst ein paar Tage für die Reise nach Paris zugesprochen bekommen. Weil es plötzlich jeder eilig hat, noch vor fünf Uhr einen Termin mit seinem Amt zu vereinbaren, sind bis auf Ray, Frederick und Apollon bald alle verschwunden; auch Apollon.

„Tut mir leid!“ Tröstend klopfe ich Ray auf die Schulter.

„Kein Problem! Ich werde die Zeit ohne euch beiden nutzen, meinen neuen Wohnort zu weihen!“

„Blutopfer und Sexorgien?“, scherzt Frederick. „Trägst du dabei die Hörner und die Ziegenfellhose?“

Als ich mit Frederick zusammen um kurz nach sechs Uhr das Taxi zum Hauptbahnhof besteige, schüttelt der nur immer wieder seinen Kopf. „Alter, die paar Schritte hätten wir auch zu Fuß gehen können!"

Natürlich buchte mein Lover schon drei Tickets für den Hochgeschwindigkeitszug übers Internet mit meiner Kreditkarte. Um die Wartezeit am Bahnhof rumzukriegen, kaufen wir in der Eingangshalle Sandwiches und Getränke für die Zugreise. Plötzlich tauchen zwei Gestalten, eine groß, die andere klein, hinter Ticketautomaten auf und winken wie Bekloppte.

„Was macht ihr hier?" Frederick umarmt zur Begrüßung erst Antonio Ambato und danach Emil Escher, der seinen Geigenkasten nicht loslässt.

„Wir fahren auch heute schon nach Paris!", verrät Antonio.

„Konntet ihn so schnell alles regeln?", wundere ich mich.

„Zwischenverdienst mit Aussicht auf Festanstellung klingt für jeden Arbeitslosenversicherung-Berater gut." Antonio legt seinen Tramper ab, um am Automaten ein Ticket zu kaufen.

„Nichts da! Ich bezahle!"

Weil Frederick weiß, wie dämlich und ungeschickt ich mich bei Automaten anstelle, übernimmt er die Ticketbesorgung und schiebt meine Kreditkarte zur Bezahlung ein. Erstmals fällt mir die Parallele zu meinem aktuellen Traum auf. Ich flüchte mit Frederick und Apollon zusammen aus einer Stadt und treffe auf zwei Bekannte. Aber stecken im riesigen Antonio der kleine Gelehrte Chandra-G'up-La, und im femininen Emil Escher dessen Ehefrau Emesh? Kopfschüttelnd wende ich mich ab und erspähe Apollon, der vollkommen in Weiß und Gelb gekleidet durch die Halle schreitet und sich nach uns umsieht.

Schwerbeladen schleppen wir uns zum Eingang zur Französischen Bahn am anderen Ende des Hauptbahnhofes und besteigen kurz darauf den bereits eingetroffenen TGV. Weil der Zug voll ist, können wir die reservierten Plätze nicht tauschen. Antonio und Emil reisen zwei Wagons hinter uns.

Frederick sitzt neben mir und Apollon im Sitz davor. Weil der Platz neben ihm frei bleibt, wechselt Frederick nach vorne, weil er ahnt, dass ich eh bald vom Schlaf übermannt die dreistündige Reise verpennen werde. Mit einem Ohr höre ich Apollon vom Auftrag im *Centre Pompidou* erzählen und nicke ein.

Emesh drängt zur Eile. „Habe ich geschlafen?"

Mein Körper fühlt sich nicht so an, als ich mich mit Jehles Hilfe abermals in den Sattel auf den Rücken des langbeinigen Kejendros setze. Ewig trabt das Tier danach durch den dichten Regen auf unsichtbaren Pfaden immer tiefer ins Gebirge. Der Regengott *Chac* hält die Sonne heute mit seinen Wolkenarmen fest umschlungen. Nicht ein einziger Strahl bahnt sich seinen Weg zur Erde.

Erst nach weiteren drei Tagen Ritt durch den Dauerregen erreichen wird *Q'umarka,* den letzten Rastplatz für Karawanen am Fuße des steinernen Reiches von *Cabrakan.* Keine zwanzig Menschen leben ständig am See. Beinahe zu jeder Zeit des vollen Sonnenzyklus rasteten hier Karawanen, um ihren Tieren im Schatten der Bäume für den langen Marsch in die Hauptstadt zu stärken; oder für die einsame Wanderung durch die langen Schluchten, um in den Westen oder in den Süden zu gelangen.

Irgendwo westlich von hier steht einer der Türme mit einem Kristallherz, auf dessen Schwingen die Fluggleiter auf ihren unsichtbaren Bahnen reiten. Weiter südlich sollte es noch zwei weitere geben. Wie schön wäre es jetzt in einem Fluggleiten auf unsichtbaren Klängen, federleicht durch die Lüfte zu schweben. Falls es diesen Fluggleiter, von dem Hun-Nal-Yeh sprach, wirklich gibt, erspart er uns unzählige Tagesritte. Ich saß noch nie in einem der Fluggleiter. Was, wenn die Klangwellen aus den Kristallen plötzlich verstummen, *Chacs* Regen oder *Ah-Puchs* Todesarme den Gleiter vom Himmel holt?

Die Holzhütten, die wir endlich sichten, sind vom Winden abgeschliffen und von der Sonne ausgebleicht. Doch statt Hausquellen nutzen die Bewohner und Reisenden den See. Wie bin ich froh endlich von diesem grässlich stinkenden *Kejendros* runter zu kommen. Emesh nimmt mir stumm mein Reittier ab und führt es mit ihrem zusammen in Richtung der Schenke.

„Danke!", murmle ich und lasse mich auf einen Baumstumpf nieder, um meine verkrampften Beine auszustrecken. Von der gurgelnden Brandung ist nichts zu hören, nichts vermag gegen *Chacs* Weinen anzukommen. Jehle reicht sein eigenes Kejendros an Chandra-G'up-La und setzt sich neben mich. Seit Tagen ständig nass, ignorieren wir den Regen.

„Glaubst du, wir sind hier in Sicherheit?", fragt mich Jehle.

„Hoffen wir, dass uns niemand verrät."

„Urugnas, wer soll uns verraten?", bohrt Jehle.

Falls Emesh mich immer noch für den Tod ihres ersten Geliebten – meines Sohns – verantwortlich macht, ist alles möglich.

Jehle durchschaut mein grimmiges Schweigen sofort. „Du misstraust Emesh? Sie mag dich nicht sonderlich, doch deswegen ist sie keine Verräterin!"

„Es wäre für sie die Gelegenheit, uns zu bespitzeln. Nimmt sie mir den Pyramidenspeicher mit den gestohlenen Aufzeichnungen ab und bringt ihn zurück in die Hauptstadt, wird sie im Archiv meinen Posten übernehmen. Sie würde bestimmt sofort zum *Na'ac* erhoben und wäre von allen Verdächtigungen, eventuell mit meinem verstorbenen Sohn und meiner Frau jemals gemeinsame Sache gemacht zu haben, freigesprochen."

„Niemand verfolgt uns! Urugnas, Emesh ist unserer Führerin. Sie brachte uns sicher hier nach *Q'umarka*. Der Meistermusiker vertraut ihr." Jehle legt mit seinen Arm um die Schulter und redet besänftigend auf mich ein: „Urugnas, lass uns zu den anderen gehen. Ich brauche trockene Kleidung, ein warmes Essen und ein Lager für die Nacht. Du nicht auch?"

Uns gegenseitig stützend schleppen wir uns in Richtung Schenke. Hun-Nal-Yeh, Chandra-G'up-La und Emesh belagern bereits in trockener Kleidung – oder nackt – einen der Tische in einer unbeleuchteten Ecke der Schenke. Die drei Jüngsten nagen an gebratenem Geflügel und schlürfen geschäumtes *Ve.* Jehle hilft mir in der Schenke aus den nassen Sachen und trocknet mich ab, während der Bratendurft bereits meine eingeschlafenen Lebensgeister wieder erweckt.

„Wir sollten vor Sonnenaufgang weiterziehen!" Erstmals übernimmt Chandra-G'up-La die Führung.

„Nimm jetzt endlich deine dämliche Gelehrtenkappe vom Kopf!", zischt Emesh. „Wir fallen so schon genug auf!" Die dunkelhaarige Frau greift nach der hohen Kappe ihres Mannes und schiebt sie auf die Bank neben sich.

„Es ist besser, wir verhalten uns so unauffällig, wie möglich!", flüstert Jehle.

„Warum? Jeder hier kennt mich. Ich war schon hier. Es war in dieser

Schenke, als mich die Jaguar-Krieger einfingen und in die Hauptstadt schleiften.“ Der nackte Musiker schraubt eine seiner langen Flöten, die er aus einer Tasche kramt, zusammen und stimmt in eine fröhliche Melodie ein.

Die anderen Gäste verstummen und lauschen den hellen Klängen.

Der Wirt klatscht in die Hände, füllt neue Krüge mit *Ve* und offeriert sie uns. „Junger Wanderer, du warst doch schon vor Ankunft der Jaguar-Krieger hier?“ Der fette Wirt klopft dem schönen Mann auf die Schulter und faßt nach seinem hellblonden Haar. „Kamst mir doch gleich bekannt vor. Nackte Männer mit Mondlicht-Haar sind hier selten.“

Der Musiker steht auf, verneigt sich während des Spiels zum Dank für Speis und Trank und tänzelt durch die Schenke. Obwohl ich sicher bin, dass hier kaum jemand vom neuen Sonnengott, der ausschließlich nackt dargestellt wird, gehört hat, stört sich trotzdem niemand an Hun-Nal-Yehs Aufzug. Lustknaben, Musiker und gewissen Kriegerstämme tragen meist keine Kleidung.

Während dem spontanen Flötenkonzert flüstert uns Emesh zu: „Ich will noch im See schwimmen und mir den Staub vom Leib spülen. Wer kommt mit?“

„Staub?“, wundert sich Chandra-G’up-La. „Meist du nicht eher Schlamm?“

„Wie du meinst, Gatte!“ Damit verlässt Emesh die Schenke durch den Hinterausgang, der vom See führt.

„Ich schaue nach den Kejendros!“ Damit ist auch Chandra-G’up-La gleich darauf verschwunden, seinen Gelehrtenhut trägt er zusammengeknautscht in seiner linken Hand.

Als der schöne Nackte endet, setzt er sich wieder zu Jehle und mir an den Tisch. „Wir müssen morgen bis ins verborgene Tal. Dort versteckt sich der Fluggleiter, den ich erstehen kann.“ Er schraubte sein Instrument auseinander, bläst die beiden Teile aus und versorgt die Flöte wieder in seine Tasche, um sie vom Dauerregen zu schützen. „Darf ich euch zu eurer Kammer begleiten?“

„Nein, danke! Das schaffen wir alleine!“, schnauzt Jehle.

„Ich wecke euch morgen vor Sonnenaufgang.“ Hun-Nal-Yeh bleibt als einziger am Tisch zurück und winkt die Schankwirtin zu sich herüber.

„Luon, du hast im Schlaf geschmatzt!“ Frederick sitzt wieder neben mir und boxt mich im TGV in die Rippen.

„Gar nicht wahr!“, verteidige ich mich.

„Und ob! Hast du einen leckeren Braten verschlungen?“, foppt mich Antonio und spricht dabei Spanisch.

Wenn er wüsste, wie recht er damit hat. „Ich habe wirklich Hunger! Wo sind wir?“

„Hier!“, reicht mir Emil, der ebenfalls auf einen Platz in der Nähe gewechselt hat und reicht mir ein Sandwich und ein Flasche Wasser aus Fredericks Rucksack. „Vor einer Stunde haben wir Luxemburg passiert. Wir müssten bald in Paris ankommen!“

Ankunft in Paris

Kurz nach der Verpflegung ist unser Ziel zum Greifen nah. Mich überkommt eine unglaubliche Freude und ein Gefühl von Ferien, als der TGV immer tiefer in die Metropole hineinfährt. Was wird mich hier erwarten? Die Aussicht bei Apollons NAWA-Projekt mitmachen zu können, bietet mir für die Selbsthilfegruppe ganz neue Möglichkeiten. Aber will ich die Kerle alle zu Nudisten machen? Das ist Apollons Ding, obwohl Alex, Quin und Sumy bestimmt ihren hellen Spaß daran hätten – von Frederick ganz zu schweigen.

Am *Gare de l‘ Est* angekommen, warten wir, bis alle Passagiere ausgestiegen sind, schultern unsere Rucksäcke und Taschen und holen die Koffer von der Ablage neben der Tür. Frederick setzt sich einen seiner Cowboyhüte auf und zwinkert mir zu. Warum mein Herzschlang wie bei einem Herzkranken galoppiert, verstehe ich nicht. Apollon bugsiert vor mir sein Gepäck durch die Tür aus dem Zug, und Antonio, der bereits auf dem Bahnstein steht, nimmt es draußen entgegen.

Auf dem Bahnsteig riecht es vollkommen anderes als in Basel. Obwohl es schon kurz nach zehn Uhr abends ist und die Sonne schon länger unterging, ist es dennoch frühlingshaft warm. Das zumindest behauptet Frederick, der seine giftgrüne Windjacke um den Bauch geschlungen trägt und sein gleichfarbiges Hemd bis zum Bauchnabel aufgeknöpft hat. Auch

Apollon trägt nur Flip-Flops, eine Leinenhose und ein knallgelbes Tank Top. Mir fröstelt beim bloßen Anblick und ich bin dankbar für meine Lederjacke, die Socken und meine Turnschuhe.

Das Gedränge der Ankommenden löst sich langsam auf, als auch wir zur Empfangshalle schlendern. Dort kitzelt der herrliche Duft von frischen Crêpes meine Nase.

„Apollon?", ruft eine Männerstimme.

„Etienne?", antworte der Angesprochene.

Auf einer Bank, von einem Getränkeautomaten fast verdeckt, hockt ein Typ mit kurzen braunen Haaren. Etienne hat braunen Augen und ein spitzbübisches Lächeln. Zum Anzug und einem offenen Mantel trägt er Lackschuhe. Als Etienne auf uns zukommt schüttelt er Emil die Hand, der sich ihm als erster vorstellt. Der Geiger bekommt fünf Küsse abwechselnd auf jede Wange. Mir wird schon vom Zusehen schwindelig. Dieses Marathon-Küssen wiederholt Etienne bei Frederick – dem diese Pariser-Begrüßung offensichtlich gängig ist.

„Je suis Luon!", stelle ich mich Etienne vor, als ich an die Reihe komme fünffach abgeküsst zu werden.

„Ich wollte euch unbedingt persönlich begrüßen", erklärt Etienne. „Apollon, du siehst Martin sehr ähnlich. Ihr beide habt genau die gleichen Haare und Körpergröße. Wie geht es deinem Cousin? Lebt er noch immer in *Venice Beach* in Kalifornien und verdient sein Geld als Nudist? [12] Wann besucht er wieder Paris?"

Apollon beantwortet all die Fragen und schichtet dabei sein Gepäck auf einen der Rollwagen, den ihm danach Antonio abnimmt, nachdem auch er sein Zeug darauf deponierte. Frederick tut das gleiche mit unseren Taschen und Koffern auf einem weiteren Gepäcktrolli.

„Wenn ihr wollt, kann ich euch Paris zeigen, euch zum Essen ausführen oder wir fahren zu mir in den Club?"

„Genau in dieser Reihenfolge!" Frederick klatscht begeistert in seine Hände, doch als er mein Gesicht sieht, lacht er kopfschüttelnd. „Mit all dem Gepäck? Wir fahren erst zu Luons Loft an der *Seine*."

„Etienne, komm mit!", schlage ich vor. „So können wir uns auf dem Weg und später bei mir zuhause kennenlernen."

---

[12] Mehr zu Martin Holmström in „Nackte Geheimnisse" und „Was der Wind nicht verwehen kann"

„D'accord! Ich bin mit meinem Fiat hier. Für sechs Personen ist darin kein Platz, schon gar nicht mit all eurem Gepäck. Luon, gib mir deine Adresse!“

Gesagt getan. Apollon muss sich in Etiennes Kleinwagen quetschen, da derTaxifahrer sich weigert, fünf Passagiere mitzunehmen. Zum Glück passt unser Gepäck in die Kofferräume beider Wagen.

Das Verkehrschaos in Paris erinnert mich an Venezuela und an Kolumbien. Auch dort gelten die Verkehrsregeln nur als Richtlinien. Wer am meisten hupt und drängt, kommt ans Ziel. Dennoch fügt sich alles fließend und harmonisch ineinander, selbst die Fußgänger überleben. Auf das Angebot einer Sightseeing Tour mit dem Taxi verzichten wir. So folgen wir erst südlich diversen Boulevards bis zum *Centre Pompidou*, passieren das *Hôtel de Ville*, überqueren die *Seine* und erreichen das *Quartier Latin* und bald, direkt am *Seine* Ufer gelegen das Luxusloft meiner Mutter.

„Passt!“, kommentiert Etienne. Er hilft uns beim Ausladen. Seinen Fiat parkte er einfach auf dem *Trottoire*. Wie gesagt, der Umgang mit Verkehrsregeln ist hier locker. Solange die Fußgänger irgendwie vorbei kommen, schert das keinen.

Das Loft nimmt die obersten beiden Stockwerke des Hauses ein. Einen eigentlichen Eingangsbereich gibt es nicht, man steht gleich im Wohnzimmer, das die Höhe zweier Stockwerke ausmacht. Eine gewaltige Fensterfront zeigt auf die *Seine* und die *Notre Dame* hinaus, die sich fast genau gegenüber befindet. Im hinteren Bereich des unteren Stockwerks führt neben der Küche und einem Büro eine Treppe auf eine Galerie hoch, von der zwei Schlaf- mit dazugehörigen Badezimmern abzweigen. Erst durch die Kommentare der anderen fällt mir auf, dass meine Mutter sich wirklich ein Schmuckstück gekauft hat. Wenn meine Mutter und ich in *Caracas* auch bescheiden hausten, so bin ich in einer herrschaftlichen Villa aufgewachsen und an großzügige Räume, Weite und viel Licht gewöhnt.

„Wer zieht in meinem Haus im *Pigalle-Viertel* ein?“, fragt Etienne und wundert sich, dass keiner sofort darüber jubelt.

„Ray wird hier bei Frederick und mir wohnen. Apollon, was ist mit dir?“, frage ich den schönen Hellblonden.

„Ist das *Pigalle-Viertel* nicht der Rotlicht-Bezirk von Paris?“, fragt

Antonio. „Gibt es dort auch Gay Lokale?"

„Naturellement!", schwärmt sofort Etienne. „Diverse Sex Shops, Kinos, eine Sauna und natürlich meinen Gay Club *Le Garçon sans Pantalon*!"

„Der Junge ohne Hosen?" Emil, dessen Französisch etwas eingerostet ist, will auf Nummer sichergehen.

„*Garçon* bedeutet ebenso Kellner", erklärt Frederick, „also *der Kellner ohne Hosen*!"

„Cool!", ruft Antonio aus. „Etienne, ich ziehe gerne bei dir ein. Hier ist es luxuriös, aber die Gegend ist nicht so nach meinem Geschmack. Mir ist nicht nach langen Spaziergängen der *Seine* entlang. Ich will in Paris etwas erleben!"

„Hast du auch Platz für mich?", erkundigt sich Emil und wird dabei knallrot.

„Du verrätst uns auch?", scherzt Frederick.

Ich schlucke nur leer. Wie kommt Frederick auf Verrat? Laut sage ich: „In ein paar Tagen reisen mit Ray zusammen Alex, Sumy und Quin an. Wir können dann immer noch entscheiden, wer wo einzieht."

„Ich verrate euch nicht!", beharrt Emil und wirft schmollend und sehr mädchenhaft seine Haare aus dem Gesicht.

„Ich habe für alle Platz in meinem Haus!", bietet Etienne seine Residenz als Herberge an. „Meine Mitbewohner: *Tobias*, *Clichy*, *Rivoli* und *Orsay* lieben Gäste!"

„Alter", klopft Frederick dem scheu wirkenden Emil auf die schmale Schulter, „das war nur ein Scherz! Du gehörst zu unserem Team, vollkommen egal, wo in Paris du die nächsten Tage wohnen wirst!"

„Dann ist das geklärt!", dränge ich zur Entscheidung.

Antonio zwinkert mir abermals verschwörerisch zu, wenn ich auch keine Ahnung habe warum.

„Leute, unsere Treffen der Selbsthilfegruppe ..."

„Ich plädiere für einen neuen Namen!", unterbricht mich Frederick. „Echt, wir sind doch keine Verlorenen oder hilflose Geschöpfe! Wir haben zurzeit nur keinen Job, der Geld einbringt!"

„... finden alle hier in dem Loft an der *Seine* statt", beende ich meinen Satz. „Wo jeder wohnt, und was er in Paris anstellen will, ist Privatsache."

Nur Frederick und mir fällt auf, dass Apollon erleichtert aufatmet, dass er hier in dem Loft bleiben kann.

„Doppelleben!", ruft Frederick aus.

„Was Doppelleben?"

„Der Name unserer Truppe!"

„Wohl eher *doppel-t-Leben*!", korrigiert Apollon.

„Über den Namen sprechen wir noch." Kopfschüttelnd hoffe ich, dass weder Apollon noch Frederick auf diesen Namen bestehen. Was ist an einer guten alten Selbsthilfegruppe auszusetzen?

„Sehen wir uns später im *Le Garçon sans Pantalon*?", will Etienne wissen und bestellt für Emil und Antonio ein Taxi. „Mes Amis, mein Fiat ist zu klein für drei Passagiere!"

„Ich bin kein Verräter", widerholt Emil, als er sich bei mir mit fünf Küssen verabschiedet – offensichtlich hat er sich an die Pariser-Gewohnheiten angepasst!

Kaum mit Frederick und Apollon alleine im Loft, schälen sich beide aus ihren Klamotten und lümmeln sich in den bequemen Sesseln mit herrlicher Aussicht auf die beleuchtete *Notre Dame* und das nächtliche Paris. „Für euch *Jungs ohne Hosen*, wäre Etiennes Haus doch ideal gewesen!"

Nach einer Kaffeepause vor dem Fenster, beziehe ich für Apollon das Bett im Gästezimmer und Frederick packt im Zimmer nebenan seine und meine Sachen in den begehbaren Kleiderschrank. Seit ich meinen flitzenden südfranzösischen Cowboy kenne, wollte ich ihm immer Paris zeigen. Natürlich kennt Frederick die Hauptstadt seiner Heimat bereits, doch bestimmt nicht ohne dabei auf Finanzen achten zu müssen. Seinem ständigen Grinsen und Lachen merke ich es an, dass er hier genauso auf Ferien aus ist, wie ich. Nur einmal, als er es nicht bemerkt, dass ich sein Gesicht über einen Wandspiegel sehen kann, erkenne ich eine andere Mimik. Fredericks Blick erinnert mich an einen Spurenleser und Jäger. Auch wenn mein Lover äußerlich überhaupt nicht wie der *Ur-Maya Jehle* in meiner Traumwelt aussieht, ahmt er Blick und Bewegungen exakt nach. Auch wenn ich den Zweck der Paris-Reise bis eben vergaß, Frederick bestimmt nicht. Er will den rothaarigen Rajir jagen. Als er einen Zettel mit einer Adresse in eine seiner giftgrünen Shorts schiebt, die er sich auf seine Seite des Doppelbettes legt, ahne ich, dass er bald die Fährte aufnimmt.

Apollon hilft mir Beziehen der Betten. Dass er dabei splitternackt und hart erregt ist, scheint nur mich zu verunsichern. Der hellblonde Schönling reagiert nicht auf mein heimliches Abchecken und Schmachten. Offensichtlich ist er als Nudist solches gewohnt. Verlegen sehe ich weg, wenn sich unsere Blicke treffen.

„Was weißt du über Etiennes Clubs *Le Garçon sans Pantalon*?", interview ich den Erregten.

„Nur, was mir mein Cousin am Telefon darüber erzählte oder was die Homepage des Gay Clubs verrät. Etienne übernahm den Club von seinen Eltern. Diese betrieben früher in den Räumlichkeiten eine klassische Revue mit Stripperinnen für Heteros. Etienne baute um und machte aus dem Rotlicht-Etablissement eine Gay Bar mit Disco und einer Bühne für Burlesque Künstler. Die Eröffnung fand kürzlich während Weihnachten statt. Etienne selbst singt und tritt regelmäßig zusammen mit seinem Lover Tobias dort auf." [13]

„Um was geht es bei Burlesque?", frage ich. „Bis auf den gleichnamigen Film habe ich noch nie davon gehört!"

„Der Film zeichnet ein gutes Bild. Sänger, Tänzer, Jongleure, Zauberer, Akrobaten, Clown und andere Künstler treten auf. Meist in Kostümen, die Reizwäsche oder Stripper-Uniformen nachempfunden sind. Viele Interpreten strippen während ihren Performances. Erotik und das Zeigen des nackten Körpers gehört dabei so dazu wie geschminkter Humor und glänzender Sarkasmus."

„Das wäre doch etwas für dich!"

Apollon lacht. „Weil mich meine Latte nicht irritiert? Wenn du wüsstest, was ich alles durchmachen musste, um der zu werden, der ich heute bin."[14]

„Und wer bist du heute?" Wie schon einmal, glaube ich im Nackten vor mir nicht nur Apollon Holmström zu sehen, sondern auch den Meistermusiker *Hun-Nal-Yeh*.

---

[13] Mehr zur Eröffnungsfeier des „Le Garçon sans Pantalon" in Pink Christmas Band 7

[14] Nachzulesen in den beiden Bänden: „Apollon und Mercury" und im Buch „Am Quell der Weisheit"

„Verrät das nicht schon mein Name? Apollon steht für das göttliche Prinzip *Mensch, erkenne dich selbst!* Danach lebe ich!"

„Du sprichst vom antiken Apollon?"

„Ja! Apollon brachte Licht und Erkenntnis in die damalig dunkle Zeit, lange vor den Anfängen des griechischen Aufstiegs. Als Sonnengott befreite Apollon die finstere Zeit von den Schlangenkulten, den Mänaden und schwarzen Ritualen von Mond- und Unterweltgöttinnen. Der antike Apollon ermöglichte den kulturellen Aufschwung in der antiken Welt. Er formte das mythisch Verklärte in sichtbare Gesetze und Ordnung. Apollon erschuf eine neue Harmonie. Als ebenso der Gott der Musik, lehrte er die Antike neue Klänge und fügte sie den alten hinzu. Apollon verkörpert das Licht und die Klänge der Schöpfung. Er steht für die ewige Jugend, aber auch für den Tod abgetragener Muster wie für die Wiedergeburt des ewig erneuernden Frühlings."

„Bist du darum ein Nudist?"

„Weil ich nichts von getragenen Mustern halte? Ist dir schon aufgefallen, dass ich fast ausschließlich Weiß oder Gelb trage? Oder hast du mich jemals in Karre oder Streifen gesehen?" Lachend boxt mir der Schönling in die Seite. „Ich bin Nudist, weil das zum Job gehört!"

„Als Leiter der *Nudist at Work Agency* in Basel?", frage ich.

„Da ist Nacktheit Pflicht! Ich spreche aber von meiner Bestimmung." Weil ich ihn bestimmt gerade kariert oder gestreift anstarre, lächelt er. „Ach, Luon! Apollon, als der Herr des Lichts, kann nichts verhüllen."

„Ach so!" So ein Spruch könnte von Frederick stammen.

„Der antike Apollon ist Gut und Böse, Mann und Frau, Dunkelheit und Licht in einem. Er steht für jugendliche Potenz, Kraft, Schönheit und ist als der Töter des Drachen Python bekannt. Apollon versinnbildlicht die Selbst-Erkenntnis mit all ihren Höhen und Tiefen, dem Schmerz und der Läuterung, der Selbstverantwortung und der Einsicht, die damit einhergehen. Wie schon gesagt: Apollon ist der Archetypus oder der Weg zur Realisation des wahren unsterblichen Selbst."

„Aha! Wie lange ist das her, dass Apollon Python besiegte?"

„Jeder Apollon muss seinen eigenen Drachen erschlagen – oder begnadigen. Nur wenn der Drache sich verwandelt, ist man bereit für die

Sonnen-Einweihung!“[15]

„Sonnen-Einweihung?“

Apollon stellt sich vor mich und überragt mich. Seine hellgrünen Augen funkeln für einen Augenblick und mir ist, als ob über seinem Kopf eine Sonne strahlen würde. Doch als ich blinzle, ist die Illusion verschwunden. „Luon“, spricht er mich an, „achte auf deine Träume! Zeit und Raum sind eine Illusion, wenn es um deine spirituelle Entfaltung geht. Was vor mehreren tausend Jahren passierte, kann heute genauso wichtig sein wie deine Taten des heutigen Tages. Füge das Puzzle zusammen und erkenne dich selbst! Epiket, ein griechischer Stoiker Philosoph, sagte zu seiner Zeit: *Du trägst einen Gott mit dir herum, armer Wicht, und weißt nichts von ihm*!“

„Ist *Apollon* der Gott, den du mit dir herumträgst?“, frage ich den Blonden, dessen Name zu tausend Fantasien anregt.

„Ich suchte lange nach dem Gott mit der Sonne auf dem Kopf!“ Noch während mir der Kinnladen runtersackt, lacht Apollon. „Sag jetzt bloß, du erinnerst dich nicht an unsere gemeinsame Suche nach ihm. Damals ahnten wir nur, was der nackte Mann mit der Sonne auf dem Kopf sein könnte, doch heute ...“

„Ja! Was ist mit heute?“

„Erst muss dein Herz geläutert werden. Erst muss es wie eine Sonne strahlen. Nur Liebe mag Liebe zu erkennen. Luon, erinnere dich! Du hast schon einmal mehr gewusst. Zerreiß den Vorhang vor deinem Heiligtum und trete in deinen inneren Tempel ein. Nur dort wirst du wiederentdecken, was du schon gefunden hast.“ Damit lässt mich der nackte Halbschwede alleine im Gästezimmer zurück, um im Wohnzimmer unten sein Gepäck zu holen.

Apollon ist Hun-Nal-Yeh. Er erinnert sich sehr wohl an ein gemeinsames früheres Leben. Warum kann er das nicht einfach sagen? Doch würde ich ihm glauben? Nein, natürlich nicht! Nur wenn alles vage bleibt, kann sich meine Vergangenheit mit der Gegenwart vermählen. Benenne ich Personen, Zeiten oder Orte exakt, rückt alles sehr weit auseinander. Was einmal war, das ist vorbei. Was bleibt, sind Erinnerungen, Karma, Erkenntnis und Realisation. Alles dient heute nur dazu, die eigene Ge-

[15] Nachzulesen im „Am Quell der Weisheit“

genwart zu meistern.

„Essen wir im *Quartier Latin*?", brüllt Frederick neben mir stehend. Er tropft. Offensichtlich kommt er gerade aus der Dusche, denn noch immer müssen seine Ohren mit Wasser und Seife verstopft sein. Als Apollon ihm gleich darauf, genauso nass, nachfolgt, fletsche ich eifersüchtig meine Zähne und wundere mich, wo die Zeit geblieben ist.

„Diese Dusche ist ja mega-genial! Luon, wusstest du, dass man mit den neun Düsen ..."

„Was?", knurre ich Apollon an.

„Apollon versuchte daraus ein Regenbogenportal zu ..."

„Sagt man dem jetzt so?" Mein Kopf glüht rot vor Wut.

„Wie denn sonst?" Frederick zuckt so unschuldig mit seiner Schulter, und Apollon zeigt keinerlei Reaktion auf meine Anschuldigungen, dass ich mir dumm und pubertär vorkomme.

„Ach nichts! Ja, hier im Viertel gibt es einen guten Marokkaner. Lasst uns essen gehen!" Ich, in dicker Lederjacke, Jeans und Socken in meinen Turnschuhen, passe so eingepackt kaum neben die beiden nur leicht bekleideten Sommernachts-Jungs. Beide tragen nur Flip-Flops, Shorts und dazu offene Hemden; Apollon ist vollkommen in Weiß und Gelb, und Frederick natürlich in Giftgrün gekleidet.

„Mann, wir haben bald Sommer!" Frederick hakt sich auf dem Spaziergang der *Seine* entlang bis zur *Pont Neuf* bei mir unter und zupft an meiner Lederjacke.

„Ich bin ein Kind der Karibik! Bei mir lösen diese April-Temperaturen in Europa ein Gefühl von Winter aus."

„Noch sauer?" Frederick kuschelt sich dicht an mich.

„Habe ich Grund dazu?"

„Und falls ja?", kontert er.

Mir ist bewusst, dass Frederick meine Reaktionen austestet, darum provoziere ich ihn: „Dann, mein Lieber, fahre ich nach *Bellgarde-sur-Valserine* und tanze nackt auf dem Tresen!"

„Du?" Frederick bleibt stehen und mustert mich. „Mann, davon fantasiere ich schon lange!"

„Arsch!"

„Knackarsch!" Frederick klatscht sich mit der flachen Hand drauf.

„Apollon sieht schon verdammt geil aus", flüstert er mir trotzdem zu und scheint ebenfalls keinen Millimeter nachgeben zu wollen, mich aus der Reserve zu locken. „Und ja, sein Langer dürfte bei mir überall einparken!" Dann boxt mir Frederick kumpelhaft in die Seite und fügt an: „Natürlich nur, falls er an mir Gefallen finden würde. Ich glaube, er steht auf dich und dein karibisches Aussehen. Sein Lover ist auch schwarzhaarig."

„Dann habt ihr nicht ..."

„Alter, ich würde sofort, doch nur, wenn du dabei bist!"

„Noch ein Dreier?"

Frederick kichert und sieht zu Apollon, der bestimmt zehn Meter vor uns alleine unter den Bäumen schlendert und seine Blicke durch die Nacht auf die *Seine* oder die Leute schweifen lässt. „Soll ich ihn fragen?"

Statt ins *Quartier Latin* einzubiegen, überqueren wir die *Pont Neuf* und stoppen erst bei *Forum des Halles*, wo wir in einem Restaurant ein typisch dreigängig französisches Menu vertilgen. Leider schneidet Frederick das Thema Sex nicht wieder an. Ich unterlasse es, weil ich zu feige bin, danach zu fragen. *Apollon, voulez-vous couchez avec nous?* Im Geiste frage ich hundert Mal, getraue mich aber kein einziges Mal es laut auszusprechen. Auch nicht später, als wir zum *Centre Pompidou* schlendern.

„Hier findet am ersten Mai die Vernissage des Fotografen statt. Wer deiner Jungs wird mitmachen?"

Apollons Frage bietet mir eine Brücke zu meiner Sex-Frage. Ich öffne meinen Mund, doch außer Luft entwicht nichts mehr. Abermals fehlt mir der Mut, ein Risiko einzugehen. Frederick denkt entweder gerade nicht über Sex nach oder er lässt mich zappeln? Trotzdem meldet er sich sofort:

„Ich! Ich will nur in Cowboystiefeln und Cowboyhut Häppchen an der Vernissage reichen! Davon träume ich heimlich."

„Heimlich?"

Frederick streckt mir seine Zunge raus.

„*Jacques Montparnasse* sucht Modelle für seine Serie!"

Frederick wirbelt zu Apollon herum. „Du kennst Jacques Montparnasse persönlich?"

„Ja, natürlich! Er engagierte mich!", antwortet Apollon.

„Jacques Montparnasse ist der Freund von Rajir el Brujo!"

„Von wem?" Apollon schüttelt sein Kopf. „Jemanden mit diesem

Namen kenne ich nicht!“

„Das ist der Zauberer, der Luon und mir etwas gestohlen hat, das unbezahlbar ist!“ Frederick zückt seinen Zettel mit der Adresse und hält sie Apollon unter die Nase.

„Ich erinnere mich an die Adresse“, bestätigt Apollon.

„Zufall?“, frage ich und glaube nicht daran.

„Apollon, du bist der einzige unserer Truppe, den Rajir el Brujo an unserem ersten Abend der Selbsthilfegruppe nicht gesehen hat. Falls er wirklich hier in Paris weilt, würde er bestimmt bei seinem Freund und Partner abhängen. Einen Spion aus unseren Reihen würde er leider sofort erkennen.“

„Ich soll Jacques Montparnasse ausspionieren?“ Apollon schmunzelt. Doch der Gedanke als Spitzel für Frederick und mich tätig zu sein, gefällt ihm. Das, oder er denkt gerade über einen Dreier nach, denn seine leichte Leinenhose beult sich immer mehr aus. Genau wie Frederick, hält auch Apollon nichts von Unterwäsche. „Etienne, seine Truppe wie auch Antonio und Emil werden bestimmt schon im *Le Garçon sans Pantalon* auf uns warten. Über Spionage können wir morgen reden!“

„Ich komme nicht mit!“

„Luon, bist du krank?“, sorgt sich Frederick.

„Nein! Ich muss nachdenken. Etiennes Club läuft mir nicht davon. Leute, eigentlich würde ich viel lieber mit euch ...“ Mir verschlägt es für einen Moment den Atem.

„... geilen Sex haben?“, ergänzt Frederick meinen Satz.

„... über deine Träume reden?“

Bei Apollons Worten nicke ich. „Wir drei sind heute Nacht nicht zufällig zusammen in Paris.“

„Natürlich nicht! Wir verfolgen einen Schwarzmantel, der auf keinen Fall den blauen Stein im Bauch des richtigen *Felicidade* finden darf“, bringt es Frederick auf den Punkt.

Wie wir vom *Forum des Halles* zurück an die *Seine* und schließlich vor die beleuchtete Pyramide vor dem *Louvre* kommen, entzieht sich meiner Erinnerung. Ich erzähle Apollon alles, woran ich mich in meinen diversen Träumen erinnern kann; was ich vergesse, ergänzt Frederick. Apollon lauscht aufmerksam, kommentiert aber mit keinem Wort. Die Zeit verfliegt, und Raum spielt keine Rolle. Als wir uns abermals danach, nach einem über dreistündigen Spaziergang durch den *Jardin des Tuileries* und den langen Marsch auf der *Champs Elysées* bis zum *Arc de Triomphe* dort auf den Boden setzen, habe ich alles erzählt.

„Es ist wie in deinem Fortsetzungstraum!“, nuschelt Frederick. „Antonio und Emesh haben sich auch in dieser Welt abgesetzt. Glaubst du, sie sind wirklich Chandra-G'up-La und Emesh? Emil benimmt sich oft wie eine Frau. Doch unser Antonio ist riesig, Chandra-G‘up-La hingegen ein Zwerg.“

„Glaubt ihr, dass sich Emil daran erinnert, einmal eine wunderschöne Ureinwohnerin Mexikos gewesen zu sein?“

Erstmals spricht Apollon: „Luon, erinnere dich weiter!“

„Das ist im Moment alles! Apollon, was hältst du von all dem?“

„Luon, ist das wichtig? Du und Frederick, ihr beide habt wirklich die Zitadelle der schwarzen *Zurajir* in einen Pyramidenspeicher gezogen und diesen versteckt?“

„Er befindet sich im Bauch eines Holzspielzeugs, dass Rajir uns in Basel gestohlen hat!“

„Vermag Rajir die Pyramide zu öffnen?“

„Sicher nicht!“, behauptet Frederick, um Apollon zu beruhigen. „Mein Luon war als Urugnas ein Meister Kristalltechniker. Was diese Finger versiegelten, das blieb versteckt.“

Plötzlich wird mir bewusst, warum es ratsam ist, nicht über frühere Leben mit anderen zu sprechen. Jetzt hört sich alles irgendwie verrückt und unwahr an. In der Realität der Gegenwart wird alles Vergangene zum Spuk, zur bunten Eitelkeit oder zu Morgentau, der mit den ersten Sonnenstrahlen eines neuen Tages verdampft, als ob es ihn niemals gegeben hätte.

„Lasst uns heimkehren!“ Apollon tippt auf seine Armbanduhr. „Cher Amis, es ist schon bald vier Uhr in der Früh!“

Frederick pfeift durch seine Finger und zieht mich an den Händen von der Wand des *Arc de Triomphe* hoch und zum heranrollenden Taxi.

Wir reden kein Wort auf der langen Fahrt zurück in die Loft. Auch nicht mehr zuhause. Die alte Geschichte steht plötzlich zwischen uns. Unbehaglich wasche ich mich im Badezimmer und schlüpfe zu Frederick ins Doppelbett.

„Damals waren du und ich alte Männer, und Apollon ein junger Musiker“, nuschelt Frederick hart erregt. „Heute ist er nur wenig jünger als wir beide. Ich würde ihn gerne zu uns ins Bett einladen.“

„Jetzt?“ Gähnend bin ich zu müde auch nur meine Augen nochmals zu öffnen. „Gute Nacht, mein Lieber! Apollon haut uns nicht ab!“

Natürlich erwache ich wieder im Dauerregen. Na toll!

Verräter, Verrückte und unbekannte Götter

Der Gedanken abermals einen ganzen Tag durchnässt auf einem dieser stinkenden *Kejendros* zu verbringen, lässt meine Schritte zum Stall lang werden. Emesh sieht mitgenommen aus. Hat sie in ihrem Reisemantel im Stall geschlafen?

„Die Kejendros warten unten am See. Ich habe sie bereits gesattelt und zum Fressen an die Bäume geführt“, erklärt sie.

Emesh und Hun-Nal-Yeh gehen zügig voraus und klettern auf die Reittiere. Sofort zerren sie am Geschirr, als die langhalsigen Tiere laut schmatzend die Blätter von den Bäumen reißen.

„Sie sollten vor dem Ritt nicht so viel Grünzeug fressen!“, ermahnt Chandra-G'up-La.

„Den Tieren schmecken die Blätter anscheinend besser als das Stroh in den Stallungen!“, bemerkt Jehle und schwingt sich für sein Alter ziemlich elegant auf den hohen Rücken. Für mich muss das Tier in die Knie. Der lange Ritt gestern, die Kälte durch die nasse Kleidung und die Aufregung der letzten Tage ließen mich um Sonnenzyklen altern.

Kaum haben wir *Q'umarka* hinter uns gelassen, blitzen am Horizont Lichtreflektionen.

„Fluggleiter!“, schreit Jehle.

„Fluggleiter?“

Jehle zeigt Richtung Norden, genau dahin, woher wir gestern kamen. „Die Palastwache entdeckte Hun-Nal-Yehs Flucht!“

„Wie haben die uns so rasch gefunden?“ Des Meistermusikers Frage lässt mich argwöhnisch zu Emesh blicken. Wo war sie heute Nacht? Ich versuche mein Kejendros anzufeuern, doch dem ist in dem Dauerregen weder nach einem Sprint noch nach etwas anderem, als nach Fressen zumute. Von jedem Busch zupft es Blätter oder Beeren. Chandra-G'up-La, der kleine Gelehrte, beugt sich weit zum Hals des Tieres vor. Er flüstert fremdklingende Laute. Sofort hetzt sein Tier Richtung der Hügel mit der Schlucht und dem Fluss, der den See speist. Der kleine Mann ist vollkommen eins mit seinem Tier geworden. Sein Mantel bäumt sich trotz des Regens hinter Chandra-G'up-La wie blaue Flügel. Die Herdentiere folgen dem Schnellsten.

„Wir brauchen Deckung!", brüllt Jehle.

„Dort, in den Wald!" Chandra-G'up-La schert links aus.

„WAS?" Ich verstehe im Dauerregen und dem Scharren der Hufe auf den Steinen kein Wort.

„WIR SIND VERRATEN WORDEN!", schreit Jehle.

„Wir müssen in die Berge!" Hun-Nal-Yeh übernimmt die Führung. „Dort gibt es Höhlen und Verstecke!"

Immer näher rückt die enge Schlucht mit dem Fluss. Wenn wir es bis dahin schaffen, finden wir Deckung, bevor die Fluggleiter uns sichten. Ohne dem Regen gäbe es keine Chance. Wir erreichen einen Waldstreifen. Das Blätterdach bietet uns weiteren Sichtschutz. Hinter uns zerschneiden immer wieder Lichter den dichten Regen. Es ist unklar, ob es natürlich Blitze sind oder Waffen, die auf uns abgefeuert werden.

„Sie holen rasch auf!" Chandra-G'up-La schmiegte sich enger an sein Reittier und übernimmt abermals die Führung. Wären wir noch in *Tollan* und in der Gunst des Gottkönigs, würde ich den kleinen Gelehrten zum nächsten Kejendros-Rennen anmelden und das Startgeld sponsern.

„Es sind sieben Fluggleiter! Unter die Bäume!"

„Das ist ein schwieriges Flugmanöver", klärt mich Emesh, die grimmig dreinblickend neben mir unter einem auslandenden Baum Schutz gesucht hat, auf. „Die Gleitwellen müssen mit den Kraftfeldern der Türme exakt aufeinander abgestimmt werden. Es muss sich um die neuen Modelle handeln, die eine Synchronsteuerungen zulassen."

„Neue Modelle?", zweifelt Jehle. „Wer in Tollan hat wirklich eine Ahnung von Kristalltechnologie?"

„Wer immer diese Fluggleiter baute", zeige ich nach oben auf die davon flitzenden Wolkenreiter, „er oder sie versteht etwas von der uralten Magie!"

„Haben sie uns gesichtet?“, sorgt sich Hun-Nal-Yeh, der sein Reittier, als die sieben Fluggleiter von einer Wolkenbank verschluckt werden, zu unseren lenkt.

„Im engen Tal werden sie uns nicht verfolgen können. Schnell!“ Chandra-G’up-La hetzt vorwärts.

„Dieser Weg führt zu einem Wasserfall!“, erklärt Emesh.

Wieso kennt sich Emesh hier aus? Flink springen die langbeinigen Tiere leichtfüßig über die Felsen tiefer ins Tal hinein und folgen dem Flusslauf. Der Lärm tosenden Wassers erschlägt nach einer Weile alle Sinne. Ich kann bis auf dieses wütende Wasser nichts mehr hören, und die Gischt mit dem Dauerregen zusammen verwandeln die Welt in eine graue nebelige unreale Welt. Begegnet mir hier und jetzt ein leibhaftiger Gott, würde das einfach nur passen. Das nasse Fell der Tiere wirkt wie rostiges Metall. Der angekündigte Wasserfall stürzt eine senkrecht emporragende Wand herunter. Dahinter müsste sich das ideale Versteck befinden. So ist es! Vollkommen sicher auf den glitschigen Steinen auftretend springen die Kejendros nach einander seitliche dicht am Fels hinter den brüllenden Vorhang.

„Wir sollten hier abwarten!“ Emesh klettert als erste von ihrem Kejendros und zieht sich den nassen Mantel aus.

Hun-Nal-Yeh folgt ihrem Beispiel und fühlt sich danach nackt wieder sichtlich wohler. Er hilft mir vom Reittier und führt danach meines und Jehles Tier in den hintersten Teil der Höhle, die von Licht, dass durch einen langen Spalt fällt, etwas erhellt wird. Hier wächst sogar Gras, über das sich die Tiere hermachen.

„Wie haben die uns so rasch gefunden?“, knurre ich und funkle Emesh misstrauisch an. „Jemand hat uns verraten!“

Meine Fast-Schwiegertochter hält meinem Blick stand.

„Wo ist der Fluggleiter versteckt?“, versucht Jehle die Stimmung zu lockern.

„In einem Seitental, etwa eine halbe Tagesreise weiter Richtung Süden“, verrät der nackte Meistermusiker.

„Können ihn die Fluggleiter aus der Luft nicht orten?“, fragt Jehle.

Chandra-G’up-La zuckt mit der Schulter.

„Nur, wenn er über eine automatische Anpeilung verfügt!“ Emesh versteht offensichtlich einiges mehr über Speichertechnik und die Mechanik der Kristalltechnologie.

„Funktionieren die Fluggleiter wie die Archive?“

Emesh nickt auf meine Frage. „Falls der besagte Fluggleiter ein altes Model ist, wird es nicht leicht sein, ihn zum Schweben zu bringen.“ Noch immer verfinstert sich mein Blick, wenn Emesh irgendetwas sagt oder in meine Richtung sieht. „Ich denke, ich kann es schaffen!“

„Woher hast du dieses Wissen?“ Jehles Misstrauen ist ebenso erwacht, als er Emesh konfrontiert.

„Warum hast du uns verraten?“, komme ich auf den Punkt.

Die hübsche Frau zuckt zusammen. „Uns verraten? Ich bin selbst auf der Flucht!“

„Vor was denn? Und warum?“ Jetzt ist es raus! All meine Verdächtigungen hängen, wie der Gestank der Reittiere, in der Höhle hinter dem Wasserfall.

„Alle Sympathisanten von Ah-Xoc-Xins Lehren sind potentielle Feinde des Gottkönigs!“ Emesh blickte auf den Boden und ihre langen nassen Haare hängen ihr in Strähnen übers Gesicht. „Urugnas, warum verdächtigst du mich?“

„Behauptest du, eine Anhängerin von Ah-Xoc-Xins Lehren zu sein? Wo warst du gestern Abend, als du die Schenke verlassen hast? Du warst nicht am See! Hast du einen der Kristalle berührt um im Archiv telepathischen Alarm auszulösen?“

„Wie soll das hier im Niemandsland funktionieren? Ich kann nicht in die Systeme eintauchen. Ich bin keine Telepathin. Ich kann die Kristalle nur lesen und speichern.“

„Wie willst du einen Gleiter fliegen?“, fauche ich.

„Urugnas, auch ich war gestern Nacht lange alleine!“, schaltete sich Hun-Nal-Yeh in den Streit ein.

„Wir sollten versuchen uns nicht gegenseitig zu beschuldigen!“, schlägt Chandra-G’up-La vor.

Lange hocken wir danach still in der Höhle und lassen uns vom leichten Luftzug trocknen.

„Versuchen wir zu schlafen!“ Es ist Emesh, die das lange Schweigen schließlich bricht. „Übermüdet und im Zorn werden wir Fehler begehen!“

„Bereiten wir uns vor! Das Finden des abgestürzten Fluggleiters ist nur der erste Schritt. Unser Ziel ist Ah-Xoc-Xins geheimer Aufenthaltstort."

„So ist es! Nutzen wir die Zeit für Vorbereitungen", steigt Jehle erleichtert, endlich wieder sprechen zu können, drauf ein.

„Kontaktieren wir Ah-Xoc-Xin im Zwischenreich. Schon einmal ist es geglückt. Wir wurden rechtzeitig gewarnt!"

„Wie meinst du das?", hake ich sofort nach.

„Ich sprach im Traum mit dem Adepten", offenbart uns der Musiker. „Ah-Xoc-Xin trieb mich an, euch alle lange vor Sonnenaufgang zu wecken. Hätten wir nicht sofort die Herberge verlassen, hätten wir den Schutz des Waldes nicht rechtzeitig erreicht." Der Musiker nimmt eine bequeme Stellung ein, lehnt sich mit dem Rücken an die Felswand und versucht mit geschlossenen Augen ins Zwischenreich zu gelangen. Bald ist der nackte Musiker eingeschlafen.

„Ich nenne das nicht Reisen in anderen Dimensionen, sondern einfach Traumwandeln! Nutzen wir die warme Trockenheit dieser Höhle, um Nachtruhe nachzuholen." Emesh verteilt Decken und bald rollen wir uns alle irgendwo zusammen.

Als ich erwacht, hocken Chandra-G'up-La und Hun-Nal-Yeh, die beiden Jüngsten von uns, im Gespräch um ein Feuer.

„Wir haben verschlafen!" gähnt Jehle. „Ein gutes Zeichen!"

„Wahrscheinlich sind die Fluggleiter längst weiter geflogen. Wir sollten trotzdem, so schnell wie möglich, tiefer in die Berge aufbrechen", drängt Hun-Nal-Yeh zur Eile.

„Nutzen wir die Nacht! Die Kejendros sehen nachts so gut, wie tagsüber", erklärt der kleine Gelehrte. Als wir alle Chandra-G'up-La wegen seiner Kenntnisse über die stinkenden Reittiere angaffen, verrät er, dass sein Vater zuhause drei dieser Viecher hatte und es als Knabe seine Aufgabe war, sie zu pflegen.

„Sind wir erst in *Cuauhtēmallān*, dem Land der Bäume, versagt die Verfolgung mit den Fluggleitern", erklärt Jehle. „Ich war schon dort. Es gibt im Hochland keine Türme."

„Türme?" Hun-Nal-Yeh ist der einzige von uns fünfen, der kein Mitarbeiter in den Archiven mit ihren Technologien und der Magie der Ahnen aus dem versunkenen Inselreich im Atlantik ist. Er kennt weder die Kristalltechnologie noch die Magie der Zurajir oder andere Überbleibsel aus einer längst vergangenen Hochkultur.

„Soweit bekannt ist, gibt es siebzehn Türme, die vom Seevolk hier auf dem Festland gebaut wurden. Vierzehn dieser Türme funktionieren noch." Rasch kritzelt Emesh eine grobe Karte von *Tamoanchan* in den Sand des Höhlenbodens und markiert siebzehn Stellen mit einem Stern. „Nur sind bisher drei Kristalle erloschen!" Damit streicht sie drei der Sterne durch. „Auf den unsichtbaren Wellen dieser anderen Kristalle", verbindet sie durch Linien die gezeichneten Sterne, „können die Fluggleiter, naja, eben gleiten. Wie es genau funktioniert, weiß heute niemand mehr. Ich vermute, es handelt sich entweder um Magnetismus oder um Trägerwellen, die sich mit unterirdischen Energiebahnen verbinden."

„Woher hast du dieses Wissen?" Wer ist die junge Frau, die beinahe meinen verstorbenen Sohn geehelicht hätte? Nur die *Zurajir* verfügen über Kenntnisse der uralten Magie des Inselvolkes. Ist Emesh ein Schwarzmantel? Ist sie auf der Suche nach der Zitadelle des Bösen? Statt zu antworten, schichtet Emesh aus Maismehl, Bohnen und Wasser gemischten Teig auf heiße Steine im Feuer. Bald vertreibt der herrliche Duft von frischen Fladen meinen Hunger und meine Verdächtigungen. Zusammen mit Trockenfleisch und eingemachten Mangos stärken wir uns für die Weiterreise.

Später schleichen Hun-Nal-Yeh und Chandra-G'up-La nach draußen, um Futter für die Kejendros herbeizuschaffen, die inzwischen unruhig geworden in der Höhle laut blöken.

„Warum gibst du es nicht einfach zu!"

„Ich habe uns nicht verraten!", verteidigt Emesh einen weiteren Angriff von mir.

„Jetzt seid ruhig! Beide!", schaltet sich Jehle dazwischen.

Das Warten auf die Nacht strapaziert die Nerven von Mensch und Tier. Kaum senkt sich die Sonne hinter den Bergen und die Schatten werden länger, leiten wir unsere gesattelten Reittiere aus dem Versteckt. Zum Glück hat der Regen endlich nachgelassen. Der Fluss ist angeschwollen und nicht mehr zu durchqueren. Sollten wir entdeckt werden, schränken sich die Deckungen auf der zu Beginn gewählten Flussseite ein.

Chandra-G'up-La übernimmt abermals die Führung, heute zusammen mit Hun-Nal-Yeh. Abermals mussten wir den Anhänger des nackten Gottes zwingen, den Schutz des dunklen Mantels seiner selbst auferlegten Nacktheit vorzuziehen. Erst als der hellhäutige mit dem Mond-Haar unter dem dunklen Stoff mit der einbrechenden Nacht und den Schatten verschmilzt, wagen wir es die Deckung der Felsen zu verlassen, um dem Fluss tiefer ins Gebirge zu folgen. Die Tiere genießen den raschen Galopp nach der Bewegungslosigkeit in der Höhle.

„Wir sind bald da!“ Hun-Nal-Yeh hat sich zurückfallen lassen und trottet neben mir.

„Woher hast du all die Kenntnisse der Gegend und wie bist du zu einem alten Fluggleiter gekommen?“

Hun-Nal-Yeh lacht. „Urugnas, ich bin weder ein Verräter noch ein Schwarzmantel – auch wenn ich gerade einen trage!“

„Verzeih meinen scharfen Unterton.“

„Ich kam als Knabe zu Ah-Xoc-Xin. Der Adept lehrte mich alles, was er über den nackten Gott mit der Sonne auf dem Kopf wusste. Vor allem, dass dieser Gott im Herzen von uns allen wohnt. Seine Sonne sei die Erleuchtung, die der erlangt, der ihn zur Realität machen kann.“

„Gefährliche Lehre! Sie wiederspricht so etwa in allem dem, was der neue Gottkönig über den Mann mit der Sonne auf den Kopf verkündet.“ Trotzdem decken sich diese Erkenntnisse mit dem, was Jehle und ich selbst herausgefunden haben.

„Ah-Xoc-Xin berichtet von zwei verborgenen Städten. Eine befindet sich versteckt im Gebirge von *Cuauhtēmallān*, eine zweite jenseits des schmalen Landes nördlich des ewigen Regenwaldes auf dem Kontinent im Süden.“

„Ist das unser Ziel?“

„Der Adept prophezeite, dass einer kommen wird, der das schwarze Herz einsperrt. Ich würde ihn an der Sonne über seinem Kopf erkennen. Erst glaubte ich im Funkeln auf des Gottkönigs Kopf dieses Licht zu erblicken. Aber *Atanua Nanahuatl* feiert seine Eitelkeit und keine Erleuchtung. Urugnas, der Auserwählte bist du!“

„Ich?“

„Du oder Jehle. Vielleicht auch ihr beide zusammen?“

„Mich hat der Gott mit der Sonne auf dem Kopf im Tal der Sklaven besucht.“ Flüstern erzählt ich Hun-Nal-Yeh, wie ich als junger Mann durch das Los bestimmt wurde in einem eingebrochenen Schacht, tief unter den Schürfhöhlen im Tal der Sklaven einzudringen. Wie ich deswegen zum *Na'ac* erhoben wurde und mit Hilfe einer Karte einen vergessenen Tempel an der Küste, nur wenige Tagesritte von hier entfernt, ausgraben musste. Ich erzähle dem Meistermusiker von meiner ersten Begegnung mit Jehle und schließlich auch, wie wir zusammen die Zitadelle der Finsternis – das schwarze Herz des Bösen – versehentlich in einen Pyramidenspeicher gezogen und dort versiegelt haben.

Der hellblonde Mann hört zu, ohne auch nur ein Wort zu sagen. Als ich ende, nickt er.

„Sag was!", fordere ich den schönen Nackten auf.

„Vom Fluggleiter weiß ich schon lange, mir fehlten nur die nötigen *Klatus*."

Benutzt uns der Musiker, um an unsere *Klatus* zu kommen? Doch ein Blick in die hellgrünen Augen des schönen Mannes verrät mir, dieser Flötenspieler taugt nicht zum Verräter. Emeshs hingegen schon! Sie ging im Palast ein und aus und stand kurz vor ihrer Prüfung der höheren Verschwiegenheit. Warum hasst sie mich nur so sehr? Ist Chandra-G'up-La ein derart schlechter Ersatz für meinen verstorbenen Sohn?

„Ein Karawanenführer aus meiner Heimat berichtet mir von diesem Fluggleiter", fährt Hun-Nal-Yeh fort und holt mich aus meinen Verschwörungstheorien. „Wegen einem Unwetter wurde der Fluggleiter von einem Blitz getroffen und stürzte in jenem verlassenen Tal ab!"

„Der Fluggleiter ist defekt?" Ungläubig, eine so wichtige Tatsache erst jetzt zu erfahren, starre ich den Jüngling neben mir reitend an.

„Nur die Steuerung!"

Emesh erklärt: „Aber gerade die Steuerung ist bei den alten Modellen ohne automatische Sistierung von zentraler Bedeutung!" Sie belauschte uns. Wie lange schon?

Der Angesprochene lächelt, strafft die Zügel seines Kejendros und sieht mir in die Augen. „Ah-Xoc-Xin schenkte mir eine Vorausschau."

„Eine was?" Emesh verdreht ihre Augen und lässt sich zu Jehle zurückfallen.

Der folgende Pfad ist so schmal, dass wir nur hintereinander weiterkommen.

„Urugnas, während der Vorausschau erhaschte ich einen Blick auf ein künftiges Ereignis." Hun-Nal-Yeh schloss wieder auf, als wir nach dem Aufstieg eine Ebene erreichen. Der Mond ist inzwischen aufgegangen und unzählige Sterne blinken am klaren Nachthimmel.

„Woher weißt du, dass du in die Zukunft blicktest?“ Mein Kejendros versucht aus einer Satteltasche von Hun-Nal-Yeh an dessen Vorräte zu kommen. „Brrrrrrr!“, befehle ich.

„Ich sah dich, Jehle und die beiden jungen Leute im Gleiter sitzen. Zu jener Zeit, als ich diese Vorausschau hatte, kannte ich niemanden von euch.“

Mein Kejendros bleibt stehen. Ich blicke dem Jüngling mit offenem Mund nach. „Übrigens“, ruft Hun-Nal-Yeh, der sich im Sattel umdreht, „der Fluggleiter war hoch über den Wolken! Wir waren darin unterwegs!“

„Apollon, lass Luon schlafen! Ich lege ihm einen Zettel hin, dass wir im *Quartier Latin* auf der Suche nach einem Bäcker sind.“

„Leute!“ Ich gähne und öffne meine Augen. „Ich bin wach!“ Für einen Moment stehen vor mir nicht Apollon und mein lieber Frederick, sondern Hun-Nal-Yeh und Jehle. Nach einem Blinzeln verwandeln sich beide ganz in die Freunde meiner Gegenwart. Warum sieht Apollon heute genauso aus wie damals? „Ein Bäcker und ein algerischer Lebensmittelladen findet ihr gleich in der nächsten Seitenstraße Richtung *Notre Dame*.“

„Kommst du mit shoppen?“

„Ich dusche mich in Ruhe und rufe Antonio und Emil an. Ist wirklich schon bald Mittag? Habe ich solange geschlafen?“

„Wir alle!“ Apollon setzt sich an Fußende meines Bettes. Da er bereits eine seiner Leinenhosen und ein Hemd trägt, wollten die beiden wirklich ohne mich aufbrechen.

Frederick wartet in Giftgrün in der Tür stehend. „Antonio hat bereits angerufen und nachgefragt, ob wir uns alle heute hier im Loft treffen?“

„Oder wir streichen das Frühstück. Luon, du duschst dich und wir nehmen die *Metropolitain* bis zur Station *Pigalle*. Etiennes Haus ist nur ein Steinwurf davon entfernt. Offensichtlich kann man von einer Terrasse im obersten Stockwerk sogar die Flügelräder des *Moulin Rouges* sehen.“

„Dusche klingt gut! Ich schlage ein Taxi anstatt die Metro vor. Wir brauchen hier in Paris nicht jeden Euro umzudrehen.“

Eine knappe Stunde später, nach *Café au lait* und *Croissants* in einem Bistrot in Sichtnähe des *Moulin Rouge*, schlendern wir durch die Gassen zu Etiennes Haus. Es ist ein schmales doch herrschaftliches Stadthaus mit den üblichen fünf oder sieben Stockwerken. Etiennes Haus verfügt nur über fünf, doch da die Fenster sehr hoch sind, hat es die Höhe von sieben. Das weiße Haus strahlt sauber und vollständig renoviert in der Mittagssonne. Die Temperaturen sind auch in Paris für Mitte April sehr warm – so behaupten zumindest meine beiden halbnackten Begleiter. Ich bin noch immer froh über eine Windjacke.

„Das gehört alles Etienne?", staunt Frederick und betritt als erster das Haus. Der Flur ist schmal und Treppe führt im Zickzack nach oben. Schon im Flur vermute ich, dass jedes Stockwerk aus einem einzig sehr großes Zimmer besteht; vielleicht noch mit anschließendem Abstellraum oder einer Stockwerktoilette. So ist es dann auch. Frederick betritt ohne anzuklopfen das Atelier im dritten Stock. Vorne, der Straße zu, gibt es Schreib- und Arbeitstische, Schneiderpuppen, Nähmaschinen und Regale voller Stoffballen und allerlei Schachteln und Ordnern; das Zentrum machen eine Sitzgruppe; und dem Innenhof zu gibt es eine Bühne für Proben. Eine Musikanlage mit Mikrophonen und diversen Spots lässt darauf schließen. Auf den Sesseln im Zentrum lümmeln sich Emil und Antonio, beide bereit zum Ausgehen, zusammen mit einem Asiaten mit rosarot gefärbten Haaren und einem Kerl, der nur ein Hemd und eine Krawatte trägt.

„Ich bin Tobias", stellt sich mir der Dunkelblonde mit sehr wilden afrikanisch aussehenden Haare und einem gestutzten und wahrscheinlich schwarz gefärbtem Busch vor. „Mich kennt in Paris jeder als *Le Garçon sans Pantalon*!"

„Cooler Look! Ist das ein Seidenhemd?", will Frederick wissen, gafft Tobias aber auf den langen Schwanz und das gefärbte Schamhaar.

„Armani!" Der Kellner ohne Hosen dreht sich langsam um die eigene Achse. „Etienne besteht auf die besten Labels!"

„Trägst du niemals Hosen?" Fredericks Aufmerksam ist vollkommen vom Halb-Nudisten mit dem Hemden-Fetisch in Bann gezogen.

„Hier im Haus oder in Etiennes Club niemals. Auf der Straße natürlich schon – außer ich bewerbe den Club."

Erstmals fällt mir auf, dass Tobias in Schweizer Dialekt mit Frederick spricht. „Bist du aus Basel?"

„Ja! Ich kam an Weihnachten hierher, verliebte mich in Paris und in Etienne, wurde zum Maskottchen des Clubs und bin seither dort Chef de Service und Etiennes Partner bei einigen seiner Burlesque-Shows." [16]

„Luon", zieht mich Emil an meiner Windjacke zur Seite, „ich würde dich niemals verraten!"

„Das war gestern doch nur ein Scherz von Frederick!"

„Deine Blicke sagten mir gestern etwas anderes", bringt Emil hervor. „Deine Loft ist gigantisch. Doch irgendwie liegt meine Zukunft eher in diesem Haus. Ist das in Ordnung?"

Spontan umarme ich den mädchenhaften Kerl, der in einem seiner konservativen Anzüge ziemlich verklemmt wirkt. „Rosarote Haare würden dir bestimmt auch gut stehen!"

„Meinst du?" Sofort hellt sich Emils Mine auf. „Clichy ist Schneider und versteht viel von Maske und Frisuren. Er berät Etienne bei seinen Bühnenkostümen und schneidert alle selbst. Er will mir helfen, dem verborgenen Emil – so sagt er – gerecht zu werde."

„Sind wir nicht alle deswegen in Paris?", kontere ich, als ob alles genau so geplant wäre. „Wer bin ich, wenn ich nicht mein Job bin? Welches Doppelleben will aus dem Schatten ins Licht gezerrt werden? Welche Stärken warten darauf entdeckt und ausgelebt zu werden?", zitiere ich mein Inserat.

„Genau! Tobias kommt auch aus Basel. Wusstest du das?"

„Er hat es eben Frederick erzählt."

„Er war lange arbeitslos. Als Philosophie Student, der sich sein Studium mit Kellnern und als Bar Keeper finanzierte, fand er hier in Paris seine Bestimmung. Mann, so wie er würde ich auch gerne werden!"

„Ein Kellner ohne Hosen?" Bei der Vorstellung von Emil als halbnacktem Barmann muss ich schmunzeln. Ja, er könnte ein Hemd und eine Krawatte bestimmt genauso arrogant und selbstischer wie Tobias vorführen – aber nur, wenn er sein feminines Wesen unterdrückt. Kriegt er das auch ohne Hosen hin?

„Genau, ich bin hier, um mich selbst zu finden und auszudrücken! Antonio und ich waren gestern Nacht im *Le Garçon sans Pantalon*. Eti-

[16] Nachzulesen in „Pink Christmas 7

ennes und Tobias Burlesque Show hat mich sehr inspiriert. Wusstest du, dass Etienne beim Singen strippt oder sich von Tobias ausziehen lässt? Seine Stimme ist fantastisch. Er könnte bestimmt Musiksäle füllen, dennoch wählt er die Burlesque Kunst. Ob auch in mir …?"

„… ein strippender Geiger steckt?"

„Nein, nein! Luon, dazu fehlt mir der Mut! Ich bin kein Stripper. Aber ich könnte mir erotische Kostüme vorstellen."

„Lu", zerrt Frederick an meiner Jacke, „Tobias würde bei uns im Loft seine Geschichte erzählen, wie er zum *Le Garçon sans Pantalon* wurde. Sein Mut ist inspirierend!"

Den Nachmittag verbringe ich mit der neuen Clique auf Sight Seeing Tour. Leider hatte Etienne keine Zeit, und Apollon nahm eigene Termine in Paris wahr. Bevor er aufbrach, zwinkerte er mir verschwörerisch zu, um zu bestätigen, dass er Jacques Montparnasse unter die Lupe nehmen werde.

Weit kommen wir nicht. Schon beim *Eiffelturm* brauchen wird Stunden, bis Frederick wieder herunter will. Natürlich mussten wir ihn alle zu Fuß besteigen. Immer wieder wird Tobias von jungen Männern um ein Autogramm gebeten, was ihn tatsächlich als eine lokale Berühmtheit outet. Als ich auch eine dieser Autogrammkarten will, zückt er ein Foto von sich. Es zeigt ihn in weißem Hemd und schwarzer Krawatte, wie er Etienne und einem zweiten Mann, die an einem Bistrotisch auf einem weiten Platz mit dem weihnachtlich beleuchteten *Eiffelturm* im Hintergrund sitzend, Champagner serviert. Soweit nicht ungewöhnlich, doch Tobias trägt keine Hosen und sein überdurchschnittlich afrikanischer Schwanz ist hart erregt und sein Busch wilder, als vorhin im Haus. Da in einem weiten Kreis außerhalb des Spots unzählige Zuschauer in der Nacht stehen, muss es keine heimliche Aktion gewesen sein.

„Deine Haltung ist senkrecht!"

„Danke! Er steht mir oft!", antwortet mir der Provokateur. „Auch noch heute, wenn ich Nacht für Nacht im Club die Bar betreue, Etienne bei seinen Shows als Zeremonienmeister ankündige oder selbst bei einer Performance mitmache."

„Antonio erzählte mir, dass du in meiner *Doppel-t-leben*-Gruppe", zum ersten Mal benutze ich diesen Namen, „von deiner Jobsuche erzählen möchtest."

„Nur, wenn's passt! Von Etienne weiß ich, dass du und ein paar deiner Gruppe bei der Vernissage im *Centre Pompidou* nackt servieren werdet. Da helfe ich gerne Hemmungen abzubauen."

„Erzählt das dein Lover? Mich wirst du da bestimmt nicht nackt antreffen!", kläre ich die Fronten.

Die beiden nächsten Tage verbringe ich tagsüber viel Zeit mit Tobias, da Frederick mit Apollon zusammen fast täglich zum nicht-verdächtigen Jacques Montparnasse für Fotosessions fährt. Rajir sei nicht in Paris, sondern in seiner Heimat Brasilien bei seiner Mutter. Ich glaube das nicht, doch da Frederick unbedingt eines der Models des berühmten Fotografen sein möchte, gibt es nichts, was den Flitzer daran hindert.

Auf einem meiner Spaziergänge mit Tobias durch Paris, frage ich ihn, ob ihm sein Studium hier in Paris nützlich sei.

„Philosophie muss gelebt werden! Mein bester Freund in Basel, foppte mich immer, dass ich wohl jahrelang Philosophie studierte, doch bis auf das Zitieren irgendwelcher toten Denker und Gedankenakrobaten, hätte ich darüber vollkommen verlernt das Leben mit seinen Überraschungen zu schätzen. Ich solle es umarmen, mich blamieren und spüren, dass ich wirklich lebe. Das setze ich seither hier in Paris um."

„Als Stripper?"

„Luon, wenn du wüsstest, wie ich mich wegen meiner struppigen Haare und meinem Langen immer geschämt habe. In der Schule wurde ich gefoppt und meine Mutter redete mir ein, in mir wohne ein Afrikaner." Weil ich loslache, erklärt Tobias. „Einer meiner Ur-Urgroßväter war ein Massai, der meine Ur-Urgroßmutter, eine Missionarin im Norden von Tansania, kennenlernte. Naja, das Resultat davon trage ich noch in meinen Genen. Meine Haare und mein Langer machen mich zum weißen Afrikaner. In einem Land, in dem sehr viele Afrikaner leben, erkennt jeder mein Erbe sofort. In Basel war dem nicht so."

„Du hast dein Erbe zum Kapital gemacht?"

„Ich bin Exhibitionist mit einem Fetisch für Luxus-Oberkellner-Uniformen. Jeder Mann, der schon einmal im *Le Garçon sans Pantalon* war, kennt mich."

„Wie bist du dazu gekommen?"

„Ich bin einem Gott begegnet!"

„Welchem?"

Tobias räuspert sich: „Niemand weiß, woher er kommt, noch wohin er will. Erblickt man ihn, fällt er sofort auf, doch man hat ihn sofort vergessen, rückt er aus dem Blickfeld. So auffallend seine Erscheinung auch ist, er hinterlässt keine Abdrücke in der Erinnerung noch Fußspuren im täglichen Leben. Von ihm als einer flüchtigen Idee zu sprechen oder einer Ahnung im Bewusstsein, beschreibt ihn auch nicht wirklich. Einige verbringen längere Zeit mit ihm, leben mit ihm zusammen und fühlen sich ihm näher als einem Geliebten. Er ist kein Gespenst, auch keine Einbildung oder ein Fantasiefreund. Er ist real – sehr real sogar. Aber jeder nimmt die Realität anders wahr – so auch ihn. Wen immer er besucht, dessen Leben verändert sich; es wird nicht beendet, doch dennoch sterben alte Wege, Muster und selbst Beziehungen ab. Er ist weder der Tod noch Pestilenz oder Krankheit. Er ist das pure Leben, so gewaltig belebend, dass niemand von ihm verschont bleibt. Trotzdem weichen ihm alle aus, verstecken sich, wenn er auftaucht oder ergreifen bei seiner bloßen Erwähnung die Flucht. Doch wie will man vor etwas weglaufen, dass sich nur dann und nur dem zeigt, den ihn gerufen hat?"

„Ein Rätsel?"

Tobias zuckt mit der Schulter. „Ich bin ihm als Bettler verkleidet begegnet. Er schenkte mir eine Goldmünze, die meine Zukunft für immer veränderte. Er erweckte etwas in mir. Hier bin ich nun! Vor einem halben Jahr war ich einsam, voller Hemmungen und ein arbeitsloser Taugenichts, der seine Zeit mit sinnlosen Computer Chats totschlug. Heute habe ich meinen Traummann an meiner Seite, habe einen verantwortungsvollen und sehr gut bezahlten Job und lebe jede Nacht meine heimlichsten Wünsche schamlos aus. Ja, ich bin ein Stripper! Ja, ich bin ein Exhibitionist! Gelegentlich habe ich sogar Sex auf der Bühne, was mich auch zum Porno Star macht! In meinem ganzen Leben hatte ich noch nie so gute Freunde, wie in Etiennes Umfeld. Clichy, Rivoli, Orsay und Louis sind meine Brüder geworden."

Am vierten Tag unseres Paris Aufenthalts reisen Ray Turin zusammen mit Alex Ischl, Sumy Smarhon und Quin el-Abiar endlich an. Ray will sich später bei Frederick, Apollon und mir im Loft einquartieren, und der

Rest bevorzugt das Rotlicht-Viertel mit den Ausgehmöglichkeiten und den Gratiseintritten in Etiennes Gay Club. Leider fahren alle erst direkt zu Etienne, denn Emil und Antonio holten sie am *Gare de l'Est* ab.

Frederick erzählt mir gerade die Neuigkeiten über seine Spionage in Jaques' Fotostudio und wie viel Spaß es ihm mache, als Akt Model zu posieren. Weil er am frühen Abend wieder einen solchen Termin mit Apollon zusammen wahrnehmen müsse, warte ich alleine auf Rays Ankunft. Als er mir kurz vor acht Uhr eine SMS schickt, dass er mit der Clique im *Pigalle*-Viertel essen gehen wolle und bestimmt nicht vor Mitternacht im Loft sein werde, schlendere ich alleine durch die Stadt und mache mir Gedanken für mein erstes Treffen der *Doppel-t-leben*-Gruppe. Tobias hat fest zugesagt seine Geschichte zu erzählen, doch was mache ich mit den Jobsuchern? Ganz in Vorbereitungen vertieft, nehme ich die Umgebung und die Menschen nur noch als Schatten oder Statisten wahr, bis mich etwas Hartes am Hinterkopf trifft.

Die Welt um mich ertrinkt plötzlich in einem feuerroten Spiralnebel, dann blitzen grelle weiß Lichter auf bis alles Schwarz wird.

„Löse den Fluch, verdammter Magier!", beschwört mich eine Stimme, dicht über mich gebeugt. „Ich weiß, du kannst es nicht alleine bewerkstelligen! Zu zweit habt ihr das Gefängnis erschaffen; zu zweit müsst ihr es zerstören."

Ich verstehe die Worte, sie sind Spanisch mit kolumbianischem Akzent. Meine Augen kann ich nicht öffnen, ohne abermals von Schmerzen in den Abgrund gerissen zu werden, dem ich gerade entkommen bin. Trotzdem erkenne ich den Mann sofort: „Rajir!", knurre ich und bereue, gesprochen zu haben. Rasende Kopfschmerzen rauben mir abermals das Bewusstsein.

„Gut, du weißt wer ich bin! Ich weiß auch, wer du bist; und ich kenne jeden aus deiner peinlichen Selbsthilfegruppe."

Als ich meine Augen abermals einen Spalt öffnen kann, erhasche ich einen flüchtigen Blick auf rote Barthaare und einen schwarzen Mantel, der wie mächtige Fledermausschwingen den Mann, der mich niederschlug mit der Nacht verschmelzen lässt. Kurz schwappen abermals rote Wogen über mir zusammen und die Nacht verschluckt mich.

„Monsieur", weckt mich eine Frau. Sie erkundigt sich nach meinem Befinden. Sie bietet an, die Polizei zu rufen, da sie den Überfall aus der

Distanz genau beobachtet hätte. Weil ich beim Aufstehen taumle, zückt sie ihr Mobile Phone.

„Geht schon! Danke!"

Sie hilft mir zur nächsten Bank und überlässt mich, nach dem ich ihr mehrfach versicherte, dass es mir wieder gut gehe, meinem Schicksal. Da Frederick und Apollon beim Partner des Mannes sind, der mich gerade niederschlug, rufe ich die beiden an, um sie zu warnen. Danach bitte ich Ray, der noch immer mit Etiennes Clique beim Essen ist, ein Taxi zu nehmen und mich am *Seine* Ufer bei der *Pont Neuf* aufzugabeln. Meine Stimme muss gezittert haben, denn schon knappe zwanzig Minuten später springt Ray aus einem ankommenden Taxi und sieht sich wie eine schützende Mutter nach ihrem Kind um. Als er mich erspäht, eilt er auf mich zu, wiegt mich in seinen Armen und hört sich meine Geschichte an.

„Luon, solange ich in Paris bin, lasse ich dich nicht mehr alleine aus dem Haus! Ich flicke dich ja nicht in stundenlangen Physio-Therapie-Sitzungen zusammen, nur damit dich wieder einer zu Brei schlägt." Ray winkt ein Taxi herbei und wir lassen uns die wenigen Blocks zur Loft chauffieren.

Tobias, der Kellner ohne Hosen

„Verdammt noch mal, erwache aus deinem komatösen Selbstmitleid! Nur du kannst etwas verändern. Nur du! Nur du! Nur du!" Tobias zeigt dabei mit seinem Finger auf jeden einzelnen von uns. „Das waren die Worte meines besten Freundes! Als er sie aussprach, war ich verletzt und stinksauer."

Wir sitzen im Kreis in bequemen Sesseln und Stühlen bei mir im Loft. Bis auf Ray, Frederick und Apollon weiß niemand, dass ich letzte Nacht bewusstlos geschlagen wurde. Heute spiele ich wieder die Rolle des Leiters meiner Gruppe. Alex und Sumy sitzen zusammen auf einer der beiden Sofas und scheinen ein Liebespaar geworden zu sein. Gebannt lauschen sie Tobias Worte, die er ziemlich dramatisch mit Gesten und Mimik untermalt.

„Attila, mein bester Freund in Basel, war noch nicht mit mir fertig.

Toby, nie bist du spontan!, tadelte er mich. Er hatte Recht. Ich studierte seit Jahren Philosophie, doch bis auf Buchwissen hatte ich keine Ahnung vom richtigen Leben. Ich sei ein Versager, Drückeberger und Besserwisser. Nur beste Freunde können einem derart in den Arsch treten." Tobias verwirft seine Hände, grinst und nickt. „Attila riet mir: *Folge einmal deiner Spontanität und lasse dich von ihr führen. Das Glück kommt zu dem, der es sich schnappt!* Immer hatte ich Ausreden Neues auszuprobieren. Entweder waren meine Haare zu gekräuselt, mein Schwanz zu lang oder irgendetwas anderes schuld." Um zu demonstrieren, was er damit meint, rauft sich Tobias seine wilden Haare, die ihm dunkelblond wie bei einem Siebzigerjahre-Afro-Look vom Kopf abstehen. „Ich schämte mich deswegen immer. Leute", sieht sich Tobias in unserer Mitte stehend um, „ich rate euch: steht voll und ganz zu dem, was ihr seid! Ihr habt nichts anderes!"

Ich höre nur mit einem Ohr dem Gastdozenten zu. Antonio und Emil tuscheln zusammen. Sie starren dabei auf Tobias Designer Oberkellner-Outfit, das aus einem weißen Hemd mit schwarzer Fliege, einer dunkelgrauen Weste zu einer passenden Hose über die er eine lange schwarze Bistroschürze zu schwarzen Lackschuhen trägt. Tobias sieht aus wie der perfekte Oberkellner, selbst seine wilden Haare passen dazu wie auch seine konservative Hornbrille und die altmodischen Manschettenknöpfe.

„Es passierte kurz vor Weihnachten. Ich musste dringend mit meinem wenigen Geld, dass ich bis Ende Jahr vom Sozialamt noch zur Verfügung hatte, Lebensmittel für die Festtage einkaufen. Es war definitiv zu wenig, warum ich mich schon auf Bohnen und Würstchen einstellte. Ich kalkulierte vor dem Einkauf, was ich wirklich brauchen würde, um ja nicht alles Geld ausgeben zu müssen. Genau dann fragte mich eine Stimme, ob ich Wechselgeld hätte."

„Wie lange warst du schon arbeitslos?", fragt Sumy und lehnt sich an Alex an.

„Bis auf gelegentliche Jobs als Kellner oder Barkeeper waren es mehrere Monate. Genaugenommen hatte ich nach dem Studium noch nie einen richtigen Job gehabt. Ich lebte von der Fürsorge."

„Mehr als ein Jahr?", bohrt Sumy weiter.

„Einiges! Ja! Ich brauchte einen Job und definitiv keine Schnurrer, der mich um die letzten Schweizerfranken anbetteltet. Doch so war es. Genervt suchte ich nach Ausweichmöglichkeiten. Der Mann, ein Kahlköpfiger im langen Mantel und einem Kapuzenshirt darunter ließ sich nicht abwimmeln. *Die Suche nach Glück ist die Jagd nach Erleuchtung! Erleuchtung beginnt immer damit, sich hier und jetzt so anzunehmen, wie man ist*, belehrte mich der Bettler."

„Warum hattest du wegen deinen Haaren solche Hemmungen! Das sieht doch extrem krass aus!", lobt Quin. „In meiner Heimat Libyen haben viele ähnliche Haare wie du!"

Tobias lacht auf. „Mann, du sagst es! In Nordafrika würde ich damit nicht auffallen. Doch zurück zu meiner Geschichte: Egal wie sehr ich versuchte klar zu denken, es tauchten weder Worte noch Bilder in meinem Kopf auf. Da war nur Leere und ein gewaltiges bodenloses Nichts. Irgendetwas ging vom Fremden aus, das mich bannte. Der Bettler stellte sich direkt vor mich und versperrte mir so den Zugang zum Einkaufsladen. *Erkennst du das Glück?*, fragte er mich. Dabei bohrte sich sein Blick in meine Augen. Seine waren derart dunkel, dass ich vermutete, er wäre ein Junkie oder vollgepumpt mit Medikamenten. Er blieb hartnäckig und fragte abermals nach Kleingeld."

„Warum hast du ihn nicht einfach links stehen lassen?", unterbricht diesmal Ray, der neben Frederick auf der zweiten Couch sitzt.

„Kennt ihr das, wenn die Vernunft aussetzt? Ich rechnete eben noch, wie ich mit dem wenigen Geld über die Runden kommen würde und konnte mich dennoch nicht vom Fleck bewegen. Irgendetwas an diesem Fremden passte nicht zusammen. Dummerweise hörte ich plötzlich Attila in meinen Gedanken: *Toby, verdammt noch mal, erwache aus deinem komatösen Selbstmitleid! Nur du kannst etwas verändern. Nur du! Nur du! Nur du!* Weshalb ich meinen Geldbeutel zückte, musste weihnachtliches Mitleid gewesen sein. Auch das noch! Ich hatte keine Münzen, nur Scheine. Nein, nur zwei Scheine!"

„Wie viel?", fragt wieder Sumy.

Tobias verdreht seine Augen. „Zuwenig zum Leben! Reicht dir die Antwort?"

Als Sumy nickt, fährt Tobias fort: „Ob ich reich oder arm war, interessierte den Bettler nicht. Er fragte mich, warum ich zögere. Eine einzelne Locke löste sich unter seinem Kapuzenshirt und hing ihm links vorne tief ins Gesicht. Ich hob nur die Schulter. Mit ernster Miene sprach er: *Junge, heute hast du die Chance, alles zu verändern. Aber du musst bereit sein, dafür zu bezahlen!* Diese Masche kannte ich noch nicht. Bevor ich etwas Diesbezügliches sagen konnte, fokussierte er mich abermals mit diesen tiefschwarzen Augen. *Die Währung ist die Akzeptanz wer, was und wie du bist!*"

„Natürlich! Was sonst?" Frederick sitzt in seinen giftgrünen Klamotten barfuß neben Ray, der nickend beipflichtet.

Tobias reagiert nicht darauf, sondern erzählt weiter: „Plötzlich bohrte der Bettler seinen Finger in meine Brust und behauptete. *Junge, in dir stecken ungenutzte Stärken und Talente. Nutze sie! Schau in den Spiegel und mache das Beste aus dem, was dir in die Wiege gelegt wurde!* Natürlich setzte ich zum Widerspruch an, japste aber nur stumm wie ein Fisch und reichte dem Bettler eine meiner Zehnfrankennoten. Ob ich mir damit wirklich sicher sei, wollte er wissen. Mir ginge es zurzeit ja finanziell auch miserabel. Da platzte es aus mir heraus: Natürlich nicht! Weil heute Heiligabend ist! Ich komme schon irgendwie über die Tage!"

„Du wolltest mit nur noch zehn Franken die Weihnachtstage überstehen?" Ray wirkt betroffen.

„Wie gesagt, ich konnte nicht klar denken. Der kahlköpfige Penner mit der komischen Locke sackte mein Geld ein und wendete sich ohne Dank ab. Ich wirbelte herum und packe ihn. Statt der Kapuze oder des Mantels erwischte ich seine Locke. Komischerweise lacht der Fremde sofort laut auf, kramte in einer seiner Manteltaschen und steckte mir etwas zu. *Junge, hier, dein Wechselgeld!*"

„Der Bettler gab dir was raus?", staunt Frederick. „Solche Bettler sind mir noch nie begegnet!"

Tobias lacht. „Überrascht stopfte ich seine Münze in meine Hosentasche. Sie fühlte sich ungewohnt an. Ich vermutete darin einen Jeton für Einkaufwagen oder Spielgeld. Bevor ich abermals neu ausrechnen konnte, was ich mit zehn Schweizerfranken noch bekommen könnte, forderte er abermals meine Aufmerksamkeit. *Junge, endlich! Du hast das Glück beim Schopfe gepackt! Dein Schicksal hast du eingesackt. Es beginnt sich schon zu entfalten! Folge deiner Eingebung. Sei mutig und abenteuerlustig. Denke nicht zu viel über Folgen nach. Sei spontan und umarme die guten Gelegenheiten!* Damit drehte er sich um. Als ich erstaunt aufsah, war er nirgends mehr zu sehen. Der Bettler hatte sich entweder einfach in Luft aufgelöst oder war blitzschnell davongelaufen."

„Toby, was hast du mit zehn Franken für all die Tage gekauft?", will Sumy wissen.

„Jetzt lasse Tobias erzählen!", schnaubt Antonio, der gebannt an den Lippen des Gastdozenten unserer Selbsthilfegruppe hängt. „Ich will den Rest hören! Wie bist du ohne Geld nach Paris gekommen?"

„Ich hatte nichts mehr zu verlieren!", nimmt Tobias seine Erzählung wieder auf. „Zuhause nervte ich mich, die Hälfte meines Vermögens einem Wildfremden verschenkt zu haben. Bis vom Sozialamt neues Geld käme, würde es bis Neujahr dauern. Frustriert fuhr ich meinen Laptop hoch und surfte in einem Gay Portal."

„Frust-Sex?", will Alex von mir wissen.

„Natürlich hätte ich mich vor einem halben Jahr niemals auf ein Blinde Date eingelassen! Meine damaligen Sexerlebnisse reduzierten sich auf wichsen und einen einmaligen Gay Sauna Besuch. Kaum damals in der Sauna fand Attila, mit dem ich dort aufkreuzte, jemand anders, der ihm für die nächsten zwanzig Minuten interessanter schien, als sein bester Freund. So war das damals! In mein Badetuch gewickelt hing ich an der Bar ab. Irgendwann verrutschte es und glitt zu Boden. War ich zuvor ein unsichtbarer Nerd mit komischen Haaren, umschwärmten mich danach sofort die Männer. Jeder starrte mich an. Ich floh Hals über Kopf."

„Warum?", will Quin wissen, der als einziger Tobias heute zum ersten Mal sieht. Gestern blieb er nach der Hinreise aus Basel alleine in Etiennes Haus zurück und legte sich früh schlafen, anstatt den anderen in den Club zum Tanzen zu folgen. Diesen Tratsch erzählte mir Sumy vor dem Treffen.

„Wann immer ich als Kleinkind über meine Haare klagte, flüsterte mir meine Mutter ins Ohr, dass ein alter Afrikaner in mir weiterleben würde", antwortet Tobias Quin. „Das tröstet mich niemals auch nur ein bisschen. Wer will schon von einem alten Mann aus Afrika besessen sein?"

Weil wir lachen, strafft Tobias seine Haltung und richtet sich die Krawatte. Mit einer Mischung aus hochnäsiger Verachtung und Schalk sieht der Oberkellner in die Runde. „So surfte ich durchs Gay Portal auf der Suche nach Ablenkung oder dem Glück, dass mir prophezeit wurde. Da fiel etwas aus meiner Hose auf den Boden. Es war die Münze des Penners. Fassungslos starrte ich darauf. Es war eine Goldmünze. Es war eine alte zwanzig-Franc Münze aus Frankreich. Die Worte *Liberté, Égalité, Fraternité* standen im Kreis um einen Siegeskranz aus Eichen- und Lorbeerblättern. Auf der Rückseite war ein nackter Engel abgebildet."

„Der Bettler schenkte dir im Tausch für zehn Franken eine Sammlermünze aus Frankreich?" Quin verdreht seine Augen. Offensichtlich kennt er den Wert einer solchen Goldmünze.

Tobias nickt. „Beschämt und gerührt füllten sich meine Augen mit Tränen. Durch diesen wässrigen Nebel sah ich plötzlich einen nackten Engel vor dem Eiffelturm zwei Männern im Oberkellner Outfit Champagner servieren."

„Aha!", lacht Alex los. „Jetzt verstehe ich das Plakat im Eingangsbereich des Clubs."

„Noch nicht alle von euch waren in Etiennes Club?"

„Ich war gestern zu müde zum Tanzen!", bestätigt Quin.

Bis auf Ray und mich waren alle anderen schon im Club; Frederick vor zwei Abenden zusammen mit Apollon.

„So hatte ich plötzlich die Eingebung, ein Reiseinserat auf dem Gay Portal aufzugeben", fährt Tobias mit seiner Geschichte fort, wie er nach der Arbeitslosigkeit zu seinem Job kam.

„Was hast du geschrieben?" Emil setzt sich ganz vorne in seinem Sessel hin und wirkt mit seinen übereinander geschlagenen Beinen – und das trotz seines etwas altmodischen Anzuges – wie ein Mädchen.

„Eigentlich nicht sehr viel: *Tobias, fünfundzwanzig aus Basel, Bachelor in Philosophie will die Weihnachtstage in Paris verbringen. Ich spreche fließend Deutsch, Französisch und Englisch. Wer bietet eine Übernachtungsmöglichkeit an? Als berufserfahrener Bar Keeper kann ich dir Drinks mixen und das in meiner coolen Oberkellner Uniform.* Dazu veröffentlichte ich ein Bild, das mich in einer ähnlichen Uniform wie jetzt zeigte." Tobias dreht sich einmal um die eigene Achse.

Schon kurz darauf, es war gerade Mittag, meldete sich ein Kerl aus Paris. Er fragte nur, ob ich alleine reisen würde. Neugierig studierte ich sein Profil. Er beschrieb sich so: *Man kennt mich als Etienne, den Chansonier mit der Engelstimme. Mich interessieren mutige Männer in meinem Alter. Ich stehe total auf blonde, etwas vulgäre aber intelligente Exoten. Bist du zudem noch ein Draufgänger, schmelze ich wie der nicht vorhandene*

Schnee in diesem Winter." Tobias lacht. „Mes amis, ich war sofort in diesen Mann verliebt. Zu seinem Portrait gab es noch ein zweites Bild von Etienne. Diese zeigte ihn splitternackt bäuchlings auf einer schwarzen Ledercouch liegend, dazu stand. *Ich bin ein vierundzwanzigjähriger Parisienne, mit trainiertem Körper und Geist. Einssiebzig groß, braune Augen, kurze braune Haare, unbehaarter Körper, keine Tattoos oder Piercings mit unbeschnittenem Schwanz. Ich bin Bottom aus Überzeugung und aus Leidenschaft!* Wenn Etiennes lächelnder Blick auf dem Profilbild auch lüstern flüstert *fick mich!* dachte ich nur *küss mich!*"

Alle lachen und Emil errötet.

„Ich war sofort bis über beide Ohren in Etienne verknallt! Ich wollte diesen harten Knackarsch."

„Bist du top?", fragte Quin neugierig.

„Etienne ist wirklich ein Botton aus Leidenschaft und Überzeugung, darum bin ich auf der Bühne immer der Aktive!"

„Auf der Bühne?" Quins Augen rollen ungläubig.

„Etienne und ich sind Burlesque-Künstler. In einer unserer Nummern ficke ich ihn, während er singt. Es ist eine komische Nummer, die beim Publikum sehr gut ankommt."

„Pornografie?", fragt Emil.

„Erst taten wir nur so, als ob. Doch im Club gehört Sex zum Geschäft. Es fühlte sich einfach richtig an, als wir es in einer Probe wirklich taten. Seither tun wir es immer auch in der Show!"

„Sex auf der Bühne?" Quin ist ganz kribbelig geworden.

„Unsere Kellner bieten sich den Gästen nicht an, doch einige der Stripper an den Stangen schon. Warum fragst du? Suchst du einen Job?"

Weil Emil leer schluckt, winke ich ab. „Jeder der hier Versammelten sucht einen Job! Tobias, sei vorsichtig mit Angeboten. Der eine oder der andere könnte darauf einsteigen."

„Wir suchen immer wieder Aushilfskellner und natürlich Stripper!", erklärt Tobias. „Heute am späteren Nachmittag findet ein Sponsoring Apéro im Club statt. Etiennen hätte bestimmt nichts dagegen, wenn zwei oder maximal drei von euch im Hintergrund an den Stangen tanzen – natürlich in Tangas und ohne Spezialservice!"

Der Libyer ist sofort noch interessierter.

Bevor Quin nach Details fragen kann, bitte ich Tobias mit seiner

Geschichte fortzufahren: „Was hast du Etienne zurückgeschrieben?“

Tobias räuspert sich: „Ich war ehrlich und schickte ihm eine Message. *Erst muss ich Geld auftreiben, um das Zugticket zu finanzieren.* Etienne stieg sofort drauf ein: *Du kannst bei mir pennen, falls du wirklich Oberkellner bist? Ich stehe total auf deine wilden Afrika-Haare und dein Lächeln!* Weil ich sofort Zugverbindungen raussuchte und die Daten an Etienne schickte, bestand er auf ein Online-Casting! Er wollte mehr von mir als Oberkellner sehen.“

„Echt? Hast du ihm wirklich weitere Bilder in Uniform geschickt?“, zweifelt Alex.

„Ich war vor einem halben Jahr ein verklemmter Nerd mit Komplexen und einer Angst, von einem alten Afrikaner besessen zu sein.“

Als wir wieder alle lachen, räuspert sich Tobias abermals theatralisch: „Natürlich überzeugten Etienne meine neuen Porträtfotos nicht.“

„Logisch!“, ruft Alex dazwischen.

„Heute sehe ich das auch so. Also, der Parisienne kam abermals direkt zur Sache: *Tobias, dein afrikanisches Aussehen ist galaktisch und dein Lächeln macht mich verrückt, doch ich werde nicht hart!* Erstmals in meinem Leben kam ich mir nicht wie ein Freak vor, sondern wie ein Mann mit einem afrikanischen Ur-Urgroßvater, dessen Gene sich in meinen Haaren und meinem Schwanz ausdrücken.“

„In deinem Schwanz auch?“ Quins Aufmerksamkeit ist scharf wie eine Rasierklinge und seine Blicke auf die Schürze des Referenten sind zum Röntgenblick geworden.

„Mir war klar: ohne Geld kein Paris!“ Tobias zieht sich die Bistroschürze aus und knöpft sich danach die Hosen auf. „Mutig zog ich mir erstmals die Kellner Hosen und auch die Unterhose aus, um mich so nochmals für Etienne zu fotografieren.“ Wie schon die ganze Zeit illustriert Tobias mit Gesten und Bewegungen seine Geschichte. Dass er sich die Hose und danach seine Unterhose auszieht, war wahrscheinlich von Anfang an so geplant.“

Quin kullern beinahe die Augen aus dem Kopf.

„Mein wilder Busch und meine Erektion passten überhaupt nicht zum seriösen Oberkellner, als den ich mich noch immer selbst sah.“ Tobias präsentiert sich ohne Hosen und dreht sich mehrfach um die eigene Achse. „Mutig schickte ich das härteste der Bilder ab. Dazu schrieb ich: *Voilà! Je suis le Garçon sans Pantalon!*“

„Krass!“, stößt Emil aus. Er hockt sich noch weiter an die äußerste Kante seines Sessels und drückt dabei seine Knie fest aneinander. In seinem karierten Anzug mit der Fliege um den Hals, könnte er selbst als Kellner durchgehen. Er schiebt sich seine Haare feminin aus dem Gesicht und starrt den potenten Top vor sich an.

„Es erforderte all mein Mut! Doch was hatte ich zu verlieren?“, fragt Tobias in die Runde.

„Deine Keuschheit?“, antwortet Antonio.

„Ich hatte keine Ahnung, was ich damit ins Rollen brachte“, steigt Tobias drauf ein. „Ich war vor einem halben Jahr ein feiger Schlappschwanz voller Hemmungen. Ich schämte mich wegen meiner Haare“, der Dunkelblonde zupft in seiner Frisur, „und wegen meines langen Pimmels.“ Er hält ihn hoch und lässt ich wieder fallen, dass er ihm abermals tief über den Busch runterhängt.

„Du warst deswegen unsicher?“ Quin zeigt auf das Teil, dass seine volle Aufmerksamkeit genießt. „Alter, hätte ich deine Trophäe, ich würde nie mehr Hosen tragen. Von welchem Volk war dein Ur-Urgroßvater?“

Tobias lacht und sein Langer zuckt, als ob er sich gleich stolz aufrichten wolle. Leider passiert es nicht. „Meine Ur-Urgroßmutter war in Tansania als Missionarin tätig. Da lernte sie einen Massai kenne. Der Rest ist Geschichte.“

„Massai!“ Quin nickt und nimmt abermals mit seinen Augen Maß.

„Als Antwort auf mein erotisches Foto schickte mir Etienne ein bezahltes Online-Ticket und die Reservationsnummer mit der Message: *Deal!*“

„Bis hierher!“, unterbreche ich Tobias, dessen Geschichte ich schon kenne. „Leute, lasst uns über Mut und Abenteuerlust sprechen!“

„Plus Erotik und extralange Massai-Schwänze!“, ergänzt Alex.

„Von mir aus, auch das!“ Ich checke Tobias ab, der mit schwarzen Lackschuhen neben mir steht. Dazu trägt er schwarze Socken, die er mit altmodischen Sockenhaltern, die an Strapse erinnern und unter seinen Knien festgehalten werden. Wenn ich durch Frederick und Apollon auch an Nudisten gewöhnt bin, irritiert mich Tobias Aufzug dennoch. Frederick ist einfach der lustige Flitzer, und Apollon ist der schöne Schwimmer, der auf seine Badehosen wann immer möglich verzichtet. Tobias ist anders! Er ist Burlesque-Künstler, der bewusst provoziert und zu erotischen Fantasien animiert. Sein leicht gestutztes, noch immer sehr buschiges Schamhaar ist schwarz gefärbt und zusätzlich mit Glimmer bestreut. Dieser junge Mann zeigt seinen Schwanz nicht, weil Nacktheit seine Lebenseinstellung oder Philosophie ist, sondern weil er damit Geld verdient. Wie weit er im Club mit zahlenden Kunden geht, bleibt unserer Spekulation überlassen.

„Hast du die Goldmünze verkauft?", fragte Antonio.

„Sie liegt in meinem Zimmer in einer Vitrine. Sie soll mich immer daran erinnern, dass Veränderung immer etwas kosten, doch der Lohn dafür ist pures Gold! Der Wert der Münze macht mich nicht reich, doch meine Erfahrungen als *Le Garçon sans Pantalon* schon!"

„Sex-Erfahrungen?", will Alex wissen.

„Lebenserfahrungen! Was ich seit Weihnachten hier in Paris schon alles erlebte, hat mich zutiefst verändert, gestärkt und – ja! – glücklich gemacht!" Er zwinkert Alex zweideutig zu.

„Einige von euch sind auch schon seit ein paar Tagen hier in Paris, die anderen sind erst gestern angekommen", übernehme ich die Führung und stelle mich in die Mitte des Kreises aus Sesseln und Stühlen neben Tobias. „Ist in euch ein geheimer Wunsch aufgetaucht? Was wollt ihr aus der Dunkelheit des Unbewussten ins Licht der Erkenntnis ziehen?"

„Tobias, bietest du wirklich Jobs als Kellner im Club an?", unterbricht mich Quin.

Der Kellner ohne Hose nickt. „Es werden heute Abend um sechs Uhr etwa dreißig Leute zum Sponsoren-Anlass kommen. Weil unsere üblichen Kellner die ganze Nacht arbeiten müssen, haben wir keinen von ihnen um Überstunden gefragt. Etienne und ich lassen ein Buffet aus Fingerfood liefern. Rivoli, Clichy und Orsay werden ausschenken. Bis jetzt wird keiner tanzen."

„Ich bin Balletttänzer!", bringt sich Sumy ein. „Ich könnte in einem Tanga an der Stange die Sponsoren ..."

„Ich auch!", unterbricht ihn Quin. „Ich auch! Ich auch!"

Weil auch Alex mehrfach nickt, ahne ich, dass die drei nachher mit Tobias in den Club aufbrechen werden, um an Stangen eine Nummer einzustudieren. „Zurück zum Thema", lenke ich die Aufmerksamkeit wieder auf mich: Was schlummert in euch, dass ausbrechen will?"

„Ein Stripper?“, rät Ray und mustert die drei unterschiedlichen Kerle, die sich für den Stangen-Tanz-Job gemeldet haben.

„Das wollte ich immer schon einmal tun!“, erklärt Quin und läuft dabei tiefrot an, was zu seiner eh dunklen Gesichtsfarbe sehr interessant aussieht.

„Leute“, versuche ich die Gruppe abermals zu fokussieren, „ihr habt Tobias Geschichte gehört. Ihn konfrontierte ein Bettler und ermutigte ihn, das Beste aus sich zu machen. Heute ist Tobias euer Bote des Schicksals. Was löste seine Präsenz bei euch aus?“

„Geiler Schwanz!“, lobt Alex. „Der Glimmer ist hardcor!“

„Bildet Dreiergruppen und diskutiert, was euch selbst noch davon abhält, der zu sein, der in euch steckt.“

Weil Tobias sich Alex, Quin und Sumy schnappt, ist eine Gruppe bereits gebildet. Die vier setzen sich auf die Sofas und beginnen sofort angeregt zu diskutieren.

„Apollon, bleibst du noch?“

„Ich muss später zu einem weiteren Fototermin zu Jaques Montparnasse. Er würde mich gerne auf der langen Rolltreppe des *Centre Pompidou* fotografieren.“

„Nackt?“

„Ich bin als Nudist-at-Work gebucht. Wie sonst?“

„Darf ich mitkommen?“, bettelt Frederick. Als Apollon sofort erfreut darüber nickt, zupft mich mein Lover am Ärmel meiner Strickjacke. „Luon, begleitest du uns auch?“

Da sich Ray mit Emil und Antonio zusammentut, stimme ich zu. „Ich bin aber kein Model!“

„Keine Angst! Jacques braucht Nudisten, die sich frei unter angezogenen Leuten bewegen“, beruhigt mich Apollon.

„Luon, du würdest vor Hemmungen und Angst zittern!“, spottet Frederick. Um mich zu besänftigen, küsste er mich.

„Na, danke auch!“, schmolle ich, doch nur, bis mir bewusst wird, dass ich damit eine Reaktion auslösen könnte, die ich auf keinen Fall beabsichtige. Nicht auszudenken, wenn die beiden die Fotosession als meine ganz persönliche Mutprobe auslegen. Laut sage ich: „Leute, in einer Stunde wird Essen vom Marokkaner angeliefert. Danach erzählt Tobias weiter seine Geschichte, wie er zum *Le Garçon sans Pantalon* wurde.“

„Es ist meine Transformation vom verklemmten Nerd voller Ängsten zum hemmungslosen Star der erotischen Gay Welt von Paris“, ergänzt Tobias. „Wer von euch lebt noch nicht sein heimliches Doppelleben?“

„Nutzt bis zur Mittagspause eure Zeit, um euch über vage Ideen, wilde Träume und verbotene Fantasien auszutauschen“, füge ich an.

Während alle aufgeregt zusammen diskutieren, räume ich in der Küche den Tisch ab, damit der Kurier später das Essen hier deponieren kann. Welche Stärken warten in mir, erweckt zu werden? Definitiv bin ich weder ein Nudist noch ein hemmungsloser Erotikdarsteller. Liegt meine Zukunft im Leiten von Gruppen und dem Organisieren verrückter Erlebnisreisen? Etienne bot an, dass sich jeder, der bei ihm im Haus wohnt, sich durch Kurzeinsätze im Club Trinkgeld für den Aufenthalt in Paris dazuverdienen könne. Die Wochenkarten für die Metro, das Essen und die Exkursionsspesen übernehme alle ich. Es ist meine Goldmünze für die Teilnehmer meiner ersten Übungsgruppe. Nachdem Teller, Besteck, Servietten und Gläser bereitstehen, begebe ich mich zurück in den riesigen Raum im Loft und komme mir bald ziemlich überflüssig vor. Ein gutes Zeichen, dass mein Aufbau bis jetzt funktioniert. Da auch niemand vom Thema abgewichen ist, lösten Tobias Gastauftritt und meine Fragen die richtigen Reaktionen aus.

Ich lege mich im oberen Stockwerk in meinem Zimmer aufs Bett und grüble über weitere Schritte und nickte darüber tatsächlich ein.

Verfolgt

„Da vorne ist der Eingang!“ Hun-Nel-Yeh zeigt auf einen Felsen, der wie der Kopf eines Dämons aussieht. Der Meistermusiker schwingt sich von seinem stetig furzenden Reittier und führt es an den Zügeln direkt auf den gewaltigen Steinkopf zu. Es ist, als ob wir in den Rachen des Berggottes selbst klettern würden. Ein Bach rinnt wie Speichel zwischen den kantigen Steinen hervor. So betreten wir im Schutz der Nacht den Eingang ins verborgene Tal.

Ich bin zu müde, um abzusitzen, muss aber meinen Kopf einziehen, als wir von der Dämonenfratze gefressen werden. Die Reise hierher war beschwerlich, doch Emesh erwies sich als ausgezeichnete Führerin, die des Meistermusikers Anweisungen umzusetzen wusste. Auf der anderen Seite des Durchgangs beleuchtet fahles Mondlicht eine zerfallene Ruine, die vielleicht vor vielen Sonnenzyklen ein Tempel gewesen sein könnte. Etwas Undefiniertes wird notbehelfsmäßig von unzähligen dörren Ästen und einem Flechtwerk aus Palmwedeln und altem Tuch verborgen oder bedacht.

„Wir sind am Ziel!" Hun-Nal-Yeh nähert sich einer löchrig und von Wind und Wetter zerschlissenen Planen, die den Vorderteil dieses fast runden Gebildes verdeckt. Im Innern erkenne ich Teppichmatten, die von einem glimmenden Lagerfeuer schwach beleuchtet werden.

„Was für eine schäbige Behausung!", flüstert Jehle und klettert von seinem Kejendros. „Hier soll ein Fluggleiter zu erstehen sein?"

„Rasten wir dort drüben beim Quell", schlägt Chandra-G'up-La vor und führt sein Reittier an den Zügeln unter die überhängende Felswand. Ein paar domestizierte *Caax* und Federvieh flüchten zwischen allerlei kaputten Kisten und Dunghaufen, als wir uns nähern.

„Der Fluss muss vor langer Zeit dieses Tal geschaffen haben", erklärt Emesh.

„Aber warum ist es fast Rund und von hohen Felswänden vollständig umgeben? Es könnte hier auch einmal ein See gewesen sein", gibt Jehle zu bedenken.

„Und wo ist er jetzt? Oder ist der Rinnsal, der aus dem Rachen des Gottes tropft, der letzte Überrest davon?" Chandra-G'up-La kniet sich hin und schöpft mit seinen Händen vom frischen Quellwasser in seine Hände, um zu trinken. Sein Kejendros labt sich bereits weiter unten aus einem natürlichen Steintrog am Wasser.

„Die Erdbeben, welche das uralte Volk seiner Inseln im Ozean beraubte, veränderte auch hier auf dem Festland immer wieder Flussläufe und Landmarken", erklärt Hun-Nal-Yeh.

„Wer da? Gebt euch zu erkennen oder ich hetze meinen Puma auf euch!" Ein stinkender Mann mit vielen Zahnlücken tritt aus dem Schatten des riesigen Etwas. Er trägt das Fell eines gescheckten Panters über der Schulter. Der aufgerissene Schädel der Raubkatze ziert seinen Kopf, wird aber durch seine zottigen Haare fast verdeckt. Er schwingt einen dünnen Knüppel und humpelt näher.

Emesh stellt sich breitbeinig hin, und Jehle tritt ein paar Schritte in die Schatten und wird von ihnen sofort verschluckt. Ich bleibe auf meinem Reittier sitzen.

„Yuk-La?“, grunzt der Alte und sieht den nackten Musiker mit lüstern blickenden Augen an.

„Hun-Nal-Yeh!“, korrigiert der Hellhäutige mit den Mondhaaren, und schlingt seine Arme zur Begrüßung um den verwahrlosten Mann.

Mir rümpft sich schon beim Anblick die Nase.

„Du bist tatsächlich zurückgekommen! Warum schleichst du dich vor Sonnenaufgang durch den Rachen des Wächters? Meine *Caax* warnten mich schon gestern, als ihr noch weit entfernt durch die Enge ins Tal hier hochklettertet. Ihr alle“, fuchtelt der Mann wieder mit dem Stock, „habt Glück, dass ich meinen Panter noch angekettet habe.“

„Er hat einen Panter?“, flüstert Chandra-G'up-La und sieht sich ängstlich um.

„Der Verrückte redet von seinem Mantel“, tuschelt Emesh.

„*Tzuultaq'ah*, was für eine Freude, dich wiederzusehen!“ Hun-Nal-Yeh führt den fast Zahnlosen in unserer Mitte. „Leute, das ist der Beschützer von Berg und Tal!“. An Tzuultaq'ah gewendet spricht der Musiker lauter: „Ich habe Freunde mitgebracht und komme holen, was versprochen wurde.“

„Wo ist Jehle?“, flüstert mir Emesh zu.

„Bleibt im Schatten, bis wir sicher sind, dass wir Tzuultaq'ah trauen können“, antworte ich. Ich kenne den alten Fährtenleser und bin dankbar, dass wenigstens Jehle vorsichtig bleibt.

„Jehle!“, ruft der Meistermusiker. „Tzuultaq'ah ist ein alter Freund. Er bewirtete schon vor mir *Ah-Xoc-Xin*, den Weisen. Du kannst aus den Schatten treten.“ Augenblicklich taucht Jehle zwischen einer Felsspalte auf. Seinen Schattenmantel hat er abgestreift und gegen einen Federkragen eingetauscht.

„Noch ein *Ya'halan*!“, seufzt der Fast-zahnlose. „Sei auch du mir willkommen, Bruder Wolkenmann!“

„Nennt mich Jehle!“ Mein alter Freund verneigt sich.

„Warum hast du dich verkleidet?“, flüstere ich, als Tzuultaq'ah mit Hun-Nal-Yeh die Quelle verlassen hat, um durch die Planen hindurch das Bedeckte oder Versteckte darunter zu betreten.

„Der Alte ist auch ein Ya'halan! Ich zolle ihm Respekt!", erklärt mir Jehle, fasst nach den Zügeln meines Reittiers und führt es mit mir auf seinem Rücken sitzend zum Zelt. „Ich hörte sogar von ihm. Tzuultaq'ah ist uralt und wird von vielen als eine Art lokaler Gott des Vorgebirges verehrt. „Er ist vertrauenswürdig!"

„Meister der Flöten, du willst mir den alten Fluggleiter jetzt abkaufen?"

Hun-Nal-Yeh nickt lachend.

Ein *Caax* grunzt hungrig und watschelt auf Chandra-G'up-La zu, der noch immer ängstlich nach einem angeketteten Puma Ausschau hält.

„Ich bin froh, wenn wir auf modernere Reisemöglichkeiten umsteigen!" Müde vom Ritt und der erneuten schlaflosen Nacht, versuche ich vom langbeinigen Kejendros zu steigen. Dabei verheddere ich mich in den Zügel und werde unbarmherzig ein Stück über den Platz geschleift.

„Stinkendes Mistvieh!", bellt Jehle und eilt zu meiner Rettung herbei. „Urugnas, hast du dich verletzt?"

„Ich bin wohl alt, aber noch zäh!" Trotzdem bin ich für Jehles Hilfe dankbar. Schwer stütze ich mich auf ihn. Meine Knochen tun mir nach dem langen Ritt ins verborgene Tal weh.

„Wo ist dieser Fluggleiter?" Emesh kommt nach uns allen ins Zelt, denn sie inspizierte die Umgebung und untersuchte den Himmel nach den Verfolgern, die uns seit der Flucht aus *Tollan* auf den Fersen sind.

„Du stehst mitten drin!" Tzuultaq'ah lacht. „Der Fluggleiter dient mir seit seinem Absturz als Behausung."

Erstmals wird mir bewusst, dass die Möbelstücke in Wirklichkeit die Sitze im Rumpf des einstig silbernen Fluggleiters sind. Staub und Schmutz lässt alles im wenigen Licht wie Fels erscheinen. Der fast runde Flugkörper muss sich beim Absturz in den Boden gegraben haben. Jetzt ist die Oberseite, welche normalerweise durch die Magie des alten Volkes geschützt wird vom Flechtwerk aus den Palmwedeln verdeckt. Wir setzen uns auf die fleckigen Polster, die das obere Stockwerk der Flugmaschine ausmachen. Erst als Tzuultaq'ah Decken beiseiteschafft, wird der metallene Fluggleiter unter dem Unrat erkennbar.

Ich stöhne und gaffe Hun-Nal-Yeh ungläubig an: „Dieses Ding hast du auf den unsichtbaren Lichtwellen in der Luft gleiten sehen?"

„Wie viel will der Einsiedler für den Schrott?" Emesh, jetzt, da klar ist, was das Gebilde sein soll, überprüft den Fluggleiter. Sie steigt über die Treppe auch nach unten in den Bauch und weckt dort ein schlafendes *Caax*, das sofort grunzend nach oben flüchtet.

„Zwanzig Mal zwei Hände!", nennt Tzuultaq'ah den Preis.

„Eine stattliche Summe!" Ich schiele zu Jehle, der seine Augen verdreht und mir zu verstehen gibt, ich solle trotz des niedrigen Preises unbedingt noch handeln.

Jehle langt nach seinem Schattengewand und holt aus einer der Geheimtaschen einen Beutel *Klatus* heraus. „Fünfzehn Mal zwei Hände!", unterbreitet er ein neues Angebot.

Als der alte Berggott die goldigen Münzen in Jehles Beutel sieht, leuchten seine Augen sofort auf. „Einverstanden!" Gierig grabscht er nach dem Beutel.

„Jehle zählt langsam den Betrag ab und reicht Tzuultaq'ah Münze um Münze. Mit jedem *Klatus* glänzten die Augen des Alten mehr und Speichel tropfte zwischen den Zahnlücken auf das Gold. Es ist nicht einmal der ganze Beutel nötig. In *Tollan* kostet eine Fahrt mit dem Fluggleiter zum großen See mehr. Ich behalte meine Gedanken für mich.

Als endlich die Sonne aufgeht und wir erkennen, was wir gerade erstanden haben, reut mich sofort jede einzelne Münze. Chandra-G'up-La und Emesh beginne sofort mit der Entrümpelung unseres neuen Fluchtgefährts, was dem *Caax,* dass sich zwischen den Sitzen einen neuen Schlafplatz gesucht hat, überhaupt nicht passt.

„Urugnas und Jehle, ruht euch aus! Wir Jüngeren übernehmen die Wache und das Räumen!" Chandra-G'up-La führt meinen alten Freund und mich zurück zum Quell, wo er uns aus Decken in weichem Gras ein Schlafplatz einrichtet. „In der Nähe des Fluggleiters werdet ihr keinen Schlaf finden."

Noch während ich über den Kauf nachdenke, kuschelt sich das grunzende *Caax* an mich, glücklich endlich doch noch einen weichen Schlafplatz gefunden zu haben. Ich bin viel zu kaputt, um es zu verscheuchen und gleite bereits über Lichtwellen in den Schlaf, als mir Jehle lachend eine angenehme Traumreise wünscht.

Die Sonne steht im Zenit, als mich Jehle weckt. Unsere Weggefährten haben ganze Arbeit geleistet. Jetzt von den Palmwedeln vollkommen befreit, erkenne ich den halb eingegrabenen Fluggleiter im sandigen Boden dieses verborgenen Tals. Gerade beobachte ich, wie eines der borstigen *Caax* eine Decke zurück in den Gleiter zehrt, um sich seinen gewohnten Schlafplatz, der sich genau unter dem Steuermodul befindet, wieder zu sichern. Chandra-G'up-La stöhnt genervt. Offensichtlich verscheucht er das anhängliche Vieh nicht zum ersten Mal. Das *Caax* quittiert mit grunzendem Widerstand.

„Hier!", reicht mir Jehle eine Schale frischen Quellwassers. „Wir beide sind an der Reihe! Emesh wird bald erwachen, um dir zu assistieren."

„Assistieren? Bei was denn?"

„Urugnas, du als geschulter Kristalltechniker und Kundiger über die unsichtbaren Lichtbahnen, musst den Fluggleiter reparieren", erklärt mir Jehle knapp den unmöglichen Job.

„Aber ich ..."

„Kein Aber! Emesh öffnete bereits die Verschalung um den Kristall. Sie meinte, er lebe noch. Ich fühlte sein Licht. Es pulsiert nur schwach, doch solange der Kristall noch auf die anderen reagiert, gibt es Hoffnung." Abermals erstaunt mich Jehle. Kann er wirklich Kristallwellen sehen?

Tzuultaq'ah sitzt neben seinem Lagerfeuer und zählt abermals die *Klatus*, die er zu fünfzehn Haufen aufgeschichtet hat. Die kleinen Münzen glänzen in der Sonne, als ob auch sie Leben in sich gespeist hätten. „Bruder Wolkenmann", winkt der Einsiedler nach Jehle, „bringe deinen Freund zum Feuer. Ich habe soeben Maisfladen zum Backen auf heiße Steine gelegt. Hun-Nal-Yeh offerierte vorhin von deinem Mango-Brei. Oh, Bruder Wolkenmann, ich habe seit vielen Sonnenzyklen kein Mango mehr gegessen. Welch wunderbares Festmahl!"

Während dem Frühstück schiele ich immer wieder auf den abgestürzten Fluggleiter. Der Staub bedeckt noch immer seinen Silberrumpf. Jehle tauscht sich mit seinem *Ya'halan*-Kollegen über seinen aktuellsten Traum und die Bedeutung der Wolkenformen hoch über uns am Himmel aus. Wenn in Jehle der Wolkenmann erwacht, kann ich nicht mitreden. Weder die Wanderung der Sterne, noch das Grün der Pflanzen oder die unterschiedlichen Klänge von Steinen, die sie abwechselnd fallen lassen, verraten mir geheime Botschaften.

Meine vertraute Welt mit den Archiven der Hauptstadt habe ich hinter mir gelassen. Dass ich heute meinen Geist in einen der uralten Kristalle des versunkenen Inselvolkes vertiefen soll, fühlt sich tatsächlich etwas wie ein Abenteuer an. Ob es mir gelingt Unmögliches zu tun? Kribbelig und nervös es zu versuchen, überlasse ich Jehle Tzuultaq'ah und ihrem wolkenmännischen Fachsimpeln.

„Urugnas", winkt mich Emesh zu sich, „ich bin hier unten!" Die Frau von Chandra-G'up-La liegt in einer ausgehobenen Grube neben dem Rumpf und hantiert an Kabeln. „Es ist ein uraltes Model. Der Fluggleiter muss schon vor der Regentschaft *Hobnil I* hier abgestürzt sein. Die Mechanik ist noch intakt und der Kristall lebt! Mit meinen Kenntnissen der Mechanik und deinem Kristallwissen müssten wir das Ding zurück auf die Lichtbahnen heben können!" Emesh atmet erleichtert auf, wenn ich ihren Optimismus auch nicht nachvollziehen kann.

Immer wieder versuche ich mich in den Kristall zu versenken. Dazu ertaste ich mit meinen Fingern nach den Gitternetzen aus Energie.

„Urugnas, ich weiß, du beschuldigst mich noch immer *Atanua Nanahuatls* Truppen auf uns losgelassen zu haben. Ich versichere dir, dass ich damit nichts zu tun habe."

„Ja, ja!"

„Urugnas", fährt mich Emesh wütend an, „höre mich an! Ich bin keine Verräterin! Sollten wir mit diesem Ding aufsteigen wollen, müssen wir uns vertrauen. Alter Mann", fokussiert sie mich, als ich betroffen wegsehe, „wir müssen lernen uns zu vertrauen!"

„Das sind uralte telekinetische Verschlüsselungen", wechsle ich das Thema. „Solche Systeme kennen wir in den Archiven nicht mehr. Mit dem Untergang der Hauptstadt des alten Reiches vor unzähligen Sonnenzyklen gingen auch die letzten Wissensträger der Magie von *Atlan* unter."

Emesh grunzt, wie das aufdringliche *Caax*, das wir einfach nicht loswerden, und erläutert den Zustand des Fluggleiters.

„Ich habe etwas Ähnliches schon einmal gesehen, als ich mit Jehle zusammen die Pforte in die Zitadelle der Schwarzmäntel überschritt."

„Ihr beide seid Schwarzmäntel?" Emesh schreckt hoch und schwingt sofort eines ihrer Werkzeuge als Waffe.

„Wir haben die Pforte zu ihrer dunklen Machtquelle für immer versiegelt. Die Zitadelle der schwarzen *Zurajjir* ist in einem Kristall für alle Zeiten weggesperrt oder zumindest der Zugang dazu."

„Wer weiß davon?“ Emeshs Waffe wird abermals zum Werkzeug.

„Jehle, Hun-Nal-Yeh und ein Schwarzmantel, der sein Wissen aber nicht mehr weitergeben kann. Er verbrannte in seiner eigenen Magie.“

„Jehle und du seid der *Zurajir*-Magie kundig?“

„Rede keinen Unfug! Gerade du solltest wissen, dass Magie nichts anderes ist, als vergessenes Wissen über Energiegitter, Lichtwellen und Klänge, die heute keiner mehr zu nutzen weiß. Die Technologie dieses Fluggleiters beruht darauf.“

„Dann gibt es die Zitadelle der *Zurajjir* also wirklich?“

„Jetzt nicht mehr!“

„Ist dir nie in den Sinn gekommen, alter Mann, dass du uns die Verfolger auf den Hals gehetzt hast?“

„Warum ich?“

„Glaubst du wirklich, die schwarzen *Zurajjir* lassen sich von einem verstaubten Archivar die Quelle ihrer Macht stehlen? Wach auf, Urugnas! Was als Rettungsaktion von Hun-Nal-Yeh begann, ist in Wahrheit deine und Jehles Flucht vor den Schwarzmänteln! Wo ist der Kristall mit dem Eingang zur Zitadelle jetzt?“

„Keine Ahnung!“, lüge ich.

„Wie hast du es geschafft das Böse zu bannen?“

„Jehle half mir. Er erweckte die Sonne in mir.“

„Jehle? Der Wolkenmann besitzt die vergessene Gabe?“

Während ich rede, greife ich nach unsichtbaren Symbolen und beim ersten mentalen Anklicken surrt es und Lichter etlicher weiterer Symbole flackern im dumpfen Licht einer Dunglampe im Bauch des Fluggleiters auf, in den wir uns zurückgezogen haben.

„Urugnas, du hast das alte Ding aus seinem Todesschlaf erweckt!“, jubelt Emesh. „Hier“, zeigt sie auf gelb blinkende Sonnensymbole, „befinden sich bei den neueren Fluggleitern die Synchronisatoren, die automatischen Erfasser und Pol-Angleicher. Bei diesem ist das vollkommen anders.“ Die Frau zeigt auf eine Öffnung. „Die Steuerung fehlt. Wir müssen einen Schalthebel konstruieren, sonst können wir die Kraftfelder nicht regeln.“

„Wie soll so eine Steuerung aussehen?“ Chandra-G'up-La steht im Rumpf des Gleiters hinter uns und starrt auf die Öffnung, die bläulich schimmert.

Erschreckt über sein Auftauchen – ich habe ihn nicht kommen hören – zucke ich mit der Schulter. „Ich sehe einen derartigen Gleiter zum ersten Mal."

Später bei einem Mahl aus gebratenen Vögeln, die Jehle mit einem Blasrohr des Einsiedlers erlegte, grüble ich über einen Ersatz für den Schalthebel. Hun-Nal-Yeh versucht unterdessen das *Caax* zu beruhigen, dem so radikal sein Schlafplatz genommen wurde.

„Wie soll denn so eine Steuerung aussehen?", fragt Jehle, der an einem saftigen Schenkel eines der größeren Vögel nagt. „Urugnas, schaffst du es nicht auch telekinetisch?"

„Machst du Witze? Wie sollte das ohne Verstärker funktionieren?" Ich schüttle mehrmals meinen Kopf.

„Und wenn wir es zusammen tun?", schlägt Jehle vor.

„Diesmal steigen wir nicht in ein verbotenes Archiv, in dem du dich mit der Technologie auskennst. Diesmal ist es etwas vollkommen anderes. Nur jemand, der sich wirklich mit Fluggleitern auskennt, könnte mich führen."

„Dann verbinde dich mit Emesh. Sie flog schon damit!"

„Hast du?", fragt Hun-Nal-Yeh.

„Ja, als ich nach der Suche nach meinem früheren Geliebten im Land der Rebellen war."

„Urugnas Sohn?", fragt Jehle und verstummt, weil Trauer meine Augen beschattet.

„Das ist lange her!" Emesh winkt ab und verbirgt ihre eigenen Tränen.

„Das funktioniert nur, wenn wir uns vorbehaltlos vertrauen", werfe ich ein und hoffe, dass damit das Thema vom Tisch ist. Ich will mich nicht mit Emesh telepathisch verbinden! Sie soll meinen Schmerz nicht wahrnehmen.

„Mit einem *Neutralisator* könnte es trotzdem funktionieren!", bleibt Jehle beharrlich.

„Mein Lieber, im Archiv hatten wir Glück. Das hier ist etwas vollkommen anderes. Ich muss mich gleichzeitig mit der Technologie des Fluggleiters verbinden und die Lichtwellen reiten, während ich Emeshs Wissen anzapfe. Du verstehst leider zu wenig von der Sache!"

„Jehle hat recht!", schaltet sich Emesh ein, „ein Neutralisator könnte als Brücke dienen."

„Dazu bräuchten wir einen Telepaten. Jehle fehlt diese Begabung und Chandra-G'up-La ist wohl emphatisch genug, fremde Schriften zu erfassen, aber als Neutralisator würde er nicht taugen."

„Da hocken wir, die Gilde der Forscher und versagen, weil ihr zwei euch nicht vergeben könnt. Urugnas Sohn ist für seinen Tod selbst verantwortlich!", fasst Jehle die Sachlage zusammen.

Emesh schnaubt wütend.

„Was muss ein Neutralisator tun?" Hun-Nal-Yeh sieht sich in der Runde um.

„Ein Neutralisator ist ein ausgeglichener Geist, der eine Brücke zwischen zwei Bewusstsein schlagen kann", erkläre ich.

„Manipulation?", wirft der Musiker ein und schüttelt dabei seinen Kopf. „Das mache ich nicht!"

„Nein! Ein Neutralisator schafft eine wertfreie Brücke, damit die Energien zwischen Individuen sich verbinden und ungehindert fließen können."

„Muss ich da verweben?"

„Nein!", beruhige ich Hun-Nal-Yeh. „Du müsstest vollkommen neutral bleiben und positive und negative Ladungen katalysieren."

„Ich kann es versuchen!"

„Lasst uns erst Ruhen! Falls wir es schaffen, könnten wir sofort starten. Wir sollten dazu ausgeschlafen sein, all unsere Vorräte und unser Gepäck im Fluggleiter verstaut haben, Tzuultaq'ah verabschiedet und unsere *Kejendros* in seine Obhut gegeben haben." Jehle sieht sich um. „Habe ich etwas vergessen?"

„Ja, dass es besser ist, wenn wir nachts starten. Falls die Verfolger noch in der Nähe sind, könnten sie uns sehen, wenn der Fluggleiter aus dem Tal in den Himmel aufsteigt."

„Luon, Apollon und ich sollten aufbrechen." Frederick schüttelt mich an der Schulter. „Kommst du jetzt mit?"

Nur langsam verblassen die Bilder aus diesem verrückten Traum. Spielt sich das wirklich alles in einer längst vergessenen Vergangenheit ab? Gab es Telepathen im alten Maya-Reich? Ich habe noch nie davon gehört. Bis auf *van Däniken*, glaubt auch sonst niemand wirklich an Raumschiffe in den uralten Kulturen. Spinne ich mir da etwas zusammen oder wissen wir über die Anfänge der Maya, deren Geschichte weit über zehntausend Jahre in die Vergangenheit reicht, einfach viel zu wenig?

„Warst du wieder da?“ Fredericks Blick verrät mir, dass auch er immer wieder von sich als Jehle träumt und in mir seinen uralten Freund Urugnas sieht.

„Ich erzähle dir später davon!“, versuche ich seine Neugier zu dämpfen.

„Cool! Apollon wartet unten. Willst du erst duschen, um den Schlaf loszuwerden.“

„Wo sind die anderen?“

„Das sonnige Frühlingswetter lockte beiden Gruppen auf Paris‘ Straßen und Plätze. Tobias zog mit Alex, Sumy und Quin los. Die Jungs wollen vor dem Sponsoren-Apéro Stangentanz üben. Ray, Antonio und Emesh nahmen sich ein Taxi. Sie verbringen den Nachmittag im *Jardin des Tuileries* und hängen später im *Louvre* ab.“

„Und das Essen? Der Marokkaner wird gleich anliefern!“

„Oh, der war vor einer Stunde schon hier. Wir wollten dich nicht wecken. Tobias erzählte uns den Rest seiner Geschichte, da du sie schon kennst, ließ ich dich schlafen. Ich habe dir die besten Stücke schon eingepackt. Du kannst auf dem Weg ins *Centre Pompidou* essen.“

„Im Taxi?“

„Apollon will bei diesem Superwetter zu Fuß los! Jetzt mach!“ Frederick schiebt mich aus dem Bett und zieht mir mein T-Shirt über den Kopf. Als er sich an meiner Hose zu schaffen macht, lasse ich ihn gewähren. Doch statt Sex hat er nur im Sinn mich unter die Dusche zu bugsieren. Kaum in Position, dreht er den Kaltwasserhahn auf.

„Mann, spinnst du! Das ist eiskalt!“

„Hab dich nicht so, Karibik-Boy! Ich warte unten!“

Der Feind schläft nicht

Das Wetter ist wirklich traumhaft und der Frühling entfaltet sich in den buntesten Farben. Da wir über eine Stunde Zeit bis zum Treffen haben, bummeln wir erst zur *Notre Dame* auf der Seine-Insel und weiter über die nächste Brücke zum *Hôtel de Ville*. Vor dem Rathaus blühen bestimmt tausend Tulpen und Narzissen. Für einen Moment erinnern mich die Farben an *Cartagena* in Kolumbien. Aber auch die Topfpalmen daneben können die Karibik nicht wirklich ersetzen.

Apollon trägt eine luftige Hose und ein Hemd, so weiß wie Korallensand. Mit seinen Sonnenhaaren, seiner Goldhaut und seiner altgriechischen Götterstatuen-Figur fühle ich mich tatsächlich, als ob ein echter Sonnengott neben mir hergehen würde. Diesen Eindruck hat er nicht nur auf mich, denn unzählige Köpfe drehen sich nach dem barfüßigen Schönling um. Frederick in Jeans, einem seiner Cowboyhüte und in seinen Reitstiefeln buhlt daneben um Aufmerksamkeit. Um zu punkten, zieht er sich sein Hemd aus und lässt seine blasse Haut von der Sonne küssen. Ich, als dunkelhäutiger Südamerikaner, muss zwischen dem Eins-Neunzig Mann zu meiner linken und dem tanzenden Kobold mit Hut zu meiner rechten, ein komisches Bild abgeben.

Nach dem Rathaus sind es nur noch drei Blocks bis zum *Centre Pompidou*. Der weite Platz davor führt leicht nach unten zum Haupteingang und daneben zur Schranke mit der Rolltreppe in die Fußgänger Röhre hinein, die scheinbar endlos die sechs Stockwerke miteinander verbindet. Ein Jongleur und ein Pantomime locken Schaulustige in einem weiten Kreis an. Frederick in seinem breitbeinigen Gang in seinen Cowboystiefel wird sofort parodiert, was den aber nur zum Lachen bringt und zu Grimassen und Schabernack anstiftet. Weil wir den Starfotografen Jacques Montparnasse im Süden des Platzes beim *Strawinski-Brunnen* des Künstlerpaares *Niki de Saint Phalle* und *Jean Tinguely* treffen sollen, begeben wir uns dort hin.

„Tinguely ist Basler“, erklärt Apollon und setzt sich auf den Brunnenrand, um die verspielten Skulpturen, die sich quietschend drehen und Wasser in alle Richtungen verspritzen, zu beobachten. Eine Art Krebs oder Skorpion wirbelt mit Räderhänden und ein bunt bemalter Totenkopf grinst mich an. Riesige knallrote Lippen faszinieren Frederick.

„Ob ich mich darauf setzen kann?“, fragt er und zieht sich seine Cowboystiefel aus.

„Um die nächsten Tage wegen der Zerstörung eines Kunstwerks hier im Knast zu verbringen?“ Ich halte meinen jetzt schon halbnackten

Freund zurück.

„Ach Luon, sei doch nicht so ein Spielverderber!“ Seine Füße muss er natürlich in den Brunnen strecken. Zum Glück winkt ein schlanker Kerl mit einer riesigen Tasche über der linken Schulter aus der Ferne, bevor Frederick ganz in den flachen Brunnen steigen kann.

„Ist er das?“, tuschle ich mit Apollon, der seine Augen beschattet und auf die Ankunft des Fotografen wartet.

Jacques Montparnasse ist nicht alleine, eine Truppe aus neun Assistenten folgt ihm. Zwei von ihnen tragen Filmkameras auf den Schultern, andere Jungs Fotoapparate, Reflektoren und Spots, die an Autobatterien angeschlossen sind – es sieht zumindest so aus. Wir schütteln Hände, werden von dreien der jungen Assistenten fünffach zur Begrüßung geküsst und einander vorgestellt.

Der Starfotograf, ein Mann um die vierzig mit schwarzen Haaren und Goatee in einer Silberhose, schwarzem T-Shirt und roten Sandalen ist vom lustigen Frederick richtig angetan. „Du hast eine schöne Haut!“

„Merci!“ Frederick bläht seine nackte Brust.

„Hast du dich frisch rasiert?“, will Jacques von ihm wissen.

„Blitz-blank!“, erklärt mein Lover und schiebt sich den Bund der Jeans tiefer, um einen ersten Eindruck zu vermitteln.

„Genau wie Apollon!“ Jacques sieht genau hin. „Wunderbar! Frederick, hast du die Einverständniserklärung und den Vertrag schon unterschrieben?“ Als der halbnackte Cowboy verneint, winkt Jacques einen dünnen Kerl, der einen Aktenkoffer bei sich trägt, zu sich. „Joel, unser zweites Akt Modell für den öffentlichen Auftritt hat den Kontrakt noch nicht signiert.“

„Hat dich Apollon über das Konzept orientiert?“, erkundigt sich dieser Joel und führt Frederick zum Brunnen, wo sich beide auf den Rand setzen und mein Freund ein paar zusammengeheftete Seiten zur Durchsicht erhält.

Bevor Frederick blind unterschreibt, reiße ich ihm die Papiere aus der Hand, um selbst einen Blick darauf zu werfen. „Hast du vergessen, wessen Freund Jacques Montparnasse ist? Traue niemals jemandem, der mit deinem Feind ins Bett steigt!“ Mit zusammen geschobenen Köpfen, überfliegen wir gemeinsam die Seiten. Das Akt Modell – hier ist *Frederick Ferrand* – eingetragen, soll zusammen mit dem Akt Modellpartner –

Apollon Holmström – vollkommen textilfrei das *Centre Pompidou* besuchen. Die Aktion sei spontan, ungeplant und überraschend für alle Gäste. Verlangt werden Pflichtbesuche im *Musée National d'Art Moderne* (MNAM), in der *Bibliothèque Publique d'Information* (BPI), im Café und im Restaurant im obersten Stockwerk. Natürlich gehören auch das Benutzen der Rolltreppe und der Fußgänger Röhre dazu wie auch Präsenz im Foyer, auf dem Vorplatz und beim Brunnen. Alle Aktionen werden sowohl fotografiert wie auch gefilmt. Beides gehöre zum Rahmenprogramm der Ausstellung. Ausschnitte der Filme werden an der Premiere am ersten Mai und während der sechswöchigen Dauer der Ausstellung zu sehen sein; eine Auswahl der Fotos bleiben im Internet zu Werbezwecken veröffentlicht.

„Machst du das wirklich?" Natürlich zweifle ich keine Sekunde daran, dass es Frederick kaum erwarten kann, seine Jeans vor all den Schaulustigen, die bereits das Fotografen- und Kamerateam umschwärmen, auszuziehen.

„Ich bin, was ich bin!" Mein Lover strahlt erwartungsvoll.

Bevor der Nudist den Kugelschreiber zückt, verweise ich ihn auf einen weiteren Paragraphen. „Hier steht, du musst an der Vernissage ebenfalls nackt anwesend sein!"

„Natürlich ist der Star da, wenn die Presse auftaucht!" Frederick lacht, überfliegt den Rest des Textes und signiert schwungvoll mit seinem Namen den Pakt.

Philippe, ein Student, der mit einem Rollkoffer auftaucht, erklärt: „Sobald all eure Habe darin weggeschlossen ist, gebe ich den Koffer in der Lobby an der Garderobe ab." Mit einer einladenden Geste, bittet der Student um Apollons Kleidungsstücke. Mit einem Lächeln strippt der Schönling, faltet danach splitternackt und seelenruhig seine Leinenhosen und sein Hemd zusammen und übergibt beides Philippe zur Aufbewahrung.

„Meinen Hut auch?", brüllt Frederick, der keine Sekunde später nackt neben Apollon steht, zu Jacques.

„Alles!", kommandiert der Fotograf.

Frederick wuschelt in seinen Haaren und wird sofort von einem weiteren Mann mit einem tragbaren Schminkkoffer frisiert und gepudert. Dass dabei inzwischen an die fünfzig Gaffer zusehen, stört weder Apollon noch Frederick. Obwohl das Foto Shooting noch nicht begonnen hat, werden beide bereits von den Touristen, den Voyeuren und allen, die ein iPhone dabeihaben – also fast von jedem! – abgelichtet.

Verlegen setze ich mir meine Sonnenbrille und ein Baseball Käppi auf, das ich in meiner Lederjacke verstaut mitgebracht habe. Frederick lacht nur noch, nimmt ständig neue Posen für die Schaulustigen ein und lässt sich dabei pudern, die Haare machen und seine Finger- und Zehennägel kontrollieren und nachfeilen. Da das Ganze draußen neben dem *Strawinski-Brunnen* stattfindet, kann es Frederick dann doch nicht lassen, in den Brunnen zu steigen. Keck streckt er seinen weißen Arsch in die Kameras und küsst dabei die riesigen knallroten Lippen im feinen Nieselregen der Wasser wirbelnden Skulpturen.

Als Jacques, durch den Unsinn meines Freundes angestachelt, das Team für die professionellen Fotos in Stellung bringt, muss auch Apollon in den Brunnen. Waren es erst eine übersehbare Gruppe an Zuschauern, wächst die Menschentraube von Minute zu Minute. Wenn zwei junge Flitzer vor bewegter Kunst posieren, muss jeder dabei sein. Bevor Apollon, der ständig von Frederick angespritzt wird, auf die Wasserschlacht einsteigt, fragt Jacques die Akteure: „Jeunes Hommes, abgekühlt genug für den Einzug ins *Centre Pompidou*?“

Viele Zuschauer brüllen Kommentare und hoffen auf mehr Aktion. Einer von Jaques Assistenten hakt auf einer langen Liste den ersten Pflichtpunkt ab. Ein weiterer Helfer reicht den beiden Nackten Handtücher, damit sie sich abtrocknen können. Waren es zu Beginn neun im Team des Starfotografen, sind es inzwischen schon sechzehn. Als sich unsere Gruppe dem Haupteingang nähert, weicht diesmal der Pantomime der Menschenansammlung aus. Er verneigt sich aus der Distanz und äfft erst, als die Nudisten allen voraus, das Gebäude betreten haben, die beiden nach, hebt dazu aber nur sein T-Shirt vorne an.

Wenn auch beide Modelle blond, hellhäutig, blitz-blank rasiert und splitternackt sind, unterscheiden sie sich dennoch vollkommen voneinander. Apollon ist so schön, stolz und über alles erhaben, wie der Gott, dessen Namen er trägt. Trotzdem würde ich mich jederzeit wieder – und immer wieder – für Frederick entscheiden. Mein lustiger Flitzer lacht, tanzt und genießt den Rummel in vollen Zügen. Er schwatzt mit allen möglichen Studenten, signiert Hefte und Stadtpläne oder lässt sich mit

Jungs, Mädels und jedem, der will, Arm in Arm beim Haupteingang knipsen. Weil im Foyer eine lange Warteschlange bei der Kasse für die Rolltreppe wartet, bleiben viele Fans der beiden Nudisten hinter uns zurück. So spontan, wie Jacques die Aktion in seinem Vertrag ankündigte, ist sie nicht. Er hat natürlich eine Sonderdreh- und Fotografenerlaubnis. Die beiden Modelle und das ganze Team werden durch einen VIP-Eingang, vorbei an all den wartenden Gaffern, zur Rolltreppe geführt. Auch hier im Foyer müssen sowohl Apollon wie Frederick bei zuvor festgelegten Punkten posieren, Hände schütteln und sich mit den zufälligen Besuchern zusammen fotografieren lassen. Der Regieassistent hakt seine Liste ab. Trotzdem bleibt das Meiste spontan, speziell die Reaktion der Touristen und Besucher. Bis auf wenige finden fast alle Gefallen an der exhibitionistischen Aktion. Natürlich gibt es auch in Paris religiöse Fanatiker, prüde Moralisten, schockierte Möchte-gerne-was-auch-immer und solche, die einfach durch ihre laute und aggressive Empörung auffallen wollen. Erst, als eine ältere Dame mit ihrer Handtasche nach Frederick schlagen will, bemerke ich, dass meinen Freunden Leibwächter folgen und sofort einschreiten.

Dass Frederick sich nackt sehr wohl fühlt, hat er mir in *Lausanne*, in *Bellgarde-sur-Valserine* und bei mir zuhause immer wieder bewiesen. Apollon erlebte ich erst einmal in der Literaturgruppe nackt – da eher provokativ. Heute umgibt ihn keine Lust oder Erotik, sondern pure Reinheit. Manchmal – das ist bestimmt Einbildung – glaube ich ein Licht um den schönen Hellblonden wahrzunehmen. Einmal erkenne ich in ihm den Meistermusiker Hun-Nal-Yeh aus meinen Träumen. Noch nie zuvor habe ich jemanden beobachtet, der majestätischer und vornehmer aussieht als dieser Wunderknaben. Selbst als ihm später im Museum, beim Anblick klassischer Statuen von Hermes, dem Götterboten, eine Latte wächst, passt es einfach ins Bild. Niemand brüskiert sich daran. Zugegeben, Apollon sieht hart noch viel vollkommener aus.

„Warum kriegt Apollon bei Hermes-Skulpturen eine Latte?“, tuschelt Frederick neben mir. „Hat das damit zu tun, dass sich sein Lover *Mercury* nennt?“[17]

---

[17] Mehr zu Mercury in den beiden Apollon und Mercury Büchern, Band I: „Wahre Träume leben“ und Band 2 „Einer muss sterben“ und im Buch „Am Quell der Weisheit“

„Du kennst ihn besser als ich!“, flüstere ich zurück.

„Meinst du, ich darf auch?“

„Was darfst du auch?“, murmle ich.

„Zeigen, was einen richtigen Mann ausmacht!“ Bevor ich dazu etwas sagen kann, stellt sich Frederick neben Apollon und präsentiert ebenfalls steinharte Tatsachen. Erst verdreht Jacques darüber seine Augen, doch verrät seine Mimik und seine folgenden Anweisungen an seine Crew, dass er genau darauf gewartet hat. Weil ich Apollon schon so gesehen habe, weiß ich, wie standfest er ist. Nur wenn Kinder auftauchen, wendet er sich ab, doch im Museum passiert das nur zwei Mal. Später, zurück auf der Rolltreppe, kreischt eine Mädchenclique und eine Bande männlicher Studenten zeigt solidarisch ihre Pimmel für die Kameras, als Apollon und Frederick auftauchen. Oft beschleunigt sich mein Herzschlag eifersüchtig, wenn hübsche Jungs sich etwas zu nahe neben Frederick stellen oder – ganz versehentlich – bei einer Umarmung seinen Arsch tätscheln.

Raum um Raum besuchen wir und gelangen mit der Rolltreppe immer höher. Ich bin mir sicher, dass sowohl Apollon wie Frederick längst vergessen haben, dass sie nackt sind. Der Schönling ist zum unnahbaren Eros geworden, dem Ur-Titan der Liebe. Apollon lächelt still, strahlt Licht und Kraft aus und bleibt unantastbar. Nicht einer umarmt ihn oder grabscht nach ihm.

Anders Frederick, sein Pimmel wächst und schrumpft ständig, was es interessant macht, ihn zu beobachten. Er verkörpert den unbeschwerten Jüngling im Wechselbad zwischen schwellender Potenz, kindlicher Unschuld und Humor. Die Zeit vergeht rasend schnell. Draußen ist es längst dunkel geworden. Die Zuschauermenge hat sich gelichtet, als wir den sechsten Stock endlich erreichen. Der Ausblick über das nächtliche Paris mit seinen Lichtern und beleuchteten Sehenswürdigkeiten ist atemberaubend. In der Ferne erkenne ich den *Eiffelturm*, der verdächtige Ähnlichkeiten mit Apollons Dauerständer aufweist.

Hier oben gibt es erstmals, seit dem Signieren des Vertrages am Brunnen, eine richtige Pause. Für uns alle sind im Restaurant Tische reserviert. Ein Menu aus Suppe, *Coque au vin* und Fruchtsalat zum Dessert wird serviert, verspeist und die leeren Teller und Schüsseln wieder abgetragen. Ich sitze neben Frederick, der inzwischen jeden der Crew mit Namen kennt und von einigen auch ihre Lebensgeschichte. Wie kommunikativ und aufmerksam er ist – und dass während ihn alle angafften, filmten und fotografierten – ist phänomenal.

„Ich muss mal!", unterbricht er ein Gespräch mit dem Listenabhaker. Da wir in einem abgesonderten Teil des Restaurants sitzen und sich die Personaltoiletten gleich hinter einer Stellwand, Topfpflanzen und durch schwarze Tücher an einem Gestell verdeckt befinden, darf Frederick ohne Leibwächter los.

Als er nach zehn Minuten nicht zurück ist, beginne ich mir Sorgen zu machen. Nach einer Viertelstunde sehe nach ihm. Die Toilette ist leer. Wo ist mein lustiger Flitzer? Kopfschüttelnd geselle ich mich zurück an die Tafel.

Als Frederick nach einer halben Stunde noch immer nicht wieder auftaucht, schlage ich stummen Alarm. Mit Apollon zusammen untersuchen wir die Toiletten und den Vorraum davor. Mein Herz verkrampft sich vor Sorge und Angst. Immer wieder fühle ich Apollons Hand auf meiner Schulter, an meinem Ellbogen oder auf meinem Knie, wenn ich verzweifelt auf dem Boden sacke um nachzudenken. Die Energie dieses schönen Nudisten ist vollkommen neutral. Weder fühle ich Angst, Zweifel noch sexuelle Annäherung. Auch nicht, als mir Tränen über die Wangen kullern und er mich in seine Arme schließt und mich dabei sein hartes Ding piesackt. Für Momente ist es, als ob ich durch Apollons Nähe Frederick spüren könnte, seine Gedanken lesen oder Taten nachahmen könnte. So finde ich eine aufgebrochene Hintertür aufs Dach hinaus und eine Nottreppe an der Fassade hinunter.

„Der Feind schläft nicht!", tuschle ich.

„Luon, glaubst du, *Rajir el Brujo* hat sich Frederick geholt?"

Eisklater Schweiß auf meiner Stirn lässt mich schwindelig taumeln. Apollon stützt mich. „Das, oder Frederick jagt den Mann, der ihn bestohlen hat."

„Das wäre dem Südfranzosen zuzutrauen!"

„Aber splitternackt?", zweifle ich.

„Glaubst du wirklich, das könnte deinen Freund hindern? Zudem wurde eines der schwarzen Tücher, die als Abdeckung aufgehängt wurden gestohlen. Sieh!" Apollon zeigt auf abgerissene Klammern, die auf dem

Boden liegen.

„Wurde Frederick entführt? Was, wenn er bewusstlos geschlagen und in dieses Leichentuch gewickelt wurde?“ Weil mir schwindelig wird, setze ich mich auf die oberste Stufe der Nottreppe und blicke an den bunten Lüftungs-, Heizungs- und Wasserröhren des *Center Pompidou* vorbei in die Tiefe.

Jacques Montparnasse erkundigt sich später immer wieder nach Frederick. Er möchte sich unbedingt bei ihm persönlich für die gelungene Performance bedanken, Komplimente aussprechen und den Check für die Fotosession übergeben. Nur Apollons Gegenwart und sein ruhiges Wesen halten mich zurück, den Starfotografen zu beschuldigen oder ihn öffentlich anzugreifen.

„Frederick musste zu einem Termin“, lügt Apollon.

„Ohne seine Kleidung?“ Der Assistent brachte den Koffer mit den Kleidungsstücken längst ins Restaurant, wenn Apollon es auch nicht für nötig erachtet, sich anzuziehen.

„Frederick ist Nudist! Wahrscheinlich bemerkte er nicht, dass er noch immer nackt ist“, plappere ich Unsinn.

Kopfschüttelnd händigt mir Philippe Fredericks Hemd, seine Jeans, die Stiefel und seinen Cowboyhut aus. Traurig drücke ich die Sachen an mich, bis mir Apollon seinen Arm um die Schultern legt. Abermals fühle ich mich zuversichtlicher, als eben noch.

„Ob Frederick Rajir durch Paris jagt?“ Das andere Bild, dass mein lieber Freund niedergeschlagen, eingewickelt und verschleppt wurde, packt nach meinem Herz wie Krallenhände.

„Wir kennen deinen Lebenspartner“, wendet sich Apollon an den Starfotografen.

„Jean-Luc? Natürlich kennst du ihn. Er ist seit Stunden an meiner Seite, hielt einen der Spots und erteilte oft Anweisungen für neue Posen.“

„Jean-Luc?“ Ich gaffe den Starfotografen ungläubig an. „Wir haben *Rajir el Brujo* in Basel kennen gelernt.“

„Wen?“ Kopfschüttelnd verneint Jacques Montparnasse. „Einen Mann dieses Namens kenne ich nicht. Mein Lover heißt Jean-Luc. Er steht dort zwischen den beiden Filmern und sichtet über den Monitoren die Mitschnitte.“ Jacques zeigt auf einen rothaarigen Mann mit Dreitagebart, der mir bis jetzt wohl aufgefallen ist, mich aber nie an Rajir denken ließ. Kritsch mustere ich Jean-Luc. Eine vage Ähnlichkeit mit Rajir ist gegeben, doch er ist es definitiv nicht. Rajir hat eine vollkommen andere Körperhaltung und Ausstrahlung.

Apollon zieht mich zur Scheibe des Restaurants. Noch immer sitzen unten auf dem Platz Menschen, die von hier oben unwirklich und wie Ameisen aussehen. „Rajir hat uns nach Paris gelockt. Er hat seinen Lebenslauf gefälscht. Warum wollte er, dass wir mit Jacques Montparnasse Kontakt aufnehmen? Kommt dir Jacques aus deinen Träumen bekannt vor?"

„Aus meinen Träumen?", verwundert verneine ich.

„Luon, lass uns heimkehren! Du musst schlafen! Du musst träumen!" Apollon klingt eindringlich und entschlossen sofort aufzubrechen. Als er in seine Leinenhosen steigt, ist der Zeitpunkt zum Aufbruch gekommen. Da wir fast sicher sind, dass der Starfotograf nichts mit Fredericks Verschwinden zu tun hat, verabschieden wir uns von ihm und seiner Crew. Selbst die fünffach-Kuss-Verabschiedung, lasse ich über mich ergehen. Als Apollon seinen Scheck eingesteckt hat, führt er mich zur langen Rolltreppe hinunter. Wir spazieren schweigend zur Metro Station *Châtelet les Halles* und fahren heim.

„Luon, soll ich heute Nacht bei dir schlafen?" Apollon nackt auf der Schwelle meines Schlafzimmers im Loft stehend zu sehen, gehört zu den Dingen, an die ich mich bereits gewöhnt habe. Selbst seine Erektion und die Situation, dass er zu mir ins Bett will, verwirren mich nicht – jetzt gerade nicht! Ich strecke meine Hand nach ihm aus und lade ihn ein, bei – oder auch mit mir – zu schlafen. Sex soll helfen Angst und Kummer zu vertreiben. Ob es funktioniert?

Als sich Apollon neben mich legt, seine Arme um meinen nackten Oberkörper schlingt und mich zärtlich an sich zieht, überkommt mich abermals dieses Gefühl von Vertrautheit. Wenn ich auch mutig und sehr neugierig mit der großen Latte des jüngeren Mannes spiele und meinen Kopf auf seine Schwimmerbrust lege, überschwemmt mich statt wilder Lust Ruhe. Ich fühle mich plötzlich gewappnet, abermals die Brücke über die Zeit zu überschreiten, um in einer vergessenen Vergangenheit nach Hinweisen nach meinem entführten Lover zu suchen. Mit Apollons Ding in meiner Hand schlafe ich ein.

„Statt einem Schalthebel, könnte ich den hier“, zeigt Hun-Nal-Yeh auf seine harte Erektion, „in die Öffnung stecken!“ Der nackte Musiker steht vor der Schaltkonsole des Gleiters und tut so, als ob er wirklich seinen Lust-Stab in die Öffnung rammen will. Dass der junge Flötenspieler ein sinnlicher Kerl ist, bewies er schon beim Konzert vor seiner Verhaftung im Palast des Gottkönigs. Auch dort gehörte seine Lust zum Auftritt. Weil ich verlegen wegsehe, tritt der Jüngling an mich heran.

„Urugnas, soll ich es versuchen?“

Ich schlucke leer, wage aber nicht den Kopf zu schütteln. Nichts täte ich lieber, als genau das zu beobachten. Doch statt seinen riesigen Penis lustvoll in die Öffnung zu schieben, hockt sich Hun-Nal-Yeh mit untergeschlagenen Beinen vor mich neben die Konsole und fasst nach meinen Händen, um sie sich auf seine Knie zu betten.

„Magst du mich?“, fragt mich der Hellblonde.

Ertappt und sehr verlegen, versuche ich nicht auf das zu starren, was sich zwischen seinen Schenkeln zuckend in Griffnähe befindet. Die Rituale der Göttin *Chen* verdrängte ich immer. Nur in wenigen Träumen wagte ich, Jehle zu berühren. Jetzt soll ich es bei Hun-Nal-Yeh tun? Endlich nicke ich. Der schöne Nackte fasst nach meinen Händen und schiebt sie sich auf seine Lust. Als ich mich erschreckt umsehe, beruhigt mich der Musiker.

„Jehle ist jagen. Emesh und Chandra-G'up-La ruhen sich bei der Quelle aus. Niemand sieht uns!“

„Ich könnte dein Vater sein!“, gebe ich zu bedenken.

„Nur in dieser Verkörperung! Im letzten Leben waren wir gleichaltrig, das werden wir in künftigen Leben wieder sein.“ Meine Hände zittern. Meine Fingerspitzen berühren seine sanfte Haut, die er sich frisch mit einer Paste enthaarte. „Greife zu!“, ermutigt mich der Lustknabe. Er lehnt sich rücklings an die Konsole und schiebt seine Beine weiter auseinander.

„Ich kann nicht!“

„Urugnas, und ich kann nicht als *Neutralisator* wirken, wenn deine unausgelebte Lust zwischen uns steht. Ich fühle, wie du dich nach Jehle verzehrst und ich sehe, wie du meinen Körper begehrst. Deine Angst blockiert dich. Deine unerfüllten Wünsche errichten Mauer um dein Herz. Reiße sie nieder. Nur so können wir uns später im Geiste verbinden. Falls du deine Lust nicht kanalisieren kannst, wird sie alles überschatten. Blockierte Sexualität bringt Frustration, die zu Ärger und zu Hass führt. Dein Verstand schmiedet unbewusst daraus Waffen, die uns verletzten oder in einer telepathischen Verschmelzung töten können."

„Ich fürchte mich", gebe ich zu.

„Urugnas, dein schlimmster Feind bist du selbst! Erkenne das, und du wirst frei sein!" Abermals fasst der Musiker nach meinen Händen und legt sie sich diesmal um seine Erektion. „Jetzt erforsche meinen Körper. Mache dich damit vertraut und schließe Frieden mit deinen Sehnsüchten."

Scheu spielen meine Fingerspitzen mit Hun-Nal-Yehs Vorhaut. Er hilft mir abermals, indem er meinen Handrücken streichelt. Nur langsam entspanne ich mich, wenn mein Körper sich gleichzeitig im Strudel neuer Gefühle zu verlieren droht. Lange liebkose ich die Vorlage, die für seine Holzflöte stand.

„Entlocke meiner Zauberflöte himmlische Töne", fordert mich der schöne Mann auf. „Auch meine Erektion ist ein Instrument, dass ich zu spielen lernen musste! Urugnas, spiele mein Instrument mit deinen Händen und deinen Lippen. Ergib dich dem Spiel!" Damit legt sich der Goldhäutige auf seinen Rücken, schiebt sein Becken vor und überlasst mir seinen Körper als mein Instrument.

Die sexuelle Kraft dieses jungen Mannes pocht, zuckt und glüht, sie lockt, verführt und fordert. Wenn mir das Instrument eines Mannes auch nicht gänzlich fremd ist, so habe ich bisher niemals das eines anderen gespielt. Wie schon damals beim Einbruch ins Archiv als mich Jehle zum ersten Mal küsste, entflammt auch jetzt mein Körper. Niemals hätte ich es für möglich gehalten, dass meine alten Knochen und Fleisch zu einer solchen Lust fähig sind. Aus dem zögerlichen Forschen wird bald ein Wunsch zur Eroberung. Schamlos und frei von Zwängen, Ängsten und Hemmungen schnurrt und stöhnt Hun-Nal-Yeh. Sein Leib strömt Hitze und Verlangen aus. Sein Keuchen ist Gesang, und mein Herzschlag die begleitenden Trommeln. Als ich endlich den Mut finde, mit meinem Mund seine Flöte zu spielen, summt es in meinem Kopf, als ob zehntausend Bienen im Sommer all meine bisher unbefruchteten Blüten gleichzeitig bestäuben würden. Ganz im neuen Spiel aufgehend, vergesse ich Raum und Zeit. Kurz darauf oder unendlich viel später bäumt sich Hun-Nal-Yehs Leib verschwitzt auf und entlädt seinen warmen Samen über meine Hände.

Nach dieser Ouvertüre sind meine Sinne voll erwacht. Wie beim mentalen Antasten von Symbole in den Kristallen, erahne ich, was ich als nächstes zu tun habe. Meine neuen Küsse und Berührungen wandern gezielter über des Wunderknaben Leib. Ich verzehre mich nach diesem Körper und denke gleichzeitig an Jehle, meine Liebe für ihn und was ich in all den vielen Sonnen- und Mondzyklen mit ihm verpasste.

„Vollführe das Ritual!“, instruiert mich der Meistermusiker. Er kniet sich rücklings vor mich und bettet seinen Kopf auf ein Kissen vor der Konsole am Boden des Gleiters.

Zitternd vor Verlangen, wirble ich plötzliche ertappt hoch.

Jehle steht hinter mir. Er muss schon länger zugesehen haben. Wortlos entledigt sich Jehle seines Lendenschurzes und setzt sich dich hinter mich. Seine sonnenwarme Haut brennt durch meinen Mantel. Mein Freund küsst meinen Nacken und hilft mir aus der Kleidung. Ich lasse es einfach geschehen, während Hun-Nal-Yeh vor uns kniet, als ob er zum Altar unserer Liebe geworden wäre, auf der Jehle und ich unsere Zuneigung zelebrieren sollen.

„Bereit?“, flüstert Jehle. Als ich nicke, massiert Jehle die Pforte mit seinen Händen.

Hun-Nal-Yeh stöhnt.

Was danach alles passiert, verschwimmt in Gefühlen, die mich vollkommen überschwemmen, beflügeln und beleben. Irgendwann erhebt sich der junge Hohepriester der Lust und verlässt den Gleiter. Erst als Jehle und ich einiges später die Stimmen von Emesh und Chandra-G'up-La aus der Ferne hören, erwachen wir aus der Trance unseres ersten Liebesspiels.

„Muss ich das jetzt auch mit Emesh machen?“, scherze ich, nachdem ich zurück in meine Kleidung geschlüpft bin.

„Hun-Nal-Yeh ist der Neutralisator. Nur ihm musst du vertrauen; nur auf ihn musst du vollkommen eingestimmt sein. Er wird zwischen dir und Emesh stehen. Sein Körper und sein Geist bilden die Brücke zwischen euren Bewusstsein“, erklärt mir Jehle.

„Dann gibt er sich jetzt Emesh hin?“

„Seine Lust erwacht nur bei Männern. Mit Emesh stimmt er sich singend auf die geistige Verschmelzung ein. Das ist das übliche Vorspiel!“

„Woher weißt du das?“

„Ach, Urugnas!“, seufzt Jehle. „Es war meine Idee, dass der schöne Jüngling deine emotionellen Knoten löst. Baden wir im Quell bevor es losgeht?“

Mit dem Eintreffen der drei Jüngeren, ziehe ich mich mit meinem Freund zur Felswand zurück. Chandra-G'up-La zwinkert mir zu und Emesh versucht nicht zu kichern, als wir sie passieren. Hun-Nal-Yeh schreitet zwischen ihnen mit nassem Leib und Haaren.

Nachdem Jehle und ich gebadet zurückkehren, sind das junge Ehepaar und der Meistermusiker mit dem Verladen all unserer Lebensmittel und des Gepäcks im Gleiter fertig. Die Sonne ist inzwischen hinter den hohen Felswänden um das verborgene Tal untergegangen. Die Nacht wird bald alles unter ihrem alles verbergenden Schutz stellen.

„Was macht ihr mit euren Kejendros?“, erkundigt sich Tzuultaq'ah, als Emesh, Chandra-G'up-La, Hun-Nal-Yeh, Jehle und ich den ausgeräumten Fluggleiter bestiegen haben.

„Eine zusätzliche Gabe!“, verkündet Jehle.

Dem Einsiedler leuchten die Augen plötzlich wie Sterne. Die fünf Kejendros sind sicherlich nochmals dreißig bis vierzig Mal zwei Hände *Klatus* wert. „Habt Dank, habt Dank!“ Dann versetzt der kauzige Alte einem seiner etwas zu anhänglichen *Caax* einen Tritt und verschwindet, um die furzenden Reittiere zu suchen, die jetzt sein sind.

Chandra-G'up-La und Jehle nehmen im oberen Teil des Fluggleiters Platz. Emesh stellt sich hinter die Konsolen und ich überwache den Kristall. Als ich mich ein letztes Mal nach Tzuultaq'ah umsehe, ist vom Einsiedler nichts mehr zu sehen, auch seine *Caax* sind verschwunden.

„Der ist sicherlich mit den Kejendros abgehauen“, erklärt Jehle, der meinen Blicken gefolgt ist. „Falls ihr scheitert und das alte Ding sich nicht vom Boden abhebt, hängen wir hier im Tal fest. Der Alte wird uns bestimmt die Kejendros nicht wieder zurückschenken!“

„Bereit?“, fragt Emesh. Als wir alle etwas zur Bestätigung brummeln, legt sie ihre Hände auf die Konsolen. „Es könnte holprig werden!“

Ich, neben der Pilotin sitzend, lasse ebenfalls meine Hände über aufflackernde Symbole und bunte Lichter gleiten, die in der Konsole zum Leben erwachten. „Jetzt!", befehle ich.

Hun-Nal-Yeh, auf dem dritten Sitz in der Mitte zwischen uns vor der Konsole hockend, schließt seine Augen. Fast augenblicklich spüre ich, wie sein Geist meinen berührt. Es fühlt sich warm und hart an. Augenblicklich bin ich erregt, lasse mich aber in seine Präsenz fallen und erkenne die Brücke, die er mental zwischen mir und Emesh errichtet. Erst schwach, dann immer klarer erscheint ein Abbild davon über und durch die Konsole. Gleichzeitig flammt ein blaues Lichtes um den fast runden Flugapparat auf. Der Fluggleiter löste sich vollkommen lautlos von der Absturzstelle und schnellt nach oben.

Jehle und Chandra-G'up-La schreien auf. Emeshs Hände tanzen flink über neue Symbole, die aus dem Licht über der Konsole auftauchen. Sie schiebt mir welche zu. Langsam erkenne ich das Muster und die Energiegitter, die entstehen. Emesh Wissen wird zu meinem. Das verborgene Tal liegt jetzt tief unter uns. Als der Fluggleiter plötzlich holpert und wie ein Stein absackt, ergreife ich das Herz – den Kristall – und versuche die Stabilisatoren aufzubauen und mit einer provisorischen Dämpfung zu verschlüsseln, damit sie später nicht auf meine anderen Eingriffe reagieren.

Emesh jubelt: „Wir haben das Ding unter Kontrolle! Der Fluggleiter ist auf den Energiebahnen zwischen den großen Kristallen eingerastet. Urugnas, du kannst das Magnetfeld jetzt umkehren! Wir gleiten auf den Wellen." Ob Emesh wirklich laut gesprochen hat oder ob ich ihre Gedanken durch Han-Nal-Yehs mentale Brücke vernehme, kann ich nicht mehr sagen. Emesh kennt die Maschine und übermittelt mir ständig Koordinaten, Luftdruck, Höhe und das Tanzen und Vibrieren der Energiegitter.

„Emesh, suche nach den Türmen im Süden, damit wir die Energiefelder polarisieren können", denke ich. Die junge Frau reagiert sofort darauf.

„Urugnas, es gibt keine Karte?"

„Es muss eine Karte geben! Suche im Kausalspeicher des Fluggleiters danach!"

Hun-Nal-Yeh bleibt während all dem vollkommen reglos. Ich fühle seine Präsenz so stark wie beim Sex, doch ohne Forderung und persönliche Wünsche. Sein Körper sitzt neben meinem, doch sein Geist befindet sich in einer anderen Dimension und flitzt über die unsichtbaren Energiefelder der Kristalle, die in fernen Türmen und Tempeln pulsieren.

„Es muss eine Karte geben!“, wiederhole ich.

Emesh sucht nach gängigen Symbolen auf den virtuellen Schirmen und dem Schaltpult vor sich. „Es fehlen die Karten!“

„GLEITER!“ Ich höre Jehles Stimme dickt hinter meinen Kopf und doch ist gleichzeitig weit entfernt. „Hinter uns tauchen Fluggleiter auf!“, schreit mein Liebhaber.

Verrat!, flammt es in meinem Kopf. Der Fluggleiter gerät sofort ins Strudeln. Hun-Nal-Yehs Brücke hält und neutralisiert meinen Zorn und das wiedererwachte Misstrauen auf Emesh.

„Wir navigieren ohne Karte!“, erklärt Emesh in gesprochenen Worten den beiden Passagieren hinter uns.

„WAS!“, brüllt Jehle.

„Peile den Turm weiter nördlich an. Im Tal der Sklaven beim verlassenen Bergwerk steht einer!“ Meine Gedanken erreichen Emesh.

Schockiert reagiert sie darauf: „Der Ort ist verflucht! Wir sollten dem Tal der Sklaven fernbleiben!“

„Peile den Turm an! Vermittle mir die Koordinaten!“, befehle ich mental.

„Ich muss schätzen!“, kommentiert die Pilotin.

„Dann tue es! Tue es JETZT!“, schreie ich Emesh an.

Ihre Finger tanzen über neue Lichter, die ich packe, verschiebe und an neue Positionen versetze. Weil der Gleiter ziemlich abrupt die Richtung wechselt, muss das Manöver gelungen sein. Langsam verstehe ich die Zusammenhänge der Flugmechanik und beschleunige unser Gleiten auf den Lichtwellen, die über der flimmernden Konsole als bunte Wellen erscheinen.

Je weiter wir gegen Norden, zurück Richtung *Tollan,* sausen, desto dichter wird das Netz aus Möglichkeiten. Geistig peile ich all die noch intakten Türme und deren Kristalle an.

„Wir entkommen!“ Jehles Stimme, die dicht hinter mir in mein Ohr flüstert, ist sehr weit entfernt. Warum ich mich umdrehe, um zu schauen, ist eine alte Gewohnheit. In meinem Zustand bräuchte ich nur meine Aufmerksamkeit zu verlagern und ich könnte auch alles über, unter oder hinter mir klarer sehen, als mit meinen physischen Augen.

Chandra-G'up-La und Jehle bewaffnen sich mit Blitzern.

Warum ich in Gedanken nach Hun-Nal-Yehs Penisflöte bitte, und Emesh sie dem tief in Trance sitzenden vom Gurt löst und mir reicht, ist pure Intuition. Ich penetriere den Holzpenis in die rot aufflammende Öffnung und schieb ihn bis zum Ende tief hinein.

„Urugnas, was machst du?", wundert sich Emesh.

„Unsere Verfolger orten uns! Ich kehre die Pole um!"

„Wir werden abstürzen!", vermittelt Emesh telepathisch.

„Wie ist das möglich?" Ich höre Chandra-G'up-La und Jehle zusammen diskutieren. Sie richten ihre Waffen auf die sich immer rascher nähernden Verfolger. „In der Höhle waren wir sicher, ebenso in der Schlucht beim Einsiedler", erklärt Jehle.

„Keiner von uns konnte ein Signal senden!", bestätigt Chandra-G'up-La. „Außer Hun-Nal-Yeh waren wir alle ständig zusammen!"

„Ein Verräter kann nicht als Neutralisator fungieren!" Jehle beendet damit meine Zweifel. Auch Emesh war es im Tal unmöglich Botschaften zu versenden. Ich hätte es gefühlt, wäre es ihr früher gelungen den Kristall im Fluggleiter zu aktivieren.

„Unser Fluggleiter gehört nicht zur neuen Flotte. Er kann von den anderen nicht automatisch angepeilt werden. Warum orten uns die Verfolger trotzdem?" Chandra-G'up-Las laut ausgesprochene Worte erreichen mein Ohr genauso deutlich, wie seine aufkommende Panik. Mein toter Sohn wäre jetzt in seinem Alter. Bevor Trauer meinen Geist beschattet, fühle ich, wie Hun-Nal-Yeh das aufkommende Gefühl neutralisiert.

„Die Verfolger holen auf! Urugnas jetzt tue, was du beabsichtigst." Plötzlich bin ich mir nicht mehr sicher, ob ich Jehle in meinen Gedanken oder seine Worte an meinem Ohr höre. Augenblicklich ist mir klar, der Einfall mit der Penetration kam von Jehle. Vor meinem geistigen Auge tanzt Jehle nur mit seinem Federkragen bekleidet über die tanzenden Lichtwellen und rammt seinen eigenen Penis immer wieder tief in aufflackernde rote Symbole, die danach nicht mehr umherirren, sondern flammend pulsieren.

„Emesh deaktiviere das Gitternetzt der Türme und zeige mir, wie ich aus den roten Symbolen ein neues Gitter aufbauen kann!", befehle ich. Die Pilotin verweigert zu tun, was ich fordere.

Jehle flitzt von einem der roten Symbole zum nächsten und befruchtet, wie ein wildgewordener Gott in kompliziertem Muster eines um das andere. Ich folge seiner Bahn und webe daraus ein neues Gitter. Endlich übernimmt Emesh und lässt unseren Fluggleiter ins neue Gitternetz fallen. Der Sturz bringt uns gefährlich ins Wanken, doch die Stabilisatoren balancieren uns schließlich wieder aus.

„Was ist das?", wundert sich Emesh. „Urugnas, wie hast du ein neues Netz aufbauen können und das ohne Karten?"

„Unser Wolkenmann kann die Kraftfelder der Kristalle sehen. Jehle muss die Kristalle der verstecken Tempel berührt haben oder sie sprachen zu ihm. Hast du den Tanz unseres Wolkenmannes nicht gesehen?"

Emesh antwortet mir diesmal in Worten: „Ihr beide kommuniziert ohne Neutralisator zusammen?"

Endlich vergrößert sich die Distanz zu den Verfolgern. Endlich steuern wir wieder gegen Süden ins Hochgebirge von *Cuauhtēmallān*, dem Land der Bäume.

„Neue Fluggleiter aus Osten!" Ich folge mental Chandra-G'up-Las Richtung und blicke gegen den Ozean. „Holt uns die neue Flotte ein, sind wir tot!", spricht der kleine Gelehrte mit dem seltsam hohen Hut weiter.

„Verstecken wir uns im Tal der Sklaven!", schlägt Jehle vor.

Ich wechsle den Kurs und reite auf den roten Wellen zurück auf dem alten Kurs Richtung Nordosten.

„Emesh kannst du den Fluggleiter durch die Schluchten lenken?"

„Mit dem Steuerknüppel müsste es gehen!" Sie langt danach. Es funktioniert! Die Pilotin lenkt jetzt damit manuell den Fluggleiter direkt aufs Gebirges zu.

„Lass uns mit deinen Schätzungen bloß nicht im Stich, alter Mann!", schreit Emesh in Gedanken.

„Ich verlasse mich auf den Tanz des Wolkenmannes!"

Plötzlich verblasst das rote Gitternetz.

„Wir befinden uns zu tief zwischen den Felsen", spricht es Jehle mit Worten aus. „Ich muss zurück in die Wolken!"

Ich löse die innere Verbindung zu Jehle und lasse mich entspannt tief in die Kraftfelder fallen, damit sich unseren Fluggleiter von ihnen anzieht und ablenkt. Auf den wieder blauen Wellen dieser stabileren Energieströme flitzten wir weiter.

„Wir dürfen nicht noch tiefer in die Täler, sonst verringern sich die Energiebahnen!“ Emesh versucht ihr Bestes, um die Positionen der ihr bekannten Türme zu eruieren. Eine Weile halten wir die Position auch zwischen den Hügeln und Bergen, bis die auch die blauen Wellen blasser werden und unser Gefährt abermals taumelt. Plötzlich versagt der Energiestrom.

„Unsere Verfolger blockieren die Kristallsignale der bekannten Türme!“ Emesh klingt sehr besorgt.

„Zurück in die Wolken. Folgen dem Tanz des Wolkenmannes über das rote Netz!“, versuche ich ihr geistig Vertrauen einzuflößen.

„Die Wellen flackert. Ich angle mich fast blind mit der Steuerung aus dem Tal zum nächsten Hügel!“ All unsere Hoffnung auf Flucht und Überleben hängt jetzt von Emeshs manuellen Flugkünsten ab.

Ich lange geistig hinaus, um fern im Ozean draußen, nach den versunkenen Kristallen zu suchen. Einige leben noch, wenn auch kaum wahrnehmbar. Jehle umarmt mich von hinten. Schon einmal im Archiv half er mir so Energien zu mobilisieren, die mir eigentlich nicht zur Verfügung stehen dürften. Golden steigen neue Lichtwellen auf, um sich über die verblassenden blauen und roten zu legen. Je mehr ich mich auf die goldigen einstimme, desto heller und klarer fühle ich eine neue Präsenz. Aus *Cuauhtēmallān*, dem Land der Bäume, schaltet sich eine neue und fremde Präsenz in meine Gedanken.

„Urugnas, woher hast du dieses neue Gitternetzt?“, staunt Emesh, als sich unser Flug stabilisiert und das Tempo beschleunigt. Vor geistiger Anstrengung schwitzend, flitzen meine Finger über neue Symbole, die keiner von uns je gesehen hat. Als der nackte Mann mit der Sonne auf dem Kopf aus dem Rumpf des Gleiters aufsteigt und immer heller leuchtet, atme ich auf.

„Hilft uns jetzt der uralte Gott aus *Atlan*?“, höre ich Jehle fragen. Erstmals bin ich mir sicher, dass es sich beim nackten Mann mit der Sonne auf dem Kopf um etwas viel älteres, als die Götter selbst handelt. Erleichtert atme ich auf und hoffe, das neue, jetzt goldige Gitternetz ermöglicht uns die Flucht.

Zu spät!

Unser Fluggleiter wird von einem Blitzer getroffen. Der Verfolger tauchte plötzlich aus einem Nebental auf, zielte, feuert und traf. Es gelingt

Emesh, trotz dem Schleudern, unser Tempo zu verringern. Für ein Ausweichmanöver ist es zu spät. Wir prallen gegen eine Felswand. Das Kraftfeld schützt uns, doch der Fluggleiter taumelt in den Abgrund. Das Kraftfeld erlischt, als wir neben einem Bach im Tal stranden.

„Jemand verletzt?“, sorgt sich Jehle.

Hun-Nal-Yeh ist noch immer in tiefer Trance. Er hat von all dem nichts mitbekommen. Sein Geist wandelte in einer anderen Dimension. Emesh berührt den nackten Mann sanft am Arm. Als der Musiker nicht reagiert, schüttelt sie ihn.

Vergeblich!

Als Jehle seinen Kopf auf Hun-Nal-Yehs Brustkorb legt, um dessen Herzschlag zu hören, wässern sich seine Augen. Sehr liebevoll streichelt er dem schönen Toten das Haar. „Seine Musik wird künftig die Götter erfreuen! Hun-Nal-Yeh ist tot! Der Blitzer hat ihn getroffen!“

Der Tod eines Freundes

Ich erwache weinend. Unkontrolliert schluchze ich, bis vertraute Arme mich umschließen, um mich wie ein Kind zu wiegen.

„Luon, hast du schlecht geträumt?“

Verwirrt gaffe ich Hun-Nal-Yeh in seine hellgrünen Augen. „Du lebst?“, frage ich verwirrt.

„Was sonst?“ Apollon schmiegt sich an mich und streichelt meine Wange. „Luon, erzähl! Was passierte?“

„Ich kann nicht!“ Weinend gaffe ich den Mann an. Langsam wird mir bewusst, dass der Mann in meinem Bett nicht der tote Meistersänger, sondern mein guter Freund Apollon der Gegenwart ist. Als einziger all meiner Traumfiguren sieht er in beiden Welten vollkommen identisch aus. „Wer bist du?“

„Ich bin der, der ich bin!“

Stottern erzählte ich: „Es begann als erotische Fantasie und Sex Traum.“ Ich setze mich im Bett auf und stupse dem Nackten meinen rechten Zeigefinger in seine Brust. „Wir mussten uns auf uns einstimmen, um in einem futuristischen Fluggleiter zu fliegen. Das ist doch Wahnsinn!

Zur Anfangszeit der *Maya* gab es doch keine ..."

„Bist du sicher?"

Da ich es nicht bin, fahre ich fort: „Sex diente uns als Werkzeug, eine geistige Verbindung aufzubauen."

„Wohl kaum!", widerspricht Apollon.

„Wir stimmten uns vor der telepathischen Verschmelzung durch Sex aufeinander ein."

„Unkontrollierte Lust kann alle geistigen Energien überlagern und auslöschen."

„Woher weißt du das!"

Apollon lacht. „Klarheit erfordert Übereinstimmung mit sich selbst."

Einer Leiche davon zu erzählen, verwirrt mich. Ich zwacke Apollon in den Arm.

„He!", reklamiert er und reibt sich die Stelle.

„Du lebst!"

„Natürlich!" Apollon schüttelt seine hellblonden Locken. „Ich erwachte einmal in der Nacht, weil du mir im Schlaf einen runtergeholt hast."

„Habe ich nicht!"

„Und ob! Oh Luon, keine Sorge, es war fantastisch! Nach der Fotosession unter all den geilen Gaffern hatte ich es nötig."

Weil sich Apollon entspannt auf seinen Rücken legt, sehe ich mir den schönen Typen abermals an. Starb er in meinem Traum oder in einem früheren Leben? War das vor viele, viele Jahrhunderten, vor ein paar Minuten oder in einer Parallelwelt? Mir ist zum Weinen, wenn es dafür auch keinen Grund mehr gibt. Hun-Nal-Yeh ist tot! Es lebe Apollon! Ich rücke näher und setzte mich zwischen seine Beine. Warum ich zulange, schreibe ich der Vertrautheit zu, die sich zwischen uns in jener anderen Welt aufgebaut hatte.

„Luon, ich bin sicher, dass ich lebe, denn ich kann ganz genau spüren, was du jetzt mit mir machst!"

Das Lachen des Mannes zu hören, der mir ein Rätsel bleibt, ist wohltuend. Mein Schädel brummt. Plötzlich sorge ich mich um Frederick, der noch immer nicht wieder heimgekommen ist, dennoch spiele ich mit Apollons Latte. Meine Trauer um Hun-Nal-Yehs Tod sind genauso echt, wie meine Sorgen um Frederick. Vollkommen verwirrt über meinen seltsamen Gefühlen, erzählte ich Apollon meinen Traum so detailliert, wie möglich.

„Der Tod zerreißt den Schleier zwischen den Welten", flüstert Apollon. Lustvoll genießt er meine Intimmassage.

Warum ich meine Hände nicht vom fünf Jahre jüngeren Kerl lassen kann, schreibe ich meiner Verzweiflung zu. Hier liegt ein geiler Mann lebendig neben mir, und ist doch der gleiche, der eben erst in einer anderen Welt gestorben war.

„Was ist Realität?", frage ich Apollon.

„Real ist alles, was dich zu einem besseren Menschen macht. Liebe ist Realität. Nichts anderes! Alles vergeht, verändert sich und verschwindet. Die Liebe nicht! Sie bleibt. Sie wechselt nur das Gesicht und die Erscheinungsform."

„Warum siehst du genauso aus, wie in meinen Träumen? Warum nur du?"

„Die Liebe trägt viele Masken!"

„Du aber nicht!", widerspreche ich.

„Im Traum war es Jehle, der dich leitete, neue Dimensionen deines Denkens, Fühlens und Ahnens zu erreichen", wechselt Apollon das Thema. „Dank seiner Liebe, konntest du die uralten Kristalle im versunkenen *Atlantis* aufspüren und mit ihrer Energie ein neues Gitternetzt weben."

„Das glaubst du? Das war nur ein Traum!", beharre ich.

„Oder es war ein Hinweis, was du heute tun musst."

„Und das wäre? Dir weiter einen Runterholen?"

„Oh, ja bitte!", bettelt der Lüstling.

„Warum ist das mit dir so vertraut?"

„Wir beide kennen uns schon seit sehr vielen Leben. Luon, du bist mir wie ein Bruder, ein Freund und noch mehr."

„Ich liebe Frederick!", rechtfertige ich mein Tun.

„Und ich liebe meinen Freund Mercury. Liebe taucht in so vielerlei Gestalt in unserem Leben auf. Warum die Liebe auf ein Gesicht reduzieren? Doch Luon sag, was bedeutet dir der Traum noch?"

„Warum musstest du damals sterben?" Ich weine wieder. Selbst wenn Hun-Nal-Yeh heute als Apollon sehr lebendig in meinem Bett liegt und ich seine Lust stimuliere, so kann ich nicht aufhören, meinen alten

Freund aus der Vergangenheit zu betrauern. Das ist verrückt.

„Offensichtlich musst du deine Weiterreise hier in Paris ohne mich zurücklegen!“

„Du reist ab?“ Ich hocke mich auf und lasse Apollons Latte erstmals los.

„Ja! Aber erst nach dem Morgensex! Ich informierte Jacques Montparnasse bereits über meine Abreise. Er bezahlte mich gestern mit dem Check aus. Er hat alle Fotos von mir erstellt, die er für seine Ausstellung braucht. An der Vernissage macht sich Frederick besser ohne mich an seiner Seite. Vielleicht hat ja noch einer aus deiner Selbsthilfegruppe Lust als nackter Kellner an der Eröffnung einzuspringen oder für weitere Fotos zu posieren. Ich denke Jacques wird eine weiteres Modell nicht ausschließen.“

„Frederick lebt noch?“

„Sei nicht albern! Luon, *ich* bin in deinem Traum gestorben, nicht Frederick. Bestimmt wird dein Lover gleich das Haus stürmen und irgendeine verrückte Geschichte erzählen.“

„Ich vermisse ihn!“ Warum ich trotzdem wieder zulange, ist so ein Ding, das sich mit Logik nicht erklären lässt. Weil Apollon danach schweigt, tue ich es auch. Den schönen Sportler zu verwöhnen, gefällt mir sehr. Frederick ist auch ein hemmungsloser Genießer, doch Apollon zuzusehen und ihm Töne der Lust zu entlocken, ist fantastisch. Ja, ich liebe auch diesen Nudisten. Oh, warum musste Hun-Nal-Yeh nur sterben?

„Musst du wirklich abreisen?“, frage ich Apollon, als wir danach zusammen unter der Dusche stehen.

Der hellblonde Halbschwede nickt, seift mich ein und erwidert den Gefallen, den ich ihm im Bett erwies. „Luon, ich leite in Basel eine Literaturgruppe und eine Firma, muss studieren und habe einen Lebenspartner. Vielleicht komme ich mit Mercury zusammen für die Vernissage am ersten Mai zurück nach Paris? Mal sehen! Ich bleibe noch für deine Gruppensitzung nachher hier. Doch es steht fest, ich nehme nach dem Mittagessen den TGV zurück nach Basel.“

„Und wenn Frederick nicht auftaucht?“, werfe ich ein.

„Du hast mit ihm zusammen die Macht der *Zurajir* gestohlen. Über all die Jahrhunderte hinweg habt ihr beiden zusammen das Portal zur Finsternis bewacht. Das ist eure Aufgabe. Das ist eure Geschichte. Ihr beide müsst zu Ende bringen, was ihr damals begonnen habt. Ich bin aus dem Rennen! Meine Rolle endet hier!"

„Das glaubst du?", zweifle ich.

„Ist wichtig, was ich davon glaube?"

Wenn ich mir auch schreckliche Sorgen um Frederick mache, so ahne ich dennoch, dass es ihm gut geht. Wäre es anderes, würde ich es bestimmt fühlen. Aber warum ruft er nicht an? Er muss doch wissen, dass mich sein Verschwinden beunruhigt und in den Wahnsinn – oder in die Arme eines blonden Schönlings – treibt.

Apollon bleibt natürlich nackt, als die Männer der Selbsthilfegruppe gegen neun Uhr bei mir im Loft eintreffen.

„Frederick ist noch unterwegs!", kommt mir Apollon zuvor, um meinen Freund zu entschuldigen. „Er trifft später ein."

„Leute, ihr bewerbt eure Talente und Fähigkeiten", übernehme ich die Führung und leite die Selbsthilfegruppe ins heutige Programm. „Leute, fragte euch selbst: repräsentiert euer Lebenslauf den Menschen, den ihr in euch seht? Leuchtet eure Persönlichkeit daraus hervor oder ist euer Curriculum Vitae nur ein Schatten davon, wer ihr wirklich seid?" Ich lange nach einem Stapel Mappen. „Hier sind eure Lebensläufe!"

Kaum die Unterlagen verteilt, stellt sich Ray neben mich, drückt meine beiden Hände und forscht in meinem Blick.

„Er kommt bald zurück!", murmle ich und unterdrücke Tränen. Als meine Blicke auf den nackten Apollon fallen, schniefe ich.

„Was ist passiert?" Ray wirkt verwirrt und schielt ständig von mir auf Apollon. „Habt ihr beiden gefickt?"

„Nicht jetzt! Mich beschäftigt ein Traum!", lenke ich ab. „Ich trauere um einen Traumfreund!"

„Mich?", fragt Ray.

Kopfschüttelnd frage ich mich, warum Ray in meinen Träumen von damals keine Rolle spielt. Antonio und Emil hingegen sehe ich heute mit ganz neuen Augen. Auch wenn keiner auch nur annähernd wie ihr Alter Ego in meiner Traumwelt aussehen, so sind die beiden dennoch ganz eindeutig Chandra-G'up-La, der kleine Gelehrte mit der hohen Kappe; und Emesh, die kämpferische Amazone und Pilotin eines vorsintflutlichen Fluggleiters, den es wahrscheinlich so niemals gab. Dass die beiden sich auch in diesem Leben nähergekommen sind, ist nicht zu übersehen.

Der große Antonio und der feminine Emil passen rein äußerlich überhaupt nicht zusammen. Aber ist das wichtig? Apollon sagte, dass Liebe immer Masken trägt. Der heutige Maskenball ist eröffnet!

„Luon, was jetzt?“, fragt Emil, klingt aber kein bisschen wie Emesh, die in meinen fantastischen Träumen immer irgendwie das letzte Wort haben musste.

„Durch unsere Jobs lernen wir alle viel!“, nehme ich den Faden wieder auf. „*Was* ihr gearbeitet habt, steht in euren Arbeitszeugnissen. Diese Dokumente geben auch Auskunft über das *Wie*. Wie habt ihr eure bisherigen Jobs gemeistert? Lest es später nach! Ihr könntet überrascht sein, was ihr alles in Arbeitszeugnissen findet. Ich bin mir sicher, vieles was darin steht, habt ihr längst vergessen.“

„Was interessieren mich abgelegte Jobs?“ Alex, auch heute wieder in einem Leibchen, das seine Muskeln betont, schüttelt seinen Kopf. „Ich werde nie mehr auf dem Bau arbeiten!“

„Das ist nicht wichtig!“, spreche ich dazwischen. „Markiert trotzdem mit einem Leuchtstift, wie eure früheren Chefs eure Arbeiten beurteilt haben. Lasst euch davon inspirieren. Doch“, ich fokussiere Alex, der mit seinen Gedanken vollkommen woanders weilt, „überlegt euch auch, welche vielleicht noch im Lebenslauf unsichtbaren Fähigkeiten ihr sonst noch besitzt. Reflektiert über euer Leben, private Interessen, soziales Engagement und über eure Hobbys. Treibt ihr Sport? Vielleicht sogar in einem Team?“

„Ich trainierte früher Junioren in einem Fußball Club?“, bemerkt Antonio.

„Du spielst Fußball?“ Sumys Mimik verrät, dass er sich den Halb-Mexikaner eher als Boxer vorstellen kann.

„Ja, in Mexiko City! Ich war richtig gut!“

„Erwähnt in eurem Curriculum Vitae ebenso, ob ihr ein Instrument spielt!“

„Was hat denn Blockflöte mit einem neuen Job zu tun?“, lacht Quin auf.

„Falls die Blockflöte für einen künftigen Job oder einen Karrierewechsel nützlich sein könnte, solltest du sie erwähnen“, vertiefe ich die Aufgabe. „Was hast du mit der Blockflöte gelernt?“, frage ich.

„Ich war sieben!“, mault Quin. „Ich musste täglich üben.“

„Disziplin? Übertrage das Prinzip oder hinterfrage es. Leute, alles, was in eurem Leben passierte, manifestiert und repräsentiert das, was ihr heute seid und ausmacht."

„Na?" Sumy kickt diesmal Emil auf seiner anderen Seite im Sessel sitzend an. „Außer den Bogen über deine Geigensaiten zu ziehen, verstehst du doch auch viel vom Blasen?"

„Nur Panflöte!", hastet Emil verlegen hervor. „Doch leider nicht gut genug, um damit bei Konzerten zu spielen." Der mädchenhafte, ehemalige Berufsmusiker ist knallrot geworden. „Ich spiele auch Gitarre und Klavier!"

„Steht das alles in deinem Lebenslauf?", frage ich. „Ich erinnere mich nichts davon gelesen zu haben!"

„Darin habe ich keinen Abschluss, das sind nur ..."

„Rein damit!", schneide ich Emil das Wort ab. „Du suchst doch nach vollkommen neuen Wegen? Zurück in ein Symphonieorchester oder in ein Kammerorchester willst du nicht mehr."

„Nein! Davon habe ich die Nase voll!", bestätigt Emil.

„Du könntest Etienne bei einer seiner Burlesque Shows live begleiten!", schlägt Sumy vor.

„Oder auch Tobias!", ergänze ich. „Der künstlerische Leiter vom *Le Garçon sans Pantalon* würde eine musikalische Live Begleitung bestimmt nicht ausschlagen."

„Oder begleite mich!" Sumy steht auf, verneigt sich und wirbelt in unserem Zentrum in einer Pirouette mehrfach um die eigene Achse. Er bringt nicht nur Emil auf neue Ideen. Alex springt aus seinem Sitz, packt nach dem hellhäutigen Finnen und tanzt mit ihm spontan Tango – zumindest erinnert mich der tänzerische Kampf der beiden entfernt daran.

„Ihr drei zusammen sollten über eine eigene Nummer nachdenken!", werfe ich ein.

„Wir drei?", lacht Sumy. „Luon, ist das dein Ernst?"

„Sumy und Alex, ihr beide seid so unterschiedlich und doch ein perfektes Paar!", schwärmt plötzlich Emil.

„Die Schöne und das Biest!", lacht Antonio auf.

„Ich bin kein Biest!", knurrt Sumy.

„Dich meinte ich auch nicht damit!"

„Luon, denkst du wirklich, dass wir beide zusammen eine Burlesque-Show auf die Beine stellen könnten?"

„Ja, wir drei!", bestätigt Emil. „Ich war doch als der dritte im Team gedacht?" Als ich nicke, leuchtet Emils rotes Gesicht fiebrig und er hastet seine Vorzüge anzupreisen: „Ich verstehe viel von Komposition, Rhythmus und Dramaturgie. Gebt mir ein Thema und ich lasse mir musikalisch und choreographisch etwas dazu einfallen. Clichy, aus Etiennes Truppe, wird bestimmt Kostüme bereitstellen oder etwas Passendes für eine Show entwerfen können."

„Für eine Burlesque Show braucht es nicht allzu viel Stoff!", scherzt Sumy.

„Was passiert hier?", unterbreche ich Alex, Sumy und Emil, die sich schon zusammenrotten, um Ideen auszutauschen. An alle gerichtet verkünde ich: „In der nächsten Stunde möchte ich, dass ihr zu dritt oder alleine eurer Leben nochmals Revue passieren lasst. Fragt euch: Was kann ich, das sonst niemand von mir weiß – oder kaum jemand? Was macht mich wirklich und wahrhaftig aus? Welche Träume lassen mich brennen? Sucht nach dem Feuer! Schreibt alles, was euch bisher zum Glühen brachte in eure Lebensläufe."

Jetzt wird auch Sumys Kopf knallrot. Offensichtlich flüsterte ihm Alex einen Vorschlag zu, der seine Erwartungen übertraf.

„Unser Finne brennt allerdings!" Abermals ist es Antonio, der scherzt. „Noch heißer und seine Klamotten verbrennen!"

„Cool!", bestätigt Ray. Er schwieg bisher.

„Es ist egal, ob dieses Brennen durch Lust, Freude oder aus Angst vor einer Blamage erzeugt wird. Lasst es zu! Verbrennt eure zu engen Vorstellungen über euch selbst! Setzt das zu enge Korsett in Brand! Befreit euch von allem, was nicht mehr zu euch passt! Überschreitet Grenzen!"

Alex lässt sich nicht zweimal bitten, zerfetzt erst sein hauchdünnes Leibchen, danach das Tank Top von Sumy.

„Jeder zerfetzt seine Einschränkungen selbst!", rufe ich sofort aus. „Dieser Spaß muss jeder selbst erleben. Nur wer sich selbst befreit, ist danach wirklich frei. Zum Mittagessen lasse ich uns etwas vom Chinesen liefern." Damit entlasse ich die Kerle, um über alles nachzudenken und ihre Lebensläufe aufzupolieren.

„Wo ist Frederick?", bedrängt mich Ray in der Küche, als sich sonst alle in Gruppen zusammentun. „Als ich um zwei Uhr in der Früh nach Hause kam, war er nicht hier, genau so wenig lag er heute Morgen in deinem Bett."

„Ich weiß es nicht!" Unkontrolliert brechen Tränen hervor. Ich heule in Rays Armen, die mich umschlingen. „Rajir entführte ihn nach der gestrigen Fotosession im *Centre Pompidou*."

„Das wissen wir nicht!", wirft Apollon ein, der sich zu uns in die Küche gesellt. Er tippt irgendetwas in sein iPhone.

„Ich alarmiere sofort die Polizei!" Auch Ray greift nach seinem Mobile Phone auf dem Küchentisch liegend.

„Frederick lebt!", mischt sich Apollon ein.

„Schickte er dir eine SMS?" Ich starre auf Apollons Telefon.

„Ich schreibe meinem Lover in Basel."

„Frederick braucht dringend unsere Hilfe. Ich rufe jetzt die Polizei an", widerholt Ray.

„Luon, erzähl Ray von deinem Traum!", fordert mich Apollon auf. „Die schlüpfrigen Details kannst du auslassen, die betreffen Ray nicht." Der Nackte tippt weiter Messages.

„Was für einen Traum?" Ray schupst mich rücklings auf den Stuhl am Tisch und hockt sich verkehrt herum auf einen zweiten.

Apollon setzt sich auf den Tisch und lauscht erneut, was ich in jenem Land, das einmal *Tamoanchan* genannt wurde und heute jeder als Mexiko kennt, passiert war. Ich hole immer weiter aus und erzähle Ray alles, was ich die letzten Nächte träumte, mische es mit bereits notierten Aufzeichnungen und wiederhole mich ständig. Als ich endlich Ende, nickt Ray.

„Ich hörte, dass es noch heute im Hochgebirge Guatemalas und irgendwo im Grenzgebiet zwischen Kolumbien und Venezuela verborgene Tempel geben soll. Ich spreche nicht von Tempelruinen, sondern von noch bewohnten Orten zwischen den Welten. Es sind geistige Energiezentren, in denen Adepten die Kräfte zwischen Gut und Böse in Schach halten. Jene Wesen stehen noch immer in Beziehung zu den alten Göttern und der Vorfahren der *Maya*, ihrem Wissen und ihrer Magie."

„Diese Tempel mit den riesigen Kristallen gibt es wirklich?" Kopfschütteln gaffe ich Ray an. Der Hobby-Anthropologe und Kundige uralter Kulturen blickt dabei so ernst, dass ich nicht widerspreche, als er bejahend nickt.

„Luon, du und Frederick wart schon dort. Was ihr beide den schwarzen *Zurajir* gestohlen habt, wurde über viele Jahrhunderte von den Adepten der beiden Tempel bewacht. Falls du in deiner Kindheit wirklich den Kristall gefunden hast …"

„Ray!" Verwirrt schüttle ich meinen Kopf und fasse nach dem nackten Oberarm des Masseurs. Rays bunte Westen verrückt dabei. „Alter, das sind nur verrückte Träume!"

„Fortsetzungs-Träume?", hakt Ray nach.

„Ist das ungewöhnlich?" Verwirrt blicke ich von Ray zu Apollon. In meinem Psychologie Studium galten Träume niemals als Einblicke in frühere Leben oder in Parallelwelten. Die westlichen Forscher der Psyche deuten Träume anders. Stehen meine Traum-Figuren für archetypische Muster oder sind es gar alles Fassetten meiner selbst?

„Was glaubst du?" Der nackte Apollon sieht mich mit seinen hellgrünen Augen durchdringend an, lacht aber dabei.

„Ich war schon in einem, von der Außenwelt vollkommen verborgenen, Tempel!", behauptet Ray. „Auch ich habe Träume aus jener Zeit. Die Macht der *Zurajir* ist ein Überbleibsel aus der dunkelsten End-Zeit von *Atlantis*."

„Jetzt reicht's aber!" Wenn ich von meinen Träumen erzähle, als ob sie wirklich passiert wären, ist das eines. Es ist aber etwas vollkommen anderes, von anderen diese Fantasien bestätigt zu bekommen.

„Sehe ich auch so!" Sumy streckt seinen Kopf in die Küche.

Hat er gelauscht?

„Leute, ihr quatscht schon eine Stunde. Alex, Emil und ich wollen uns in Etiennes Haus mit seiner Truppe treffen. Können wir auf das Mittagessen hier verzichten?"

Schockiert starre ich auf meine Uhr. „Ähm, ja! Ich komme rüber!"

Im Wohnzimmer liegen Quin und Emil vor der Fensterfront am Boden, und Alex hockt halbnackt auf einem Sitzkissen daneben. Antonio steht vor dem Flipp Chart und faltet gerade ein dicht vollgeschriebenes Blatt zusammen.

„Sorry, Leute!", entschuldige ich mich.

„Kein Problem, Boss!" Alex erhebt sich aus dem Kissen und kommt auf mich zu. „Wir brauchten die Zeit. Wir haben Ideen!“

„Wunderbar!“, steige ich drauf ein. „Lasst hören!“

„Quin und Sumy versuchen im *Le Garçon sans Pantalon* auftreten. Emil würde sie musikalisch begleiten. Antonio übernimmt die Planung!“ Alex zeigt abwechselnd von einem zum anderen.

„Alte Spediteur-Gewohnheit!“, entschuldigt sich der große Mexikaner, als auf ihn gezeigt wird. „Ich manage die Künstler!“

„Eine neue Berufung?“, frage ich.

„Mal sehen!“ Antonio wirkt verlegen, büschelt all seine Notizen auf den diversen Flipp Chart Bogen und wirkt sehr zufrieden mit sich.

„Was ist mit dir?“ Mit Alex im Fokus, bemerke ich aus den Augenwinkeln, wie er zu Apollon schielt.

„Luon, Apollon vermittelte mir einen NAWA-Job. Er informierte mich vorhin per SMS“, gesteht Alex und wedelt mit seinem iPhone.

„Alex wird in meine Fußstapfen treten. Jacques Montparnasse braucht noch ein weiteres Akt Modell wie an der Vernissage einen Live Akteur.“

„*Akt*-eur!“, betont Alex und grinst doppeldeutig.

„Du willst dich vor der Kamera ausziehen? Ist das dein heimliches Doppelleben?“ Ich atme auf. Funktioniert meine Gruppe tatsächlich? Finden die Jungs alternative Aufgaben, um Geld zu verdienen?

„Ich träumte schon immer von einer Laufbahn als Model.“

„Alex“, tippt Apollon den ehemaligen Bauarbeiter in die Brust, „Luon wird dich zu Jacques‘ Atelier in der Nähe des Eiffelturms begleiten. Der Termin steht!“ Apollon hält sein iPhone vor Alex. „Jacques hat soeben bestätigt. Der Starfotograf erwartet dich um fünfzehn Uhr in seinem Atelier.“

„Ich begleite euch!“, meldet sich Ray. „Ich trete im *Le Garçon sans Pantalon* ganz bestimmt nicht auf. Zudem bin ich dein Leibwächter!“ Ray legt seinen kräftigen linken Oberarm um meine Schulter. „Luon, nochmals schlägt dich keiner auf offener Straße zusammen.“

Sumy, Emil, Antonio und Quin verlassen das Loft, um die Metro ins Rotlicht-Viertel zu nehmen.

„Apollon, reist du wirklich ab?“ Traurig beobachte ich den Nudisten beim Packen seiner Taschen für die Rückreise nach Basel.

„Ich habe meinen Platz im Hochgeschwindigkeitszug gebucht. Mercury wird mich in Basel abholen. Luon, wie schon gesagt, es ist deine Geschichte. Deine Selbsthilfegruppe organisiert sich und du, Frederick und Ray habt noch einen Kampf auszufechten. Ich sagte dir einmal, dass jeder von uns seinen eigenen Drachen besiegen muss, um die Erleuchtung zu erlangen. Ich habe meine Prüfungen bestanden, meinen Python fokussiert und die Erleuchtung erlangt[18]

„Aber ich brauche dich!", bettle ich.

„Nein!" Apollon klingt harsch und bestimmt. „Luon, deine Prüfung kannst nur du ablegen. Denke immer daran, der nackte Mann mit der Sonne auf dem Kopf wohnt in deinem Herzen. Lass ihn raus!"

Ray nickt stumm zur Bestätigung.

Als Apollon in eine seiner Leinenhosen und Turnschuhe schlüpft, ahne ich, dass ich ihn erst wieder in Basel sehen werde. Dieser Wunderknabe hat andere Aufgaben und Verpflichtungen. „Danke!" Lange umarme ich den Mann, den ich in zwei Leben als Freund und Liebhaber kennen und schätzen lernte.

„Luon, bleib dir selbst treu!"

„Ich liebe dich!" Ich küsse Apollon fünffach zum Abschied.

„Essen wir unterwegs?", schlägt Ray vor.

„Leute, besiegen wir unseren Drachen!"

Alex zuckt mit der Schulter, zieht sich seine Windjacke über und verlässt mit Ray zusammen die Loft.

Ich bleibe draußen auf der Schwelle ins Haus stehen und blicke zurück. Hun-Nal-Yeh ist tot! Jehle lebt und braucht als Frederick meine Hilfe.

„Kommst du endlich?", brüllt Alex vom gegenüberliegenden Trottoire. Nervös tänzelt er von einem Fuß auf den anderen und starrt mit geweiteten Pupillen zur *Seine*.

---

[18] Nachzulesen in: Apollon und Mercury; Band I „Wahre Träume leben" und im Band II „Einer muss sterben"

„Wo befinden sich die Foto Studios von Jacques Montparnasse?“ Alex Stimme klingt aufgeregt, sie vibriert förmlich aus Vorfreude. Schon während dem japanischen Mittagessen aus zwei großen Platten Sushi und Sashimi, fragte er drei Mal danach, wenn es ihm auch nie wirklich um den Ort, als vielmehr um Inhalt und Konzept der Fotosession ging. Der ehemalige Bauarbeiter aß kaum, warum Ray und ich uns so richtig den Bauch vollschlagen mussten – wir bestellten sogar noch eine dritte Platte als Nachschlag!

„Keine Ahnung!“, wiederhole ich, was ich ihm bestimmt schon zehn Mal erzählte. „Apollon hatte mir nichts von Jacques Fotos erzählt; und Frederick tat, als ob es sich dabei um ein streng gehütetes Staatsgeheimnis handeln würde. Ich wiederhole nur, was ich von den beiden Nudisten aufgeschnappt habe. Es handle sich um Akt Aufnahmen mit homoerotischem Touch. Angeblich spielen Licht und Schmuck eine wesentliche Rolle.“

„Schmuck?“ Alex verzieht sein Gesicht, kann sich aber nicht entscheiden ob aus Begeisterung oder Unmut.

„Körperschmuck!“, ergänze ich. „Mehr weiß ich nicht.“

Ray brummelt und tunkt ein Stück rohen Tunfisch in sein Gemisch aus Wasabi und Sojasauce.

„Cool! Leder, Ketten und dergleichen?“ Alex Augen sprühen Funken. „Ich würde gerne mal Nippel- und Intimschmuck ausprobieren!“ Dabei streichelt er sich selbstverliebt seine rechte Brustwarze. „Luon, was muss ich tut, damit aus dem Casting ein echter Job als Model wird?“

„Möglichst wenig reden!“, schnaubt Ray. „Wenn du Jacques auch die ganze Zeit mit Fragen löcherst ...“

„Eifersüchtig?“ Alex schiebt sein Jasmin Tee beiseite und mustert Ray. „Nicht jeder ist zum Model geboren!“

„Nein, danke!“, winkt Ray ab. „Den Job kannst du gerne habe. Ich suche etwas Anspruchsvolleres.“

„Bist du dir zu gut, deine Hosen fallen zu lassen?“

„Ich bin kein Stripper!“, knurrt Ray.

„Buschmann, du bist doch nur eifersüchtig! Sumy und ich haben als Stangentänzer den Schuppen so richtig eingeheizt!“

„Erzähl!“, fordere ich Alex auf. „Sumy hat mir bis jetzt noch nichts darüber verraten. Waren viele Leute dabei? Wie ist das *Le Garçon sans Pantalon* so?“

„Luon“, gafft mich Alex direkt an, „du warst all die Tage kein einziges Mal dort?“

„Es kam immer etwas dazwischen.“

„Der Schuppen ist echt mega gewaltig. Der eigentliche Hauptraum nimmt bestimmt drei Stockwerke ein. Der Eingang befindet sich auf mittlerer Höhe. Eine Rampe führt von der Kasse direkt auf eine unglaublich große Bar im Zentrum hinunter. Sie ist rund. Aus ihrer Mitte wächst eine verspiegelte Säule, die sich auf halber Höhe zur Bühne über der Bar öffnet. Alles ist verspiegelt und blitzt und funkelt“, schwärmt Alex.

„Auf dieser erhöhten Bühne hast du mit Sumy getanzt?“

„Leider nein!“ Der ehemalige Bauarbeiter mit dem Modelgesicht und dem trainierten Body schüttelt sein Haupt, fährt sich durchs dichte dunkle Haar und fokussiert mich. „Diese Bühne über der Wahnsinnsbar gehört alleine Etienne und Tobias wie den dort auftretenden Burlesque Künstlern. Tobias hat Sumy und mir alles gezeigt. Auf dieser Bühne will ich unbedingt auftreten.“ Alex‘ Stimme klingt bestimmt.

„Du?“ Ray rümpft seine Nase. „Ich dachte, Quin, Sumy und Emil planen eine Burlesque Show.“

„Tun sie auch!“, bestätigt Alex. „Antonio, ihr Manager, versucht Etienne zu überzeugen, sie im Club auftreten zu lassen. Sumy ist ein genialer Tänzer.“ Alex verdreht dabei seine Augen und seufzt, kaschiert es mit einem Husten und fährt ganz cool fort: „Das hat er an der Stange bewiesen. Er hätte sich auch den Tanga ausgezogen, hätte es Etienne erlaubt.“

„Du und Sumy wart die erotischen Statisten während des Sponsor-Anlasses?“ Ray klingt überrascht oder tut so. Waren Ray und Alex in Basel ein eingeschworenes Team beim Umzug, muss hier in Paris etwas vorgefallen sein. Ob Ray erkennt, dass Sumy das Rennen gemacht hat? Der junge Finne hat sich Alex unter den Nagel gerissen. Falls Ray bei Alex trumpfen wollte, hat er dieses Spiel definitiv verloren.“

„Die Tanzstangen befinden sich auf der erhöhten Plattform neben der Tanzfläche und weitere am Ende der Rampe auf einem Steg, der in den Club hineinführt“, fährt Alex mit seiner Beschreibung fort.

„Hast du den Tanga ausgezogen?“, bohrt Ray.

„Mann, ich durfte nicht! Doch Tobias ermutigte mich, einmal als Bar Tender damit die Gäste zu überraschen."

„Ist Tobias der einzige, der ohne Hosen arbeitet?", nutze ich die Chance endlich Details zum Treiben im *Le Garçon sans Pantalon* zu bekommen. Ich bemerke, wie Ray auf den wohlproportionierten Torso des ehemaligen Bauarbeiters starrt. Ray ist definitiv noch immer bis über beide Ohren in Alex verknallt.

„Nein! Keiner der Kellner trägt Hosen. Das gehört zum Club-Konzept. Die Kellner tragen schwarze Schürzen, die vorne alles verdecken, aber ihre nackten Ärsche zur Geltung bringen. Nur Tobias zeigt immer seinen Schwanz. Etienne erzählte mir, dass es Tobias war, der ihn überhaupt auf die Idee des *Le Garçon sans Pantalon* brachte."

„Das erzählte Tobias als Gastdozent!", bestätigt Ray.

„Das Plakat, das dem Club den Namen gibt, hängt im Entree. Es zeigt den Kellner ohne Hosen. Das Bild wurde drüben auf den *Trocadéro* aufgenommen. An Heiligabend servierte Tobias nur mit Schlips, Kragen und im Smoking Oberteil Etienne und dessen Cousin Champagner vor dem weihnachtlich beleuchteten Eiffelturm. Leider wurde die spontane Fotosession von der Polizei unterbrochen."

Ray wirkt zerknirscht, während Alex noch lange von Etiennes Erotik Club, von Tobias Schamlosigkeit und seiner eigenen exhibitionistischen Neigung, die hier in Paris erwacht ist, schwärmt. Meine ständigen Ermutigungen versteckte Talente zu entdecken und sie ins Licht der Realität im Hier und Jetzt zu ziehen, fruchtet ganz offensichtlich. Was die Kerle ans Licht zerren und was sie damit anfangen, geht mich im Grunde nichts an.

Nach dem Essen steuern wir den *Place du Trocadéro* und dahinter das *Palais de Chaillot* an. Ich habe kaum Augen für das Bauwerk. Mich Beschäftigt nur der Verbleib von Frederick.

„Hier wird das Studio ja kaum sein!", mault Alex. In der Mittagssonne zieht er seine schwarze Lederjacke aus und stolziert, nur noch in Jeans, über den Platz mit den quadratischen Mustern auf dem Boden, als ob er einen Laufsteg abschreiten würde. „Leute, wenn wir schon hier sind, zeige ich euch den Ort, an dem Tobias sein Coming-out als *Le Garçon sans Pantalon* hatte."

Grübelnd starre ich die goldenen Statuen an, die zwei Meter über uns zwischen den Säulen in der Sonne glänzen und den Platz bewachen. Der weite Halbkreis, den die Flügel des Palastes bilden, umarmt den Platz, den *Jardin de Trocadéro* und den Brunnen mit den Düsen, die wie unzählige Kriegskanonen aussehen und auf den Eiffelturm zielen. Am Ende dieses langen Brunnens führt eine Brücke über die *Seine*. Der Stahlpenis ragt hart und potent in der Ferne in den Himmel. Wehmütig denke ich an Frederick, der immer wieder von der herrlichen Aussicht vom Eiffelturm schwärmte. Wo mag mein verrückter Flitzer nur sein? Apollon war sich so sicher, dass es ihm gut geht. Oh, könnte ich es doch nur glauben!

Weil Alex immer wieder heimlich – und auch ganz offen – von Touristen fotografiert wird, hat er es plötzlich nicht mehr so eilig. Er tut so, als ob ihm die neue Aufmerksamkeit nicht auffallen würde. Frederick würde längst lachen, herumtanzen und mit allen möglichen Leuten schwatzen und Freundschaften schließen. Nicht so Alex! Der mimt den coolen Macho.

Am Ende des Platzes setze ich mich auf den Sims der Mauer und überblicke die Weite. Touristen strömen über die beiden Treppen auf die Plattform darunter. Dort jagt, in einem weiteren Brunnen, ein goldenes Kalb am monumentalen Kopf eines Stiers vorbei. Alex posiert jetzt immer offensichtlicher, was Ray auch zu gefallen scheint. Was haben Ray, Frederick und ich uns nur dabei gedacht in unsere erste Selbsthilfegruppe nur exotische Paradiesvögel, Exhibitionisten und Narzissten aufzunehmen? Suchten wir Sexpartner?

„Es ist bald drei Uhr!“ Ich tippe auf meine Uhr.

Ray setzt sich neben mich. „Luon, verdammt noch mal! Wie lange willst du noch warten, bis wir endlich die Polizei einschalten?“

„Lass ihn doch posieren!“, tue ich so, als ob ich seine Worte falsch verstehen würde. „Solange Alex seine Hose anbehält, hat die Polizei nichts zu meckern.“

„Über den Möchte-gerne-Stripper rede ich nicht! Luon, wach auf! Frederick würde niemals einfach abhauen. Hier stimmt etwas nicht!“

Ohne Apollons beruhigende Art und seine Zuversicht, mich auf meinen Traum zu verlassen, werde ich extrem nervös. „Er verschwand schon einmal nach *Bellgarde-sur-Valserine*. Frederick neigt zu unüberlegten Spontanaktionen."

„Luon!" Ray packt mich mit beiden Händen an meiner Schulter und schüttelt mich. „Frederick wurde bestimmt niedergeschlagen und entführt. Rajir tat das auch mit dir!"

Plötzlich wird mir eiskalt. Was, wenn Frederick tot ist?

„Lu, warum weinst du?"

Ich habe Alex gar nicht kommen sehen. „Heuschnupfen", lüge ich, wische mir mit meinem Jackenärmel die Tränen von den Wangen und dränge zum Aufbruch.

Die Fotos Studios von Jacques Montparnasse liegen nur ein Steinwurf von der Metro Station *Trocadéro* entfernt. Wie das Haus mit dem Loft meiner Mutter, ist auch dieses im typischen Pariser Stil erbaut. Eine knarrende Holztreppe führt im kühlen Entree nach oben. Ein antiker Kronleuchter hängt von der Stuckdecke im geräumigen Treppenhaus. Im dritten Stockwerke im Empfangsraum der Fotostudios begrüßt uns einer der Studenten, der gestern als Beleuchter im *Centre Pompidou* mithalf. Jacques wäre noch beschäftigt, würde aber gleich zu uns stoßen. An den hohen Wänden hängen ausnahmslos Fotos nackter Männer.

Alex' rechtes Knie wippt nervös und seine Blicke hasten von Bild zu Bild.

„Luon", ruft eine bekannte Männerstimme den Flur runter, „willkommen! Apollon rief mich an und informierte mich, dass du mir ein Model vorstellen möchtest."

„So ist es!" Hat dieser Mann mit der Entführung meines Fredericks zu tun? Jacques' wache Augen flitzen von Ray zu Alex und wieder zurück. Ist dieser Fotograf der Komplize eines finsteren Magiers aus den Anfängen der mittelamerikanischen Zivilisation?

„Meine Herren", sieht Jacques von Alex zu Ray, „wer von euch beiden heißen Typen kommt zum Casting?"

Schnaubend schielt Alex auf Ray, als ob er sich wundere, wie jemand diesen grobschlächtigen Kerl in der bunten Weste ernsthaft mit ihm verwechseln könnte. „Ich bin Alex Ischl! Ich bin das Model!"

„Aha!" Jacques mustert Alex Brust unter der offenen Lederjacke. „Ich könnte auch dich zur Probe fotografieren", offeriert er Ray die Gelegenheit. „Du hast etwas, das ich suche! Ich sehe dich in Lederoutfits oder in Ketten."

Abermals würgt Alex Ärger, Frust und Eifersucht hinunter. „Und mich?" Er entledigt sich seiner Lederjacke und drückt sie mir in die Hand, als ob ich sein Garderobier sei.

„Definitiv splitternackt!" Jacques umrundet Alex, der angeberisch seinen Brustkorb mit Luft und Wichtigkeit aufpumpt. „Nichts als glänzenden Schmuck! Ich habe eine Idee!" Bevor Alex Details erfährt, wendet sich Jacques wieder Ray zu. „Du bist eindeutig ein Harnes- und Ketten-Typ. Ich könnte mich dich auch als Minotaurus oder als keltischer Frühlingsgott mit Hirschgeweih vorstellen. Ob dir auch Federn stehen?"

Weil ich sofort schallen loslache, errötet Ray. „Durchschaut!", gibt er zu. „Ich stehe auf Urvölker-Look!"

„Definitiv ihr *beide*! Luon, was ist mit dir? Einen knackig braungebrannten Kolumbianer mit Dreitagebart würde ..."

„Auf keinen Fall!" Ich taste nach meinen Wangen. Habe ich mich seit drei Tagen nicht mehr rasiert? Heute früh hatte ich mit Apollon anderes unter der Dusche zu tun. Um mein Missfallen über das Angebot zu demonstrieren, trete ich einen Schritt zurück und schüttle mehrfach meinen Kopf. „Niemals!"

„Wie du willst. Luon, bleibst du als Zuschauer?", fragt Alex.

„Vielleicht?"

„Wie lauten eure vollständige Namen?", wendet sich Jacques an seine beiden neuen Modelle. Jacques notiert sich beide auf einem Zettel. „Zieht euch im schwarzen Studio vollkommen aus. Ich schicke die Crew in einer halben Stunde hoch. Wir sind noch mit Einstellungen für ein Werbekonzept in einem der anderen Studios beschäftigt."

„Hier der Standardvertrag!" Der Beleuchter von vorhin reicht mir die zusammengehefteten Papiere, damit ich als Manager der beiden die Dokumente überprüfen kann.

Ray und Alex sind schon im Lift, als ich ihnen später folge.

„War das von Apollon so geplant?", nuschelt Ray verlegen.

„Sehe es als neue Erfahrung", beruhige ich Ray, der jetzt genauso nervös plappert, wie Alex, dessen Mund sich auch nicht mehr schließen kann. Ich höre den beiden nicht zu, sondern überfliege den Standardvertrag im Lift, kann nichts daran aussetzen und ermutige beide zur Unterschrift.

Im oberen Stockwerk steure ich das *Studio Noire* an und schließe die schwarz gestrichene Tür, mit dem Schlüssel, den mir der Fotograf aushändigte, auf. Drinnen ist es so dunkel, wie in ein einer Höhle. Selbst als ich das Licht anknipse, flimmern nur zwei schwache Lampen auf, die kaum den Eingangsbereich ausleuchten.

„Das hier ist ein Dungeon, ein Kerker für erotische Spiele!“ Rays Stimme bebt erfreut.

„Echt?“ Alex sieht sich neugierig um. Viel ist in der Finsternis nicht zu erkennen, nur, dass die Wände wie uraltes Gestein aussehen und der Boden nacktem Fels gleicht.

„Fehlt nur noch ein Drache!“, spotte ich.

„Warum ein Drache?“ Alex schüttelt seinen Kopf.

Ich zucke erschreckt zusammen.

Direkt vor uns hebt sich knarrend der Deckel einer Truhe. Als eine bleiche Gestalt, in ein schwarzes Tuch gewickelt, sich daraus erhebt, unterdrücke ich einen Schrei. Im gespenstischen wird das Gesicht wie ein Totenschädel und das Tuch wie die schwarzen Mäntel aus meinen Albträumen.

„Leute!“, spricht der Untote. „Seid ihr das wirklich?“

„Frederick?“ Ich sacke in die Knie und starre den Mann an, der aus diesem Sarg steigt.

„Pst!“, ermahnt er uns leise zu sprechen. „Niemand ahnt, dass ich mich hier drin verstecke. Das soll auch so bleiben!“

„Aber?“ Meine Stimme versagt. Meine Erleichterung weicht aufkommendem Zorn. „Warum hast du niemandem Bescheid gegeben! Ich kam vor Sorge um dich fast um!“

„Luon“, Frederick langt nach meiner rechten Hand und zieht mich von Alex fort. Ray rückt sofort näher.

„Ich habe es!“

„Was?“, flüstere ich

Frederick zieht sich den schwarzen Stoff über die Schulter hoch, sonst ist er splitternackt.

„Frederick, was hast du?“

„Das hier!“ In seiner linken Hand funkelt etwas Hellblaues. Stolz schwellt er seine Brust, als ob er vom Senat zum neuen Pontifex Maximus erhoben worden wäre. Dazu drapiert er den schwarzen Stoff zur Toga.

„Wo warst du?" Ich gaffe den Kerl mit den dreckigen Füssen düster an. „Du warst plötzlich verschwunden!"

„Auf der Jagd! Warum bist du und Apollon mir nicht gefolgt?"

„Woher hätten wir wissen sollen, dass du ..."

„Alter", schüttelt Frederick seinen Kopf, „habt ihr meine Hinweise nicht gefunden?"

Als ich den Verrückten in meine Arme nehme, rümpfe ich meine Nase. „Mann, du stinkst ja entsetzlich!"

„Ich pisste in die Truhe!"

„Warum?"

„Weil ich mich hier versteckte! Rajir war mir auf den Fersen. Trotzdem, ich habe die blaue Pyramide zurückgeholt."

„Erzähl von Anfang an!"

„Nicht in diesem Haus! Leute, könnt ihr mich hinausschmuggeln?"

„Ist das Frederick? Alter, warum stinkst du, als ob du aus der Kanalisation gekrochen wärst?" Alex hält sich die Nase zu.

„Das hat damit zu tun, dass ..." Der Stinker verstummt, weil ich ihn zur Tür aus dem schwarzen Studio ziehe.

„Jacques und seine Crew werden gleich hier sein. Frederick, lasse uns sofort verschwinden!"

„Jacques ist unschuldig! Er weiß nichts über das Doppelleben seines Beinahe-Schwagers." Frederick öffnet seine Faust, damit ich abermals auf die hellblaue Pyramide, die ich als Kleinkind im Garten der Villa meiner Eltern in *Cartagena de Indias* in Kolumbien gefunden habe, sehen kann. „Rajir ist der ältere Bruder von Jacques' Lover. Mehr dazu später! Hilf mir hier rauszukommen! Rajir könnte noch im Gebäude sein."

Vorsichtig spähe ich in den hellen Flur und zum Lift.

„Vergiss den Lift! Der führt nur nach unten."

„Nein!", widerspreche ich. „Komm mit!"

„Warte!" Frederick verschwindet ins schwarze Tuch gewickelt augenblicklich in der Dunkelheit dieser finsteren Kulisse. Als er wieder plötzlich vor mir aus dem Schatten eines Andreaskreuzes auftaucht, zucke ich erschreckt zusammen. „Der Vollidiot hat unsere *Paz* und *Felicidade* zerbrochen!" Sehr vorsichtig schlägt der Einbrecher ein rotes Seidentuch auseinander. Darin liegen unsere zerbrochenen Kinderspielzeuge: die Giraffen *Paz* und die Wildschweine *Felicidade*. Tränen kullern mir über die Wangen und ich unterdrücke ein Schniefen.

„Ich kann sie alle beide reparieren! Ich habe alle Teile gerettet!"

Weil ich es kaum ertragen kann, die Holzspielsachen zerbrochen in den Händen meines Fredericks zu sehen, ziehe ich den Stinker aus dem schwarzen Studio und schupse ihn rücklings in den wartenden Lift hinein. Wir fahren nach oben.

„Luon, spinnst du! Oben befinden sich die Privaträume wie auch das Gästezimmer, in dem ich Rajirs Diebesgut gefunden habe."

Kaum stoppt der Lift, verbirgt Frederick sein Gesicht unter dem schwarzen Stoff und huscht in eine schattige Ecke, die ihn aber nicht verschluckt. Sein Trick funktioniert nur in der Nacht, im *Studio Noir* oder in der Traumwelt. Stumm zeige ich mit meinem Kinn auf ein Zeichen für Notausgang.

Die Tür ist offen. Über eine Hintertreppe, die wahrscheinlich heute noch von den Reinigungsfachkräften oder anderem Personal benutz wird, gelangen wir nach unten. Ein verlassener Flur im Erdgeschoss führt durchs Gebäude zur Vorderseite des Hauses mit dem Treppenaus. Als die Luft rein ist huschen wir beide auf die Straße. Frederick läuft Richtung Metro Station, dabei wickelt er sich in den schwarzen Stoff.

„So willst du in die Metro einsteigen?" Demonstrativ schnuppere ich an ihm. „Ein Taxi wird uns nicht mitnehmen!"

„Dann erst baden!" Bevor ich widersprechen kann, drückt mir Frederick das rote Seidentuch mit den Bruchstücken der Kinderspielsachen in die Hand. Wie ein Verrückter eilt er über die Straße und weiter zum *Trocadéro*. Wenn ein Barfüßiger in einer schwarzen Toga auch auffällt, dann noch mehr, als dieser sich über die Freitreppe nach unten zum Bassin mit dem goldigen Stierkopf und dem Kalb begibt, sich dort seiner Robe entledigt und nackt ins Bassin klettert.

„Komm sofort raus!", schnauze ich ihn an.

„Ach, sei doch nicht immer so prüde!"

Auch wenn ich niemals in einem öffentlichen Brunnen plantschen würde, teste ich trotzdem mit der rechten Hand die Wassertemperatur. Mir schaudert wegen der Frühlingskälte.

Natürlich wird die Nixe fotografiert. Bevor zwei Polizisten, die oben auf dem Platz patrouillieren und auf Frederick zeigen, über die Treppe nach unten eilen, klettert der Flitzer aus dem Brunnen, schnappt sich sein schwarzes Tuch und hetzt über weitere Treppen, dem langen Brunnen entlang und weiter Richtung Brücke und zum *Eiffelturm*. Bevor der Verrückt den Turm erklettert – oder auch nur daran denken kann – winke ich einem Taxi, packe Frederick an seiner Hand und schiebe ihn hinein. Während der Fahrt sagt er kein Wort, schiebt aber seine Hand in meine und sieht mich glücklich und erleichtert an.

Kaum am *Seine* Ufer vor dem Loft meiner Mutter, sputet Frederick davon. „Ich bin gleich zurück!" Nach zehn Minuten taucht er wieder auf und trägt eine Tüte mit Werbeaufdruck eines Handwerkerladens. „Luon, du musst dort später noch bezahlen."

„Du hast ohne Geld eingekauft?", wundere ich mich.

„Olivier kennt mich! Ich war schon in seinem Laden."

Kaum im Loft, stelle ich ihn zur Rede: „Welchen Hinweisen hätten Apollon ich denn folgen sollen?"

„Na, den Servietten! Ich habe auf drei davon mit einem Filzschreiber Nachrichten im *Centre Pompidou* hinterlassen. Eine Nachricht befestigte ich an der Klinke zum Notausgang."

„Was für eine Serviette?"

„Shit!", flucht Frederick. „Sie muss sich gelöst haben, als ich von außen die Tür zuschob und die Falle betätigte. Dann seid ihr mir nie gefolgt?" Als ich den Kopf schüttle, fährt er fort: „Dann habt ihr natürlich auch die beiden Servietten-Nachrichten auf der Nottreppe nicht gesehen!"

„Du bist über die Nottreppe abgehauen? Nackt?"

„Ja und nein! Ich schnappte mir einen der schwarzen Stoffe, die den Personaltrakt von den Gästen im Restaurant abschirmten. Den nutze ich als Tarnumhang, um Rajir zu verfolgen." Frederick lässt das schwarze Tuch fallen.

„Rajir war gestern im *Centre Pompidou*?"

„Er trug eine schwarze Strickmütze, eine dunkle Sonnenbrille und einen Rollkragenpulli. Er half der Crew. Mir fiel seine Ähnlichkeit mit Jacques' Lover auf, warum ich den nach dem Strickkappen-Typen ausfragte. So erfuhr ich, dass die beiden Brüder sind und Rajir zurzeit im Gästezimmer von Jacques' Wohnung haust."

„Das hast du alles parallel zur Nackt-Aktion gemacht?", wundere ich mich, erinnere mich aber daran, wie Frederick mit jedem flirtete und diskutierte, während er gleichzeitig in Kameras lachte und für die Fotografen posierte.

„So erfuhr ich die Adresse von Jacques' Atelier am *Trocadéro*. Ich wollte unbedingt vor Rajir in der Wohnung ankommen. So rannte ich durchs nächtliche Paris, nahm die Metro und brach ins Atelier ein."

„Du hast was?"

„Endlich fand ich im Gästezimmer Rajirs Reisepass und wusste, ich bin am richtigen Ort. Weil mir keine Zeit blieb, durchwühle ich seine Habe, riss alle Schubladen raus und räumte seinen Schrank aus."

Kopfschüttelnd folge ich Fredericks Erzählung.

„Dann fand ich die Holzgiraffen und Wildschweine. Rajir zertrümmerte alle mit einem Hammer. Die Pyramide, die im Bauch deines Wildschweins versteckt war, fand ich zwischen seinen Uhren. Leider erwischte mich Rajir, als ich sein Zimmer verließ. Mir blieb nur Zeit, mich unter dem Tarnumhang zu verbergen und vom Schatten in einer dunklen Ecke verschluckt zu werden. Natürlich hatte ich die Spielsachen zuvor ins Seidentuch gewickelt!"

„Rede doch keinen Unsinn!"

„Es funktionierte! Ich versteckte mich im *Studio Noir*. Dort gibt es nur Funzeln ohne echtes Licht. Leider schnappte die Tür zu, als ich sie von innen schloss. Ohne Essen und Trinken harrte ich die ganze Nacht aus und hoffte, tagsüber nicht erwischt zu werden. Wärt nicht Ray, Alex und du dort aufgetaucht ..."

„Unglaublich!" Kopfschütteln nehme ich meinen Jäger im Schattenumhang in meine Arme.

„Luon, was hast du in Jacques' Atelier gesucht? Mich?"

Als mein iPhone klingelt, ist es Apollon, der sich, inzwischen zurück in Basel, nach Frederick erkundigt. „Für dich!"

Wortgewandt, mit vielen Details gewürzt, berichtet Frederick von seiner Verfolgungsjagd durch Paris, dem Einbruch ins Haus und wie er sich immer wieder in letzter Sekunde dem Feind durch seine genialen Einfälle entziehen konnte. Schmunzelnd und erleichtert bereite ich dem Abenteurer in der Küche ein festliches Mahl, um seinen Beutezug zu feiern. Als ich nach zehn Minuten zurück ins Wohnzimmer komme, sitzt er konzentriert am Tisch und leimt bereits die verletzten Spielsachen. Er tut das mit so viel Liebe, dass ich abermals leise weine. Meine Sandwiches verschlingt er gierig und mischt gleichzeitig Farben, um später die verleimten Bruchstellen neu zu bemalen.

Der Todesatem der Göttin

Etienne ruft nach dem Abendessen an, um uns beide zur Probe von Sumy, Quin und Emil um acht Uhr ins *Le Garçon sans Pantalon* einzuladen. Weil Frederick viel zu erschöpft von der Nacht in der Truhe wie all den Aufregungen ist, bleiben wir zuhause. Die drei neuen Burlesque Künstler werden eh am morgigen Treffen über nichts anderes reden, als ihre Probe.

Auch wenn Frederick nonstop gähnt, besteht er auf wilden und hemmungslosen Sex. Ahnt er, dass ich etwas mit Apollon hatte? Kann er den Schönling noch in unserem Bett riechen? Warum vergaß ich die Laken zu wechseln? Seit unserem Dreier mit Ray auf dem Massagestuhl, war Frederick nicht mehr so geil und willig.

Als Ray kurz vor einundzwanzig Uhr nach Hause kommt, bleibt er eine Weile in der offenen Schlafzimmertür stehen und beobachtet uns, was Frederick nur noch mehr stimuliert. Offensichtlich selbst zu müde – oder noch trunken von der neuen Erfahrung als Model für einen Akt Fotografen – zieht Ray in sein eigenes Zimmer ab.

Wie habe ich doch meinen süßen Flitzer vermisst! Apollon ist einer meiner besten Freunde geworden, und der Sex mit ihm war wie ein köstliches Hors d'oeuvre. Frederick hingegen ist ein geniales Mehrgangmenu mit immer neuen Überraschungen und mannigfaltigen Beilagen. Als Frederick danach erschöpft in meinen Armen einschläft, bin ich glücklich, den Mann meiner Träume wiedergefunden zu haben. Ebenso bin ich dankbar, dass wir beide in diesem Leben den Mut haben unsere Leidenschaft für einander zu genießen und auszukosten.

„Luon, kommst du mit ins *Le Garçon sans Pantalon*?“, flüstert mir Ray von der offenen Tür her zu. „Quin rief vorhin an. Er wird heute einer der Stangentänzer im Club sein.“

„Geh nur! Ich passe auf unseren Ausreißer auf.“ Kaum ausgesprochen, gleite ich im Schlaf in die andere Welt.

Die Trauer um Hun-Nal-Yeh beschränken wir auf seine Aufbettung in einer der kleineren Höhlen und ein Ritual, bei dem wir den nackten Mann mit der Sonne auf dem Kopf um Führung unseres Freundes durch die Unterwelt bitten.

Sobald die Nacht hereinbricht, versuchen wir den Fluggleiter aus dem Tal zurück in die Gitternetze der Kristalle hoch über dem Boden zu bringen. Ohne unseren Neutralisator müssen Emesh und ich unsere Emotionen kontrollieren. Ein Gefühl von Wut, Misstrauen oder auch nur Trauer könnte uns ablenken. Zum Glück taugt Hun-Nal-Yehs Penisflöte als manueller Schaltknüppel, warum nicht jede Lenkung des Fluggleiters von meinen telekinetischen Fähigkeiten abhängt. Kaum wieder hoch am Nachthimmel im Energienetz angekommen, tauchen die Verfolger am Horizont auf. Es sind weitere dazu gekommen. Ob sie noch immer nach dem Meistermusiker fahnden? Kaum! In meinem Mantel versorgt befindet sich der hellblaue Pyramidenspeicher. Wie Jehle und ich ein so kompliziertes Gefängnis für die Zitadelle des Bösen konstruierten, kann ich nicht mehr nachvollziehen.

Weil wir höher als unsere Verfolger aufsteigen können, vermute ich, dass wir von den Trägerwellen der Riesenkristalle in den beiden verborgenen Tempeln erfasst wurden. Da unser alter Fluggleiter sich automatisch anpasst, lässt Emesh den Penisknüppel los und ich lockere unsere telepathische Verbindung. Fast die ganze Nacht gleitet unser Gefährt hoch über den Verfolgern in den Süden Richtung Hochgebirge von *Cuauhtēmallān*, dem Land der Bäume.

Chandra-G'up-La und Jehle sitzen mit Blitzern bewaffnet im Heck und halten nach den Verfolgern Ausschau. Immer wieder versuchen Piloten halsbrecherische Manöver, um ihre Gleiter in unseren Energiestrom zu katapultieren. Bis jetzt erfolgslos. Leider brach der blauschimmernde Schirm, der üblicherweise die Oberseite des Gleiters gegen Kälte, Wind und Angriffe schützt, beim letzten Absturz zusammen. Egal, wie tief ich mich geistig in die Systeme des Flugkörpers vertiefe, ich kann die Mechanik nicht finden, um sie Emesh zur Reparatur zu übermitteln. Die beißende Kälte so hoch über der Erde, lässt uns alle schlottern. Mir hilft sie, mich zu konzentrieren.

„Es versucht es wieder einer!", brüllt Jehle nach vorne. „Er beschleunigt. Urugnas, mach dich auf den Angriff von unten gefasst!"

Emesh, nur in leichter geistiger Verbindung mit mir, versucht über die aufleuchtenden Symbole über der Konsole einen neuen Kurs zu berechnen.

„Der Pilot versucht etwas Neues!", warnt Jehle. „Er hat unsere Höhe fast erreicht und rast direkt von hinten auf uns zu!"

„Er ist vom Bildschirm verschwunden!", entwarnt Emesh.

„Ist er nicht!", zeigt Jehle über uns.

„Schutzschild!", kreischt Emesh.

„Ist aktiviert!" Wie ich es geschafft habe im letzten Moment vor dem Aufprall durch den Verfolger unseren Fluggleiter in eine blaue Lichtkugel zu hüllen, schreibe ich meiner Panik und Sorge um meine Freude zu. Unser Verfolger kracht mit Hochgeschwindigkeit in das blau flimmernde Kraftfeld. Der Pilot wird durch den Aufprall nach vorne geschleudert und von unserem Kraftfeld aufgenommen. Ein als Jaguar bemalter Mann landete zwischen dem Gepäck im Heck. Jehle kullert über ihn und Chandra-G'up-La versucht den Blitzer, der ihm aus den Händen geschlagen wurde, zu finden. Der Schutzschild flackert und unser Fluggleiter gerät stark ins Trudeln.

„Wir müssen sofort aufsteigen!", schreit Emesh.

Ich versenke mich in die Mechanik und fühle, wie die Kristalle aus weiter Ferne nach mir rufen. Ich lasse mich in ihren Gesang fallen. Abermals kann ich die Klänge als goldene Wellen über den Wolken und um den Fluggleiter wahrnehmen.

„Was macht der Angreifer?", fragt Jehle, der sich langsam vom Aufprall und vom Schock zu erholen scheint.

„Ich bin unverletzt", murrt Chandra-G'up-La. „Was ich vom zusätzlichen Passagier nicht behaupten kann."

Jehle beugt sich zum Bewusstlosen. „Ich entwaffne ihn!"

Ein neuer Todesflieger versucht uns zu rammen.

Wenn ich ihn unter uns auch nicht kommen sah, so fühlte ich die Energie, die sich aus dem Gitter unter uns auflädt. Wie die Piloten die Trägerwellen manipulieren können um auszubrechen, entzieht sich meiner kurzen Erfahrung mit diesen fliegenden Metalldingern.

Chandra-G'up-La entwaffnet den Jaguar-Krieger, der bewusstlos zwischen unseren Vorräten liegt, und richtet dessen Blitzer auf ihn.

„Er blutet!" Jehle zerreißt seinen Schattenmantel und beginnt mit den Stoffbahnen die Verletzungen des Verwundeten zu reinigen und einzubinden.

„Fessle ihm wenigsten seine Hände und Füße!“, knurrt Chandra-G'up-La, der den Krieger lieber einfach über Bord werfen würde. Als Jehle nicht darauf einsteigt, zerfetzt der kleine Gelehrte den Lendenschurz des Gefangen, um ihn damit zu schnüren.

Gleichzeitig verfehlt uns ein weiterer Angriff nur knapp, wenn es dem Co-Piloten auch gelingt unzählige Schüsse aus seinem Blitzer auf uns abzufeuern. Vollkommen mit den Tönen der Kristalle im Einklang, fühle ich nichts. Kälte, Angst und meine Trauer um Hun-Nal-Yeh berühren mich nicht mehr. Das Lied der Kristalle lockt und leitet mich. Ich beschleunige unseren Fluggleiter auf Maximum.

„Sie bleiben unter uns zurück! Urugnas, wie hast du sie abgeschüttelt?“, erkundigt sich Emesh. Als ich nicht antworte, murmelt sie zu den anderen: „Er ist in Trance!“

Gleichzeitig erwacht der gefesselte Jaguar-Krieger.

„Er verflucht uns!“ Chandra-G'up-La zieht die Knoten straffer, als der Gefangene in der Tempelsprache zu Chanten beginnt. Er versetzt ihm mit seinem Fuß einen Tritt in die Weichteile, dass der Jaguar-Krieger verstummt, aber wild seine Augen verdreht, als ob er uns etwas sagen möchte.

Wenn ich auch mit meinen physischen Augen und Ohren weder sehen noch hören kann, was sich hinter mir abspielt, dann nehme ich dennoch alles ganz klar wahr. Es ist, als ob ich nicht nur mit dem Gleiter verschmolzen wäre, sondern auch mit dem Bewusstsein eines jeden an Bord. Ich fühle Emeshs Zorn auf mich; sie macht mich immer noch für den Tod meines Sohnes und ihres früheren Geliebten verantwortlich. Chandra-G'up-La kompensiert seinen Frust in der rohen Gewalt gegenüber dem Krieger; er macht ihn für alles verantwortlich, was uns seit der Flucht aus *Tollan* widerfahren ist. Jehle hingegen umgibt ein oranges Licht aus Fürsorge und Heilung; er kniet sich neben den Gefesselten und untersucht sanft dessen Kopfwunde. Der Jaguar-Krieger zappelt in einem Netz aus schwarzer Panik; er flucht und stimmt abermals in einen Singsang ein.

„Er verweigert meine Hilfe“, sorgt sich Jehle.

„Er hat versagt! Statt einen glorreichen Tod zu erfahren, haben wir ihn überwältigt, gefesselt und entführen ihn auch noch. Was würdest du in einer solchen Situation tun?“ Emesh überlässt mir die Steuerung und die Konsole des Gleiters vollkommen. „Warum hast du ihn ausziehen müssen?“, fragt sie ihren Mann.

Chandra-G'up-La rechtfertigt sich erst mit stummen Gesten, dann knurrt er wütend: „Ich musste ihn mit irgendetwas fesseln! Ich habe ihn daran gehindert, uns alle zu töten.“

„Jede Untat, die du ihm zufügst, fällt eines Tages auf dich zurück!“, spricht Jehle ohne Chandra-G'up-La dabei anzusehen.

„Lösen wir seine Fessel, wird er sofort versuchen uns zu überwältigen, um uns zurück in die Hauptstadt zu schleppen, wo uns der Prozess gemacht wird. Warum setzt du dich so für diesen Abschaum ein?“

„Wir haben sie abgehängt!“, wechselt Emesh das Thema und sieht sich nach den zurückbleibenden Verfolgern um.

In unsere Mäntel gewickelt harren wir dem Sonnenaufgang. Tief unter uns dehnt sich der Dschungel, die Berge und die glitzernd wilden Reflektionen von Wasserfällen. Der Gefangene verweigert jede Hilfe. Jehle hat aufgehört auf ihn einzureden oder ihm helfen zu wollen. Endlich färbt die aufgehende Sonne die fernen Berge erst grau, dann lila, bis erstes rosa von orange abgelöst wird.

„Was sind das für Lichter vor uns?“, fragt Emesh nach langem Schweigen.

„Das muss das Tal der *Uaynih* sein!“, erklärt Jehle. „*Uaynih* ist eine Göttin des Schlafes. Ihr Atem kann Heilung, aber auch den Tod bringen. In ihrem Tal ist ihr Atem für jeden Sterblichen tödlich.“

„Seit der letzte Turm bei einer Explosion zusammenfiel, ist *Cacus*, eine Siedlung vor dem Tal, zur Karawanenstadt geworden. Ab hier werden uns die Fluggleiter des Gottkönigs nicht mehr folgen können. Der Kristall unter den Trümmern glüht nur noch schwach. Er hält das Gitternetzt bis hierher aufrecht. Weiter kann niemand fliegen“, glänzt Emesh mit ihrem Wissen.

„Warum fliegen wir dann noch?“, wundert sich Chandra-G'up-La.

„Urugnas peilt den verborgenen Tempel im Hochgebirge von *Cuauhtēmallān* und einen weiteren sehr viel weiter südlich jenseits des schmalen Landes an. Wir werden kaum noch navigieren können, sondern gleiten einfach auf dem Klang der versteckten Kristalle bis zu ihrem Standort.“

Plötzlich hämmert Donner tausendfach als Echo auf den Gleiter ein, als wir über das Tal der gefährlichen Göttin fliegen.

Ich erschrecke und falle aus dem Strom.

Eine weitere Welle aus dem Tal der *Uaynih* packt uns.

„Was ist das?", fragt der kleine Gelehrte und zielt mit der gezückten Waffe auf den nackten Gefangenen am Boden.

„Keine Ahnung!", presst Emesh hervor.

Unter uns explodiert ein Hügel. Hohe Flammenzungen schießen aus dem zertrümmerten Gestein. Steinbrocken bombardieren unseren Fluggleiter. Getroffen gerät er ins Wanken.

„Aktiviert den Schutzschild, ihr verdammten Idioten!", schreit der gefesselte Krieger. „Aktiviert die Abwehr manuell! Die Göttin *Uaynih* zürnt uns den Überflug über ihr heiliges Tal!"

„Und wie macht man das?" fragt Emesh.

„Die blauen Lichter antippen, dann die roten deaktivieren! Beeilt euch! Ich will nicht in den Armen der Göttin für immer schlafen. Ich bin ein Krieger, ich will auf den ewigen Schlachtfeldern kämpfen!"

Chandra-G'up-La erteilt Emesh die Anweisungen, die sich an einer Konsole zu schaffen macht.

„Wie deaktiviert man die Roten? Urugnas, tue doch was!"

Wieder explodiert einer der Hügel und die neue Stichflamme erreicht beinahe unseren Rumpf. Ein großer Felsbrocken, der hoch über den Gleiter schnellt, verliert rasch an Höhe und rast jetzt von oben genau auf das Cockpit zu.

„Zu spät! Zu spät!", schreit Emesh und zerrt mich vom Schaltpult fort.

Durch ihre Panik und das Schupsen falle ich aus der Trance. Gerade noch rechtzeitig. Der Brocken durchdringt das flackernde Kraftfeld und zertrümmert die Schaltfläche auf seinem Weg nach unten. Der Fluggleiter verliert sofort an Höhe.

„Aktiviert die Abwehr!", kommandiert der Krieger.

„Alles zerstört!" Emesh hastet die Treppe in den Bauch des Gleiters hinunter.

„Notschild! Notschild!", brüllt der Krieger.

„Notschild?"

„Bindet mich los! Ich kann ihn aktivieren!"

„Traut ihr ihm etwa?“ Chandra-G’up-La stellt sich zwischen den Krieger und uns.

„Nein! Aber willst du lieber sterben?“ Chandra-G’up-La tritt zur Seite, damit Jehle die Fesseln des jungen Jaguar-Krieger durchschneiden kann. Schwankend erhebt sich der befreite Gefangen und nimmt sofort eine Kampfstellung ein, als Chandra-G’up-La mit dem Blitzer auf ihn zielt.

„Wir haben keine Zeit! Der Fluggleiter wird gleich auf die Felsen krachen!“ Jehles Blicke flehen den kleinen Gelehrten an, den Krieger endlich machen zu lassen. Der huscht zur Treppe und drückt leicht über ein paar blitzende Lichter der Außenwand. Sofort leuchtet der Gleiter wieder blau auf und eine Welle flutet durch das gesamte Gefährt. Der Krieger nutzt das kurze Erstaunen und rollt sich an Chandra-G’up-La vorbei und entwaffnet ihn. Noch bevor der Gleiter sich vollständig ausbalanciert und der Krieger die Waffe abfeuern kann, krachen wir in einer weiteren Bruchlandung auf den Boden. Der sich aufbauende Schutzschild fängt die stärksten Stöße ab, dennoch werden wir alle von den Füßen gerissen und schlagen auf den blauschimmernden Boden auf.

Chandra-G’up-La ist der erste, der sein Bewusstsein wiedererlangt. Er stürzt sich auf den Krieger und drischt mit einer von Hun-Nal-Yehs Flöten auf ihn ein. „Los, gib mir einen Grund dich zu töten!“ Rasend vor Wut schlägt Chandra-G’up-La weiter auf den halb bewusstlosen Krieger ein. „Gib mir einen Grund!“

Emesh schlug derart hart mit dem Kopf auf, dass jetzt Blut aus einer Platzwunde ihr über Stirn und Augen fließt.

„Um deines Friedens Wille, lass von ihm ab!“ Jehle greift nach der Flöte in Chandra-G’up-Las ausholender Hand. „Er hat genug!“ Aus Lippen und Nase des jungen Kriegers tropft Blut und weiteres von der Flöte unseres toten Freundes.

Der Krieger versucht seine Beine um Chandra-G’up-La Hals zu schlingen. Vergeblich, Chandra-G’up-La bekomme die Fußgelenke des Kriegers zu fassen. Irgendwie gelingt es dem kleinen Mann, den benommenen zu überrumpeln. Er setzt sich auf dem Brustkorb des Jaguars.

„Wir töten dich nicht!“, versucht Jehle den jungen Krieger zu beruhigen.

Chandra-G’up-La drückt die Hände des Krieges neben dessen blutiges Gesicht auf den Boden. Des kleinen Gelehrten Augen funkeln hasserfüllt.

„Was ist denn nur los mit dir?", mischt sich Emesh ein. „Chandra-G'up-La, ich erkenne dich nicht wieder!"

Der sonst so sanftmütige Gelehrte ist wie von Sinnen.

„Der Schock!", flüstert Jehle Emesh zu.

„Wirf mir die Stricke zu!" Bald hat die Frau erneut die Hände und die Füße des Kriegers gefesselt.

„Was waren das für Explosionen?", will ich vom Krieger wissen.

Der spuckt mir sein Blut ins Gesicht. Chandra-G'up-La will schon erneut auf ihn einprügeln, da frage ich den Krieger: „Sprich! Was waren das für Explosionen?"

„Ich hänge dich an deinen Füssen an einem Baum auf und peitsche dich aus!" Diesmal flüstert Chandra-G'up-La dem Jungen die Drohung direkt ins Ohr. „Glaube mir, ich tue es!"

Die Drohung wirkt. „Sprengungen! Der Gottkönig will den Atem der Göttin *Uaynih* aus dem Fels befreien." Es sprudelt einfach aus dem Gefolterten heraus. „Der Atem der Göttin dient in den Bergwerken im Tal der Sklaven als Energiequelle."

Ich nicke. „Das wäre möglich! Trotzdem bezweifle ich, dass ein vernünftiger *Na'ac* solch gefährliche Energiequellen einsetzen würde. Der Atem der Göttin ist giftig! Wir sollten ihn nicht einatmen!"

„Na also, geht doch!" Chandra-G'up-La dreht sich vom erneut verschnürten Gefangenen ab.

Emesh untersucht die Schäden. „Die Außenhülle des Gleiters ist beim Absturz stark beschädigt worden."

Plötzlich dröhnt der Klang von Hörnern durchs Tal.

„Der Todesatem der *Uaynih*!", stößt der Krieger aus und spuckt abermals Blut. „Wir müssen uns sofort in einen geschlossenen Raum begeben! Bei der letzten Explosion ist vom Atem der Göttin etwas freigesetzt worden. Das verrät der Ruf der Hörner!" Obwohl der Krieger uns nicht warnen will, bliebt ihm nichts anderes übrig, sollte er jemals die ewigen Jagdgründe der Götter erreichen wollen. Zudem ist er gefesselt mit dem schnaubenden Chandra-G'up-La auf sich kniend, unserer Gnade vollkommen ausgeliefert.

„Lass endlich vom Krieger ab und hilf uns einen sicheren Raum zu finden!“ Jehle klopft Chandra-G’up-La auf die Schulter.

Emeshs Blut überströmtes Gesicht sieht schlimmer aus, als es ist. Die Frau hat sich längst eine von Jehles Stofffetzen auf die Wunde gedrückt und sucht nach einem geeigneten Unterschlupf. „Finden wir keinen Schutz, sterben wir alle. Das Cockpit ist komplett zertrümmert und der Schutzschild ist deaktiviert. Ich will nicht in diesem beißenden Gestank umkommen. Hat diese Göttin immer einen derart üblen Mundgeruch?“

„Der Atem stinkt?“, erkundigt sich der Krieger. „Das ist gut! Wir könnten überleben.“

„Kann man die obere Etage vom Bauch des Gleiters abtrennen oder getrennt versiegeln?“, fragte Emesh den Krieger.

Der nickt.

Jehle kniet sich neben den Fremden. „Wir alle sind von deinen Kenntnissen des Fluggleiters abhängig. Unser aller Leben liegt in deinen Händen!“

Der Krieger nickt abermals.

„Hilfst du uns, helfen wir dir!“, betont Jehle jedes Wort. „Mein junger Freund wird dir nichts mehr antun, das verspreche ich dir als *Ya’halan*!“

„Du bist ein Wolkenmann?“

Diesmal nickt Jehle. „Euer beider Leben ist verstrickt“, deutet Jehle auf den zornigen Gelehrten. „Sei du der Vernünftiger!“

Des Kriegers Augen rollen bejahend, als der Atem der Göttin von oben ins zerstörte Cockpit eindringt. Jehle löst die Fesseln. Der Krieger humpelt rasch zur Treppe, lässt seine Hände über blinkende Lichter gleiten und ein neuer Schutzschild trennt sogleich die Etagen. „Von oben kann nichts mehr hier unten eindringen. Untersuchen wir den Rumpf nach verborgenen Lecks. Ein einziges Loch kann unseren Tod bedeuten!“

Der Schutzschild um den Rumpf flackert und erlischt.

„Wir sind hier nicht mehr sicher!“, brüllt der Krieger abermals in Angst hier für immer in den Armen der Göttin schlafen zu müssen. „Es muss Löcher im Rumpf geben!“

„Wir müssen in die Schränke!“, schlägt Emesh vor. „Kann man die Schränke gegen den Atem der Göttin abschirmen?“

„Nicht von innen!“, verrät der Krieger.

„Zeig mir, wie es geht. Ich werde es tun."

Der Krieger starrt mich an. „Ihr seid ein *Na'ac* und einer der früheren Erziehen des Gottkönigs. Ihr seid Urugnas, der Finder des vergessenen Gottes mit der Sonne auf dem Kopf. Ihr wollt für mich euer Leben opfern?"

„Für dich, meinen Partner, die blutende Frau und den zornigen Gelehrten. Ja! Uns bleibt keine Zeit darüber zu streiten. Zeig mir, wie ich die Schränke versiegeln kann!", befehle ich dem Jaguar-Krieger. Auch ich erkenne ihn. Es ist Quingu, der *Kihanga*, einer der gefährlichsten Spione von Atanua Nanahuatls Jaguar-Kriegern.

Quingu instruiert mich rasch. Aus Schrankmangel, muss er zusammen mit Chandra-G'up-La in einen Schrank hinein. Der einzig andere unversehrte ist für Jehle, der sich Emesh und ihren Verletzungen annehmen will.

„Tu es nicht! Urugnas, verlasse mich nicht!", fleht Jehle.

„Rein mit dir Geliebter!" Erstmals nenne ich Jehle so.

Er drückt meine Hände. Ich ziehe ihn in eine Umarmung, küsse ihn zärtlich auf seine Lippe und schupse ihn in den Schrank. „Es bleibt keine Zeit mehr! Ich liebe dich! Jehle, du bist das Licht meines Lebens!"

Danach tränke ich Stofffetzen mit unserem Trinkwasser. „Für die Wunden und zum Abdichten der Ritzen", erkläre ich.

Das letztere ist bei aktivierten Schutzschilden vollkommen überflüssig, doch es wird Chandra-G'up-La und den Krieger im zweiten Schrank beschäftigen. Zudem ist noch immer nicht sicher, ob die Schilde halten, ob es unentdeckte Löcher im Rumpf gibt oder das Gift längst zu uns eingedrungen ist.

„Urugnas, warum tust du das?" Jehles Stimme klingt durch die Schranktür gedämpft – oder durch sein Weinen.

„Wenn es heute mein Schicksal ist, hier für dich zu sterben, dann ist das so!"

„Geliebter, ich erkenne dich nicht wieder! Ich bin so stolz auf dich und all deine Taten in den vergangenen Tagen. Du hast dich so sehr verändert!"

„Jehle, bitte verschone Quingu, den jungen Krieger. Er rettete unser aller Leben. Das betrifft auch dich!", schärfe ich es Chandra-G'up-La ein. Wäre der *Kihanga* nicht verletzt, er würde den kleinen Gelehrten mit seiner linken Hand mit nur einem Griff töten. Warum hat er es nicht längst getan? Wäre sein Schädel verletzt, könnte er nicht so klar denken und handeln. Hilft uns Quingu?

„Bitte, Vater, suche dir ebenfalls einen Schrank und verstopfe dessen Ritzen mit der nassen Kleidung. Dichte jede Ritze ab! Bitte, Urugnas, rette dich!" Emesh weint ebenfalls.

„Wie könnt ihr von innen rauskommen, wenn alles vorbei ist?" frage ich den Krieger.

„In dem du uns wieder herauslässt!", schniefte Jehle.

„Und im Falle meines Todes?", erkundige ich mich mit eiskalter Stimme, in der ich alle Emotionen weggewischt habe.

„Die Schrankwände werden unseren physischen Kräften nicht lange standhalten", erklärt der Krieger. *„Na'ac* Urugnas, jetzt sucht euch selbst einen sicheren Unterschlupf. Die Dämpfe werden die Löcher im Rumpf bald gefunden und die notdürftigen Verstopfungen überwunden haben."

Endlich klettere ich in einen der umgekippten Schränke. Er ist nur Notbehelfs verschließbar, warum er nicht wirklich als Schutz dient. Alleine überkommt mich Panik. Ich verstopfe alle spürbaren Löcher wie die Risse mit nassen Kleidungsfetzen und beträufle sie regelmäßig mit dem Wasser aus einer Trinkamphore.

Das Dröhnen der Hörner durchs Tal wird lauter. Ob das bedeutet, dass jetzt der totbringende Atem aus den Höhlen entkommen ist? Sterbe ich gleich? Was habe ich in meinen Leben erreicht? Wie wäre mein Leben verlaufen, hatte mich damals das Los nicht zum auserwählten Opfer gemacht, um im Schoss der Großen Mutter dem nackten Mann mit der Sonne auf dem Kopf zu begegnen?

Das Dröhnen der Hörner wird immer lauter. Im engen Schrank kann ich nur meinen eigenen Angstschweiß riechen, der Todesatem der Göttin findet keinen Eingang.

„Luon, warum wälzt du dich?" Frederick knipst die Lichter im Schlafzimmer an. „Alter, warum liegst du zusammengerollt verkehrt herum im Bett?"

Nur langsam atme ich wieder tief ein und aus. Wenn ich auch den großen Raum im Licht jetzt sehen kann, so bedrückt mich weiterhin die Klaustrophobie und Todsangst im Sarg.

„Luon, hattest du wieder einen schlimmen Traum?“

Als ich mich zurück neben Frederick lege, nimmt er mich tröstend er seine Arme und löscht das Licht.

In Panik schrecke ich hoch. „Nein! Ich kann jetzt nicht mehr schlafen.“

„Ich auch nicht!“ Der Nackte checkt seine Armbanduhr und gähnt. „Es ist erst dreiundzwanzig Uhr! Wollen wir die anderen unserer Clique im *Le Garçon sans Pantalon* besuchen? Du warst ja noch nie im Club!“

„Bist du nicht zu müde?“ Der Gedanken so den Albtraum vielleicht abzuschütteln klingt verlockend.

„Ach was!“ Frederick knipst das Licht wieder an. „Ich schlief die vergangene Nacht ganz gut; zudem konnte ich lange ausschlafen!“

„In der Truhe?“

„Darin verstecke ich mich nur, als ich den Lift hörte. Dummerweise vergaß ich, dass ich genau diese Truhe zwei Stunden zuvor als Toilette benutzte.“

„Dumm gelaufen! Lass uns duschen.“

„Gute Idee! Das *Le Garçon sans Pantalon* hat eben erst geöffnet. Da wird noch lange etwas los sein!“ Frederick spaziert aber nicht ins Badezimmer, sondern ins Wohnzimmer hinunter.

Le Garçon sans Pantalon

Kurz nach Mitternacht passiert unser Taxi das *Moulin Rouge* im Vergnügungsviertel *Pigalle.* Weil Frederick vor dem Besuch im Nachtclub noch einen Kaffee trinken will, um ganz wach zu werden, steigen wir dort aus. Frederick trägt ein Paar seiner Cowboy Stiefeln mit bunter Bemalung und dazu einen schwarzen Hut mit rotem Band, eine flatternde schwarze Shorts und ein schwarzes Hemd. Ob er plant auch in diese Nacht irgendwann mit den Schatten zu verschmelzen?

„Als du unter der Dusche warst, rief ich Emil an. Er wird heute um ein Uhr auftreten, um Etienne auf seiner Geige zu begleiten.“

„Etienne singt mit Geigenbegleitung?“, wundere ich mich.

„Etienne singt französische Chansons, eigene und auch welche von

Édith Piaf. Unser Emil ist schon ganz nervös. Er will unbedingt vor seinem Aufritt noch mit dir reden.“

„Mit mir? Warum?“

„Hallo!“ Frederick boxt mich in die Seite und bestellt an der Bar eines Bistrots zwei *café au lait* für uns. Während wir warten, fokussiert er mich. „Du“, pikst er mich mit seinem rechten Zeigefinger in die Brust, „bist sein Coach! Du und dein Inserat sind verantwortlich, dass er ununterbrochen über alles nachdenkt, was noch immer in den Schatten seiner ungenutzten Möglichkeiten schlummert und darauf wartet von ihm ins Licht gezerrt zu werden. Die letzten Abende im *Le Garçon sans Pantalon* brachten Emil auf Ideen. Aber du kennst ja unser scheues Fräulein Escher.“ Frederick vollführt irgendwelche tuntigen Handbewegungen und tänzelt dann mit den beiden Kaffees von der Bar an einen Stehtisch bei der Tür.

„So schlimm ist er nicht!“ Frederick in seinen Cowboystiefeln so feminin rumtänzeln zu sehen, bringt mich zum Lachen.

Kaum die Tassen abgestellt, verneigt sich der Cowboy in seiner flatternden Shorts und schwafelt irgendetwas Unverständliches in einem Dialekt, denn ich nicht verstehe, zu zwei Typen, die ihn anbaggern. Abermals erstaunt mich, wie leicht es ihm fällt, immer und überall Freundschaften zu knüpfen.

„Deinen *Paz* kann ich wieder hundertprozentig heilen. Meiner Giraffe wird künftig ein Ohr fehlen, doch sonst sind alle Teile noch da. Heute Nacht noch oder morgen früh, führe ich die OPs alle durch. Der miese Vollidiot muss dein Wildschwein mehrfach mit einem Stein behandelt haben. Zum Glück konnte ich all die Holzsplitter wieder einsammeln. Ich muss das zerfetzte Leder komplett entfernen, um den zerbrochenen Bauch wieder ganz zu machen. Danach ...“

Gerührt weine ich leise vor mich hin.

„Luon“, sieht mir Frederick in die Augen, „ich krieg das schon wieder hin. Sein nicht traurig! Alter, ich bin ein hervorragender plastischer Chirurg für Holztiere.“

Keine zehn Minuten später stehen wir in der Warteschlange vor dem *Le Garçon sans Pantalon*. Bestimmt vierhundert schwule Männer aus ganz Paris und der Region warten noch immer auf Einlass.

„Ist das hier immer so gut besucht?“, frage ich den Cowboy in der kurzen Hose.

„Heute Nacht ist *Live Porno Show*! Das zieht immer viele Neugierige an.“ Frederick zeigt auf ein Plakat, auf dem Tobias in einem seiner megateuren Oberkellner Outfits zu sehen ist, natürlich trägt er keine Hose dazu. Sein hartes Ding wird durch einen ziemlich langen Zensurbalken verdeckt. Hinter ihm steht ein nackter Muskelmann. Leider verdeckt dessen Name das interessanteste Teil von ihm.

„Tobias ist ein Pornostar?“, wundere ich mich.

„Er versteht sich als Burlesque-Künstler. Wo die Grenze verläuft, ist für ihn nicht so wichtig. Sicher ist, er fickt Etienne auf der Bühne bei einer lustigen Gesangs-Nummer.“

„Jetzt ist mir auch klar, warum Apollon hier keinen Nudist-at-Work-Auftrag annimmt.“

Frederick nickt. „Apollon ist ein geiler Kerl. Aber er zieht klare Grenze zwischen Erotik und Sex – zumal wenn er als Nudist-at-Work unterwegs ist. Tobias und Etienne sind da ganz anders. Beide leben für den Club. Der Club ist nicht nur ihre Bühne, sondern auch ihr privates Wohnzimmer. Das zumindest erzählte mir Tobias.“

„Frederick!“, ruft ein blonder Bodybuilder mit Kindergesicht im dunklen Anzug. Er spaziert an der langen Warteschlange vorbei bis zu uns. „Du musst doch hier nicht anstehen!“ Der hübsche Kerl küsst Frederick zur Begrüßung fünffach nach Pariser Art. „Kommt mit! Du musst Luon sein“, sieht er mir in meine Augen. Als ich nicke, stellt er sich mir als *Rivoli*, der Rausschmeißer, vor und küsst auch mich ab.

Bis zum Eingang habe ich erfahren, dass er mit Etienne und Tobias zusammen im Haus wohne, in dem sich auch der Großteil meiner Gruppe einquartiert habe. Rivoli wirkt sehr jung, hat enorme Muskeln, die auch sein Anzug nicht verbirgt. Er ist ein hübscher Junge, der im erwachsenen Körper eines Bodybuilders steckt.[19]

„Rivoli, trittst du heute Nacht auch auf?“ Falls dieser Kerl seine Hose auf der Bühne fallen lassen würde, müsste ich mir in der ersten Reihe einen Platz reservieren.

„Nein! Gerade in Nächten wie dieser muss ich sehr wachsam sein. Im Club sind schon über sechshundert Männer und der Strom an Besuchern nimmt nicht ab.“

---

[19] Mehr zu Rivoli und der Clique aus dem Le Garçon sans Pantalon in „Pink Christmas 7“

„Was passiert während der *Live Porno Show*?"

Rivoli lacht über meine dümmliche Frage und führt uns an zwei Türstehern vorbei in den Club hinein. Im runden Entree hängen weitere Poster von Tobias – natürlich hier drinnen ohne Zensurbalken. „Luon, hast du Tobias schon kennen gelernt?"

„Er war bei mir im Loft und erzählte seine Geschichte", antworte ich dem hübschen Bodybuilder im Anzug und gaffe auf Tobias riesen Ding, das ich bis jetzt nur im schlaffen Zustand kenne.

„Tobias hielt einen Vortrag?" Belustigt lotst uns Rivoli an der Kasse vorbei und durch eine weitere Tür in den eigentlichen Erotik Disco Club. „Leute, sehen wir uns später an der Bar? Vor zwei Uhr werde ich allerdings nicht reinkommen."

„Klar! Bis später!" Kaum ist Rivoli wieder im Entree, hakt sich Frederick bei mir unter. „Hast du Tobias afrikanische Latte noch nicht live gesehen?"

An die laute Tanzmusik und die wild wirbelnde Lichtshow muss ich mich erst gewöhnen. Das *Le Garçon sans Pantalon* ist viel grösser, als ich dachte. Eine Rampe führt bestimmt zwei Stockwerke tief zu einer Tanzfläche mit Stripperstangen. Das Zentrum des Clubs, direkt vor der Tanzfläche, nimmt eine Bar ein, wie ich noch nie zuvor eine gesehen habe. Die Rückwand besteht aus Spiegeln und tausend kleiner Lichter und das Dach macht die Bühne aus. Eine sehr breite Treppe führt von dort zur Tanzfläche hinunter. Jede einzelne Stufe ist ebenfalls durch unzählige Glühbirnen beleuchtet. Scheinwerfer wirbeln wie tanzende Nymphen in alle Richtungen.

„Luon, die wirklich gute Sicht auf das Geschehen auf der Bühne hat man entweder von der Plattform hinter der Tanzfläche oder von den Balkonen in den beiden darüberliegenden Stockwerken." Frederick zeigt durch die Lichter hindurch auf die Galerie.

Überall stehen Männer jeden Alters, schwatzen zusammen, schlürfen Cocktails oder wippen zur Musik. Die Tanzfläche ist noch bis auf wenige Tänzer leer. Das Leben dieses Clubs geht von seiner Bar aus. Sie ist das pochende Herz.

„Bestellen wir bei Tobias!" Frederick brüllt mir ins Ohr.

Ich nicke. Natürlich will ich den Oberkellner ohne Hosen mit eigenen Augen in seinem Element sehen. Die Atmosphäre knistert vor Erotik und Sex. Viele Kerle stehen oben ohne an der Bar und warten in pulsierender Erwartung auf die angekündigte Porno Show. Bestimmt ein Dutzend Kellner – mit nichts auf dem Leib als lange schwarze Schürzen umgebunden und schwarze Fliegen um den Hals, zeigen jedem ihre Ärsche.

„Da drüben steht er!“ Frederick zieht mich am Jackenärmel zum Zapfhahn fürs Bier. Jeder Angestellte – außer den Türstehern und Rausschmeißern – zeigt seinen nackten Arsch, so auch die Kerle hinter dem Buffet, der DJ oder die Bartender.

Tobias wirkt vollkommen anders, als bei mir im Loft. Sein schwarzer Smoking, die Seidenfliege und das schneeweiße Hemd lassen ihn enorm edel und vornehm erscheinen. Selbst seine wilden dunkelblonden Haare mit Goldglimmer bestreut passen perfekt. Erst als Tobias den Zapfhahn verlässt, schlucke ich leer. Sein riesiger Pimmel wird von einem tiefschwarz gefärbten Busch gerahmt und durch einen extrabreiten silbernen Cockring ideal betont. Damit nichts den direkten Blick darauf verbaut, sind sowohl sein Smoking Oberteil wie auch sein Hemd so geschnitten, dass beides knapp unter dem Bauchnabel endet.

„Hi, Leute!“ Tobias verlässt die Bar und bewegt sich ganz natürlich durch die geilen Kerle, von denen ihn auch einige anfassen. „Willkommen im *Le Garçon sans Pantalon*!“

Ich bin es gewohnt nackte Männer um mich herum zu haben – auch solche, die es in der Öffentlichkeit tun. Tobias ist anders. Er ist nicht nackt, er provoziert mit jeder Pore seines Körpers. Seine altmodischen Sockenhalter, die die schwarze Kniesocken an seinen Waden halten, erinnern mich an Strapse. Dieser Mann ist ein Stripper und Erotik-Star.

„Luon, schön, dass du dich endlich hierher verirrst!“ Tobias küsst mich fünffach auf die Wangen, während sich sein Langer dabei halberigiert in meine Jeans bohrt. „Emil tritt später auf!“

„Ist er Teil der *Live Porno Show*?“, will ich wissen und kann nicht anders, als Tobias auf die enorme Latte zu starren.

„Patron“, spricht einer der hosenlosen Kellner Tobias an, „am Tisch hundertsieben gibt es Probleme.“

„Cher amis, ich muss nach dem Rechten sehen. Zu deiner Frage. Ja, Emil wird Etienne zum Auftakt mit der Geige begleiten. Er wartet in der Garderobe auf dich. Pierre“, ruft Tobias einem weiteren arschzeigenden Kellner zu, „kannst du Luon und Frederick zu den Garderoben begleiten?“ Als Pierre nickt, stolziert Tobias durch die Besucher, um in seiner Rolle als zeigegeiler Oberkellner auf die Wünsche der Gäste einzugehen.

Pierre, ein junger Kerl mit rundem Knackarsch und flaumiger Brust, führt Frederick und mich unter die Rampe und dort durch eine schwarz bemalte Tür in einen abgegrenzten Privatbereich des Erotik Clubs. „Es führt eine Treppe nach unten. Emil wird auf der Geige üben. Ihr könnt ihn nicht überhören.“ Damit dreht uns der Kellner seinen Arsch zu und mischt sich wieder unter die grabschenden Gaffer.

„Geile Backen!“, bemerkt Frederick. „Lu, hast du Tobias Prügel gesehen?“ Mein Freund verdreht dabei seine Augen. „Mann, hätte ich einen Schwanz, wie dieser Tobias, ich würde ihn auch jedem zeigen wollen. Alter, der ist doch bestimmt fünfundzwanzig Zentimeter lang oder noch länger!“

„Du zeigst deinen auch jedem“, nuschle ich, was Frederick überhört. Weil keine Geigenmusik zu hören ist, folgen wir unten dem Flur. Die Bässe sind selbst hier unter der Erde wie Fausthiebe in meinen Magen. Zwei splitternackte Kerle, der eine mit weißer Haut und tänzerisch schlanker Figur, der andere kräftig mit trainierten Muskeln und einem Solarium Teint, schwatzen zusammen bei einer roten Tür, die mit Bühnenaufgang gekennzeichnet ist. Beide tragen Silberhelme auf denen sich drehende Scheinwerfer befinden.

„Der nackte Mann mit der Sonne auf dem Kopf“, flüstert Frederick und zeigt auf die beiden erotischen Leuchttürme.

„Sind das nicht Sumy und Alex?“

„Tatsächlich!“ Frederick läuft sofort auf die beiden zu. „Leute, gehört ihr zur Show?“

Sumy errötet und dreht sich etwas ab, als ich hinter ihm auftauche und ihn interessiert mustere. Sein Tänzerkörper ist vollkommen enthaart, was extrem erotisch aussieht. Ich stehe total auf diesen Look.

„Hallo, Luon“, streckt mir der Finne seine rechte Hand zur Begrüßung hin. „Etienne will uns bei der *Live Porno Show* als lebende Beleuchtung dabei haben.“

„Abgefahren! Darf ich auch? “ Frederick sieht sich nach einer weiteren Kopflaterne um.

„Nicht heute Nacht“, erklärt Alex. Sein eingeölter Luxuskörper glänzt. Ständig wechselt er in neue Posen.

„Wie war das Casting bei Jacques?“, erkundige ich mich.

„Er will mich als Schmuck Model.“ Alex brüstet sich. „Ray musste sich, nach meinen Probeaufnahmen, als Azteke verkleiden und mit Federn geschmückt und Farbe bemalt posieren.“

„Ist Ray auch hier?“

Sumy schüttelt seinen Kopf. „Ray rief vorhin an. Er sei nach dem Job viel zu müde für Ausgang.“

„Sumy, tanzt du nachher?“ Der nackte Tänzer sieht mir erstmals in meine Augen. „So?“, detailliere ich und nicke auf seine Latte.

„Was dagegen?“, schnauzt er mich an. „Ja, ich bin extrem geil! Ja, in mir schlummert ein Erotik Tänzer und ein Stripper! In dem da ja auch!“ Sumy zeigt auf Frederick. Plötzlich weint der junge Finne, bis ihn Alex in seine Arme schließt. „Luon, daran bist nur du schuld!“

„Was?“ Verwirrt starre ich dem Nackten auf die Lampe auf dem Kopf.

„Wegen dir träume ich Nacht ein, Nacht aus, von einem Leben als Lustknabe. Dir habe ich es zu verdanken, dass ich ...“ Sumy bricht mitten im Satz ab. „Ich bin, was ich bin! Ich bin aber nicht mehr, was ich war!“ Bevor ich darauf antworten kann, fasst Sumy nach Alex’ Hand, öffnet die Tür zum Bühnenaufgang und zerrt ihn mit sich auf die Wendeltreppe. Knallend schlägt er die Tür vor unserer Nase zu.

„Was war denn das? Träumt Sumy von seiner blutigen Karriere am Hofe Atanua Nanahuatl?“, schlussfolgert Frederick.

„Die beiden haben sich wiedergefunden!“

„Lu, du denkst, Alex war der wahnsinnige Gottkönig, der sich selbst als Inkarnation des nackten Mannes mit der Sonne auf dem Kopf verstand? Er war unser Feind!“

„Ich bin, was ich bin! Ich bin aber nicht mehr, was ich war! Sumys Worte sind eindeutig. Denkst du, dass wir in unserer Gruppe all die aufgenommen haben, die uns damals in *Tamoanchan* als Freunde und Feinde begegnet sind?“

„Falls dem so ist, sollten wir Emil suchen und ihm helfen, in diesem Leben nicht dem Irrtum zu verfallen, er sei im falschen Körper geboren. Auch wenn er damals eine Frau war, so ist er diesmal nicht mehr Emesh, sondern Emil, der Mann.“

„Frederick, das ist ein heikles Thema. So leicht ist Transsexualität nicht erklärbar. Im Psychologie Studium …"

„Folgt jetzt eine kluge Erklärung?"

„Falls Emil sich heute als Frau von damals begreift …"

„Ja, ja! Rede du mit ihm! Ich geselle mich zu Alex und Sumy. Der junge Tänzer sieht erregt zum Anknabbern aus."

„Lüstling!"

„Ich bin, was ich bin!" Lachend verschwindet Frederick durch den Bühnenaufgang.

Nachdem ich verschiedene Türen ausprobierte, öffne ich eine weitere. „Emil?" Ich klopfe ans Holz, als ich ihn erblicke.

„Luon, komm rein!" Emil sitzt in einem kleinkarierten Anzug auf einem Stuhl vor einem Schminktisch und wirkt wie der schwarz-weiß Darsteller aus einem Stummfilm.

„So wirst du auftreten?"

„Vielleicht? Antonio war mit mir am Nachmittag schoppen. Doch was er für meinen Auftritt kaufte, wage ich nicht anzuziehen."

„Zeig her!" Ich rücke mir einen zweiten Stuhl vor Emil.

„Antonio träumte von mir", gesteht Emil.

„Du auch von ihm?"

Emil nickt. „Luon, ich glaube nicht an frühere Leben. Kann es wirklich sein, dass ich schon einmal lebte – als Frau? Ist das denn überhaupt möglich?"

„Warum nicht? Wir sind alle unsterblich. Das zumindest behauptet Apollon. Er sagte auch, wir alle wären Götter, die als Menschen verkleidet durch unzählige Leben stolpern, bis wir endlich erkennen, wer und was wir wirklich sein könnten."

„Götter?"

„Göttliche Wesen; keine Götter. Wir alle tragen in unseren Herzen das Licht. Erst, wenn wir uns all unseren Illusionen entledigt haben, scheint dieses Licht klar aus uns heraus."

„Dann, nur dann, werden wir zum nackten Mann mit der Sonne auf dem Kopf!"

Ich starre Emil an. „Woher weißt du davon?"

„War ich wirklich die Verlobte deines Sohnes in einem früheren Leben im alten *Maya* Reich?" Emil fasst nach meinen Händen. „Luon, warum träume ich solche Sachen? Ich bin heute keine Frau! Zugegeben, ich mag Schminke und ...“ Emil verstummt und läuft knallrot an.

„Und?“, frage ich flüsternd. „Männer?“

„Logisch! Aber das wollte ich nicht sagen.“

Schweigend blicke ich dem jungen Mann in die Augen und erkenne darin auch die kämpferische Frau, mit deren Geist ich mich einmal vollkommen verschmelzen musste. Kaum denke ich daran, fühle ich die Verbindung sich zwischen uns aufbauen. Emils Augen weiten sich augenblicklich und sein Händedruck wird fester.

Vor mir flimmert die Luft. Ich stehe im Fluggleiter. Er ist vom Absturz arg beschädigt, doch mit Emeshs Hilfe gelingt es mir, mich tief mit der Mechanik zu verschmelzen. Ohne Hun-Nal-Yeh als *Neutralisator* fühle ich Emeshs Schmerz, ihre Wut und ihre Hoffnungen. Trotz all der Vorwürfe erkenne ich aber zum ersten Mal auch tiefen Respekt und Liebe für mich. Emesh näherte sich meinem Sohn, auch, um mir nahe zu sein. Liebt mich Emesh?

„Was war das?“ Emil zieht seine Hände von mir zurück. „Du warst in meinem Kopf. Luon, bist du ein Magier?“

„Was hast du gesehen?“

„Was wohl?“, grunzt Emil. „Ich mag dich wirklich!“, gesteht mir der konservative, feminine Kerl. „Antonio liebe ich aber mehr! Sag mir, sind meine Albträume wahr?“

„Lehren sie dich das Hier und Jetzt zu meistern?“

„Das verstehe ich nicht!“

„Emil, lehren dich deine Träume deine Talente voll zu entfalten, um ein glückliches und erfülltes Leben zu führen? Es geht nicht darum die Vergangenheit zu idealisieren oder in den Ängsten von damals zu ertrinken. Ich erinnere mich an dich, als Emesh, eine sehr mutige und intelligente Frau. Heute kenne ich dich als ein Musiker mit Leidenschaft, der die verstaubten Konzertsäle nicht mehr aushält.“

„Sie sind nicht verstaubt“, widerspricht Emil. „Ich kann mich in ihnen nur nicht weiter entfalten. Die Muster, Zwänge und Erwartungen sind mir persönlich viel zu eng geworden. Mir fehlt der Freiraum, mich dort als Musiker und Künstler weiter zu entwickeln. Ich muss meine Flügel öffnen!“

„Dann ziehe dich um! Egal, was Antonio und du heute Nachmittag eingekauft habt, versuche es. Alte Verhaltensmuster abzuschütteln ist nicht einfach. Manchmal kann nur ein Schock dabei helfen."

„Ein Schock?"

„Dieser Anzug", zupfe ich Emil am kleinkarierten Jackett, „ist noch ein abgelegter Teil von dir. Gehört er zu den Dingen, die du hinter dir lassen möchtest? Altes loszulassen bedeutet nicht für immer damit zu brechen. Doch es wird Zeit, es in einem neuen Licht zu betrachten."

Plötzlich lacht Emil hell auf. „Hast du die beiden lebenden Leuchten gesehen, die während Etiennes und meinem Auftritt nachher die Bühne beleuchten sollen?"

„Sumy tut sich auch schwer damit, sein Karma von damals zu vergessen. Er wiederholt alte Verhaltensmuster. Damals war er der Lustknabe und der Liebling von einem Wahnsinnigen."

„Alex ist heute anderes!", widerspricht Emil.

„Sumy auch! Warum wir uns alle gemeinsam an ein früheres Leben erinnern, kann ich mir auch nicht erklären. Sicher ist nur, wir müssen etwas ausgleichen, was wir damals aus der Balance geworfen haben."

„Danke!", nuschelt Emil.

„Für was?"

„Ich bin heute Emil Escher, doch Emeshs Mut soll mir heute Nacht helfen, der zu werden, der ich sein könnte! Lässt du mich jetzt alleine? Ich muss mich für meinen Auftritt umziehen."

Neugierig Sumy, Alex, und später Emil, auf der Bühne live zu erleben, benutze auch ich den verbotenen Bühnenaufgang. „Ich dachte, hier geht's zur Bühne?", sehe ich mich um, als ich hinter der Bar auftauche, wo Tobias gerade einen Cocktail mixt.

„Deine Truppe ist ein mutiger Haufen!", lobt mich Tobias.

„Warum", frage ich den Oberkellner ohne Hosen.

Er nickt Richtung Rampe und zu den Tanzstangen. Quin, der Libyer, verrenkt daran seinen Körper. Bis auf einen Glitzer-Tanga ist er nackt. Er sieht unglaublich erotisch aus und seine Bewegungen erinnern an einen Jaguar auf der Pirsch durch den Dschungel. Daneben, nur in Cowboystiefeln und seinem Hut hüpft Frederick, wie ein wildgewordener Faun an einer weiteren Stripperstange. Verströmt Quin pure Erotik, ist Frederick der lustige Kerl, den man einfach gernhaben muss.

„Sie könnten nicht unterschiedlicher sein. Luon, ich konnte Frederick nicht daran hindern, seine Hose und sein Hemd auszuziehen. Darum schickte ich ihn an die Stange. Im Club ist nur das Personal nackt! Die Gäste müssen dafür oder für Sex in die *Cruising Area* im ersten Stock hinter die Balkone. Hier unten wird jeder ohne Hosen rausgeworfen. Rivoli und seine Rausschmeißer sind da strickt."

Kopfschüttelnd über Fredericks Drang sich immer und überall auszuziehen, ist nicht immer leicht zu verstehen. „Was ist mit dir? Warst du schon immer Exhibitionist?", frage ich den weißen Afrikaner.

„Bevor ich Etienne letzte Weihnachten kennenlernte, ahnte ich nicht einmal, wie ich wirklich ticke. Hier im Club trage ich niemals Hosen. Mein Schwanz gehört zum Image, genauso wie Etiennes Burlesque Shows. Wir beide betreiben zusammen diesen Erotik Club. Seit wir das wirklich konsequent umsetzen, ist der Club immer voll. Schau dir all die Männer an! Jeder soll hier drinnen nur an Sex denken. Die Ärsche unserer Kellner, meine Latte, die Stripper und Bühnenkünstler dienen alle nur dazu. Das Publikum bezahlt für Sex. Die meisten unserer Gäste kommen jedes Wochenende wieder. Selbst die zufälligen Touristen, die hier reinstolpern, buchen Paris bestimmt nicht zuletzt wegen unserem Club wieder. Sex verkauft sich! Etienne und ich leben davon. Und das jeden Monat etwas besser. Treiben sich die Heteros im *Moulin Rouge* oder einer anderen Erotik Show herum, tun das die Gays hier."

„Trittst du auch noch auf?"

„Jeden Abend!", betätigt Tobias. „Ich muss bald Etienne und Emil ankündigen. Siehst du den Balkon dort drüben im ersten Stock?", zeigt Tobias auf eine leere Loge. „Es ist die Nummer Eins. Hier der Schlüssel dazu. Von dort hast du die beste Sicht auf die Bühne." Tobias verlässt die Bar über die Wendeltreppe, die die Garderobe im Keller mit der Bühne über der Bar miteinander verbindet.

Ich steige hinter der Tanzfläche das Treppenhaus hinauf in die *Cruising Area und suche* im ersten Stock die Balkone und Privatlogen. Das Gedränge auf der Treppe und im Sex-Bereich ist kaum zu bewältigen. Immer neue Nischen und Gänge zweigen in dunkle Räume ab. Nur der Gang, der zu den Balkonen und Logen führt, ist etwas heller beleuchtet. Als ich in die Loge Nummer Eins eintrete, sitzt auf einem der vier Plätze Antonio.

„Luon", begrüßt mich der Halbmexikaner erfreut. „Gleich wird Emil auftreten. Ich kann es kaum erwarten meinen neuen Freund auf der Bühne spielen zu hören."

„Was habt ihr heute Nachmittag zusammen eingekauft?", komme ich gleich zum Punkt.

„Nichts!", lügt Antonio uns blickt ertappt zur Bühne, die jetzt nur durch die Lichter der Treppenstufen beleuchtet wird. „Warum fragst du?"

„Emil will darin auftreten!"

„Was?" Antonio wirbelt zu mir herum.

„Emil schickte mich aus der Garderobe. Der Anzug, den er wählte, will ihm nicht mehr gefallen."

„Aber ..." Antonio rauft sich seine halblangen schwarzen Haare. „Das kann er doch nicht machen?"

„Warum nicht?"

„Das Outfit war nur für uns beide – ganz privat – gedacht! Ich überredete ihn dazu, es sich anzuschaffen. Ich wollte meinen Geiger einfach einmal darin sehen."

„Jetzt wird er dir das Outfit auf der Bühne vorführen. Was ist schon dabei?" An Antonios Erstaunen ahne ich, dass Emil etwas wagt, das einen Bruch mit seiner Vergangenheit bedeuten wird. „Was hast du ihm gekauft?"

„Strapse und High Heels!", nuschelt Antonio.

Gleichzeitig verstummt die Musik und die Scheinwerfer schwenken alle auf die Bühne über der Bar. Jetzt, aus dem ersten Stock betrachtet, liegt sie auf gleicher Höhe und ist einiges grösser, als es von unten den Anschein erweckt. Der gesamte Bereich, an dem die Kellner unten ihre Bestellungen beziehen und der als Buffet dient, ist überdacht.

Aus der verspiegelten Säule tritt Tobias. Seine Rolle ist unmissverständlich. Jetzt, nur noch mit einem Kragen und Fliege, wie mit weißen Manschetten und seinen seltsamen Kniesocken und den Lackschuhen ist er der steinharten Pin-up, der durch die Porno Show führen wird. Sein eingeölter Brustkorb ist mit Goldglimmer bestreut. Stolz spaziert Tobias zu den drei Mikrofonen, die am Bühnenrand über der langen Treppe stehen, nimmt sich eines davon aus der Halterung und begrüßt das Beifall spendende Publikum dreisprachig.

Antonio, extrem nervös geworden, wechselt in der Loge ständig seinen Platz, warum ich viel von Tobias' Ansprache verpasse. Als der *Conférencier* nach ein paar Lachern endlich seinen Lover und Club Besitzer Etienne, den Gastgeiger Emil Escher sowie die beiden Tänzer Sumy Smarhon und Alex Ischl vorstellt platze ich selbst vor Neugier. Wird Emil wirklich in Straps und Pumps auftreten? Was er dazu tragen wird? Sein Hemd und sein Jackett, ein Kleid oder irgendein ulkiges Bühnenkostüm?

Als erstes treten Sumy und Alex auf. Sumy wirbelt zu einem Tango in Pirouetten um Alex herum. Die beiden Nackten in ihrem erotischen Tanz mit ihren hellen Lichtern auf dem Kopf zu beobachten, lüftet für Sekunden den Schleier zwischen Raum und Zeit. Der schöne *Shapash* umgarnt seinen Herrn und Meister, den wahnsinnig gewordenen Gottkönig *Atanua Nanahuatl.* Statt in einer Loge, stehe ich in Erinnerung neben *Jehle* im Thronsaal und muss mir einmal mehr die Eitelkeiten des Herrschers ansehen. Atanuas Leib ist mit unzähligen Edelsteinen geschmückt und auf seinem Kopf glänzt ein Gebilde, das das flackernde Kerzen- und Fackellicht reflektiert. Das einzig Wahre an dem Spektakel ist die Liebe dieser beiden ungleichen Männer für einander.

Neben dem Thron steht *Quingu, der Kihanga*, auch er, bis auf das aufgemalte gescheckte Muster eines Jaguars, vollkommen nackt. Quingu sieht ständig zu mir hinüber. Ob er mich ausspioniert? Dem Anführer der Jaguar-Krieger traue ich nicht über den Weg.

„Sind die beiden nicht eine Augenweide!", schwärmt Antonio. „Sumy kommt voll aus sich heraus! Wie stolz er ist!"

„Und hart!", ergänze ich und komme wieder im Pariser Erotik Club an.

„Alex habe ich schon so gesehen. Doch Sumy ist ja echt zum Vernaschen. Luon, wusstest du, dass die beiden ein Liebespaar geworden sind?"

Hat Sumy Pit, seinen früheren Skater Freund, abgesägt? „Treiben es die beiden gleich auf der Bühne? Ihr Tango sieht jetzt schon so aus."

„Soviel ich weiß, nicht jetzt schon!"

„Dann später?" Kopfschüttelnd beobachte ich die beiden aus meiner Selbsthilfegruppe. Abermals denke ich an mein Inserat: *Wer bin ich, wenn ich nicht mein Job bin? Welches Doppelleben will ich aus dem Schatten ins Licht zerren? Welche Stärken warten darauf erweckt zu werden?* Bevor es zu eindeutig sexuellen Handlungen in ihrem Tanz kommt, knien sich beide rechts und links der Mikrofone auf die Bühne und senken ihre Köpfe, damit die Lichter auf ihren Silberhelmen die Spiegelwand der Säule beleuchten.

Ein Mann im goldigen Schottenrock und nacktem Oberkörper tritt auf. Ich habe Etienne bisher nur einmal am Bahnhof gesehen, als er Apollon, Frederick und mich bei unserer Ankunft in Paris abholte. Etienne stellt sich zwischen die Mikrofone und wird von lauten Zurufen und Beifall begrüßt.

„Willkommen im *Le Garçon sans Pantalon* und zur Porno Show!" Noch während die Gäste grölen und Klatschen, stimmt Etienne in sein erstes Chanson ein. Bis auf die beiden lebendigen Lichter, die ihre Köpfe mit den Scheinwerfern sanft zum Gesang bewegen, wird es sonst dunkel auf der Bühne; auch die Lichter um die Spiegelwand im Hintergrund erlöschen.

Trotzdem kann ich aus meiner Position beobachten, wie jemand zwischen den Spiegeln hervortritt. Die Gestalt ist in einen langen schwarzen Umhang gehüllt, dass ich für einen Moment an einen Streich von Frederick denke. Doch ein Kontrollblick hinüber zur Rampe bestätigt mir, dass er noch immer zusammen mit Quin an der Stange rumalbert. Ob Rajir abermals zuschlagen wird? Jemand nähert sich Etienne von hinten aus dem Schatten.

Plötzlich zückt der Verhüllte seine Geige und stimmt bei der zweiten Strophe in das Chanson ein. Emils Spiel ist vom ersten Ton an fesselnd, klagend und traurig.

Antonio legt seinen Kopf auf seine Hände und sieht über die Brüstung gelehnt, verträumt auf die Bühne rüber, wo Emil sich jetzt neben Etienne in den Lichtpegel der beiden Kopfleuchten begibt. Da sein Umhang nur am Kragen mit einer Kordel verschlossen ist, schwingt er beim leidenschaftlichen Geigenspiel vorne immer wieder leicht auf. Als Emil bei der vierten Strophe mit seinem rechten Fuß immer wilder dazu stampft, erkenne ich, dass er High Heels trägt. Mehr von seinem Körper ist nicht zu sehen.

Beim zweiten Song stimmt Etienne in Édith Piafs *Non, je ne regrette rien!* und reißt sich nach der ersten Strophe seinen Schottenrock vom Leib. Während ihm immer härter eine Latte wächst, stellt er sich splitternackt an den Bühnenrand und singt noch leidenschaftlicher. Statt der üblichen Handorgelbegleitung, setzt wieder Emils Geige ein. Auch diesmal erst klagend, doch mit jedem weiteren Vers erwacht auch Emils Leidenschaft.

Etienne kündigt danach ein Solo von Emil an und stellt sich neben Alex. Sumy umtanzt Emil, der jetzt alleine hinter den drei Mikrofonen im Zentrum steht. Er spielt alte Zigeunermusik. Abermals steigert sich Emil mit jeder neuen Strophe. Sein rechter Fuß stampft heftig. Mit einem Blick gibt er Sumy zu verstehen, dass er jetzt bereits sei. Der nackte Balletttänzer stellt sich hinter Emil, während Alex vorne dafür sorgt, dass Emils Enthüllung das ganze Licht seines Kopfscheinwerfers abbekommt. Stolz richtet sich Emil während seinem wilden Spiel auf. Sumy löst die Kordel des Umhangs. Jetzt bei Emils Finale löst sich der Umhang und gleitet hinter dem Geiger zu Boden. Bis auf schwarze Strapse, die Strümpfe an ihren Klammern befestigt halten und den schwarzen High Heels, ist auch Emil jetzt splitternackt.

Antonio pfeift durch die Zähne und grölt seine Begeisterung. Viele stimmen darin ein, stampfen, klatschen und jubeln, bis auch Emil in seinem Spiel eine Latte wächst. Das scheint die letzte Hürde gewesen zu sein. Das war sein letztes Hindernis. Wie ein Schmetterling, der endlich aus seinem Kokon schlüpft und seine Flügel entfaltet, wächst auch Emil weit über sich hinaus. Jeder im Club fühlt und beobachtet diese Metamorphose. Als Emil nach zwei Zugaben endet, strahlt er heller als die beiden Typen mit ihren Scheinwerfern auf dem Kopf. Auch in ihm ist der nackte Mann mit der Sonne auf dem Kopf zu Leben erwacht. Sein Triumpf über seine Hemmungen befreite endlich das Genie in Emil. Wahrscheinlich spielt es in Zukunft keine Rolle mehr, ob Emil nackt, in Strapsen oder im klassischen Anzug auftreten wird. Er hat sich heute selbst bewiesen, was es bedeutet sein Doppelleben voll und ganz anzunehmen.

Ich bin so stolz auf den Travestiekünstler, der in Strapsen seine feminine Seite akzeptiert und gleichzeitig potent seinen ganzen Mann steht. Emil hat das aus dem Schatten gezerrt, was ihn unvergleichlich macht: seine Leidenschaft für die Violine. Lange lässt er sich nach seinem Solo von seinen Fans und Zeugen seines wahren Erwachens feiern.

Etienne beschließt danach nicht nochmals zu singen, sondern Tobias die Bühne für die Ankündigung der Live Porno Show zu überlassen. Während Tobias Witze reißt und das Publikum unterhält, bauen Helfer die Bühne um. Ein Bett wird von der Decke an Seilen heruntergelassen. Noch immer in der Rolle des Conférenciers spaziert Tobias ums Bett, während sich ihm ein eingeölter Bodybuilder, der nur einen Brust Harnes trägt, von hinten nähert. Tobias spielt den Ertappten. Noch während das Publikum lacht, packt der Bodybuilder Tobias von hinten und schiebt ihn an den Bühnenrand zwischen die Mikrofone. Der Pin-up versucht ungeschickt das Mikrofon zurück in die Halterung zu schieben. Als ihm das Ding aus der Hand fällt und er sich vornüberbeugt, um es aufzuheben, rammt ihn der Bodybuilder. Unter Gelächter, weil Tobias den verklemmten Nerd spielt, wiederholt der Porno Star sein Tun. Es ist kein So-tun-als-ob, sondern live Porno. Als Tobias den Entsetzten mimend flüchtet, betreten drei weitere Pornostars die Bühne und lösen Tobias ab, der durch die Spiegel die Bühne verlässt.

Da ich mir die Show nicht ansehen will, sondern viel liebe wissen will, wie es Emil, Sumy und Alex ergangen ist, verlasse ich mit Antonio zusammen die Loge Nummer Eins. Auf den Gängen sind nun kaum Cruiser. Emils Musik und die gestartete Live Porno Show lockte fast alle wieder in den Club hinein.

Emil finde ich – noch immer nur in seinem Künstler Outfit – im Flur unter der Bühne, wo er von Sumy und Alex umschwärmt wird. Tobias tritt gerade aus dem Künstlereingang und klopft Emil immer wieder auf die Schulter und gratuliert ihm zu seiner Premiere als echter Burlesque Künstler. Selbst Alex akzeptiert, dass Emil ihn übertrumpfte und hält sein Ego im Zaum.

„Du warst gigantisch!“, lobe ich den Kerl, der noch immer im Rausch seines Erfolges badet.

„Denkst du?“

Antonio drängt mich zur Seite und umarmt den Geiger, um ihn besitzergreifend an sich zu pressen. „Schatz, du hast Etienne total in den Schatten gestellt. Er wird bestimmt nie mehr mit dir zusammen auftreten wollen!“

Tobias nickt. „Etienne erkennt Größe an! Er wird dir bestimmt eine eigene Nummer anbieten. Wie auch euch beiden!“ Tobias klatscht Alex auf den nackten Arsch und fasst stinkfrech nach Sumys Latte, um sie sanft zu streicheln. „Ihr wart eine Augenweide! Das Publikum war von eurer Lust gefesselt.“

„Ich bin der Manager dieser drei!“ Der große Halbmexikaner stellt sich hinter Emil, wuschelt ihm im Haupthaar und küsst seinem Freund immer wieder die Schulter.

Wenn auch ein ganzer Mann, schmiegt sich Emil trotzdem sehr weiblich in die Arme seines Beschützers. Das Gleiche tut Sumy bei Alex und fordert ihn so auf, endlich handgreiflich zu werden. Seine Scheu, die er vor dem Auftritt noch hatte, ist jetzt vollkommen verflogen. Das, oder er muss beweisen, dass er mutiger als Emil ist.

„Kann ich mitmachen?“, fragt Tobias und reibt sich dabei seine Latte. „Der Bodybuilder hat mich ganz schön geil gemacht. Leider gehöre ich heute nicht selbst zur Show! Wer hat Lust auf Gruppensex?“

Ich flüchte über auf die Wendeltreppe. Sollen die anderen doch denken, ich sei verklemmt, prüde oder ein Feigling.

Überlebt

Hinter der Bar hänge ich mit Etienne ab, der wieder in einen schicken Anzug gekleidet mit Gästen schwatzt. Immer wieder stellt er mich neuen Bekannten und Fans vor. Als dann nach einer Viertelstunde auch noch Tobias, wieder in seinem ohne-Hosen-Oberkellner-Outfit auftaucht, ist offensichtlich, dass aus dem Gruppensex nichts wurde. Sowohl Etienne wie Tobias betonen im Gespräch immer wieder, wie wichtig ihnen gute Erotik sei; die Grenze zur Pornografie reißen beide immer wieder bewusst nieder. Wie natürlich für beide ihr sexuelles Image im Club ist, beweist Tobias mit seiner Fan Karte. Das Bild auf der Vorderseite zeigt ihn mit Latte in seinem präparierten Oberkellner-Outfit vor dem Club stehend. Etienne ist da noch provozierender. Seine neueste *Sammelkarte* – wie er seine eigenen Visitenkarten nennt – zeigt ihn splitternackt an die Bar gelehnt. Das Bild muss aufgenommen worden sein, als der Club wirklich voll war und der Sänger über die Treppe hinunter an die Bar spazierte. Etienne lehnt singend mit seinem Mikrofon in der Hand an der Theke, streckt seinen Arsch ins Publikum und wird dabei von Tobias im Oberkellner-Arbeitsaufzug penetriert.

„Tobias ist der Beste!“, betont der Club-Chef immer wieder, wenn er diese Postkarte für einen neuen Stammgast signiert.

Bei mir schreibt er zu seinem Namen noch zusätzlich *Bottom aus Leidenschaft!* Dabei zwinkert er mir unmissverständlich zu, dass er jetzt gerade Lust hätte, mich mit seinem Tobias zu vergleichen. Weil Tobias plötzlich neben mir steht und Etiennes Nacken küsst, kann ich entwischen. Abermals wird mir bewusst, dass ich von unserer Truppe der Verklemmteste von allen bin. Selbst der scheue Emil kam voll aus sich heraus.

„Mach dir nichts draus!", brüllt mir Clichy, Etiennes Stylist, ins Ohr. Clichy trägt einen Maßanzug, der zu seinen knallpink gefärbten Haaren ein eigenartiges Bild abgibt. „Etienne und Tobias sind unzertrennlich. Wenn du ihn willst, ist Tobias immer dabei!"

„Ich will gar nicht ..."

„Das sagen nicht viele!" Clichy zwinkert mir verschwörerisch zu. Er hat ein hübsches asiatisches Gesicht, das auch durch seine schwarzgeränderte Harry-Potter-Brille nicht verunstaltet wird. „In einer *Live Porno Show Nacht*, kann viel passieren." Clichy checkt seine Uhr. „Es ist erst kurz vor drei Uhr. Warte noch eine Stunde, dann treiben es der Patron und sein Chef de Service oben auf der Bühne zusammen. Das gehört zum Ritual dieses Clubs. Etienne will dich dabei haben!"

„Ich soll ..."

„Selbstverständlich!" Lachend schiebt sich Clichy weiter durchs Gedränge und lässt mich an der Bar zurück.

Inzwischen haben bestimmt die Hälfte aller Männer ihre Hemden oder T-Shirts ausgezogen und drängen sich schwitzend auf der überfüllten Tanzfläche, um neuen Porno Darstellern auf der Bühne oben beim Live Sex zuzusehen oder ihre Ärsche und Schwänze tanzend aneinander zu reiben.

Müde zwänge ich mich durch die Leiber zur Rampe mit den Tanzstangen.

Neben dem dunkelhäutigen Quin wirkt mein hellhäutiger Frederick sehr erotisch. Wenn Quin, der sich an der Nachbarsstange verrenkt und seinen Goldtanga nicht ausziehen darf, bestimmt besser aussieht, kommt er dennoch niemals an meinen ausgeflippten Flitzer heran. Der will einfach nicht aufhören bei jedem Song lautstark mitzusingen und mit einfach jedem zu flirten. Lachend strahlt er, seinen Cowboyhut schwingend, so viel Lebensfreude aus, dass ich mich nur einmal mehr unsterblich in ihn verliebe.

Rivoli, der blonde Bodybuilder und Rausschmeißer, überwacht diesen brodelnden Hexenkessel von etwas höher auf der Rampe. Nackte sind nur im ersten Stock in der *Cruising Area* oder auf der Bühne während der Shows erlaubt. Wer das missachtet, fliegt aus dem *Le Garçon sans Pantalon*. Etienne ist es wichtig, dass die Ärsche seiner Kellner, Tänzer und seines Liebhabers keine Konkurrenz erhält.

„Hast du noch nicht genug?", schreie ich Frederick an.

„Oh, Luon", seufzt er ölig glänzend, „ist es nicht einfach fantastisch hier?"

„Ja, ja!" Ich muss Frederick kurz vor vier Uhr in der Früh regelrecht aus dem Club zerren und im Entree zwingen, sich seine Shorts und sein Hemd wieder anzuziehen.

„Morgen komme ich wieder hierher!"

„Ja, ja!", brummle ich, lege dem Flitzer meinen Arm um seine Schulter und spaziere mit ihm Richtung *Moulin Rouge*, um uns dort auf dem *Place Blanche* ein Taxi zu rufen. Während der Fahrt werde ich den Verdacht nicht los, verfolgt zu werden. Auch als wir an der *Seine* zum Haus spazieren, drehe ich mich ständig nach einem unsichtbaren Verfolger um.

„Er ist hier!", flüstert Frederick, langt nach meiner Hand und läuft die letzten zwanzig Meter mit mir zusammen zur Eingangstür ins Haus zum Loft. Erst als er oben den Riegel vorschiebt, atmet er auf. „Es geht los! Wir müssen uns bereit machen!"

Das Treffen mit dem Wächter

Zuhause kümmerte sich Ray schon seit zwei Stunden um die Operation unserer Holztiere. Mit Pinzetten platzierte er alle Einzelteile fein säuberlich an den richtigen Ort und verleimte die kleinen Löcher mit einer Holzpaste. Mit Klammern und Schnur fixierte er die Beine und den Hals der Giraffen oder richtete den dicken Bauch meines Wildscheins, das am meisten unter Rajirs Zerstörungswahn gelitten hatte.

„Morgen ist der Leim getrocknet", erklärt Ray.

„Ich male sie wieder an!" Frederick, der mit Adleraugen Rays Arbeit untersucht nickt sehr zufrieden. Warum meine beiden Freunde einen derartigen Zirkus um alte Holzspielzeuge fabrizieren, rührt mich einerseits, lässt aber andererseits am Verstand der beiden zweifeln.

„Unzufrieden?", greift Ray meine Gedanken auf.

„Nein! Alles ganz wunderbar!", antworte ich, wie aus der Pistole geschossen.

„Aber?" Frederick boxt mir in die Seite.

„Warum tut ihr das? Ich bin kein Kind mehr!"

„Aber ich!" Frederick wechselt einen Blick mit Ray, und beide brechen in schallendes Gelächter aus. „Lu, wir brauchen alles Glück und jeden Frieden, den wir mobilisieren können."

Plötzlich sehr ernst räuspert sich Ray: „Rajir hat die hellblaue Pyramide gefunden. Er – und wer weiß, wie viel andere Schwarzmäntel sonst noch – kennen jetzt den Aufenthaltsort zum Zugang der eingekerkerten Macht. Der Rothaarige kann mit der kleinen Pyramide nichts anfangen. Wäre es anders, hätte er sie sich nicht wieder von mir klauen lassen."

„Das war eine Falle?", rate ich.

Frederick nickt. „Der Feind denkt weiter als wir drei!"

„Lu, du und Frederick habt die Pyramide mit euren nackten Fingern berührt. Wahrscheinlich aktiviertet ihr damit eine Magie, die bisher ruhte. Rajir und die Schwarzmäntel auf der ganzen Welt, müssen inzwischen ihr Pochen fühlen." Um Frederick oder mir das Wort zu verbieten, hebt Ray sein Kinn und gibt uns mit einer Kopfbewegung in Richtung einer leeren Camembert Schachtel zu verstehen, selbst nachzusehen.

„Wir sollen jetzt Käse essen?", rümpft Frederick seine Nase.

„Ich habe die hellblaue Pyramide hineingelegt."

„Um sie mit Käsegestank den Spürhunden der Magier zu entziehen?", will der Südfranzose wissen, der kein Freund des schmackhaften Camemberts ist.

Als ich den Deckel der dünnen Holzschachtel hebe, flammt und glüht die kleine Pyramide darin, wie eine Miniatursonne – nur blau. „Ray, warum weißt du so viel über diese Pyramide und warum ist sie jetzt plötzlich lebendig? Sie glühte nicht, als sie mir Frederick in Jacques' Studio in die Hand drückte. Was hast du damit angestellt?"

„Genau!" Frederick stemmt sich seine Hände in die Hüfte und starrt den Medizinmann-Physiotherapeuten herausfordernd an.

„Es passierte, als ich sie unter dem Tisch in eine grüne Unterhose eingewickelt, entdeckte und aufhob. Wer von euch beiden Schlaumeiern glaubt wirklich, eine Unterhose tauge als Versteck für den meistgesuchten Schatz einer Horde fanatischer Verrückter?“

„Wechsle nicht das Thema“, reagiert Frederick laut und ertappt.

„Sie funkelte sofort, als ich sie anfasste“, nuschelt Ray. „Leute, das wollte ich nicht!“

„Warum?“, frage diesmal ich. „Ray, was hast du mit diesem verfluchten Ding zu tun?“ Als keiner etwas darauf entgegnet sage ich: „Apollon wüsste bestimmt Rat!“

„Der hellblonde Schönling kennt sich aus“, bestätigt Ray. „Lu, du hast oft mit ihm über spirituelle und okkulte Dinge gesprochen. Was denkst du, würde er dir raten?“

„Träumen!“

„Du willst jetzt pennen?“ Frederick verdreht seine Augen, unterdrückt aber gleichzeitig ein Gähnen.

„Es ist weit nach vier Uhr in der Nacht!“ Ich tippe meine Armbanduhr an. „Egal, was auch immer kommen wird, ausgeschlafen sind wir stärker. Da ich inzwischen nächtlich Fortsetzungen träume, die Parallelen zur heutigen Realität aufweisen, kann eine Mütze Schlaf bestimmt nicht schaden.“

„Das nehme ich!“ Frederick langt nach der blauen Pyramide in der Käseschachtel, hebt sie heraus und schreit auf, als blaue Blitze durch den Raum flammen.

„Nicht fallenlassen! Gib sie mir!“ Sofort lange ich nach dem verfluchten Objekt, das Frederick schon von sich werfen wollte. Kaum schließe ich meine Hand darum, nehmen die Blitze ab und der Kristall pocht nur noch sanft, als ob ein Herz in seinem Zentrum schlagen würde.“

„Alter“, gafft mich Frederick verblüfft an, „du bist entweder noch heute ein Magier, ein Kristallmechaniker oder ein Pyramiden-Flüsterer. Voll total krass!“

Ich wickle den kleinen Kristall wieder in Fredericks giftgrüne Unterhose ein und trage sie in unser Bett. Kaum bin ich ausgezogen und unter den Laken, schlafe ich vollkommen erschöpft ein. Fast augenblicklich erwache ich einmal mehr in jener anderen Dimension oder in einer längst vergangenen Zeit. Ein von Panik erfüllte Stimme redet auf mich ein.

„Urugnas, unser Schrank ist nicht dicht! Der Schrank ist nicht dicht!“, kreischt Chandra-G'up-La. „Riecht ihr es nicht? Der Atem der Göttin dringt irgendwo ein! Ich will nicht sterben! Nicht in diesem Sarkophag! Definitiv nicht zusammen mit einem Feind!“

„Dichtet die Ritze mit der zerrissenen Kleidung ab“, knurre ich. Ich bin wütend, dass mich der kleine Gelehrte aus meinem Dämmerschlaf, der mich ins Reich der Toten tragen sollte, herausriss.

„Wie finden wir die undichten Stellen?“, fragt jetzt Emesh aus dem Schrank daneben. Ihre Stimme klingt belegt. Weinte sie um mich?

„Haltet Ausschau nach dem Schutzschild. Falls ihr in euren Schränken blaue Punkte seht, dann drückt Stücke der Kleidung auf die Stellen!“, instruiert der Jaguar-Krieger.

„Urugnas, es ist so eng im Schrank, dass ich mich kaum drehen kann“, jammert wieder Chandra-G'up-La.

„Einer von uns beiden muss auf die Knie hinunter, um dort nach undichten Stellen zu suchen“, schlägt Quingu vor, der mit dem kleinen Gelehrten zusammen im Schrank eingesperrt ist. „Ich bin der größere von uns beiden, ich übernehme die Decke.“

„Damit du mich besser erwürgen kannst?“ Chandra-G'up-La klingt jetzt eingeschüchtert. Vielleicht wurde ihm endlich bewusst, dass der Jaguar-Krieger, den er in seinem benommenen Zustand so leicht überwältigen konnte, jetzt wieder zu Kräften gekommen ist.

„Falls ich heute Nacht sterben sollte“, nutze ich die Gelegenheit, meine Todesangst durch Reden zu verdrängen, „dann will ich nicht hier im Tal der Göttin *Uaynih* meine Reise in die andere Welt beginnen. Bitte bringt meinen Leib in einen der beiden verborgenen Tempel der *Itzam-Ye*!“

„Urugnas, rede keinen Unsinn!“, schnaubt Jehle. „Ich werde nicht zulassen, dass du stirbst!“

„Mein lieber Freund, das liegt nicht in deinen Händen!“

„Ich werde euch, edler *Na'ac* Urugnas, den letzten Wunsch erfüllen!“ Der kniende Krieger spricht klar und bestimmt. „Ich kenne den Ort der *Itzam-Ye* nicht, aber ich werde ihn finden!“

„Du?“ frage ich Quingu, den *Kihanga*. „Warum du?“

Der Anführer der Jaguar-Krieger schweigt lange, dann verlangt er von Chandra-G'up-La Stofffetzen, um im Inneren seines Schrankes die undichten Stellen behelfsmäßig abzudichten.

„Warum? Quingu, du hast mich und meine Freund bis ins Tal der Göttin des Schlafes verfolgt. Warum willst ausgerechnet du, mir meinen letzten Willen erfüllen?"

„Ihr, *Na'ac* Urugnas wart der Einzige am Hofe des Gottkönigs, der den Wahn des Herrschers im Zaume hielt", antwortet mir Quingu endlich. „Ihr, *Na'ac* Urugnas seit dem Sonnengott persönlich begegnet. Euch erwählte der nackte Mann mit der Sonne auf dem Kopf, seinen Tempel zu finden und auszugraben."

„Aber Atanua erklärte sich zum Sonnengott und zur Inkarnation des nackten Mannes mit der Sonne auf dem Kopf. Er hört schon lange nicht mehr auf meinen Rat", antworte ich.

„Da täuscht ihr euch, edler *Na'ac* Urugnas. Wenn andere Gelehrte oder der Adel im Palast versammelt waren, sprach der Gottkönig mit Verachtung von euch. Doch alleine, flehte er euch im Geiste um Beistand und Hilfe an. Als sein persönlicher Leibwächter belauschte ich manches seiner Selbstgespräche oder ein Gemurmel im Schlaf. In euch, edler *Na'ac* Urugnas, sah der Herrscher den Wächter der uralten Macht. Ihr und eurer Partner, der ehrenwehrte *Na'ac* Jehle, zerstörten den Einfluss der schwarzen *Zurajir*. Ohne das Portal ins Reich des *Ah-Puch* mit seiner Magie, habt ihr ein Joch zerbrochen, dem sich auch der Gottkönig beugen musste. Ihr, *Na'ac* Urugnas habt das verdammte Erbe des *Ah-Puch* vernichtet und unsere Reich von seinem finsteren Einfluss befreit. Wohl verbreiten die dunklen Priester noch immer Angst und Schrecken, aber heute ist ihre alles bezwingende Macht gebrochen. Was ihr beiden *Na'ac* im geheimen Archiv getan habt, hat sich herumgesprochen."

„Dennoch verfolgst du uns seit Tagen mit der Flotte."

„Um euch zu schützen!", beteuert der Jaguar-Krieger.

„Mit Blitzern?" Chandra-G'up-La knurrt den bemalten Mann bei sich im Schrank verachtend an. „Du hast uns beinahe alle ermordet!"

„Ich schoss zwei der anderen Fluggleiter ab. Einige der *Zurajir* ließen ihre Tarnung fallen und standen ganz offen gegen euch und Jehle auf. Sie flogen in den Gleitern mit. Was ihr, *Na'ac* Urugnas und euer Partner Jehle ihnen gestohlen habt, darf niemals wieder zurück in ihre Hände gelangen. Niemals wieder!"

„Du hilfst uns?" Diesmal ist es Emesh, die kaum glauben kann, was sie hört.

„Als der stellvertretende Anführer der Jaguar-Krieger meinen Verrat bemerkte, zielte er auf meinen Fluggleiter. Nur mein gewagtes Manöver rettete mir das Leben“, beteuert der abgesetzte *Kihanga*. Wir werden heute Nacht nicht sterben! Wir dürfen nicht sterben! Zu viel steht auf dem Spiel!“

„Wir sterben nicht?“ Jehle klingt erleichtert.

„Falls es uns gelingt in unserem Schrank wirklich alle Löcher zu stopfen, krepiere ich trotzdem am entsetzlichen Gestand dieses Verräters!“ Chandra-G'up-La misstraut Quingus Worten, flucht und murrt.

„Die *Zurajirs* sahen in den Flammen, dass ein Verräter dafür sorgen könnte, die Macht des *Ah-Puch* für immer zu brechen. Jeder vermutet im Verräter euch, edler *Na'ac* Urugnas. Seit heute ahne ich, dass ich es bin, von dem die Rede ist. Bitte, lasst mich euch helfen! Die verfluchte Pyramide muss zerstört oder für immer dem Zugriff der Schwarzmäntel entzogen werden.“

„Du meist wohl *deinem* Zugriff!“, korrigiert der murrende Gelehrte beim Krieger im Schrank. „Wer garantiert uns, dass du mit der Beute nicht augenblicklich zum Gottkönig zurückkehrst, um von ihm mit Ehren und Lob überhäuft zu werden?“

„Genau! Du könntest auch ein schwarzer *Zurajir* sein.“ Emesh klingt nachdenklich. „Warum sollten wir dir trauen?“

„Weil *Atanua Nanahuatl* mich beauftragte, euch zu helfen!“

„Schwachsinn!“, faucht Chandra-G'up-La. „Niemand hört auf die Worte deiner gespaltenen Zunge. Niemand traut einer Viper, die sich als Jaguar verkleidet.“

Ich höre den Vorwürfen und des Jaguar Kriegers Erklärungen nicht mehr zu. Mich überkommt eine Müdigkeit, die mich vollkommen einlullt. Fauliger Gestank schleicht sich durch die Ritzen meines Schranks, doch das Atmen fällt mir dennoch leicht, da der noch aktive Schutzschild die Atemluft offensichtlich auch reinigt. Wenigstens wird keiner von uns ersticken oder am Angstschweiß Gestank der anderen krepieren. Die Göttin des Schlafes breite ihre Arme über mir aus, um mich zu wiegen, bis ich für immer meinen sterblichen Leib verlassen kann.

Ich erinnere mich der Texte aus dem ausgegrabenen Tempels. Erstmals erkenne ich die tiefere Bedeutung darin, die Hoffnung und den Pfad der Götter. *Als das wahre ewige Selbst, als Atma, das sich nur nackt und in das Licht der Götter gehüllt offenbart zeigt, sind wir unsterblich.* Mir wird schmerzlich bewusst: Ich selbst bin der nackte Mann mit der Sonne auf dem Kopf! Ich selbst muss erkennen, dass ich unsterblich bin; ein Gott in einer sterblichen Hülle. Ich bin nicht meine Hülle, ich bin der nackte Mann mit der Sonne auf dem Kopf. Der Tod der fleischlichen Hülle, ist nicht von Belang.

Leider fällt damit die Angst vor dem Tod nicht von mir ab. Trotzdem rücken Chandra-G'up-Las Jammern in eine andere Welt. Mit dem Tod muss ich meine Freunde und das Leben, an das ich mich gewöhnt habe – und das ich liebe – für immer verlassen. Dieses Loslassen schmerzt mehr als meine Wunde. Mir ist bewusst, dass ich Jehle und allen, die mir lieb und teuer sind, immer und immer wieder begegnen werde. So ist das Leben der Unsterblichen, so funktioniert das Rad der Wiedergeburt. Es sind Reisen durch verschiedene Welten in immer neuer Gestalt. Unser wahres Wesen bleibt ewig nackt und trägt immer das Licht der Ewigkeit bei sich. Dieses Licht erhellt meine Gedanken und lässt mein Herz strahlen. Endlich zweigt die schwarze Sackgasse des Todes in zahllose Wegkreuzungen ab, die jede zu neuen Türen und damit zu unzähligen Möglichkeiten führen. Ich muss nur noch wählen.

Als ich das nächste Mal kurz erwache, gleiten wir wieder hoch über den Wolken gegen Süden. Emesh und dem Jaguar-Krieger muss es irgendwie gelungen sein, unseren abgestürzten Fluggleiter nochmals vom Boden hinauf auf die goldenen Klangwellen zu bringen. Jehle schmiegt sich dicht an mich und wärmt mich mit Decken, seinem Körper und seiner Liebe. Ich zittere vor Kälte und taumle abermals zur Wegkreuzung mit den Türen. Welche davon öffnet sich für mich?

Beim nächsten Erwachen aus dem Dämmerschlaf habe ich noch immer keine Wahl getroffen. Sicher ist, der Gleiter ist inzwischen irgendwo gelandet. „Wo sind wir?" Meine Stimme ist dünn und kaum zu hören.

„Der golden Gleitstrom endet hier", erklärt mir Emesh. „Vater, wie geht es dir?"

„Wir sind bei einem der beiden verborgenen Tempel?", stelle ich fest. Mein Herz singt plötzlich und Freudentränen wässern meine Augen. Habe ich doch endlich die richtige Tür gefunden?

„Hier befindet sich kein Tempel. Es gibt nur eine gerodete Fläche nahe dem Gipfel inmitten dieser Welt der Bäume.“ Gleichzeitig mit Emeshs Zweifeln steigt die Sonne zwischen den bewaldeten Gipfeln auf und erweckt die grüne Weite zum Leben. Zehntausend Vögel singen und begrüßen den neuen Morgen. Alle helfen mit, meinen alten Leib aus dem Gleiter hinaus auf den Waldboden zu tragen.

„Wie winzig und unbedeutend der Mensch doch im Angesicht solcher Wunder ist!“ Jehle stützt meinen Oberkörper, damit ich direkt zum Sonnenaufgang sehen kann. Der Boden ist feucht vom Tau und die klare Frische belebt meine Lungen.

„Was jetzt?“, fragt Emesh sachlich und kühl. „Es gibt hier keinen Tempel. Wir sind jenseits unserer bekannten Welt, mitten in einer grünen Hölle gestrandet.“

„Der Tempel muss hier sein!“, hauche ich kaum hörbar. Doch egal, wie angestrengt wir danach die Gegend absuchen – ich schwer auf Jehle und Quingu gestützt – bis auf die Bäume und die unzähligen tierischen Bewohner dieses Dschungels, gibt es nur noch uns. Von einem Tempel oder auch nur verwitterten Anzeichen menschlichen Lebens, fehlt jede Spur.

„Was jetzt? Hat jemand einen Vorschlag?“ Emeshs Stimme klingt hoffnungslos.

„Lasst uns gemeinsam geistig auf den Ton des Windes, der über den Urstrom allen Seins fegt, einstimmen“, flüstere ich. „Hun-Nal-Yeh riet mir, wenn ich nicht mehr weiter wüsste, dem Wind der sichtbaren und der unsichtbaren Schöpfung zu lauschen.“

Dann ist es Jehle, der einen summenden Gesang anstimmt. Um selbst mitzusingen, fehlt mir die Kraft. Die Stimme meines Freundes, erst beschlagen und holprig, schwingt sich bald zu immer neuen Höhen auf. Ich folge dem Klang, bis ich selbst zu diesem Klang werde. Ja, irgendwann kann ich nicht mehr unterscheiden, ob der Ton von außen oder von innen aus meinem Herzen kommt.

„Was ist das?“, fragt Quingu leise Emesh.

„Der Meistermusiker nannte es einmal die ewige Melodie, die unser Herz nährt und unser Bewusstsein anheben kann. Stimmen wir in Jehles Gesang ein.“

Während alle anderen in diesen Klang des HU, dass wie Summen und einer Nachahmung des Windes klingt, einstimmen, blicke ich mit offenen Augen in die unendliche Ferne, die dieser Dschungel eigentlich nicht preisgibt. Plötzlich flimmert der aufsteigende Morgennebel und teilt sich wie ein Vorhang. Wo gerade der dichte Dschungel wuchernd und üppig alles vereinnahmte, wächst jetzt vor mir eine Stadt. Stein um Stein, Haus um Haus tauchen aus dem Morgennebel auf. Erst flimmert alles, als ob die Stadt nur eine Projektion auf einen tosenden Wasserfall sei. Als ich meine Augen weit aufreiße, um mich von der Erscheinung zu überzeugen, ist die Stadt wieder verschwunden. Traurig lausche ich weiter dem Windgesang der anderen und gleite in einen leichten Schlaf.

Jehle rüttelt mich sanft an der Schulter und deutet mit seinem Kinn auf eine Gestalt, die aus dem Dschungel aufgetaucht ist. Es ist ein älterer Mann mit tätowiertem Gesicht und Oberkörper. Bis auf einen gefiederten Lendenschurz, einen hohen Kopfputz aus bunten Papageienfedern und einem Federkragen um die Schulter ist er nackt.

„Die Bruderschaft der *Itzam-Ye* erwartet euch."

„Die Bruderschaft existiert tatsächlich?", zweifelt Emesh.

„Itzam-Ye ist die Gottheit, die die Pforten in alle Welten bewacht. Ihr habt mit eurem Gesang den Schleier gelüftet, der unseren Tempel und die Stadt darum verhüllt. Tretet jetzt ein! Wir erwarten euch und das, was ihr bei euch tragt." Der gefiederte Mann beugt sich zu mir runter und flüstert mir sehr leise und nur für mich bestimmt, ins Ohr: „Urugnas, der nackte Mann mit der Sonne auf dem Kopf erwartet dich. Fürchte dich nicht. Deine Reise endet hier, damit sie beginnen kann." Laut an alle gerichtet verkündet der Fremde: „Dort drüben steht eine Bahre, helft mir euren Bruder in den Tempel zu bringen."

Kaum bin ich auf der angekündigten Bahre liegend festgeschnallt, passieren wir die ersten Bäume nach der Lichtung und gelangen dahinter auf einen Pfad der bald vor einem riesigen Portal aus Kupfer, Gold und Holz endet. Der gefiederte Wolkenmann berührt sanft das Tor. Wie Libellenflügel öffnet sich das Portal. Augenblicklich wird der Blick auf eine unglaubliche Stadt frei. Sie ist vollkommen weiß aus kolossalen Steinblöcken gebaut. Sie ist höher und ehrfurchtgebietender als jede andere Stadt in *Tamoanchan*. Immer wieder scheint es, als ob der Dschungel sich gleichzeitig hier befinden würde, was alles nur noch unwahrscheinlicher, aber auch wilder, belebter und bunter erscheinen lässt. Vielfarbige Vögel fliegen von blühenden Bäumen und mächtigen Palmen auf durchscheinende Häuser, viel grösser als Nanahuatls neuer Palast, die Tempel auf den Plattformen der flacheren Stufenpyramiden in *Tollan*, aber selbst die Majestät der Sonnen- und Mond-Pyramide kann nicht mithalten.

„Wann wurde diese Stadt erbaut?“, erkundigt sich der kleine Gelehrte und murmelt ständig Aufzeichnungen und Beobachtungen in einen kleinen Pyramidenspeicher auf seiner rechten Handfläche liegend.

„Zu einer Zeit, lange vor dem Untergang des Mutterreiches im Ozean. Im Zentrum eines der Tempel ragt einer der großen Kristalle, aus längst vergangen Tagen. Zu einer der Hauptaufgaben unserer Bruderschaft gehört die Kontrolle der Pforten von einer Dimension in eine andere. Ihr tragt eine solche Pforte bei euch.“

Jehle grabscht in meinem Mantel und reicht dem gefiederten Wolkenmann die kleine blauschimmernde Pyramide. Kaum legt er sie sich auf seiner Handfläche, wütend blaue Blitze um den *Ya'halan*.

„Dieses Objekt kann nicht hierbleiben!“, ruft er aus. „Seine Präsenz schwingt in einer Frequenz, die unserer Barriere mit der Zeit zerstören würde. Die unsichtbare Stadt kann aber nur über die Völker und die Pforten wachen, wenn sie aus dem Verborgenen wirkt.“

„Und jetzt?“, erkundigt sich Jehle, der sich sofort mit seinem Wolkenmann-Kollegen angefreundet hat.

„Meine Lehrzeit hier im Tempel ist eh abgelaufen“, erklärt der tätowierte *Ya'halan*. „Da die Pyramide auf mich reagiert, hat sie mich zu ihrem Wächter bestimmt.“ Ich höre Jehle und dem gefiederten Mann lächelnd zu. Jehle hat einen neuen Freund und eine Mission gefunden. Das ist gut!

„Du hast die Zitadelle des *Ah-Puchs* dem Zugriff der *Zurajir* entzogen?“ Wie aus dem Nichts steht plötzlich ein sehr großer Mann in einer langen blauen Robe vor mir und streckt mir mit seiner Begrüßung beide Hände hin.

„Ja, zusammen mit meinem Freund Jehle!“

„Jehle und mein Schüler werden heute noch gegen Süden aufbrechen. Sie müssen weit außerhalb des Wirkungskreises der *Maya,* und all den Völkern nach ihnen, einen Ort in dieser Welt finden, der sicher ist.“

„Wer sind die Maya?“, will Chandra-G'up-La wissen.

„So wird euer Volk sich bald selbst nennen! Aber das ist nicht wichtig.“ Wieder an mich gewandt: „Urugnas, folge mir!“

„Wer bist du?“

„Auch das ist nicht von Belang!“ Das gütige Lächeln des Riesen flößt mir so viel Güte und Liebe ein, dass Namen wirklich keine Rolle spielen, und Persönlichkeiten überflüssig ist. Der Adept führt mich durch die Alleen der Stadt. Einige der Gebäude wirken aus der Nähe, wie poliertes Kupfer und blitzten in der Morgensonne; andere gleichen Lichtillusionen oder sind aus dem durchscheinenden Stein gebaut, den es in *Tollan* nur noch selten gibt. Andere Häuser wirken, wie aus Wasser gefertigt, blaugrünlich mit tanzenden Lichtern im Innern. Jedes weitere Gebäude ist schöner, als das vorherige. Keine zwei sehen sich ähnlich. Trotz der architektonischen Vielfalt fügte sich dennoch jedes in vollkommener Harmonie, in Farbe, Stil und Material ans Nächste an und erhöht dessen Reiz und Individualität. Der Mann im blauen Mantel führt mich schließlich zu einem Hügel im Zentrum, auf dem das schönste aller Bauwerke, ein Tempel mit gigantischem Kuppeldach, das wie eine zweite Sonne leuchtete, steht. Lange Reihen von schlanken Türmen, die wie Schmetterlinge in allen Farben durchscheinend schimmern, flankieren den Zugang zum Haupteingang, der über eine lange Treppe erreichbar ist. Erstmals wird mir bewusst, dass ich neben dem Mann auf eigenen Beinen einhergehe. Bin ich wieder gesund oder schon gestorben?

Kaum durchs Portal ins Innere gelangt, streift der Riese seinen blauen Mantel ab und sein vollkommen nackter Leib leuchtet wie tausend Diamanten. Über seinem Kopf flammt jetzt eine Sonne.

„Du bist das?“ Augenblicklich erkenne ich den nackten Mann mit der Sonne auf dem Kopf wieder. Sein Antlitz ist im hellen Licht nicht zu erkennen und das Gesicht von vorhin habe ich längst vergessen – war es überhaupt je da?

„Urugnas, du wirst eine Weile hier bleiben, bevor du deine Reise in einem neuen Körper fortsetzt. Irgendwann in ferner Zukunft wirst du zu Ende bringen müssen, was du und Jehle kürzlich begonnen habt. Jetzt nimm Abschied von deinen Freunden!“

Als ich meine Augen wieder öffne, stehen um mich herum Jehle, Emesh, Chandra-G'up-La und Quingu und sehen auf mich nieder. Jeder von ihnen weint. Sie alle sind meine Freunde. Sie alle halfen mir aus meinem Leben das Beste zu machen. Langsam blicke ich auf der Bahre liegend von einem zum anderen. Gleich werde ich sie alle für lange Zeit verlassen. Das Wiedersehen ist gewiss, doch erst nach einer langen Lehrzeit hier im Tempel. Ein letztes Mal fühle ich den stechenden Schmerz in meiner Seite. Die Wunde ist tödlich, das war mir schon bewusst, als wir im Tal der Göttin abstürzten. Einer der Blitzer hatte mich beim Ausweichmanöver getroffen, verwundet und auf die lange Reise ohne Rückweg geschickt. Mein Leben war gut! Ich habe Jehle getroffen. Keinen Augenblick davon bereue ich. Es war ein schönes Leben. Ein letztes Mal sehe ich Jehle ins Gesicht und küsse im Geiste seinen Mund und seine Stirn, drücke seine Hand und würde ihn gerne trösten.

Ich blinzle und stehe wieder im Tempel neben den nackten Mann mit der Sonne auf dem Kopf. „Ich bin bereit!", verkünde ich. Der nackte Mann mit der Sonne auf dem Kopf berührt mich an der Stirn. Ich taumle in einen Strudel aus klingendem Licht, schöner als alles, was ich jemals gesehen oder gehört habe.

Lange liege ich am nächsten Tag in meinem Bett und weine. Ich bin gestorben. Mein Alter Ego Urugnas erlag einer Schussverletzung. Passiert mir das jetzt auch hier in Paris? Ich will mich nicht von Frederick verabschieden. Nicht jetzt! Bitte, ihr Götter, nicht jetzt schon! Zu feige Frederick und Ray von meinem eigenen Tod zu erzählen, spare ich mir dieses winzige Detail bei der Berichterstattung beim Frühstück aus.

„Ich war ein Schüler der *Itzam-Ye* Adepten?", fragt Ray.

„Hast du eine Ahnung, was das bedeuten könnte?" Frederick boxt den muskelbepackten Masseur in den Oberarm.

„Denkt ihr, es wird gefährlich?", versuche ich sanft die Lage zu checken.

„Solange in deinen Träumen keiner krepiert, ist alles gut!", tröstet mich Frederick und bringt mich damit zum Zittern.

Die letzte Aufgabe

„Sumy und ich treten heute Abend im *Le Garçon sans Pantalon* auf", verkündet Alex bei unserem heutigen Treffen der Selbsthilfegruppe. „Wir haben mit einem neuen Partner zusammen eine exquisite Show mit vielen

Special Effects auf die Beine gestellt. Jungs, ihr seid alle eingeladen! Die Show startet Punkt Mitternacht."

Seit ihrer Show Premiere am Porno Abend, als die beiden nur mit Lampen auf ihren Köpfen Emil und Etienne begleitet hatten, sind ein paar Tage vergangen. Seither bin ich das Gefühl ständig beobachtet und verfolgt zu werden, nicht mehr losgeworden. Ray und Frederick wichen nicht eine Minute von meiner Seite. Ansonsten ging jeder unserer Selbsthilfegruppe seinen eigenen Nachforschungen, dem Herausfinden verborgener Talente und Stärken oder dem Proben für Shows nach. Bis auf Antonio, der sich eindeutig als Manager von Künstlern eine Zukunft vorstellen kann, und Emil, der eine Solokarriere als exotischer Geiger anpeilt, jobben Alex, Sumy und Quin regelmäßig als Stangentänzer in Etiennes Erotik Club oder proben dort ihre Show.

„Quin, bist du die Überraschung?", fragt Antonio, der noch immer nicht darüber hinweg ist, dass Alex und Sumy ihn aus ihrer Truppe ausgeschlossen haben.

„Ich helfe heute Nacht als Jaguar bemalt Tobias hinter der Bar! Ich bin nicht der dritte Mann. Sumy und Alex planen etwas Ungewöhnliches. Auf der Bühne sind zusätzliche Glaswände montiert worden und jede Menge modernster Lasertechnik."

„Bemalt und nackt?"

„Wie auf meinem Bewerbungsbild!", verkündet Quin stolz. „Clichy will mich bemalen!"

„Tobias duldet einen anderen Schwanz, als seinen eigenen, in seinem Heiligtum?" Ray wirkt darüber so erstaunt wie ich.

Der Angesprochene nickt, als ob damit alles gesagt sei.

Emil schmiegt sich in Antonios Arme und flüstert seinem halbmexikanischen Freund etwas ins Ohr, woraufhin Antonio abwinkt und dabei versucht zu lächeln.

Den Rest des Meetings lese ich die überarbeiteten Lebensläufe der Jungs und rede mit jedem einzeln, um weitere Vorschläge zur Optimierung anzubringen. Ebenso hat sich jeder von Jacques Montparnasse neue Porträtfotos machen lassen. Meine Arbeit mit der Gruppe wird bald ein Ende finden. Jeder Teilnehmer verfolgt jetzt eigene Pläne und scheint mit sich und seinen verborgenen Stärken und dem bisher un-gelebten Doppelleben ins Reine zu kommen. Alles könnte so gut sein, wäre da nicht dieses Gefühl, dass sich ein Sturm zusammenbraut.

Frederick und Ray teilen mein Unbehagen. Wir drei verlassen die Loft nur noch gemeinsam. Zuhause – immer hinter verschlossener Tür – tauschen wir unsere Erinnerungen an unsere Maya-Träume aus und diskutieren darüber. Von meinen beiden Mitbewohnern bekomme ich den Rest der Geschichte aus meinem damaligen Leben als *Urugnas* zu hören. Zusammen – ohne Emesh und Chandra-G'up-La – zogen die beiden durch den Dschungel weiter südlich. Für viele Monate durchstreiften sie das Land der Bäume, das heutige Guatemala. Sie erreichten und passierten Honduras, Nicaragua, Costa Rica, Panama und schließlich, nach zwei vollen Jahren, kamen sie endlich in Kolumbien an. Dort waren sie erstmals sicher, dass kein ihnen bekanntes Volk sich jemals soweit südlich wagen würde. Auf sanften Hügel über einer Bucht am Ozean gelegen, versteckten sie den Pyramidenspeicher mit der versiegelten Pforte ins Reich des Schattens in einer Felsspalte. Darüber errichteten sie einen Hügel. Sie pflanzten Bäume und hofften, dass die Zitadelle der *Zurajir* so für immer von der Nachwelt vergessen würde.

Mehr hatten mir die beide nicht zu erzählen. Natürlich schmückte Frederick die Reise durch den Dschungel mit etlichen Angriffen von Raubkatzen, dem Kampf gegen Riesenschlangen, die Ray eingewickelt hatten, und von Wildschweinen, die sie beinahe zu Tode getrampelt hatten, aus.

Ständig denke ich über meine früheste Kindheit in jener Bucht auf den Hügeln zurück. Was wäre geschehen, wenn der gewaltige Tropensturm vor bald zwanzig Jahren mit seinen Blitzen nicht unzählige Male in genau diesen künstlich angelegten Hügel, den Ray zusammen mit Frederick in Schwerstarbeit einst dort aufgeschichtet hatten, eingeschlagen hätte? Während dem Sturm spaltete einer von unzähligen Blitzen den Felsen und befreite den verfluchten Kristall. Am Tag drauf, beim Spielen und dem Erkunden der verwüsteten Landschaft, fand ich ihn. Mein Vater nahm ihn mir sofort ab und behauptete, es handle sich um einen seltenen hellblauen Smaragd. Warum hatte Vater ihn später im Bauch von *Felicidade* versteckt? Warum drückte er mir dieses Wildschwein und die Giraffe in die Hand, als meine ganze Familie ausgelöscht wurde? Was passierte damals wirklich? Warum trugen die Männer mit den Maschinengewehren schwarze Mäntel?

Ich lege mich auf die Couch vor der Fensterfront mit Sicht auf die *Notre Dame* und die *Seine* und sinne über jene längste Nacht meines Lebens nach. Bald schweifen meine Gedanken ab. Gab es Kristalltechnologie, Kraftfelder und Fluggleiter in der Anfangszeit der May wirklich? Was ist uns heute aus der Maya Kultur geblieben? Bis auf die Bauwerke, einen präzisen Kalender und widersprüchliche Mythologien über Ursprung hat sonst kaum etwas die Zeit überdauert. Selbstverständlich gibt es hunderte Erklärungen für fast alles, was bisher gefunden wurde. Doch was davon ist wirklich wahr? Was wurde von christlichen Mönchen und Forschern, die als erste die alte Zivilisation wiederentdeckten, in einen christlichen Kontext gebracht und so bestimmt total missverstanden? Woher kamen die ersten Maya? Woher hatten sie dieses unglaubliche Wissen über die Sternenkonstellationen, die Umlaufbahn der Erde um die Sonne und ihre Vorhersagen?

„Grübelst du wieder?" Frederick setzt sich nackt zu mir auf die Couch und nimmt mir den hellblauen Kristall aus den Händen, den ich beinahe immer bei mir trage. Nur wenn ich meine Faust darum schließe, beruhigen sich die Lichter, die ich immer in meinem Kopf sehe und das Pochen im Stein schrumpf zu einem leisen Vibrieren.

„Ich glaube, dass mein Vater damals schon wusste, was es mit diesem Kristall auf sich hat." Zum tausendsten Mal wiederhole ich Vaters letzte Worte: „Luon, du darfst *Felicidade* und *Paz* niemals verlieren. Eines Tages werden sie dir den Weg weisen. Halte sie fest, egal was passiert!"

„Warum solltest du dann auch auf *Paz* aufpassen? Welches Geheimnis verbirgt die Giraffe? Luon, was entgeht uns?"

„Ist dir nichts aufgefallen, als du die zerbrochene Holzgiraffe in Rajirs Zimmer aufgesammelt und gerettet hast?"

Frederick schüttelt seinen dunkelblonden Kopf. „Ich glaube, dass die Tiere uns beide symbolisieren. Ich, als das Wildschwein, trug den Stein in sein Versteck. Du, als die Giraffe, musst den Überblick behalten."

„Und wenn mit der Giraffe nicht ich, sondern Ray Turin gemeint ist?", gebe ich zu bedenken.

„Aber Ray ist doch keine Giraffe, eher ein Bär oder ein Ochse", witzelt Frederick.

„Im Ernst! Ihr beide seid zusammen aus der unsichtbaren Stadt losgezogen, um den Kristall an einen Ort, weit außerhalb der damals bewohnten Welt zu bringen. Ich war nicht dabei. Ich war schon tot!"

„Genau! Ja, genau! Du warst nicht dabei. He, Alter, wann bist du gestorben? Erzähl!"

Als ich die fehlenden Details meiner vorherigen Geschichte hinzufüge, schweigt Frederick lange. Verstohlen wischt er sich Tränen aus den Augen und drückt dabei meine Hände. „Bitte verlasse mich jetzt nicht! Bitte, Luon, stirb heute Nacht nicht!"

Für Alex' und Sumys Vorstellung schmeißen wir uns in Schale. Dazu fahren Frederick, Ray und ich erst zum Shoppen in die *Avenue des Champs Elysées*. Beim anschließenden Diner in der Nähe von *l' Arc de Triomphe* ahnt Frederick, dass ich innerlich Abschied nehme und das delikate Fünfgangmenu eine Art letztes Abendmahl darstellt. Immer wieder sucht er meine Augen, verbirgt seine Tränen und hält, wann immer er nicht beide Hände zum Essen braucht, meine linke Hand. Natürlich spürt auch Ray, was los ist, warum ich auch ihm von meinem Tod als *Urugnas* erzähle.

„Gut!" Das ist alles, was Ray dazu einfällt.

„Gut?", schnieft Frederick.

„Der Tod ist nicht für immer!"

„Urugnas ist aber tot!", widerspricht Frederick.

„Logisch! Wir alle sterben. Wir alle wandern durch die Welten und inkarnieren uns irgendwann, irgendwo wieder. Nur weil sich kaum einer daran erinnern kann, bedeutet das nicht, dass wir alles Grünschnäbel sind, die zum allerersten Mal ein Mensch sind. *Ah-Puch* steht doch für den Tod und die Wiedergeburt, aber auch für den Beginn und das Ende von Zyklen?"

„Ja", brummle ich und ahne, worauf Ray hinaus will.

„Solange wir *Ah-Puch* fürchten, und wir den Tod als eine dunkle Sackgasse ansehen, hat er Macht über uns. Die *Zurajir* wählten den Tod als ihren Meister, weil die meisten Menschen über den Tod kaum etwas wissen. Die Schwarzmäntel nutzen die Angst vor dem Tod – nur die Angst. Von der alten Gottheit *Ah-Puch* verstehen sie nur diesen einen Aspekt. Luon, was du und Frederick damals eingekerkert habt, ist nicht *Ah-Puch*, sondern Werkzeuge der schwarzen Magier, um die

Angst zu schüren."

„Sollten wir deiner Meinung nach die Siegel brechen?", frage ich Ray.

„Das Leben ist ein Rad. Endet ein Tag, beginnt ein neuer. Endet eine Jahreszeit, schließt sich nahtlos die nächste an", fährt Ray fort. „Sterben wir, streifen wir einfach unseren sterblichen Körper ab und wandern weiter, um irgendwann und irgendwo wiedergeboren zu werden."

„Was überlebt dann?", fragt Frederick. Er kratzt sich am Kopf und flüstert: „Der nackte Mann mit der Sonne auf dem Kopf! Ist das unser Wahres Selbst?"

Ich nicke kaum sichtbar und erzähle ihnen, welches Gesicht der nackte Mann mit der Sonne auf dem Kopf hatte, als ich es zum ersten Mal erkennen konnte: meines.

„Du bist der nackte Mann mit der Sonne auf dem Kopf? Du bist seine Inkarnation?" Kaum laut ausgesprochen, schüttelt Frederick seinen Kopf. „Schwachsinn! Wir beide wissen, dass der nackte Mann mit der Sonne auf dem Kopf kein Sonnengott darstellt, sondern das Unsterbliche in jedem Menschen. Luon, du hast dich selbst erkannt!"

Ray schmunzelt. „Wir alle sammeln Gepäck an. Dieses Gepäck besteht aus ungelernten Lektionen und Schulden, die wir im Leben angesammelt haben. Ebenso besteht das Gepäck aus unseren guten Taten und den Erkenntnissen daraus. Sterben wir, löst sich dieses Gepäck nicht einfach auf, wie die viele Menschen glauben. Tatsache ist, kaum im neuen Körper geboren, wartet unser Gepäck bereits neben der Wiege stehend auf uns. In kleinen Häppchen werden wir, zusammen mit der Muttermilch, wieder damit gefüttert, um dort weiterzumachen, wo wir durch den Tod unterbrochen wurden."

„Karma?", fragt Frederick.

Ray brummelt bestätigend. „*Ah-Puch* ist nichts weiter, als ein Tor. Der Tod ist weder die Zielgerade noch die Startlinie."

„Alter", pfeift Frederick durch die Zähne, „warum sagst du uns das erst jetzt!"

„Ist das wirklich neu für euch beide?"

„Danke!" Ich drücke Rays Hand und verlange die Rechnung. „Ich weiß jetzt, was zu tun ist!"

Im Partnerlook, in sehr gut sitzenden neuen Smokings, wirken wir drei nicht wie Magier, Wolkenmänner oder Kristallmechaniker aus längst vergessenen Tagen, sondern wie Gentlemen, die in einem Club einer Premiere beiwohnen wollen. Rivoli reicht uns beim Eintritt in den Erotik Club ein Glas aus einem Fass geschöpft als Willkommenstrunk.

„Etienne hat für eure Selbsthilfegruppe die Loge Nummer Eins reserviert", erklärt uns Tobias später, nach den unzähligen Begrüßungsküssen bei Ankunft an der Bar im *Le Garçon sans Pantalon*. Antonio und Emil stehen in der Nähe und schwatzen mit Clichy, dem Asiaten mit den rosarot gefärbten Haaren. Emil, heute wieder in einem konservativ aussehenden Anzug zu sehen, belustigt mich. Sein provokativer Auftritt kürzlich war ein Ausbruch. Damit verabschiedete er sich nicht von seiner Lebensart, sondern nur vom fixen Bild, dass er damit verband. Trotzdem schiele ich auf seine Füße und grinse, als ich sehe, dass er die High Heels von der Show trägt. Ist alles nur eine Frage der Haltung und der Lebenseinstellung? Still beobachte ich Tobias. Er ist zum Image dieses Sex Clubs geworden. Er ist ein Selbstdarsteller, der gelernt hat, mit seinem afrikanischen Erbe Kapital zu schlagen. Er lebt seinen Traum!

„Toby, bist du heute Nacht wieder Conférencier?", fragt ihn Ray. „Oder?", checkt Ray den *Garçon sans Pantalon* interessiert ab, „bist du der mysteriöse Dritte des Alex-Sumy-Gespanns?

„Nein! Ein gewisser *Maurice Fernandez* wird das tun. Er ist Zauberer, Lasertechniker und kennt sich mit Special Effects aus. Seit Tagen installiert er versteckte Kameras, Beamer und unsichtbare Scheiben auf der Bühne oben. Kennt ihr Maurice noch nicht?"

Als wir alle unsere Köpfe schütteln, fährt der Mann mit dem schwarz gefärbten Schamhaar fort: „Maurice lebt schon eine Weile hier in Paris bei seinem jüngeren Bruder und dessen Partner. Er ist ein wirklich geiler Kerl, dieser Maurice. Was er zusammen mit Sumy und Alex plant, weiß ich auch nicht. Die drei Jungs machen eine mega geheime Sache daraus. Nur so viel habe ich bis jetzt mitbekommen: Alex wird nichts weiter als Schmuck tragen und dieser Maurice wird eine Magier Show mit einem splitternackten Sumy als seinem Assistenten vorführen."

„Zauberei?" Ray wechselt Blicke mit Frederick und mir.

„Eher Magie!" Tobias zuckt mit seiner Schulter und streicht sich daraufhin seine Krawatte glatt und zupft sein Schamhaar. Zufrieden, räuspert er sich: „Leute, in wenigen Minuten wird Etienne auftreten. Gentlemen, ihr entschuldigt mich? Ein Mann muss tun, was ein Mann tun muss!" Stolz schreitet der Kellner ohne Hosen – und ohne irgendwelche Schamgefühle – an uns vorbei über die Tanzfläche und nimmt die Tür unter der Rampe hinunter zur Garderobe.

„Haben sich Alex und Sumy mit *Rajir el Brujo* zusammengetan?", rät Ray.

„Jetzt wissen wir, wie er wirklich heißt: Maurice Fernandez!", knurre ich. „Wie alt schätzt ihr den Rothaarigen?"

„Mitte oder Ende dreißig?", antwortet mir Quin, der als Jaguar bemalt Tobias Stellung hinter der Bar einnimmt. „Warum fragst du? Erinnerst du dich nicht mehr an ihn? Er war in Basel einen Abend lang in unserer Selbsthilfegruppe. Sein Aktbild stand auf dem Tisch. Erinnert ihr euch nicht mehr an ihn?"

„Und ob ich mich an Maurice erinnere!" Ich schiebe Ray und Frederick von Quin fort. „Als Kind spielte ich einmal zusammen mit ihm und seinem Bruder Jean-Luc zuhause in Kolumbien. Na ja, sie ignorierten mich, da ich noch Windeln trug und am Schnuller lutschte. Sie besuchten uns zusammen mit ihrem Vater. Maurice war damals fünfzehn und Jean-Luc elf oder zwölf. Beide begleiteten noch am selben Abend meinen Vater nach *Teotihuacán*, das in der Nähe von Mexiko-Stadt liegt."

„Das damalige *Tollan*!", bestätigt Frederick.

„Eigentlich hätte auch ich mitfahren sollen, doch meine Mutter klammerte mich an sich, weinte und flehte, dass ich – weil ich erst fünf Jahre zählte, bei ihr bleiben müsse. Leute, das habe ich bis eben erst total vergessen." Kenn ich Maurice wirklich schon so lange?

„Du hast mit fünf noch Windeln getragen und am Schnuller gelutscht?", bricht Frederick in schallendes Gelächter aus.

„Keine Ahnung!", kicke ich ihm ins Schienbein. „Ich war viel zu klein, als dass die beiden Teenager mir wirklich Beachtung geschenkt hätten. Trotzdem, ich erinnere mich wieder an Maurice. Er lebte damals in Kolumbien, wie auch sein Bruder, der heute der Lebenspartner und Assistenten von Jacques Montparnasse ist."

„Das ist kein Zufall!" Frederick zupft an seiner Fliege.

Ich ahne, dass er sich am liebsten splitternackt ausziehen würde, um hier als Kobold herumzutanzen. „Damals, drei Tage nach der Abreise meines Vaters und den beiden Brüdern, verwüstete ein Tropensturm unser

Anwesen. Blitze schlugen hinter der Villa in einen einzelnen Hügel ein und befreiten den Felsen und den darin weggesperrten hellblauen Kristall."

„Das war's? Mehr weißt du nicht über Maurice?" Frederick lockert sich seine Fliege.

„Luon, lass dich fallen und von der Zeit zurück nach Kolumbien führen", drängt Ray. „Schließ deine Augen und entspanne dich!"

„Hypnotisierst du meinen Freund?", fragte Frederick.

„Falls du deine Klappe halten würdest, könnte es vielleicht funktionieren", zischt Ray.

Ich höre nur noch mit einem Ohr dem Disco Lärm und den Stimmen meiner beiden besten Freunde zu. Längst spaziere ich als Fünfjähriger durch das Anwesen meiner Familie – ohne Windeln! – und verstecke mich in einem Schrank. So belausche ich zufällig ein Gespräch zwischen meiner Mutter und meinem Vater. Keiner von beiden bemerkte mich. Ich wollte sie irgendwann mit meiner plötzlichen Gegenwart überraschen. Doch dazu kam es nie. Meine Eltern sprachen auf Spanisch. Klar und deutlich höre ich in meiner Erinnerung die Stimmen meiner Eltern.

Meine Mutter fragt meinen Vater: *Ihr habt das Ritual vollzogen?* Und mein Vater antwortet ihr: *Maurice wurde zum Erwählten.* Wieder meine Mutter: *Maurice ist tot?* Und mein Vater antwortet: *Er überlebte. Seither erinnert er sich an ein Leben als Magier aus der Anfangszeit der Maya. Er sei nicht nur Maurice, sondern auch der Geist eines gefangenen Magiers, der vor undenklichen Zeiten in einen Kristall gesperrt wurde. Frau, Maurice ist zum Wächter der schwarzen Zitadelle geworden. Er ist derjenige, der Urugnas damals widerstand, aber vom Strudel in den Kristall hineingezogen wurde. Maurice weiß jetzt genau, wo der Kristall sich heute befindet, und wer ihn an sich genommen hat – unser Luon!* Meine Mutter weint und fordert meinen Vater auf: *Carlos, wir müssen Luon schützen.* Mein Vater, nervös auf und abgehend, schüttelt seinen Kopf, sagt aber: *Wenn wir den Stein den Zurajir nicht aushändigen, werden sie ihn sich holen und jeden töten, der sich widersetzt.* Wieder meine Mutter: *Kannst du die Pyramide nicht öffnen und selbst die Führung der Schwarzmäntel übernehmen?* Mein Vater: *Nur die Wiedergeburt von Urugnas kann das.*

Rolling in the Deep von Adele holt mich aus der Trance zurück in den Erotik Club. Die laute Musik übertönend, sage ich zurück in der Gegenwart: „Meine Eltern wussten von Anfang an über den hellbauen Kristall Bescheid. Jetzt ahne ich auch, warum mein Vater nach blauen Smaragden schürfte ließ oder warum unser Anwesen mit all meinen Verwandten ausgelöscht wurde. Es ging beim Massaker nicht um den Drogenhandel, das war nur die offizielle Vertuschungsgeschichte!“

„Sind Smaragde nicht grün?“, wundert sich Frederick.

„Dieser hier nicht!“ Ich lange nach dem hellblauen Kristall in einer der Taschen meines Smokings.

Augenblicklich schlägt mir Ray auf meine Finger. „Luon, warum hast du den Kristall dabei?“

„Alter, bist du wahnsinnig?“ Frederick boxt mich in die Seite. „Ist das wirklich ein Smaragd? Zeig her!“

Gleichzeitig erlöschen die Lichter im Erotik Club. Plötzlich flammen Scheinwerfer auf und lenken die Aufmerksamkeit auf die Bühne über der Bar. Dort erscheint Tobias, jetzt bis auf einen Goldzylinder und Goldstiefel, die ihm bis zum Arsch hoch reichen, nackt. Aus einem Gemisch aus Begrüßung und Witzen kündigt er Etienne, seinen Partner, *die Goldstimme auf dem Montemartre*, an.

„Wechseln wir in unsere Loge Nummer Eins. Gleich nach Etienne wird unser Feind hier auftreten. Besser, wir behalten ihn sehr gut im Augen.“ Auf Rays Vorschlag hin, kämpfen wir uns durchs Gedränge der Tanzfläche und danach die Treppe im Cruising Gebiet des Clubs in den ersten Stock mit den Logen und Kabinen vor. Als wir unsere Loge betreten, kommen wir gerade rechtzeitig zum Finale. Etienne hat wirkliche eine spezielle Stimme. Für die Nummer trägt der Erotik Entertainer nur einen Goldmantel, der vorne lose mit zwei Knöpfen geschlossen ist. Zum Finale nimmt ihn ihm Tobias ab. Hart erregt stimmt Etienne in die letzte Strophe ein.

„Gute Stimme, geiler Körper und schöner Schwanz!“, kommentiert Frederick. „Was?“, gafft er mich an. „Ist doch wahr!“

Etienne, vollkommen Eins mit sich, zelebriert selbstischer seine Lust, die von Tobias Händen massiert wird. *Sei, was du bist – und das ganz und gar!*

Es klopft an der Tür. Emil und Antonio beteten die Loge.

„Quin muss an der Bar bleiben“, erklärt Antonio. „Er kommt als sexy Jaguar voll gut an!“

Nach dem Applaus für Etienne kündigt Tobias die Premiere der neuesten Nummer im *Le Garçon sans Pantalon* an: „Meine Herren, bezeugen Sie die Erweckung des *Ah-Puchs*, eines längst vergessenen Gottes der Maya! In den Hauptrollen Maurice Fernandez; Alex Ischl und Sumy Smarhon!"

„Was geht hier vor?", stottert Antonio. Emil wirkt vollkommen paralysiert. Fredericks hübsches Gesicht ist kalkweiß geworden und Ray ballt seine Fäuste, während ich panisch nach dem hellblauen Smaragd in meiner Tasche schnappe.

Als erster tanzt Sumy ins Scheinwerferlicht. Sein Kostüm erinnert mich an die Aufmachung der Lustknaben am Hofe des Gottkönigs aus meinen Traum-Erinnerungen. Sumys nackter Leib ist mit Arm-, Fuß- und Penisringen geschmückt. An einem kurzen Federkragen aus bunten Papageienfedern sind Ärmel angenäht, an denen lange Federn zu Flügeln werden, wenn der erotische Show Tänzer seine Arme öffnet. Auf dem Kopf trägt Sumy eine Federkrone. Sein Tanz erinnert mich an den seines Tanzwettbewerbs, bei dem jeder gescheiterte Konkurrent ermordet wurde. Mir läuft es eiskalt über den Rücken.

„Wie kann Sumy das nur tun?", plappert Ray entsetzt. „Er erinnert sich doch daran – an jedes blutige Detail!"

„Das auf der Bühne ist nicht Sumy, das ist Shapash!", knurrt Frederick. „Diesen eiskalten Blick kenne ich."

„Ist das nicht der engste Berater und Schlächter am Hofe des Gottkönigs?" Emil zeigt auf den weißhäutigen nackten Tänzer. Auch Emil muss durch die Augen ihres Alter Egos *Emesh* sehen, meiner Fast-Schwiegertochter, die *Shapash* bei vielen Gelegenheiten im Palast gesehen hatte.

Was geht hier vor?

Das Publikum klatscht und brüllt begeistert, als der ehemalige Profi-Balletttänzer hart erregt über die Bühne stolziert und mit seinem Federtanz eine längst vergangene Kultur zum Leben erweckt. Wüsste ich nicht, wozu dieser Tanz einst diente, ich könnte mich am erotisch-exotischen Ballett erfreuen, denn Sumy sieht extrem geil aus. Seine schwitzende Haut glänzt ölig im Scheinwerferlicht. Seine Bewegungen gleichen dem Balztanz der Kraniche und anderen Dschungelvögeln.

Mit Trommelwirbel und dem dröhnend schreiartigen Klang der

Schalmei tritt Alex auf. Er ist bis auf hauchdünne Goldfänden um seinen Hals und seinen Bauch, Lederbänder um seine Unterarme und seinen Hals splitternackt. Auf seinen Kopf trägt der Burlesque Künstler – durch modernste Technik ermöglich – ein Gebilde, das wie eine strahlende Sonne aussieht. Statt Flügel hält Alex zwei gewaltige Federfächer in seinen Händen, mit denen er gekonnt verhüllt, betont und immer wieder präsentiert.

„Atanua Nanahuatl ist wieder zum Leben erwacht! Gnade uns die Götter!", murmelt Frederick und fasst nach meiner freien Hand.

Der neue Tanz von Sumy um den stolzen nackten Mann mit der Sonne auf dem Kopf und den Fächern in seinen Händen ist archaisch und exotisch. Schrill und verführerisch kredenzt das Ballett des Lustknaben in einen wahren Machtrausch und die Eroberung seines Angebeteten. Bis auf Alex' Gebilde auf seinem Kopf sind jetzt alle anderen Lichter erloschen. Jeder im *Le Garçon sans Pantalon* muss es spüren. Etwas webt im Hintergrund zur pornographischen Ablenkung ein Gespinst aus Bösartigkeit. Einerseits schockiert, was die beiden aus ihren Erinnerungen an ein früheres Leben für heute Abend kreierten, zolle ich ihnen andereseits Respekt für die sehr gelungene Erotik Show. Offensichtlich habe beide ihre wahre Berufung in erotischen Etablissements aufzutreten gefunden.

„Tue doch was!", fleht mich Frederick an.

„Warum? Die beiden sind extrem professionell!"

„Aber, sie erwecken Erinnerungen, die ..."

„... die, bis auf uns, sonst keiner teilt", beende ich, ins Ohr meines Freundes flüsternd, den Satz.

Maurice Auftritt beginnt unspektakulär. Der rothaarige Mann steht einfach plötzlich in einem schwarzen Federmantel, der ihm aber nur knapp über den Arsch reicht, hinter den beiden Tänzern. Vom Boden her wird seine Gestalt in rotes Licht gehüllt, was unheimliche Schatten auf sein Gesicht wirft, seine freien Arme und langen Beine aber flammen lässt. Mit seinen langen Fingern erweckt er im Raum fuchtelnd aufblitzende Runen und Glyphen zum Leben, die sich zu Wortgebilden und Ornamenten zusammenfügen. Ich bin mir sicher, dass die Laser und Beamer das Kunststück vollbringen, und die montierten Glasscheiben als Hintergründe für die Projektionen dienen.

„Urugnas, so tu doch etwas!" Frederick – jetzt ganz zu Jehle geworden – stupst mich in die Seite. „Nur ein *Na'ac* der Kristallmechanik, kann dieser uralten Magie entgegenwirken."

Maurice kurzer Federmantel öffnet sich vorne ganz. Auch der neue Akteur zeigt steinhart, was bei einer schwulen Burlesque Show im *Le Garçon sans Pantalon* nicht fehlen darf.

„Es ist nur eine verzauberte Sex Show!", flüstere ich Frederick zu. „Das ist keine Magie, das sind raffinierte Tricks und gekonnt eingesetzte Laser Effekte." Trotzdem glaube ich die Worte lesen zu können, die bald überall auf der Bühne um die drei so ungleichen Männer aufblitzen und unheimlich leuchten. Maurice beschwört wirklich eine uralte Magie herauf. Das bunte Blendwerk und der pornographische Federtanz müssen ihre wahren Absichten nicht verhüllen. Jeder Besucher des Clubs weiß, was heute Nacht geboten wird: die Erweckung eines uralten Gottes.

Wann und wie ich es mache, entzieht sich meinem Bewusstsein, doch ich halte den hellblauen Kristall ausgestreckt vor mich und webe damit eigene Muster in den Raum.

Das Publikum brüllt begeistert und zeigt auf mich und die Loge, wo jetzt blaue Leuchtzeichen sich gegen Rajir el Brujos rote flammende aufbauen.

„Luon", brüllt plötzlich Rajir, „ich bin's Maurice! Was tust du? Wir beide wurden vor achtzehn Jahren von den *Zurajir* ausgewählt. Bruder, verbinde dich mit mir! Ich habe die Macht, und du den endlich wiedergefundenen Smaragd!" Süß, verführerisch und früheste Kindheitserinnerungen weckend, ruft der Junge, mit dem ich einmal einen Nachmittag unter der karibischen Sonne im Sand spielte, mir zu. Gleichzeitig webt er Runen der Macht, die etwas befreien können, dass jeden hier im Raum töten kann.

Jehle-Frederick stellt sich hinter mich, küsst mir den Nacken und singt das Lied der Wolken in meine Ohren. Abermals spüre ich seine Liebe, seine Kraft und seinen Mut, sich der Finsternis ein weiteres Mal entgegenstellend.

Der Kristall in meiner ausgestreckten Hand wechselt die Farbe. War er gerade noch tiefblau, glüht er jetzt blutrot, bis eine Finsternis sich aus ihrer Mitte zu befreien beginnt. Angst erwacht in meinem Herz. Sterbe ich heute Nacht? Ich will Frederick nicht schon wieder verlieren.

Sumy und Alex wirbeln wie hypnotisiert und im sexuelleren Rausch über die Bühne und stimulieren eine rohe sexuelle Energie, die alles andere benebelt und übertrumpft. Ich kann die Macht fühlen und beobachte. Maurice langt danach, um sie für die Zerstörung der Siegel zu nutzen, die noch immer die Zitadelle der Finsternis im Kristall bannt. Die Dunkelheit aus meinem Kristall schlägt unbarmherzig zu. Mit all meiner Kraft und Fredericks Liebe, die sich wie ein wärmender Fellmantel um meine Schulter legt, kämpfe ich gegen das Böse, dass sich aus dem Kristall befreien will.

Plötzlich schleicht sich ein Jaguar auf die Bühne und greift den Schwarzmantel von hinten an. Es ist Quin, der uns zu Hilfe eilt. Vergeblich! Mit einem einzigen Handstreich schleudert ihn der schwarze Magier zur Seite, doch der Jaguar-Krieger pirscht sich bereits wieder zum nächsten Angriff an.

Als ich mich zu Emil und Antonio in der Loge umdrehe, sind beide weg. Flohen sie, als Alex auftrat? Wie lange wir alle im mentalen Kampf zwischen Raum und Zeit stehen, entzieht sich meinem Bewusstsein. Erst als Geigenmusik die Trommeln und Schalmei übertönt, ahne ich, dass sich Emil und Antonio einmischen. Nur in seinen High Heels betritt Emil die Bühne. Antonio, in einer blauen Kutte und einer hohen Gelehrtenmütze auf seinem schwarzen Haar, nähert sich Alex von hinten. Während Antonio Alex die beiden Federfächer abnimmt um sich damit zu bedecken, zieht ihm Alex die Kutte aus.

Maurice Leib glüht, als ob er brennen würde. Flammen zucken über seinen Körper, während seine Hände immer raschen Glyphen in den Raum zeichnen. Meine eigenen Hände flitzen wie Mäuse durch Maisfelder, weichen zuschlagenden Giftschlangen aus und preschen unaufhaltsam vorwärts. Jehle tanzt inzwischen in den Wolken und sein Gesang gleicht dem Wind, dann wieder der Meeresbrandung. Ray steht in meinem Geiste als gefiederter Mann neben uns und brummelt Worte in einer Sprache, die noch älter als die Maya-Laute von Maurice, dem schwarzen *Zurajir,* sind. Wir kämpfen gegen die Finsternis, die sich aus dem Kristall befreien will.

Ob es Minuten, Stunden oder Jahrhunderte sind, spielt keine Rolle. Gelingt es dem verfluchten Schwarzmantel, die Siegel der Pforten in die Abgründe seines Gottes zu sprengen, wird die ganze Welt daran Schaden erleiden. Die bodenlose Schwärze aus dem Kristall nimmt immer gewaltigere Ausmaße an. Sie wächst, wie ein sich langsam befreiender Flaschengeist, der alle und jeden für die Schmach seiner Einkerkerung zertreten wird.

Meine Angst droht mich zu lähmen.

Werde zu dem, der du bist! Sei, was du schon immer warst und immer sein wirst! Eine vertraute Stimme aus meinem Herzen ermahnt mich der Lehren, die ich im Tempel der unsichtbaren Stadt im Reich der Bäume, meistern musste. Der nackte Mann mit der Sonne auf dem Kopf steht plötzlich vor mir. *Was hast du als Urugnas gelernt? Wer bist du, Luon Logroño?,* fragt mich der nackte Mann mit der Sonne auf dem Kopf, der abwechseln die Gesichter meiner Freunde trägt.

Ich lächle. Meine Angst fällt von mir ab. Das Böse aus Atlantis hat längst die Völker vergiftet. Angst lässt sich nicht bannen. Wohl ist uralte Technologie für immer ausgelöscht, doch neue Techniken wurden von den Mayas und später von den Azteken entwickelt, um neue Schreckensherrschaften aufzubauen. Der Kristall birgt nichts, was heute nicht noch schlimmer neu erschaffen wurde, um zu knechten und zu unterwerfen. Die Zitadelle des Bösen ist nur ein weiterer Schatten.

Ich schleudere den verfluchten Kristall auf die Bühne, wo der schwarze Magier ihn sofort aufhebt. Ich lasse alle Runen und Glyphen los. Augenblicklich verpuffen sie wie Tau in der Morgensonne. Wo gerade noch der sexuell überladene Gay Club war, ist jetzt nichts mehr als Weite, Licht und dieser Klang, der wie der Wind singt. Die beiden Wolkenmänner, der eine splitternackt und der andere jetzt mit dem Muster einer Giraffe bemalt, tanzen über einen Regenbogen. Ich muss nicht kämpfen! *Ah-Puch* ist nicht mein Feind! Die Angst vor dem Tod hat keine Gewalt mehr über mich oder meine Freunde. Jeder von uns ist dem Tod schon mindestens einmal bewusst entwischt. Heute ist jeder von uns mindestens doppelt hier, denn jeder von uns ist ein unsterbliches Wesen; jeder von uns ist der nackte Mann mit der Sonne auf dem Kopf. Zudem ist jeder von uns das Produkt all seiner Erinnerungen, Taten und Erkenntnissen. Jeder von uns hat sich Wissen angesammelt, um zu verstehen. Endlich verstehe ich!

Ich klatsche in meine Hände. Der hellblaue Kristall in Maurice Händen explodiert zu feinstem Staub. Augenblicklich drängt sich die Zitadelle des Bösen ins Hier und Jetzt. Wo wir uns gerade noch im *Le*

Garçon sans Pantalon befanden, stehen wir jetzt alle in einem uralten Tempel, dessen Herz die pure Finsternis ausmacht. Erst Frederick und Ray, kurz darauf Emil, Antonio und Quin wie schließlich auch Alex und Sumy bilden mit mir zusammen einen Kreis um den schwarzen *Zurajir*, der siegessicher jubelt. Weit öffnen wir acht unsere Arme und befreien die Dunkelheit vollkommen aus ihrem Gefängnis.

Immer wieder sitze ich in der Loge Nummer Eins im Erotik Club und verfolge die Burlesque Show auf der Bühne. Gleichzeitig stehe ich als nackter Mann mit einer Sonne auf dem Kopf im Kreis anderer solcher Sonnengötter und sortiere in einer anderen Dimension mein Schicksal neu.

„Nein!", brüllt eine männliche Stimme. „Luon, tue das nicht! Wir sind doch beide Brüder in der Bruderschaft der Schatten! Einst waren wir Feinde. Doch heute? Luon, du und ich, wir könnten gemeinsam die Welt beherrschen!"

„Niemals!", kreischt Frederick. Auch er wechselt ständig zwischen den Welten und ist gleichzeitig ein nackt tanzender Wolkenmann, mein Freund im Smoking und eine Erscheinung des nackten Mannes mit der Sonne auf dem Kopf.

„*Ah-Puch* ist nichts weiter als ein sich ewig drehendes Rad ohne Anfang und ohne Ende." Ray in seiner Giraffenbemalung, dann wieder in einer bunten Weste, seiner Ziegenfellhose, im Smoking oder mit der Sonne auf seinem Kopf redet in unterschiedlichen Sprachen: „Der alte Gott ist die Lebenskette, die alles fesselt und zusammenhält."

„Wir sind frei!", jubelt Frederick und grunz plötzlich wie ein Wildschwein.

Meine Freunde lachen.

Die Schrecken aus längst vergangenen Tagen wirbeln um uns. Doch der Kreis aus nackten Männern mit Sonnen auf ihren Köpfen bleibt standhaft. Die Krallenhände des Grauens finden keine Furcht. Die befreite Finsternis kann keinen von uns verderben. Egal nach wem die Dunkelheit schnappt, jedes Mal verwandelt sie sich in Farben, neue Möglichkeiten und in Chancen. Bald sind wir in einen leuchtenden Regenbogen gekleidet.

„Du hast versagt, dämlicher Schwarzmantel!", verhöhnt Frederick Maurice auf der Bühne. „Pack deine Sachen und verzieht dich zurück ins

Loch, aus dem du gekrochen bist!“

Ich lege dem Schimpfenden einfach meine rechte Hand auf die Schulter. Abermals fühle ich gleichzeitig den Federkragen des Wolkenmannes, seine nackte Haut und den teuren Stoff seines neuen Smokings.

Augenblicklich verstummt mein Freund und dreht sich zu mir um. „Luon?“ Fredericks Augen weiten sich, dann lacht er schallend los. „Alter, du müsstest dich jetzt mit meinen Augen sehen können. Wohl tanzt du nicht nackt auf einem Tresen, doch viel dazu fehlt nicht.“

Auch Antonio, Emil, Quin und Ray gaffen mich an, als ob sie mich noch niemals zuvor gesehen hätten. Als ich an mir runter sehe, stehe ich splitternackt in der Loge Nummer Eins. Habe ich mir den Smoking während der Show ausgezogen? Amüsiert darüber sage ich: „Die Angst ist nur eine Illusion, die schwarz erscheint, wenn man sie auf einen Moment fixiert. Aber nichts ist starr, weder der Tod, noch das Leben. Alles bewegt sich, um sich zu entfalten. Maurice glaubt an Stillstand, an ein Vakuum oder das Nichts. Leute, wir sind die Farben des Regenbogens!“

Als ich auf die Bühne hinüber sehe, türmt der Mann im kurzen schwarzen Federmantel, während gleichzeitig Alex und Sumy im Siegesrausch kopulieren. Gelang es den beiden ihren Rucksack mit unerledigten Zuständen endgültig abzulegen? Was die beiden einst als Atanua Nanahuatl und dessen verblendeter Lover Shapash in Gang setzten, hat sich heute Nacht erledigt. Dieses Rad dreht sich nicht mehr; das Rad ihrer Leidenschaft für einander jedoch schon – wild und hemmungslos.

Quin, heute als Jaguar bemalt, bewies, man kann in alte Rollen schlüpfen, ohne abermals von ihnen verschlungen zu werden. Er kämpfte heute Nacht gegen das Übel, das ihn schon einmal blendete. Auch heute Nacht siegte er.

Bevor die letzten glühenden Symbole auf der Bühne erlöschen, holt uns Tobias in der Loge Nummer Eins ab und führt uns alle am Ende eines Ganges durch eine unsichtbare Tür direkt auf die Bühne.

Ich bin wirklich splitternackt.

Im Kreise meiner so unterschiedlichen Freunde halten wir uns alle bei den Händen und verneigen uns. Was jeder Einzelne während der Show erlebte oder sah, kann ich nur ahnen. Ich schmunzle, denn für einen Moment erkenne ich alle unsere Alter Egos auf der Bühne stehend, dann, nur einen Moment später als nackte Männer mit Sonnen auf dem

Kopf und wieder in unseren Kostümen des Abends.

Ich bin, was ich bin; was ich immer war und immer sein werde: ein Unsterblicher auf der langen Reise durch Zeiten und Welten, die sich Leben nennt.

Später, als sich die Aufregung über die fantastische Special Effect Show und die pornografischen Einlagen langsam legt, höre ich immer wieder die gleichen Worte von Club Besuchern: „Hast du das auch gesehen? Ich schwöre dir, da stand ein nackter Riese mit einer Sonne auf dem Kopf in der Logo und bezwang einen Dämonen, der aus purer Finsternis bestand!“ Ebenso geht das Gerücht um, dass im Willkommenstunk, den jeder beim Einlass aus einem Fass schöpfte, neben den Orangen und Zitronen auch ein Kraut schwamm, dass die Fantasie beflügelt und Halluzinationen hervorrufen kann.

Was wirklich an jenem Abend im *Le Garçon sans Pantalon* passierte, bleibt Spekulation. Jeder erlebte seine ganz persönliche Geschichte. Frederick und Ray sind überzeugt, ihre Aufgabe endlich erledigt zu haben. Mir ist es egal. Was ich die Wochen seit Lausanne erlebte, ließ mich reifen. All die Erlebnisse aus einem Mischmasch aus sogenannter Realität und Träumen zusammen, erschufen meine neue Welt. Eine neue Welt mit Freunden, Liebe und einem Abenteuer, das meine kühnste Fantasie überflügelt. Ob es damals in den Anfängen der Maya-Kultur Überbleibsel der Technologie aus Atlantis gab oder nicht, ist genauso unwichtig wie alte Götter. Das Einzige, was zählt ist, dass ich seit jener Nacht im *Le Garçon sans Pantalon* etwas losgeworden bin, dass mich einschränkte: Angst!

Nach der Vernissage am ersten Mai löse ich die Selbsthilfegruppe auf. Emil wird weiter im *Le Garçon sans Pantalon* mit seiner Geige – mit oder ohne Strapse – auftreten; und Antonio organisiert seine weitere Karriere. Quin lässt sich von Etienne fix als Stripper engagieren. Sumy und Alex wollen zusammen nach Finnland und dann nach Amerika weiterreisen. Sie sprechen auch von Heirat.

Jacques Montparnasse Fotografien wurden alle verkauft. Ich erstand eines von Frederick, eines von Ray, eines von Alex und eines von Apollon wie ein fünftes, auf dem zwei Nackte die Rolltreppe im *Centre Pompidou* hinauffahren und von vielen Schaulustigen angegafft werden. Die Fotografien hängen heute in Basel in meinem Haus, das ich mit Frederick und Ray zusammen bewohne.

Nach all den Aufregungen gönne ich Frederick, Ray und mir Ferien auf den Kanaren. Erst am Strand von Maspalomas fühle ich zum ersten Mal wieder richtige Hitze meinen Körper wärmen.

Ende

Danksagung

Dank all meinen Fans und Lesern, Editoren und Verlegern, der Presse und natürlich all meinen Kritikern.

Dank allen, die mich die letzten Jahre in meinen fortwährenden Studien und Forschungen der Mythologie und des Lebens unterstützt haben. Es sind zu viele, um sie einzeln namentlich zu nennen.

Danke euch ALLEN!

Manuel Sandrino

Am Quell der Weisheit

380 Seiten

ISBN print
978-3-86361-602-1

Auch als E-book

Markku Moor ist ein junger Draufgänger aus Basel. Er lebt mit Apollon Holmström, seinem Märchenprinzen, zusammen. Die beiden sind ein glückliches Liebespaar und zudem auch die besten Freunde. Alles könnte perfekt sein, wären da nicht diese wiederkehrenden Albträume, in denen Markku versucht, Wahnsinn von Weisheit zu trennen. Jeden Morgen fühlt er sich nur noch als ein Schatten seines früheren Selbst. Alles Zureden seines Lovers hilft nichts; Markku ahnt Böses auf sich zukommen.
Beim Joggen am Rhein belauscht er Molpe, den er von früher kennt. Molpe war schon immer seltsam, denn der kleine Kerl schwimmt zu jeder Jahreszeit im Rhein und singt mit Vorliebe auf Brückenpfeilern sitzend. Fortan locken verführerische Gesänge und Klänge Markku in Albträume, in denen er von Sirenen in die Tiefe gezerrt wird. Als er kurz darauf wirklich beinahe ertrinkt, wird er ausgerechnet von Molpe gerettet. Das hat seinen Preis. Er muss Molpe helfen, dessen fünf Brüder, die über halb Europa verteilt leben, zu finden. Die Brüder hüten ein Geheimnis, das mit dem vergifteten Quell der Weisheit zu tun hat. In Wien verbündet sich Markku mit drei Brüdern von Molpe. Er traut ihnen nicht über den Weg. Wie die Sirenen in der Mythologie, sind auch die Sirenen-Brüder erotische Wesen, die mit Sex und Verführung jeden ins Verderben locken. Trotzdem muss Markku auch noch die letzten beiden finden, die in Las Vegas leben. Durch seine Träume weiß er, dass er nur mit allen sechs Sirenen-Brüder zusammen den Quell der Weisheit finden kann.

Manuel Sandrino

Eros' Flüstern

360 Seiten

ISBN print
978-3-86361-585-7

Auch als E-book

Jonathan Josh Julius (Josh) ist der Sohn eines amerikanischen Senators. Während sein konservativer Vater ein Gesetz durchbringen will, das auf überholte moralische Werte baut und die Freiheit vieler extrem beschneiden soll, erwacht in Josh der Rebell. Jeder kennt die Wildsau auf dem Rasen als Captain J.J. Als sein Team die Meisterschaft gewinnt, läuft die Mannschaft nur in Helmen und Jockstraps eine Ehrenrunde. Joshs nackter Hintern kommt in die Zeitung. Zur Strafe für sein unschickliches Verhalten muss Josh ein Medientraining absolvieren und Frondienst leisten. Dabei kommt er in Kontakt mit den Gegnern des Senators, die in Josh ihre Geheimwaffe sehen.

„Liebe mich! Verzehre dich nach mir! Finde mich!", flüstert Eros, der erste der Titanen und Engel der Liebe in Joshs Träumen. „Als unschuldiger Frühling werde ich dich verzaubern und in Verzweiflung stürzen. Als Sommer bringe ich dein Blut in Wallung und als Herbst zwinge ich dich alles aufzugeben, damit du mich im Winter endlich erkennen kannst."

Eros' Flüstern verändert alles. Als Joshs Herbst seinen Zenit erreicht, plant der Rebell zusammen mit seinen Verbündeten der Kampagne seines Vaters den Todesstoß zu versetzen. Niemand ahnt, was er damit in Bewegung setzt, bis es zu spät ist.

Yasar Destan

Der Kirschbaum
Augenzeugenbericht
eines Toten
Band 1

414 Seiten
Hardcover

ISBN
978-3-86361-641-0

Auch als E-book

In nicht allzu ferner Zukunft: Hendrik und Phil führen ein bescheidenes Leben mitten in Berlin. Sie gehen ihren Jobs nach, sie zahlen ihre Rechnungen und sie lieben sich bedingungslos. Seit 20 Jahren. Mit allen Höhen und Tiefen. Damals unter dem Kirschbaum hatte alles seinen Anfang genommen. Stets darum bemüht, nicht aus dem selbst gewählten Hamsterrad eines unbescholtenen, bürgerlichen Lebens zu fallen, ahnen sie nicht, dass sich um sie herum eine Katastrophe zusammenbraut: Dem transnationalen Multikonzern Palmer International ist es nämlich gelungen, das Monopol der globalen Wirtschaft an sich zu reißen und die politischen Establishments zu stürzen. Niemand ahnt, dass in den höchsten Managementkreisen des Unternehmens eine ultrarechte Allianz agiert, die mit gnadenloser Konsequenz ihre faschistische Ideologie in die Realität umsetzen will. In einer bespiellosen Hetzkampagne gegen alle Menschen, die nicht dem Idealbild des Direktoriums entsprechen, verlieren sich Hendrik und Phil, die aufgrund ihrer Liebe zueinander plötzlich zu Gejagten werden, aus den Augen. In einer Welt, in der der Mensch nur noch nach seinem ökonomischen Nutzen bewertet wird, müssen sie bald eine Entscheidung treffen, die ihr ganzes Leben beeinflussen wird ...

www.himmelstuermer.de

Klaus Hindmith

Mörderisches Glockenspiel

186 Seiten
Hardcover

ISBN
978-3-86361-662-5

Auch als E-book

Der schwule Pianist Manuel Marx, der seinen aufwändigen Lebensstil mit Einbrüchen finanziert, wird bei seinem nächtlichen Eindringen in ein Haus überrascht. Marvin Kronlandt, ein attraktiver Aufdeckungsjournalist, findet Gefallen an dem Einbrecher. Obwohl anfangs jeder in dem anderen den Pfähler vermutet, verlieben sie sich ineinander.

Kronlandt und Marx begeben sich schließlich auf die Jagd nach dem Pfähler, gemeinsam mit einem jungen Polizisten, der sich ebenfalls in Manuel Marx verliebt hat. Zu den Verdächtigen zählen ein Psychotherapeut, ein ultrakonservativer Priester und der Besitzer der Schwulenbar Dark Falcon, in der alle Opfer verkehrt haben.

Als einer der beiden Ermittler dem Pfähler in die Hände fällt, stellt sich die Frage, ob die Liebe des anderen so stark ist, sein Leben zu riskieren, um den Freund zu retten.

www.himmelstuermer.de

FSC
www.fsc.org
MIX
Papier | Fördert
gute Waldnutzung
FSC® C083411

Zeitfracht Medien GmbH
Ferdinand-Jühlke-Straße 7
99095 Erfurt, Deutschland
produktsicherheit@kolibri360.de